古代日本の衣服と交通

装う王権　つなぐ道

武田佐知子

思文閣出版

口絵２　中国服を着る卑弥呼（287頁）

口絵１　卑弥呼の衣服（319頁）

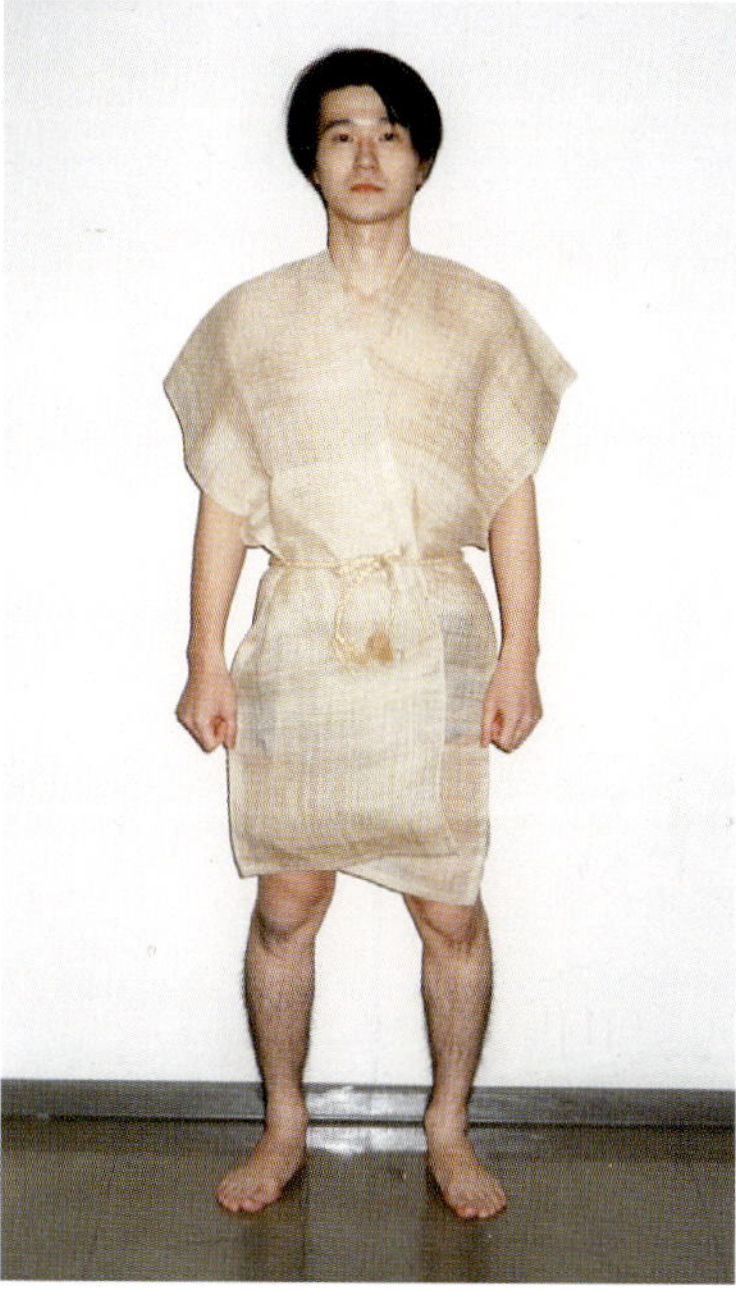

口絵３　貫頭衣（268頁）
（いずれも筆者による復元）

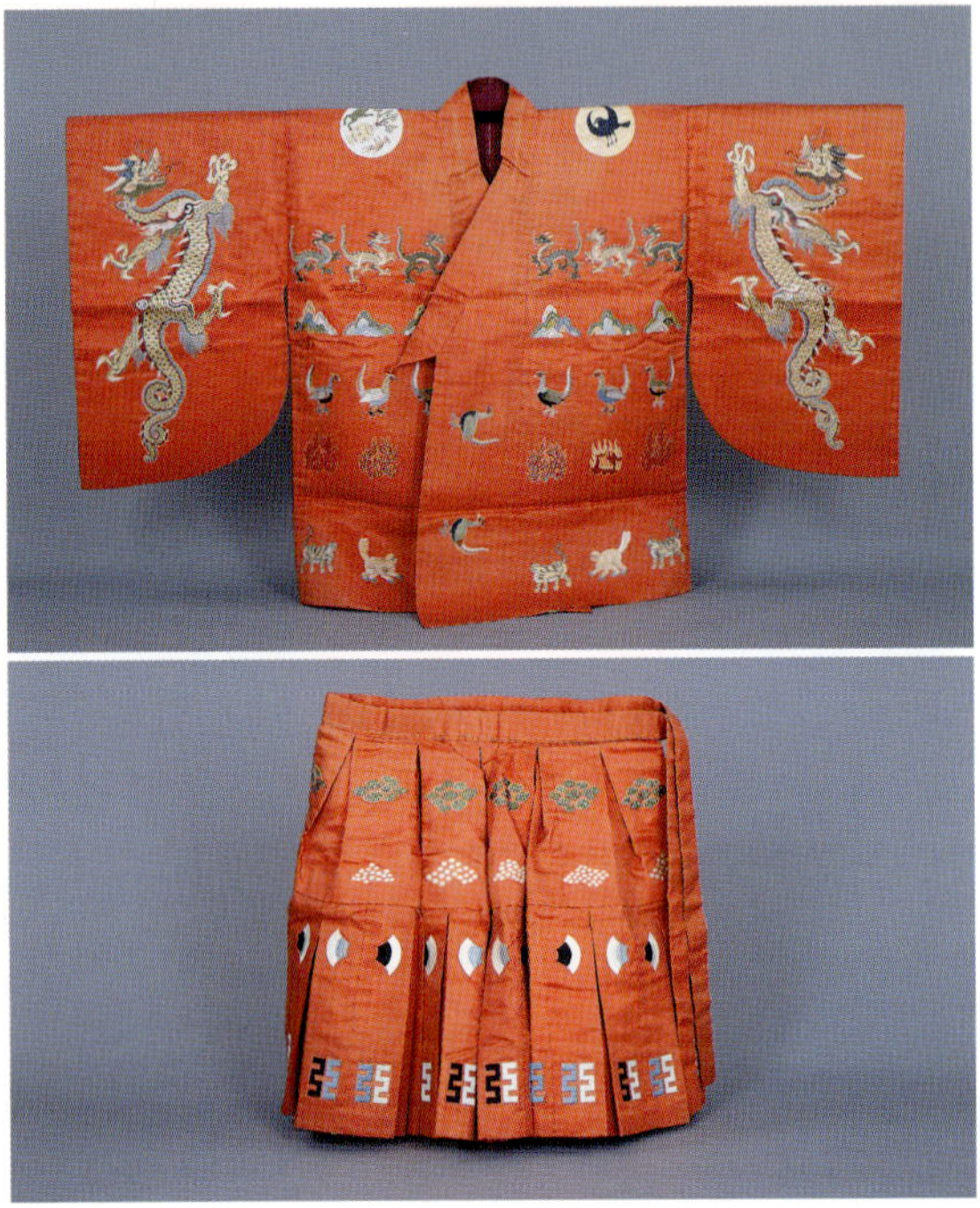

口絵 4　孝明天皇の礼服
（宮内庁蔵／348頁）

口絵 6　玉冠（八坂神社蔵／354頁）

口絵 5　孝明天皇の玉冠（同上／354頁）

まえがき

本書の冒頭に掲げられている「古代国家と交通」の各論考は、私の衣服史研究とは一見したところ無関係に見えるかもしれない。しかし実は、国家によって整序された衣服の制度は、その展開される場の存在を前提としている。そしてその場こそが、国家の領域を象徴するのである。

そこで衣服が着用される儀礼の空間としての都と地方が、連続した人工的空間としての道路で結ばれていること、その道路の国家と公民における意味、そこでの衣服の機能などを考察の対象とした。これも私の衣服制研究から発した問題意識なのである。中央と地方が道路によって結ばれ、国家の領域を形成するという意識は、行基図に凝縮された、日本で特に発達した地理感覚であった。道路の行き着くところ、その果てには海路がある。五島列島を中心とした海上交通のネットワークや、斉明朝の北方経営の軌跡の中に、境界領域での、衣服を媒介とした民族間の交通を看て取り、また『一遍聖絵』の中に、中世の市場空間のメンバーシップの資格的表象としての服飾が認められることを確認した。

さらに隼人や蝦夷など、境界領域に位置づけられた民族に対して、国家はどのような衣服を政治的に強制しようとしたのかも、古代国家の性格を考える上で見過ごせない問題であった。

大学院博士課程在学中から始まった私の衣服制研究の第一歩は、日本の基層の衣服形態を明らかにすることだった。「魏志」倭人伝の衣服記載の分析から、三世紀の日本列島で着用されていた「貫頭衣」は、袖なし、前あき、膝丈の形態だったと考えられ、稲作と一緒に列島にもたらされた水田稲作の労働着であった。これに袖をつけ、裾を踝まで延長させたものが和服なのである。以後、幾度にもわたって列島に新たな衣服がもたらされても、江戸時代に裃袴姿で登城した武士たちさえ、家では小袖の着流し姿でくつろいだように、いわば貫頭衣は和服の原形であり、日本の衣服の基本形なのである。

こうした日本の衣服と、中国正史の蛮夷伝から抽出できる古代東アジア世界における民族の衣服形態の差が、どのような民族間の関係を生み、また国家間の関係を目に見えるかたちにしたかを考えること、また性差による衣服の違いの有無が、どのような社会の性格を生んだのかも、常に私の関心事となった。

「王権と衣装」と題して配置した諸論考は、中国の衣服制との関連で、日本古代の冠や衣服の制度が、どのような継受の経緯をたどったのか、あるいは地方の首長たちが、まずは王権にもたらされた中国の衣服を、どのように継受しようとしたのかを、考えようとしたものである。また衣服に基本的な性差がなかったことが、卑弥呼や天皇の衣服の特質、それが天皇制の性格をどのように規定したのかも、射程に入れている。

そもそも衣服は、単一民族の中で自律的、一系的に発展するのではなく、必ず他民族や国家との相関・相克の中で、変化し発展していくものである。したがって、ひとり日本列島の衣服制研究では完結せず、中国や朝鮮半島の衣服制との対比の中にその発展があり、さらに列島内部の民族、あるいは階層間の衣服の格差、地域の偏差などの要素を包含して成り立っている。それは古代にとどまらず、歴史通貫的にいえることであり、また列島内部に限定されることのない現象なのである。

近年、私の問題関心は次第に拡がって、中国周辺域の民族衣装の変化についての調査や考察、近代日本に洋服が導入され、和服と洋服が併行して着用された時期の、各々の位置づけの変化等の考察を進めているが、これも古代に中国や朝鮮半島の衣服を継受しながら形成されて来た日本列島の衣服を考えていく上で、十分有効だと考えている。

竹内理三先生が企画された戊午叢書の一冊として、『古代国家の形成と衣服制――袴と貫頭衣――』（吉川弘文館、一九八四年）を刊行していただいてから、はや三〇年の月日が、まさに飛ぶがごとくに過ぎ去ってしまった。

三九年前、早稲田大学大学院の修士課程に在学中の、長女藤原清香を出産したばかりの私に、早稲田大学東洋古代史の教授であった栗原朋信先生が電話をくださって、「君の論文が、『史学雑誌』の回顧と展望で、とっても褒めてあったよ」と、わざわざ教えてくださったことがあった。

とってもうれしい知らせだった。私の卒業論文の一章が竹内先生のご紹介で『日本歴史』に「不改常典について」と題して掲載されていた。生まれて初めて活字になった論文で、それこそ刷り上がった雑誌が送られてきた時には感激のあまり抱いて眠った論文についての、論評であった。でもこれから妊娠・出産・育児と、ますます研究から遠ざかってしまうかもしれないと、ため息ばかりついていると申し上げたら、「子どもを産むことほど意義があることは無いよ、だって論文なんて、そのひとが生きているうちまで生きていれば良い方で、死ねば論文も死んで忘れられてしまうんだよ、でも子どもは、少なくとも自分の命を繋いで、その命の中に生き続けていくことが出来る、だからよっぽど意味があるんだよ」と……。私はこんなに学会に影響力のある論文を少なからず書いている先生でも、こういうことを言うんだと、とてもびっくりした。

竹内理三先生も、『寧楽遺文』『平安遺文』『鎌倉遺文』など、史料編纂の仕事に没頭された一生を振り返って、こう述懐されたことがある。「僕はねえ、本居宣長の『古事記伝』のようなものを書きたかったんだ、後世の研究者が必ずそこから出発しなければならないような……でも著者の死後、三〇年生きている論文は非常に少ない。

中田薫ぐらいかなあ……僕にはその自信はなかった、だから史料編纂の仕事をすることにしたんだ」と……。

今、前著から三〇年ぶりに論文集をまとめるにあたり、頭をよぎるのは、このお二人の言葉である。果たしてこの論集が、そう遠くはないだろう私の死のあと、どのくらい命脈を保っているか、それは今の私に知る由もない。

医師として、研究者として、三人の子供を抱えながら頑張っているたったひとりの娘に、専攻分野は違うものの、見届けてもらうしかないだろう。

結びにあたり、三〇年もの永きにわたり、単身赴任を許してくれ、不自由な生活に耐えて清香を育ててくれた夫藤原英二に、感謝の思いを捧げたい。

また、『交錯する知』と同時進行で本書の編集の労をとって下さった思文閣出版の田中峰人氏に、かさねてお礼を申し上げる。

二〇一四年一月三〇日　箕面小野原の仮寓にて

武田佐知子

古代日本の衣服と交通——装う王権つなぐ道——◆目次

まえがき

第一部　古代国家と交通

第三部　王権と衣装

第一部

古代国家と交通

第一章　古代における道と国家

はじめに

本章では、古代における交通を、道路を中心に考察し、道路が媒介することによって構成される、新たな世界像の問題として考えることを目的とする。

ここでとりあげる道は、共同体の外部にあって、共同体成員の日常性と断絶しながら、しかも彼らの共同体を全体として中央に直結させる、共同体を超越した強権によって造成された、人工的構築物としての道である。それはどのようなかたちで彼らと国家の関係を規定したか。国家は物資や文書の逓送あるいは人間の往還の経路として以外に、どのような役割を道に担わせようとしたのだろうか。

石母田正氏は、交通を商品交換や流通、商業、生産技術の交流といった、経済的側面のみならず、戦争や外交を含めた政治的領域、文字の使用や法の継受などの精神的領域までを含めた、多様な側面でとらえた(1)。しかし精神の領域は、文字や法という、いわば情報伝達や統治技術の分野に限られることなく、道が結び付けることによって形成される新たな世界、そこを律する観念をも、問題とすべきではないだろうか。

中央と地方の分離、中央による地方の支配は、国家成立と同時に始まったと考えられるが、こうした関係が成立するためには、交通の存在が不可欠である。職員令民部省条は、民部卿の職掌として橋道、津済、渠池、山川、藪沢の管掌をあげている。これに対して、義解は「唯地図に拠って其の形界を知る。検勘に至りては更に関渉せず」とし、集解の諸説もこの考えをとる。このように民部省が地図による勘知を行うのは、穴記によれば、「天下の地、皆悉く之れを知るの心也」とあるように、国土の領域的支配の理念を地図による掌握というかたちであらわすことを意図してのものであった。

ここで天下の地の把握を究極の目的としながら、たとえば大化二年（六四六）八月紀に、国司等に対して「国々の彊界を観て、或いは書にしるし或いは図をかきて、持ち来りて示せ奉れ」と命じたように、国郡の位置、領域等が地図に書き込まれるべき要素としてあがっているのでなく、それらの地にいたる「橋道、津済」という交通路がまずあげられていることは、古代における道の意義を考える上で極めて示唆的である。律令国家の地域支配が、これらの交通手段を不可欠の前提としていたこと、地域支配がこれなくしては成立し得ないことを、国家の側が、熟知していたことを表しているといえよう。

ここ数十年の、歴史地理学のめざましい進展により、古代官道の実態が次々に解明されている。その成果によれば、古代の官道は中・近世の道路とは隔絶した広い幅員を持ち、おおむね直線で結ばれた計画的道路であり、敷石舗装された場合さえあることが確認されている。古代の官道がかくまで整然と、計画的に造成された道路であったことは、少なからざる衝撃を学会に与えたといってよいだろう。古代国家の評価も、この事実を前にして、一定の修正を施さざるを得ないと思われる。

そこで以下に、道路そのものに焦点をあて、古代における人工的構築物としての道の機能、その具体的形状が果たした、当該社会における集団心性構成上の役割、その国家における意味を考えてみたい。

第一節　公門の内と外

(1)　中国地志の「異俗」記載

まずはじめに、中国と日本の地理書を比較し、その相違の理由を両者における中央と地方の位相の問題として考えることから始めたい。

中国の正史には、周辺諸民族の居住域のみならず、各王朝の直接支配領域内部についても、各地の衣服についての叙述が詳しい。それは中国における以下の考え方に由来する。

中国では儒教的礼教に依拠しているか否かが、あらゆる価値判断の基準となった。中華と夷狄との区別も、儒教的礼教をわきまえているか否かにあった。礼教の体得とは、つまるところ儒教のイデオロギーに基づいた行動様式、生活様式を遵守していることを意味した。そしてかかる範疇にない夷狄が、異俗、殊俗として弁別されたのであった。

ところで行動様式、生活様式とは、より具体的にはどのような事象を指しているのだろうか。『新唐書』百官志、兵部の職方郎中条には、

　殊俗入朝せば其の容状、衣服を図し、以て聞せよ。

とあって、殊俗の入朝の場合、容状すなわち立ち居振るまい・行動様式と衣服が、報告すべき最重点項目としてあげられている。

また六世紀初頭に成立した『水経注』巻一には、

　新頭河。河より以西は天竺諸国、是れより以南はみな中国たり。人民殷富。中国、服食中国と同じ。故に之れを名づけて中国としたる也。

という記述がある。この見解の背後には、衣服・飲食の共通性がすなわち中国としての共通性に等しいとみなす認識のあったことが看取される。

これらの史料は、いずれも衣服が、夷狄の区別の指標であり、殊俗の具体的内容として必ずあげるべき重要な項目として、中国側に認識されていたことを示しているといえよう。

（2）『風土記』の異俗と衣服

以上見てきたような、中国における中華と夷狄の区別の指標としての衣服の意義は、我が国においても同様の位置づけを得ていたであろうか。『風土記』には、さまざまな異俗の民の記述がある。土蜘蛛・国巣《くず》・白水郎等、諸国の『風土記』に登場する彼らについての描写を一瞥して気付くことは、中国のそれとは対照的に、ここでは衣服の地域による偏差に、まったく注意を払っていないという事実である。

たとえば「常陸風土記」茨城郡条は、土窟に穴居する国巣について、「弥々風俗を隔てき」と述べている。ここにいう「風俗」には、実は衣服が含まれていない。なぜなら公式令、遠方殊俗人条では、容状衣服は絵に画くもの、風俗は文章で述べるものとされ、衣服と風俗が異なった範疇として掲げられている。そこでの「風俗」は、生業や習俗を意味しているのであって、衣服や飲食とは切り離して考えるべきなのである。「肥前風土記」松浦郡条の、値嘉嶋《ちかしま》に住む白水郎についても、「容貌は隼人に似て、騎射を好み、其の言語は、土地の人と異なっている」と、容貌や行動様式、言語の特異性に言及しながら、衣服の差異については語らない。

このことは、日本においては衣服を「異俗」の指標に数えなかったことを示唆していよう。

『風土記』撰進詔に見るように、土地の産物、肥沃の度合い、山川原野の名前の由来や、古老の伝える各地の旧聞異事の把握に、主たる関心が注がれたのであって、衣服については律令国家が、地方支配に際して予め周知していなければならない要素としては、認識されなかったものと思われる。

これは一体、日本におけるどのような事情に基づいたものなのだろうか。ひとつの可能性として、このことは『風土記』編纂の前提に、列島内居住民の衣服が、すでに一元化されているという認識があったことを示しているか、またはまったく逆に、列島居住の人々の衣服は、統一されたものとなっておらず、公民においてさえ、国巣や土蜘蛛と同様、天皇の「王化」に浴していることを、視覚的次元で表す衣服をまとっていなかった、つまり中国側でいう意味での「中国」人と、異俗・殊俗の民の区別が、衣服を指標にしえなかった、という現実があったかのどちらかであろう。

筆者は後者の可能性を想定する。先に筆者は、律令国家は中国式の衣服制を導入したが、在地社会の衣服慣行との乖離により、公門内の空間に着用を限定せざるを得なかったことを論じた(2)。佐竹昭氏は、唐代の承天門に皇帝が出御して行う諸儀礼は、官僚だけでなく一般民衆も参加して行われ、民衆に対して皇帝の偉大さを知らしめる演出がなされたが、日本の宮室は、かかる儀礼に必要な場を、予め用意することはなかった。天皇を頂点に宮都に結集した有位者集団内の秩序だけが問題であり、そしてそれらが一体となって、圧倒的な権力と権威をもって民衆支配に君臨するという一側面がうかがえるとする(3)。

ここで忘れてはならないのは、衣服制の面からいえば一般民衆、ひいては奴婢においてさえ、公門内に入る際に、「制服」という形で公的衣服の着用が強制されたという事実である。つまり天皇以下、奴婢にいたるヒエラルヒー的秩序が、公門内という閉鎖的な空間においてではあるが、厳格に整序され、全体として日本的礼教秩序を構成したのである(4)。

しかもこの秩序は、外部に対して宣揚する意志を持たなかったというが、果たしてそれは、日本の天皇および彼を取り巻く有位者集団の権力が、中国のそれに比してより超越的・専制的であったゆえなのだろうか。

中国の都城制、および宮内で行われる儀式、そしてその際に着用される衣服の制度は、いうまでもなく中国国内の政治的状況の所産として、社会総体の中から生みだされてきたものである。したがって都城空間が皇帝を唯一の主人とし、民衆抑圧の装置として機能したにせよ、承天門の儀式における皇帝と一般民衆との関係にみられるように、民衆に対して直接に皇帝支配の正当性を宣揚しうるものであり、この点において中国社会に対して開かれたものであり得たと考えられる。その理由は、かかる儀式に参加した民衆もまた、中国の礼教的秩序の一端を担い、それを体現する存在であったからに他ならない。しかしそれは皇帝の専制権力を自生的に発展させ、かつ皇帝を頂点としたヒエラルヒー的身分秩序を、儒教的礼教秩序として整序、確定した中国においてのみ可能な事態であった。

こうした点からすれば、日本の場合、国際的契機を主たる要因として、身分秩序が中国の儒教的価値観念に外枠を規制され、日本的礼教秩序として整序されたものであるかぎり、それは国内の自生的秩序と連動したものではあり得ず、したがって閉鎖的空間に限定して展開されるものでなくてはならなかったことは自明であろう。換言すれば「公門外」の空間は、そこに棲息する人々が「編戸の民」「調庸の民」として編成されていようと、衣服や飲食を始めとするさまざまな生活習慣や行動様式に、日本固有の俗が行われている社会である限り、儒教的イデオロギーに律せられた「公門内」の価値基準からすれば、夷狄居住の空間として規定されざるを得ないのである。

その主たる要因は、日本の社会がアジア的首長制を土台としていることに求められよう。石母田正氏は、日本の場合、首長が交通の機能を独占することが、国内の階級分化、支配形態、国家構造を特徴づけているとする。(5)そして漢字・漢文をみずからのものとした首長層と、文字を持たない人民との分離は、社会的分業を決定的なものとし、漢文で書かれた史書や経典を読み、漢文で詔勅を書き、漢文の法典を持ち、その教養や思考方法まで中国的になった奈良時代の諸天皇と一般公民の間には、同じ島国に住み、同じ日本語を話すという以上の共通性はなくなっていたとさえ断言している。

かかる事態は天皇対公民においてのみ見られるのではない。天皇とそれを取り巻く支配者集団が、総体として一般公民との共通項を喪失していたと見るのがより正確であろう。そしておそらく内面的によりも外面的に一層、両者は共通性を喪失していたであろう。外面が内面を規定するというのは「礼」の本旨ですらある。「人間はその全人格を、外見と行動様式によって全面的に規定される」という中国の礼教思想を、日本の身分秩序の価値体系の核とする限り、結果として両者は、少なくとも外見的には、民族としての同一性すら表象しえなかったものと思われる。

『風土記』が諸地域についての衣服の記載を放棄したのも、これを書き加えてしまうと、列島はもはや、恐らく京畿においてすら、公的空間以外は理論的には夷狄の棲息する地として位置づけざるを得ないという制約があったためと考えられる。

なお『風土記』は、遣唐使によって中国へもたらされ、披露するもくろみがあったとの推定がある。おそらくそれが、『風土記』が衣服の叙述を避けた理由だったのではないだろうか。つまり中国的な儒教的礼教観念に適合的な『風土記』の叙述が要請された背景には、中国に対して、日本的礼教の整った国家としての存在を呈示しようとの意図があったものと考えられる。

（3）　朝庭と道路

公門は、朝庭とこれに準じる空間をいうが、それは中央以外では、各地の国郡庁院を指した。天智九年紀正月戊子条に、「朝庭の礼儀と行路の相避を宣す」とあるのは、朝庭と行路が、ともに礼の行われるべき空間として設定されたことを意味している。儀制令行路巷術条によれば「行路」は、対置される「巷術」が、里内小道を指すことからすると、共同体から外部へ向かい、あるいは村落共同体の利害とは直接関係のない次元を相互に結ぶ道を指す。民部省の管轄に置かれ、その修理が営繕令や雑令に規定されているような道である。かかる意味内容を有する「行路」が、「朝庭」に準じた礼の機能する空間として位置づけられたのは、「行路」に地方に点在する国郡庁院を、中央の朝庭と連続する空間として結びあわせる働きを担わせたために他ならない。

儀制令行路条は、「凡そ行路巷術、賤しきは貴きに避れ。少きは老いたるに避れ。軽きは重きに避れ」と、道路通行上の礼譲の規定を定めている。この法意は本来、広く庶人の間の行礼に及ぶものだったと考えられる。なぜなら前述のようにこの規定に拘束される場は、「行路」のみならず、「巷術」すなわち里内の小道をも含み込むものであり、相互に礼譲すべき人間関係も、集解の諸説によれば白丁と官人、良と賤という、異なった階層間に及ぶものであったからである。なによりも位階、官職等、官人の間の序列の対比によるのではない、より包括的な対比概念である賤・貴、老・少、軽・重といった二項目を対照させていること自体、この規定がより広範な人間相互の社会関係を含み込むものであることを示しているといえよう。

ところでこの規定が現実に機能するためには、路上で行きかう人々が相互にみずからと対向者との相対的位置関係を識別する方途を持っているのでなければならない。

「魏志」倭人伝には「下戸、大人と道路に相逢えば、逡巡して草に入り……」とあって、三世紀段階の倭人社会においてすでに礼譲の慣行が行われていた事実が知られるのだが、これもあくまでも「尊卑各々序あり」と、すでに身分的関係が醸成されつつあった大人と下戸の間において行われたことであった。そして「諸国の文身各々異なり、或るは左にし或るは右に、尊卑差有り」とあることからしても、文身その他、身分を識別する可視的身分標識の存在が想定され(6)、これを媒介として大人と下戸の上下関係の認識が可能であった事態を前提としているのである。

では同一身分の間においてはどうであろうか。それは儀制令の在路相遇条や遇本国司条のごとく、官人層・有位者集団間の行礼においてであればまったく不可能なことではなかった。なぜなら彼らはその位階に準じた朝服を持っており、彼らの道路通行が公務によるものである限り、朝服での往来が義務づけられていた(7)。とすれば彼らの間においては、朝服の色等によって自他の相対的位置関係を認識することは、比較的容易であったと考えられるからである。しかし朝服があくまでも公門内の衣服であり、日常の衣服の規定を持たなかったとすれば、位階制に連動しない日常着・私服をまとった官人(8)や、庶人層においては、彼らが互いの社会的位置関係を識別することは、相互が同一の共同体に属するか、あるいは共同体を越えて既知の関係にでもない限り不可能であったとしなければなるまい。

そして律令国家の側においても、当該規定の庶人層における遵守を、期待してはいなかったふしがある。なぜなら中国では、少し時代が降って北宋の代ではあるが、この規定の励行を促すべく詔が発せられているからである。すなわち太平興国八年（九八三）、孔承恭は、両京諸州の郵候に木牌を立て、この条文を刻んで掲げ、礼譲の風を興し、風俗を厚くせんとの上言を行い、それはただちに実行に移されたという(9)。「郵候」は駅亭と、里程を表示する堠を指すので、この条文は街道上の主要地点に掲示されたことが知られる。このことは、礼が全社会的な規範として機能した中国国内においてさえ、公道上での礼譲を規定した彼の法の実効性が、極めて薄弱だったことを示唆していよう。ひるがえって礼がひとまず「公門内」に限定して機能するものと位置づけられた我が国であってみれば、なお一層行路での礼譲が慣行化したとは考えにくい。にもかかわらず法の遵守に向けての詔の発令があった痕跡はなく、ゆえにこの律令の規定自体が空文であったと想定されるのである。

おそらく儀制令行路条は、まずは官人・有位者集団に限って遵守されるべく規定されたものと考えられる。天智九年紀の「行路相避」の規定の設定も当然官人間のものと想定され、とすれば同時に制定された「朝庭の礼儀」との関係は一層明白で、この規定により朝庭と行路をひとつらなりの、礼教の機能する場として位置づけようとした意図がみてとれるのである。

また日本の儀制令は、凶服不入条のあとに行路条を配している。これは後述のように、中国の条文配置と相違する点である。このことも行路が「公門」の延長線上のものとして位置づけられていたことを示していると考えられる。行路巷術条が凶服不入条を受けた規定であること、すなわち公門においては位色＝朝服の着用を規定し、それを敷衍した空間として行路を位置づけることによって、公事によって「行路」「巷術」を往来する人をも、朝服着用の範疇に置いたのである。凶服不入条によれば、「在家」を私事によって郷里に往来する意とし、かかる場合には朝服の着用を強制していない。つまりここでは「公門」の対立概念としての「在家」は、「行路」「巷術」の双方を含んでおり、「公門」から「行路」「巷術」を経由して「郷里」又は他の「公門」に至らんとする場合、私事と公事の二つの場合を設定し、「公事」によった者の「朝服」着用による位階の表示を義務づけ、これらの階層間の相避の行礼を実現させせようとしたのであった。

（4）　僧尼令の衣服

このことは、僧尼令の衣服に係わる規定のうちにもうかがうことが出来よう。僧尼令有私事条は、私事の訴訟によって官司に来詣する際、仮に俗形によるべきことを定めている。僧尼の衣は木蘭・青碧・皂《くろ》《そう》・黄および壊《え》色《しき》等の色に限られており、俗衣の着用は禁じられていた。俗衣とは、衣冠のことで、ここでは恐らく朝服等の公的衣服を指しているものと推察される。なぜなら凶服不入条の集解においても、公事および私事の訴訟の際に公門に入る場合が問題にされ、たとえば穴記は位色すなわち朝服を着用すべきこととしているからである。

ところで僧尼令有私事条でいまひとつ注意を喚起しておくべきは、ここでは官司建物の内部における衣服を規制するだけでなく、官司へいたる途上の衣服にも関説しているらしいことである。すなわち条文中、「官司に来り詣らば、権に俗形に依りて事に参れ」とあるくだりを古記は「参赴の時、俗服を著け、寺に退くの時、法服を著ける也」と解釈している。これにたいして義解は、「俗形に依れとは、既に俗形たり。即ち俗の姓名を称すると須つべき也」とあって、私事訴訟で官司に参詣する際に俗形で行くことが当然の理とする考えのあったことが背景にうかがわれる。

ここで古記が説くように、官司へ参向・退出する途上の衣服が問題にされ、しかも古記の解釈のとおり参向の際には俗服を、退出の際には法服を、という内容のものだったとすれば、僧尼は私事訴訟の際に、寺を出て官司に参向しようというその瞬間から、その往来の目的が私事によるゆえに、僧侶としてではなく律令国家の公民としての資格で、行路を往来しなければならなかったのであった。そして事を終えて寺に退出する際には、僧侶としての任務に戻るための道程であるがゆえに、法服を着用するものとされたと考えられる。

行路は通行する人間の目的によって往来の資格が異なっていた。道路通行上の資格が問題になるのは、いうまでもなく礼譲の規定においてである。僧尼は道路において三位以上に遇った場合に、隠れなければならなかったし、五位以上に対して徒歩の場合は隠れ、馬で行った場合には馬を収めて相揖して過ごさなければならなかった(10)。しかしこれが私事による通行で一般公民としての資格による場合には、儀制令行路条の規定が適用され、礼譲すべき対象は、年序を含めて彼に相対的に上する者すべてに及ばなければならないのであった。

ここで行路での資格として一貫して問題になるのはその人間の身分ではなく、官司での責務遂行の有無である。僧侶の場合、僧侶としての本務に係わって官司に詣でる場合には、行路通行段階から法服によったが、官司へ参向の目的が私事訴訟の場合には私人として俗服によっていた。このように本来の身分でなく、あくまでも「公門」での当面の責務を基準として行路通行の資格が決定されたのである。とすれば「行路」は「公門」に連続し、その延長の同次元空間として位置づけられ、「公門」に準じてそこでの行礼が問題にされていることが、一層明白になったといってよいであろう。

これに対して中国の場合について付言しておくと、『大唐開元礼』序例では、行路巷術条の前に私廟祭祀の規定が配置されている。これからすると「行路」が「公門」との同次元性を協調されているふしは見当たらない。このことは中国においては礼が私的な次元に及び、「行路」「巷術」は公私の空間、つまり社会の全領域を相互に結ぶものとして配置されているという事実を示しているのではないだろうか。だとすればかかる点に、公領域をのみ結ぶものとして位置づけられた日本の「行路」との位相を確認すべきであろう。

かくて朝廷と行路は礼の機能する同一次元の空間として結びあわされたが、それはひいては朝廷と国郡庁院をも、結ぶ役割を担うものであった。つまりそこには、中央との空間的隔たりを間断なきものに転化しうる「行路」の介在が不可欠なのであった。

そこで行われる儀式・祭祀の構造的連関、また建築空間の構造的同質性を含めて、各地の国府・郡家はミニ都城としての性格をもつことが指摘されているが[11]、かかる事態を可能ならしめたものこそが、これらを相互に結ぶ道の存在だったのである。

第二節　現象形態としての道路と国家

(1)　山陽道の駅家の意義

五畿七道制は、唐の十道制を下敷きにしながら、編成法は異なり、畿内からの官道を軸に国々をグルーピングした、きわめて機能的な区画であった。中国の、有力な国を中心に近隣の国がまとまって道を構成するというあり方とは異なって、畿内に一方を接し、官道にそって長く細く、線として放射状に拡がる地域として国々を編成したのである。[12]

こうした地域区分の方法は地方の主体性を軽視した中央の便宜からのものであることは明白である。ここで強調しておきたいのは、道を軸に編成される国々は、横ならびに畿内と同一の価値体系のなかに組み込むことが容易になるということである。道は、中央の朝堂と地方における国郡庁院を、一元的に日本的礼教秩序の律する場として結合するために、機能したのであった。こうした状況下で、国そのものが道を軸に編成されたという事実の中に、国家が国郡庁院のみならず列島全域を、同一の価値の体系、日本的礼教の律する場として、一元化しようとした意図を見てとることができよう。

そのためには道自身もまた、朝堂や国郡庁院と通底する、具体的様相を呈示しなければならなかった。古代官道はいずれも一〇メートル前後の幅員を持つ、直線的計画道路であり、舗装された場合さえあったことが諸地域で確認されつつある。

そこで次に、このような道の具体的形状が果たした機能に焦点をあてて考えてみたい。古代官道は、駅家と不可分に結びついている。そこでまず、道における駅の施設、具体的には駅館の建築物としての役割を検討しつつ、道と古代国家の相関を考えることから始めよう。

儀制令凶服不入条の集解の諸説は、駅家を「公門」の中に含めないことでほぼ一致している。そして倉庫や厨院といった、律令国家の公的施設ではあるが、儀式空間としては想定しえず、建造物の機能が国家の利便に供しうるものとして存在したであろう施設とともに、駅家が公門空間から除外されている事実は、駅家もまた、儀式空間としてではなく、その機能に存在意義を持つ施設であったことを示しているといえよう。

仮寧令外官及使人条には、「凡外官及使人、聞喪者、聴所在館舎安置、不得於国郡庁内挙哀」とある。この規定は、儀制令凶服不入条と連動するもので、「国郡庁（院）内」での挙哀が禁じられたのは、そこが公門として規定されているからであった。この条の「館舎」は、大宝令では「邸舎」となっていたようで、古記はこれを「国司館舎并駅館舎等之類是也」と解説している。つまり駅館は、「挙哀」を禁じられた、儀式空間としての「国郡庁院」とは一線を画して、国司の滞在した公館と同様に、宿泊、居住の場としてのみ存在意義を有した施設だったことが明らかである。ところでこのような機能優先の施設に対して、国家は次に見るような修築を施した。この事象の意味するところについて、次に考えていきたい。

七世紀後半以来の、新羅との朝貢の形式を強制しての関係に加えて、渤海使の来朝があり、ここに律令国家の小帝国構造の一層の充実を期して、蕃客の通行を前提に、山陽道の駅館が「瓦葺き粉壁」に改められたのは、神亀末年から天平初年にかけてのことと考えられる(13)。

新羅使は伝統的に海路による来朝が確認されており、にもかかわらず駅起稲五万束を充てて山陽道の整備がなされたのは、北陸地方に来航していた渤海使を大宰府に導き、大宰府から平城京にいたる山陽道を経由させて、その路次の景観の視覚的効果を期してのことであった。『日本後紀』大同元年（八〇六）五月丁丑条の勅によると、駅の外装が整えられたのは、あくまでも外見を整える必要からで、蕃客の視線を意識してのことであった。

蕃客は令の建前からいうと、入京の途上、駅に宿泊することになっていたらしい。公式令駅使入京条に、「其蕃人帰化者、館に置きて供給し、また任に来往するを得ず」とあり、朱説は蕃人帰化を「使幷化来を論ぜず」とし、蕃人に蕃使も包括されるものとしている。また「館」は、先掲の仮寧令外官及使人条に見える「館舎」と同義と解するとすれば、古記はこれを「国司館舎并駅館舎等之類是也」と解説しているので、蕃使もまた、「駅館」に止宿することが令文上の建前であったことが知られる。

さらに「供給」の意味も、廐牧令乗伝馬条によれば、「夜止宿之処」を提供することをも含み、蕃使の駅における止宿を令が規定していたことがますます明らかである。しかしながらこれは、あくまでも夜露をしのぐことを目的としたものであり、たとえば国司交替の際に行われたような、そこでの饗応などは、行われることはなかったと考えられる。なぜなら、前掲の公式令駅使入京条に「任に来往するを得ず」とあり、朱説は「来往」を「出入」と解している。この出入の禁の意図するところは、国郡官人との交流を避けさせることにあったらしい。『延喜式』玄蕃寮は、諸蕃の使人が諸国を通過する際に、路上で蕃客との会話を禁じ、また平常の場合には路次の国々の国郡官人との面会を禁じている。国家は蕃客と地方官人との交流を好まず、出来る限りその機会を排除しようとしたことがうかがえる。こうした事態からすれば、山陽道の駅館は、そこで行われる蕃使に対する賓礼等の儀礼の為に整備されたのではないことは明白であろう。

さらにいえば、駅館は、そこに蕃客が宿泊したにせよ、その施設の整備は宿泊等、蕃客の利用に供されることを直接の目的としてのものではなかったといえよう。なぜなら神亀・天平年間の駅家の修造は、神亀元年（七二四）一一月の、京師における、「五位以上および庶人の、営に堪えたる者をして、瓦舎を搆え立て、塗りて赤白に為さ令めん」との太政官奏とひとつらなりの施策であったと考えられる。この時の奏言の目的は、「京師有りて帝王居と為し、万国の朝するところ、これ壮麗に非ずんば、何によって帝王の徳を表せん」とあって、蕃使の入朝に備えて、京師の威容を整えることにあった。

五位以上の者の家や殷富の庶人の家は、もとよりその内部に蕃客を招じ入れることを期して整備されたのではありえない。ここでは京師景観の壮麗を演出するファクターとして、瓦葺き、白壁、そして赤く塗った柱を備えた家々が、配置されようとしたのである。いわば蕃客の網膜に結ぶ京師景観の画像のためだけに、家々の修築が命じられたといえよう。そこでの建築の基準は、伝統的な「板屋、草舎」を、造営しにくくかつ壊れ易い、「中古の遺制」として退け、あくまでも蕃客の眼から見た評価を照準に、中国的な価値を第一義としたものであった。

そして蕃客に、通過する山陽道の路次の駅館、ひいては平城京内に点在する「瓦葺き粉壁」の家々を、視界に入れさせて演出しようとしたのは、我が国が、大国唐と匹敵する文化水準に到達していることを印象づけるためであった。この目的のためには、建造物の内部は一切問題ではない。山陽道の駅館も、ここでは駅の機能面での充実は問題にされず、極言すればそれは映画のセットのごとく、蕃使の視野に入らない箇所は、草ぶきでも、板かべでも構わなかったのであった。

ところでこうして仕立て上げられた、蕃使を観客に想定しての舞台装置は、実はほとんどその所期の目的を果たすことはなかったと考えられている。

平野卓二氏によれば、蕃客入京は、太宰府から山陽道を経由しての陸路による逓送を、律令の建前としながら、実際には新羅使は伝統的に瀬戸内海を海路難波に向かい、渤海使も、地理的要因から北陸地方の日本海側に来着する例があとを断たず、大宰府経由をいくら言い立てても効はなかった。結局、延暦二三年（八〇四）に能登の客館の造営を促し、ついに国家は渤海使に山陽道を通行させる意図を放棄するにいたるのである。

唐使もすべての例を通じて海路難波にいたったことが確認され、結局八世紀を中心とした時期、山陽道を陸路で入京した外国使節は、一例もなかったという(14)。

考えるべき次の問題は、ではなにゆえに律令国家は、渤海の朝貢が期待しうるとみるや、蕃客の山陽道通行を前提に、その整備に意を用いたのであろうか。

換言すれば、大宰府を一括した外交の窓口とするため、大宰府経由での入京を渤海に要求したと思われるが、大宰府から都への経路を、伝統ある海路でなく、あえて陸の山陽道を行く道をとらせようとしたのはなぜなのだろうか。

（2）　陸路と海路

周囲を海に囲まれた我が国では、律令国家による官道設定以前から、瀬戸内海の舟運を始めとして、水上交通の広範な存在があった(15)。

景行紀二八年条にヤマトタケルは熊襲平定を報告して「悉に其の悪しき神を殺して、並びに水陸の径を開く」とあり、国土平定が、水陸双方の道の開鑿で代言されるように、国家形成において、海上交通の確保が、陸上交通と同レベルの重要性をもっていたと意識されていた。

また『万葉集』に

天の下、四方の道には、馬の蹄、い盡す極み、船の舳のい泊つる迄に(16)……

とあり、また『延喜式』祈年祭の祝詞も、

四方国は（中略）青海原は、棹柁干さず、舟艫の至る極り、大海原に舟満ち続けて、陸より往く道は、荷緒結い堅めて、磐根木根履みさくみて、馬爪の至り留まる限り、長道間なく立ち続けて

とあるように、中央と地方を結ぶものとして、水陸両方の道が意識されてきた。

我が国では、このように水陸両様の交通体系の発達を背景に置きながらも、律令法は、陸の交通路による輸送を第一義に組み立てられていることが注目される。いうまでもなく駅伝制も、陸上交通を前提にしている。また蕃客の逓送に関しても、新羅使や唐使の海路による入京の実態にもかかわらず、律令においては雑令蕃使往還条はいうに及ばず、軍防令蕃使出入条や、公式令駅使至京条の本文、そして賦役令車牛人条、儀制令五行条の集解の諸説から知られるところでは、陸路による逓送を前提にしていることがわかっている(17)。おそらく山陽道の駅館が修造されたのも、蕃客逓送に関するかかる律令の建前への回帰を期してのことと思われる。このように見てくると、現実には水陸双方の交通網を持ちながら、律令では陸路主導の交通路の体系を構想していることが明らか

である。

加藤友康氏によれば、日本賦役令調庸物条における租税貢進のための輸送は、唐令の車・舟による輸送の規定を削除している事実がある。このことは、当該時期における我が国の車・舟による輸送の未発達を意味するのではなく、調庸物の輸送が、運脚（運搬する人夫）によって、課役負担者の責任において、陸路で行われることを建前としたことを示しているという。また第三者の輸送手段に依拠することは、現実の輸送段階はどうあれ、令の原則としては許されなかったという指摘を特記しておきたい(18)。

調庸物の輸送に際し、課役負担当事者が、当人の責任において陸路京へ運ぶという律令の原則設定に際して、国家の側が企図した事の背後には、いくつかその目的が考えられる。まず第一に、古代の舟運の安全性が保障の限りでなかったことがあげられるのではないだろうか。調庸物が確実に中央に届けられることが、国家経済の根幹であってみれば、いかに大量輸送が可能であれ、それらがもろとも海中に没してしまう危険よりは、課役当事者の責任において、その背に負われての運京を原則としたほうが、国家にとって都合がよかったということはあったろう。また課役当事者の徒歩による運京は、その入京の時期を正確に予定に組み込むことが可能である。かかる点から国家が、調庸物の着実な国庫への納入を意図して、陸路の運京を規定しただろうことは充分に考えられることである。

しかしいまひとつ気にかかるのは、舟運の危険性への配慮からという点は納得できるものの、車による運京をも、なにゆえに国家は禁じなければならなかったのかということである。車は、八世紀段階の一般庶民の所有に帰するものでは無論ない。車による運京はしたがって、第三者の介在を必須とするものであった。おそらく車による運京を禁じたことの背景に、調庸物の都までの運搬を、農民個々に直接遂行させようとの国家の意図が、絡んでいるのではないだろうか。

調庸物運京の旅は、原則的には、律令国家の公民男子すべての義務であった。みずからの背に負い、あるいは馬の背に乗せた調庸物の重量感と同時に、彼らはその足に、都への道程を実感する。肉体に刻み付けられるその感覚は、国家に対する調庸の民、公民としての重い自覚を、否応もなく強いたに違いない。それは同時に、彼らにかかる行為を強いる国家そのものに対する認識につながるものでもあった。

松原弘宣氏は、運送における合理性の追求を等閑視して、調庸物の人担方式が採られたのは、調庸物を納めるべき対象が、地方豪族でなく律令国家であることを明確化するためだったとし、調庸物を中心とする交通形態の存在が、当時の文化の均等化・発展をもたらした点もあったろうとする(19)。国家が当時の交通の発達段階と、経済上の合理性を捨象してもなお、採用した陸送の原則は、国家対公民の直接的関係を重視した結果と判断せざるを得ない。こうした点において道路は、中央と地方を結ぶというよりは、律令国家と公民を直接結ぶものとして、存在意義を有したと見るべきであろう。そしてこのゆえにこそ道路は、すべての公民が、その足で踏みしめることによって都に到達しうる、陸路でなければならなかったといえよう。

このように調庸物運京における機能性、合理性の追求にもまして、国家対公民、特に地方農民の支配、被支配の図式を、鮮明にするという意図を、国家が持っていたと見ることは、あながち無理ではないだろう。

そしてかかる認識を抱かせるための、不可欠の舞台背景こそが、彼らが辿る道だったのではないだろうか。ここでは道が、きわめて重要な舞台装置を構成している。人工の築造物としての間断なき連続性が、人々をして都と地方の不可分性を実見させることに、絶大な効果を持ったのではなかったろうか。

彼らが踏みしめる道は、一直線に、確実に都に続く。その連続性こそが、彼らと国家との不可分の結びつき、調庸の民としての逃れられない宿命を、実感として認識させたと想定される。

この場合、道は陸路でなくてはならない。当然のことながら水路では、連続性を視覚の上で具体的に表現することができないからである。筆者は、国家が水陸双方の交通路のうちから、あえて一元的に陸路の体系を選び取った理由を、都城と地方の連続性、不可分性の具現化の必要上からと解したい。

ここでの道は「魏志」倭人伝にいう「道路は禽鹿の径の如し」、あるいは「草木茂盛し、行くに先人を見ず」というような、共同体内部、あるいは近隣共同体相互の必要や、動物の行き来によって、いわば自然発生的に成立した道とは次元を異にするものであることが必要である。共同体の外部にあって、彼らの日常性と断絶しながら、しかも彼らの共同体を全体として都に直結させる、共同体を超越した強権によって造成された、人工的構造物としての道の存在こそが、国家の本質をあからさまな形で彼らに感知させうると、国家の側に想定されたからではなかったろうか。

無論筆者は、調庸運京のために、中央と地方を結ぶ道が計画されたと主張するわけではない。道はまず、四道将軍派遣伝承に象徴されるように、国土平定のための道路として位置づけられ、設定されたと考えられる。ただ国家の地方支配、軍事的制圧は、究極のところ、中央による、地方に対する余剰生産物の収奪を目的としているといっていいだろう。道はその重要なバイパスとして、中央と地方の軍事的、経済的結合の視覚的象徴となったのである。かくて古代国家は、陸を行く道の、その具体的形状の確かさをよりどころに、中央と地方を同次元空間として直結する象徴としようとしたのであった。

有富由紀子氏は、古代地方寺院が、官道や主な交通路にそった、畿内との交通の要衝の地に分布している事実を指摘したが[20]、このことは、駅館のみならず、瓦葺きの寺院建築もまた、道を通じて、畿内と地方を同次元化する、その具体的表象としての機能を担ったことを意味しているといえよう。こうした観点のもとに道を考えるとき、山陽道の駅家修築の意味も、より一層明確になってくる。蕃使の逓送は、海路による方が至便であり、これが古くからの伝統でもあった。にもかかわらず山陽道による逓送を企図し、その為に駅家の中国的建築外観への改修が行われたのは、大宰府から京へいたる道が、国家を象徴する、大路として設定された道であり、その現実の存在形態こそが、特に対外的に、国家を規定すると判断されたからに他ならない。いかに山陽道の陸路による蕃使逓送が、現実にそぐわないものであったにせよ、海路という、具体的構築物のともなわない交通路によってでは、大国としての尊厳の誇示が不可能だと考えられた。そこで律令国家は、陸路逓送の経済的負担の増加を捨象しても、蕃使の山陽道逓送を基本方針としようとしたのではなかったろうか。

中央と地方の同次元化とはつまり、中央の秩序、価値観の地方への敷衍を意味する。律令国家は、道路という具体的構造物をもって、国家自体の普遍化を図ろうとした。中央の朝廷に代表される、いわば閉じた空間を、道路を媒介として、地方の国や郡の庁院と結びあわせることで押し広げ、両者を「公門」という形で総括したのであった。

おわりに

以上本章では、道の機能を、物資の交換・流通というような輸送の側面からでなく、国家的規模で編成された、人工的構築物としての道そのものが、国家機構、あるいは古代社会のなかで果たした役割、意味を考えるという視点から、とらえなおしてみた。

経済的側面、政治的領域、そして精神的領域までを含めて交通を考えるべきだという、石母田正氏の提起に対し、筆者がこの小論において主張したかったのは、精神領域の問題は、文字や法という、いわば情報伝達や統治技術の分野に限られることなく、道が結び付けることによって出現する新たな世界像をも、問題とすべきではないかということである。道路は、物理的平面として中央と地方を結ぶばかりではない。道の媒介によって律令国家は、自己完結的な複数の空間を、価値観の同一性という新しい紐帯で結ぼうとした。この際、道路の具体的存在、その人工性、造作性の視覚的要素こそが、地方においても中央の朝堂空間を敷衍して認識させるものとして、不可欠であったと想定される。

先に筆者は、列島内居住の人々の、民族としてのアイデンティティが、同一の衣服をまとうことによって、醸成されてきた可能性があると主張した[21]が、このような意識の形成による列島内の一元化の促進に、道そのものの具体的形状が、一定の役割を果たしたものと思われる。

(1) 石母田正「国家成立史における国際的契機」(『日本の古代国家』岩波書店、一九七一年)。
(2) 拙稿「日本衣服令の成立」(『古代国家の形成と衣服制』吉川弘文館、一九八四年)。
(3) 佐竹昭「藤原宮の朝廷と赦宥儀礼」(『日本歴史』四七八号、一九八八年)。
(4) 拙稿「日本衣服令の特質」(前掲注2書)。
(5) 石母田正「国家成立史における国際的契機」(前掲注1書)。
(6) 吉田晶「『倭人伝』の文身(いれずみ)について」(『歴史科学』九九・一〇〇号、一九八五年)。
(7) 儀制令凶服不入条古記。
(8) 拙稿「律令制下の農民の衣服」(前掲注2書)。
(9) 『皇朝事實類苑』巻二一、榜刻儀制令四条。
(10) 僧尼令遇三位以上条。
(11) 和田萃「夕占と道饗祭――チマタにおけるマツリと祭祀――」(『季刊日本学』六、一九八五年)。
(12) 拙稿「道と古代国家」(大阪外大・法経学会編『廣實源太郎教授定年退官記念論文集』、一九八八年)。
(13) 坂本太郎『上代駅制の研究』(至文堂、一九二八年)。
(14) 平野卓治「山陽道と蕃客」(『国史学』一三五号、一九八八年)。
(15) 松原弘宣『日本古代水上交通史の研究』(吉川弘文館、一九八五年)。

(16)『万葉集』第一八、四一二二歌。
(17)前掲注(14)平野論文。
(18)加藤友康「日本古代における輸送に関する一試論」(『原始古代社会研究』五、一九七九年)。
(19)松原弘宣「奈良時代における海運政策」(前掲注15書)。
(20)有富由紀子「日本古代の初期地方寺院の研究――白鳳時代を中心として――」(東京女子大学『史論』四二号、一九八九年)。
(21)拙稿「古代における民族と衣服」(『日本の社会史』八、岩波書店、一九八七年)。

第二章　古代における都と村

はじめに

一九八八年の秋、中国広西チワン族自治区の省都南寧で、たまたま開かれていた長沙馬王堆出土文物の展覧会を見る機会があった。発見直後に日本へやってきて、私たちの注目を集めた軑侯夫人のミイラよりも、私の目を捕らえてはなさなかったのは、三号墓から出土した三点の地図であった。幾度か上り下りしたことのある珠江が、力強いタッチで描かれて、現在の地形そのままに、香港方向の南シナ海に注ぐこの地図が、紀元前のものであるという事実が、目をくぎづけにしたのではない。華南地域の水系の力強い表現に比べて、道路の表記の心もとなさが、注意を引いたのである。そのころの私は、「行基図」のことが、常に頭の中にあった。行基図とこの地図の道路表現の対照が、ことのほか気にかかったのであった。

およそ人間はみずからが置かれた周囲の地理的環境について、個々に主観的な地図を描いている。ある時代の地理感覚は、その時代の空間認識に規定されて成立するのであり、その抽出が、時代の特質の解明につながると考えられよう。では古代の人びとはいったいどのように日本列島の地理を描いていたのだろうか。そしてそれは古代のどのような空間認識に由来するのだろうか。

本章はこうした問題意識のもとに、古代の地理感覚とそれを生み出した地理的環境を考え、ここから古代における都と、地方の村落の関係を読み解こうとするものである。

『古事記』の国生み神話の語るところは、四国や隠岐諸島をはじめとして、列島の島々が、すでにそのおおねの形状や、島嶼の数を知られていたことをうかがわせる。大化二年（六四六）八月に国司に対して「宜観国々彊堺、或書、或図、持来奉示」と命じたとする記事(1)からうかがえるように、諸国の境界が設定され、これを書き入れた国図ともいうべき地図が作成されて、中央に進上されたことが知られるが、こうした地図の存在が、中央に国土の形状把握を可能にさせたと想定される。しかも堤や溝、そして墾田の開発が、この図の作成作業と同時に指令されていることから、この地図は国を全体として把握した大ざっぱなものではなく、県も書き込まれ、また自然地形の把握、表記をも前提としたものであったことが推定される。

また職員令民部省条には、民部卿の職掌として、橋道・津済・渠・池・山川藪沢の管掌があげられている。そして集解の諸説は、民部卿が個々の地域、あるいは施設を直接管掌するのではなく、いずれも地図を媒介として、その形状を知るものであるとすることで一致している。そしてその地図は、穴記や跡記では「国図」と称されており、また朱説でも「国図」を念頭に論じていることが明らかである。したがって、ここでいう地図は、全国を一括して描いた総図、全体図なのではなく、地方図、地域図としての「国図」であったと見てよいであろう。つまり国ごとに橋道以下の記載のある、自然地形を表現した地図が作成され、全国から民部省に集積されていたことを意味していよう。

要するに大化二年の国司詔における、諸国に作成が命じられた地図に類するものが、現に中央に存在していることを前提としなければ、こうした法意についての解釈は行われないはずなのである。また部分図、地域図における地形把握の技量について、正倉院に残された荘園絵図などから類推されるところでは、現実の地形を読み取るに支障のないものであり、古代において地形を平面の上に表現する技術が、一定の段階に達していたことが理解されるのである。

以上見てきたごとく、すでに古代において律令国家の版図は、中央へ集積されただろう地域図の存在を手がかりに想定するならば、当該時代の列島認識を反映する範囲において、きわめて細密かつ正確に把握されていた可能性がある。

かかる状況をふまえた上で、次に古代における日本全図を考えてみたい。こうした部分図、地方図作成の技術は、果たして全体図に反映しただろうか。

第一節　行基図の特質

行基図は、江戸時代以前に描かれた、現存唯一の日本全図である。部分の集積は全体にはなりえないというのが、前述のような段階に到達していたと想定される地方図と比較して、行基図を見たときの結論である。では両者の位相は、一体何に由来するのだろうか。そこで次に、行基図についてその特質と歴史的性格を考えてみよう。

行基図は、行基の創始とされることからこの名で呼ばれるが、これが行基の作であるか否かは、問題がある。(2)しかし江戸時代初期以前における、日本列島を描こうとした地図として、現存する唯一の類型であり、古代における地理感覚を探る資料として有効であることは疑いがない。行基図は、厳密にいうと四つに大別されるという(3)が、そのいずれにも共通するのが、日本列島の地形の正確な描写に、注意を払っていないという事実である。日本全体は丸みをおびた曲線で表現され、地方行政単位としての国は、山城国を中心に、俵あるいは繭を並べたように重なり、各々の国の実際の地形の表現はいっさい顧慮されていない。この地図の目的が、日本全土の地形の把握にあるとは考えにくいのである。

いまひとつ行基図の特徴をあげておくと、金沢文庫所蔵の、嘉元三年（一三〇五）のものと推定されている日本図を唯一の例外[4]として、地図上に都から延びる七道が、必ず示されるという事実がある。つまり国をあらわす俵や繭のつらなりが、団子のように、七道に串ざしにされたかたちで表現されているのである。行基図のうち、最古のものの写本のひとつと見られる、仁和寺所蔵の、嘉元三年の年紀を持つ地図では、七道が朱線で表されている。古代官道としての七道の表示が、行基図の大きな眼目だったことが知られるといえよう。

また大治三年（一一二八）写との文字が見えることから、原図は少なくとも平安末期まで遡る可能性がある、室町時代末の『二中歴』の写本所載の行基図、いわゆる道線日本図では、日本列島の形は表現されず、ただ七道を示す線が描かれた上に、国名が書き連ねてあるだけである。この地図は、既存の行基図から、日本の輪郭や諸国の国境を取りさって、国名だけを五畿七道別に並べたものと位置づけられている。これらの事実から、行基図作成の目的が、地形の把握にあるのではなく、道路を基準にして各国の位置、配列を表示することを意図したものであったことが知れる。

ところでこうした特徴を持つ、一連の行基図と称される地図のなかで、『拾芥抄』所載のそれに注目したい（図1）。本図の写本のうち、特に誤謬が少ないと評価されている、尊経閣文庫所蔵の天正一七年（一五八九）書写本には、諸国から京へ上下する際の所要日数が国ごとに注記してあり、また「壺石踏[5]」「キソノカケハシ」「ムヤムヤ関」その他、各地の港湾・関など、交通関係の地名・施設の書き入れがあるからである。

延暦二四年（八〇五）の改定を特筆していることで、最古の年紀を持つ『集古図』所掲行基図には、「白河関」が書き入れられている。前述の嘉元三年の年紀を持つ、仁和寺所蔵地図にも、「シラカワノセキ」の記載がある。これらの諸点を勘案すれば、行基図は日本列島の交通関係の表記を重点に作成されたことは、疑いようがない。

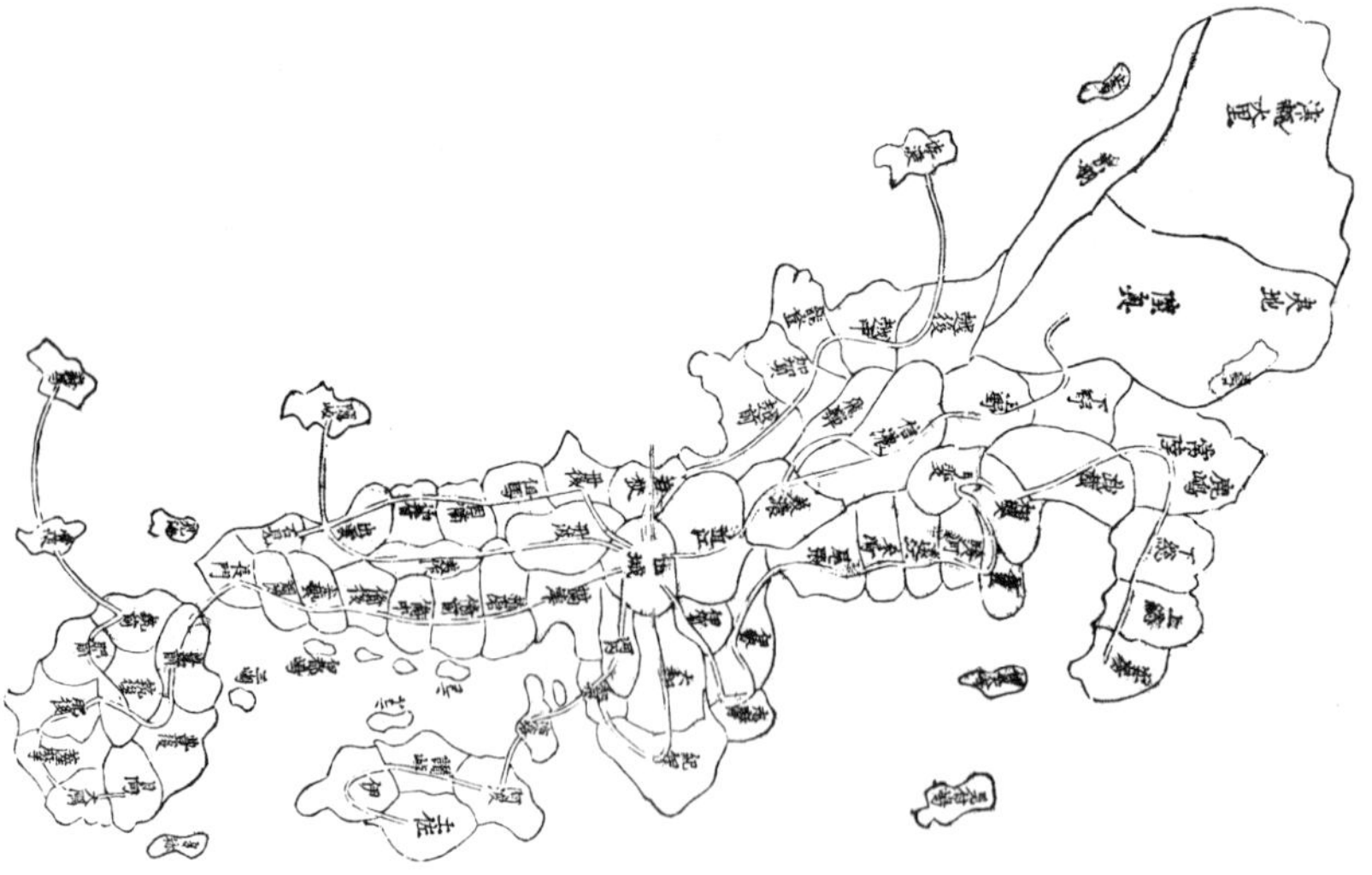

図１　行基図（『拾芥抄』）

　このように江戸時代以前の日本全図の、唯一の形式である行基図が、地形の表現を等閑視して、都から延びる七道を軸に、各国の配列に力点をおいて描かれている事実は、国土のまとまりが、あくまでも都から延びる道を契機として達成されるのだという、ある時代の認識を反映していると考えられないだろうか。

　冒頭で述べたように、行基図の地形表現の稚拙さは、決して当該期における国土の地形把握の意志、ないし能力の欠如を意味しているのではないことが、部分図の作成の事実から推察された。こうした状況下で、全体図については地形の描写を等閑にし、都から諸国を貫いて延びる道が地図の上で強調されている事実は、地図で強調される部分がその地図のもっとも主張したい箇所であるという見地からすれば、都から延びる道と諸国との相関が、行基図の表現の主眼であったことを意味すると思われる。

　行基図は、前近代唯一の日本全図であり、中世後期にいたるまでこの類型以外に日本全図は存在しなかったと考えてよい徴証がある。「混一彊理歴代国都之図」と称する、李朝太宗二年（一四〇二）に朝鮮で作成された世界図の存在である。これは中国で作られた世界図に、朝鮮と日本を書き加えた形で成立しているのだが、このうち日本の図は、『拾芥抄』所載のものに近似した、行基図をもとに描かれたことが推定されるからである。行基図が、たまたま今日に伝えられた日本全図に過ぎず、前近代社会には、他の類型の地図も多く存在していたとすれば、朝鮮であえて列島の描写を簡略化し、デフォルメした国々の連なりとして描いた行基図が、世界図の空白部分を埋めるために使われるはずはないと思われるからである。倭寇の侵略で沿岸が悩まされた中国で、一六世紀の前半に、日本図が多く作成されたというが、その諸類型も、いずれも行基図の範疇を出るものではなかった。また行基図系統の日本図は、宣教師たちによって、ヨーロッパへ持ち帰られ、ヨーロッパの地図における日本図の原形になったという。(6)

また桃山時代から江戸時代初期にかけて、さかんに描かれた南蛮屏風の一種に、日本図屏風と一対をなす世界図屏風がある。織田武雄氏は、南蛮屏風における日本図の描写は行基図よりも海岸線の出入りが複雑になってくること、福井市浄得寺のそれでは山川の記述や蝦夷地の一部の表現さえあることなどからして、中世末期以降には、行基図以外の日本全図がすでに存在しており、日本図屏風はこれをもとに描かれたのではないかと推定している。(7)いずれにせよこの段階以前の日本全図は、すべて行基図の類型に属するものとしなければならず、前近代日本における日本全図は、行基図が唯一のものであったと考えられるのである。

最後に、行基図がなぜ行基の作とされるのかについて付言しておきたい。井上薫氏は、秋岡武次郎氏の行基図を行基の創始と認める説に反論して、(8)行基に関する信頼すべきどの史料にも、行基が地図を作成したという記録は見えないし、(9)奈良時代に行基が作ったという日本地図も伝えられていないことから、地図作成が行基に仮託されただけであろうとする。なぜ行基に仮託されるかといえば、彼が布教と社会事業（農業・交通関係）施設の造営のため、主として畿内を回ったことから、彼の没後に推測が拡大され、天平一〇年（七三八）八月に、国郡図を諸国から政府に提出させたことに、行基を関与させて考えられるようになり、地図作成者としての行基像が成立したものとする。(10)

私見も行基仮託説に左袒したいが、何ゆえに行基に仮託されたかについて今少し付言しておきたい。それは、行基図が道路および関、橋など、交通関係施設の表現におもきを置いている事実と、行基が橋、港湾、道路など、交通関係施設の造立に尽力した功績が結びつけられたゆえとするのが、一番自然であると考えられる。また、いまひとつかかる類型の図が、行基の創始に仮託される理由として、海野一隆氏は、行基が追儺の儀の創始者と伝えられている事実と関係があろうとしている。(11) 周知のように追儺は、一二月の晦日の夜に禁中で行われる疫鬼を追い払う行事である。その際に陰陽師が唱えた祭文が『延喜式』に伝えられており、疫鬼を追放すべき千里の外、四方の堺が明記されているが、それは「東方は陸奥、西方は遠つ値嘉、南方は土佐、北方は佐渡より彼方」である。ここで遠つ値嘉は、長崎県五島列島福江島に比定されており、遣唐使が南路を採るようになってから日本列島側の最終寄港地として充てられたところである。(12) ここが西の果てに充てられているのは、ここを経由して中国、朝鮮への海上の道を想定してのことであった。陸奥、土佐、佐渡は、おのおの都からの東山道、北陸道、南海道の終点としての位置づけからであるという。(13) つまりいずれも道の果ての境界域として、それぞれの地があげられていることが明らかなのである。そして追儺の儀では道路と境界の関係が、こうした形で把握されたとすれば、道路が諸国を貫いた形で表現される行基図が、この追儺の儀に、なんらかの形で用いられた可能性が考えられよう。(14)

以上のように行基図を捉えた上で、これを中国における古地図の表現様式と比較するとき、道路が日本列島を貫く形で表現された行基図の特色がいっそう際立ってくる。そこで次に、中国における地図の特質について考えてみよう。

第二節　中国の地図の特質

中国では早くからさまざまな地図が作成された。なかでも一九七三年に発見された、長沙馬王堆三号漢墓出土の三種の帛書地図（図2）は、紀元前二世紀という古い時期の制作である。地形図、駐軍図、城邑図と仮称される三点の帛書地図のうち、地形図を一見して気づくのは、力強い水系の表現である。一般に地図は、もっとも強調したい要素が、一番印象的に示される。そうした中でこの地図においては、同じ地形表現のうち、山脈には名称が付されないのに対し、河川の水源部分や合流点に河川名が記入されていることは注目にあたいする。この地図の表現の主眼が水系にあることは明白であり、河川を軸に地図が描かれ、これが全体の構図や、個々の地点の位置関係を規定するというメカニズムがうかがえる。

一方、この地図のなかに道路の表現を見つけるのは難しい。道路の表現は川の場合と比べて細くかつ弱い。全体を描いたあとに、一部の道路を選択的に描きこんだものと想定されている[15]。このことは、長沙地域においては、陸上交通より、河川交通が重要な役割を果たしていたことを意味するのはいうまでもない。海野一義氏は帛書地図の地形図も駐軍図も、座標軸が水系にあるが、それはこの地域がほかならぬ南船北馬のうちの南船地域に属し、水系がもっとも重要な交通路であったことが一因であるとする[16]。しかし古代・中世の地図においては、交通体系の主流になっていると否とにかかわらず、総じて河川水系が、空間構成の軸としての機能を持ち、当時の人びとの空間認識の基本的枠組みを形づくっていたという歴史地理学からの指摘がある[17]。海野氏も、水系が地図の座標軸となるのは、河川交通が主体である社会の特質というわけではないとし、内陸アジアの草原砂漠地帯における、水系が座標軸に設定された地図を例示している[18]。

このような水系の地図制作上に占める役割にかんがみて、馬王堆帛書地図における道路表現の微細さを、わが

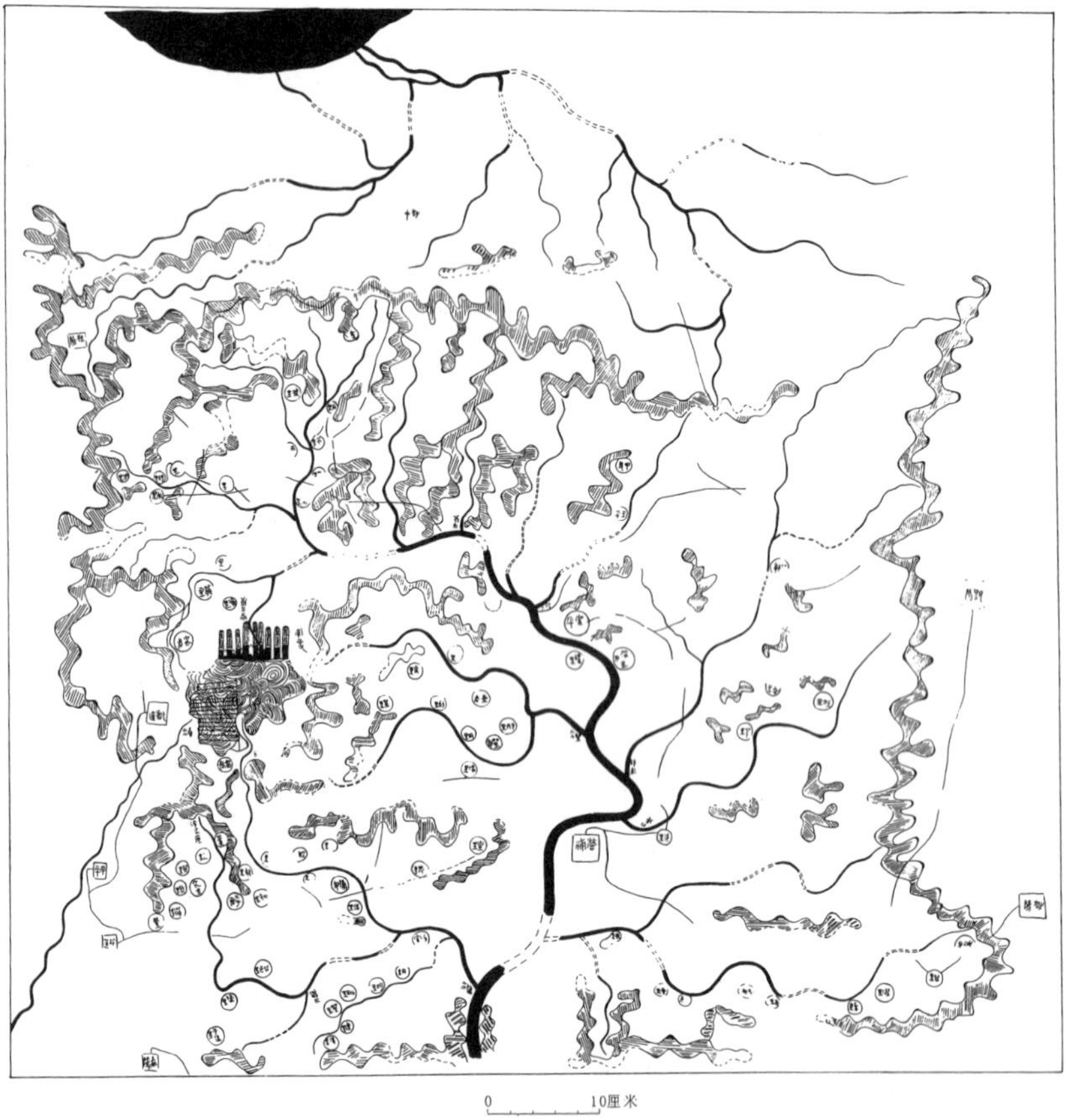

図２　馬王堆出土長沙国南部地形図

行基図における道路基軸型の地図と比較して見るとき、道路を主体とする行基図の特異性がいっそう際立ってこよう。そしてそれは、ひとり馬王堆の地図と対比してのみいえることではないのである。

禹跡図という地図がある。中国陝西省博物館、西安碑林収蔵の阜昌七年（一一三六）の刻年銘を持つ石刻のそれは、馬王堆地図が発見されるまで、現存最古の中国地図であった。この地図は、方百里の方格の上に、現行の地図と大差ないほど正確に、海岸線や河川の流路を描き、山川名や州郡名を書き込んだものである。ここにも道路の記載はない。

この地図は刻銘に、禹貢の山川名を記入したことを明言しており、これが『書経』禹貢篇にもとづくものであったことが知れる。禹貢篇は、夏王朝を開いた聖王、禹が制定した貢法の意で、禹が九州を平定し、版図のうちに収める過程をたどったものである。それは結果として中国の地理書の体をなしているが、禹の経路を追ってみると、禹は河川から河川をたどって諸地域をめぐっており、中国が水系でたどれる版図として叙述されていることが理解されよう。禹の巡行の経路には、陸路はほとんど登場しないのである。帝都から地方への経路を水系でたどるという特徴が看取されよう。

参考までに、これをわが国における『風土記』に見える国土平定のための巡行説話と比較してみよう。たとえば「播磨国風土記」賀古郡以下の条に説かれる、大帯日子命《おおたらしひこのみこと》が印南別嬢《いなみわきいらつめ》を妻問いした際の「道行き」は、舟によっており、これが実は航行であったことが理解される。餝磨郡では、大汝命《おおなむちのみこと》の、強情な息子火明命《ほあかりのみこと》を遺棄しての逃走も船で行われた。しかしそれ以外の「播磨国風土記」の国土平定に関する巡行説話には、たとえば伊《い》和大神《わのおおがみ》のそれなどを見ても、船で行ったことが確実に確かめられる例はない。そして『風土記』の地理記載が、次に述べる『水経注』のごとく水系を指標に行われたという形跡も見えない。

中国の話に戻ろう。水系でたどって地理を表現する方式は、『書経』禹貢篇ばかりでなく、『水経注』でも同様である。『水経注』のもとになった『水経』は、後漢の順帝（西暦一二五～一四四）以降の制作とされ、一三七の河川について、発源地、流向、経過する各地点の産物等をおさえたもので、こうした記載様式は『書経』禹貢篇にならったものと考えられる。六世紀はじめまで伝存した『水経』を、酈道元が格段に精密にし、新たに中国河川誌『水経注』全四〇巻を作ったのである。ところで森鹿三氏によれば、『水経』には、前漢の末にはすでに「水図」ともいうべき中国河川図がともなっていた、あるいは「水図」の方がもとで、これに経過地点の郡県名が詳記され、整備されて、『水経』になったのかもしれないという[19]。とすればこれも、河川が地理表記の基準となった地図の存在を推定させるものである。以上見てきたのは、中国の古地図における地理表現の特色である。かかる事態と対比して、行基図の空間構成に、河川水系が基軸になった形跡がまったくないことを、どう考えるべきだろうか。

第三節　道と地方行政区画

列島において河川交通、あるいは海上交通の果たした役割の重要性を考えると、諸国間を貫流する大河が、あまり多くはないという事情があったにせよ、行基図と中国の古地図との水系をめぐる対照は、不可解の念を禁じえない。行基図に見る列島の空間構成が、道路を軸に展開している事実に、空間認識における日本的特質が瞥見されると思うのは、うがちすぎだろうか。国々は道路に貫かれることによってはじめて、有機的に機能しうる。国は道路の媒介によって初めて、国として存在しうるのであり、列島がひとつのまとまりとして存在するために、道路こそ不可欠だとする考え方が、行基図という特異な地図の表現形態を生んだのではなかったか。またこうした考え方のゆえに、多少のバリエーションはあるものの、古代中世を通じて、永くこの形式が遵守されてきたのでもあったろう。

私はこれまで、古代において官道が果たした列島一元化への役割を考えてきた。大陸の文明をまず中央に導入して、地方に敷衍する方式を建前とする律令国家の原則の上で、中央の文明が地方へ波及していくために、その媒介の経路として、官道の中央と地方を同次元空間として結ぶ機能が特に重視された。中国律令の導入によって、国家の発展段階の上で未開の上段にかろうじて位置づけえた律令国家が、いまだ未開の段階に沈潜する地方社会を、その共同体レベルでの中央一元化はひとまず捨象して、地方に点在させた律令国家の出先機関としての国庁を、中央から発する直線の官道で結び、道路上での行礼と国庁での儀礼を通じて、中央における朝堂と同次元空間として結びつけたのであった。こうした装置を得て初めて、律令国家は日本列島を、一律に日本的礼教の機能する場として位置づけることに成功したと考えられる[20]。

ところでこのような律令国家の手による、道路を媒介にした「日本」としての一元化は、必然的に国家領域の確定の上に占める道路の役割を増幅させて認識させる結果となった。日本列島は、中央から放射状に拡がる道路によって、国家領域の中に取り込まれた世界として観念されたのである。

『日本書紀』に成務天皇の時代のこととして叙述される国造、県主の設置の記事の中に、国土の行政区分の設定と道との相関をうかがうことができる。すなわち卒土の内に野心ある者がはびこり、改悛の情が見えないのは、国郡に君長なく、県邑に首渠がいないからであるとし、中央の蕃屏にするために個々に国造・郡造・稲置を置き、また各々の身分標識として盾矛を賜与した。そこで山河を隔てて国県を分置し、東西南北の道に従って邑里を定めたとあり、道を基軸に邑里が区分されたという地方行政区画設定の脈絡が浮かびあがってくるのである[21]。しかもここで「阡陌」と表記される東西南北の道の意味するところは、前段に続いて、

因以㆓東西㆒為㆓日縦㆒。南北以㆓日横㆒。山陽曰㆓影面㆒。山陰曰㆓背面㆒。

とあることからして、のちの七道制を念頭においた、国土を貫く道路であったことが知れる[22]。つまりまず邑落が

道路に先行して存在し、これを結びつけるものとして道路が造成されたという歴史的経緯ではなく、初めに畿内から東西南北に放射状に延びる道路が設定され、これを基軸に邑里が定められたという経緯を、書紀の編者が想定していることが明らかである。こうした考え方の背後にあったのは、いうまでもなく七道と、これによって結ばれる地方とのかかわり方であったろう。すなわち筆者がこれまで明らかにしてきたように、古代において官道は、地方の官衙所在の空間と、中央の朝庭を中心とする空間を、地方に敷衍する装置としての機能を担い、中央と地方は、道路の介在を得て初めて、同次元空間として結ばれえたのであった。ここでは道路は、あくまでも中央の朝庭、そして地方の官衙所在の空間と通底する、人工的構築物としての要素が強調される必要があった[23]。木下良氏は、歴史地理学の立場から諸国の官道と国府の位置関係を検証し、国府域内外に駅家の所在が確認できることから、律令盛行期には原則的に国府と駅家が同じ場所に設置されたことを明らかにした。つまり駅の置かれた官道がまず存在し、これが基準となって地方の国府が計画されたのであって、その逆ではないのである[24]。

中央から地方に延びる道路がまず建設され、これが国府、国庁の設定の基準となり、また国府に道路の主要施設である駅家が設置されたとすれば、このことこそ道路が中央の朝庭の空間を地方に敷衍する装置として意義づけられていたことを示すにほかならないであろう。そしてかかる機能を担うために、道路に付与されたのが、人工性という属性であった。古代の官道が、計画的直線道路であり、道幅も一〇メートル前後、側溝が設けられ、敷き石舗装された場合さえあることが、各地で明らかにされている。それは「魏志」倭人伝が対馬の状況について述べたような、「道路は禽鹿の径の如し」という、プリミティブな道路の形成過程とは性格の異なった、国家大権による建設計画のもとに形成された道路であった。道路の人工的構築物としての属性を支えるのは国家の関与ばかりではない。

延暦一五年（七九六）から大同、弘仁、天長年間の成立といわれる『東大寺諷誦文稿[25]』によれば、「造二道橋一路側造レ井、植二果樹一等」を念じることが、「造二経仏一」と同じ価値を持つ、仏教者の「三業善」の重要な因子としてあげられている。これらはいずれも道路に施されるべき人工的造作である。

『類聚三代格』巻七所引、天平宝字三年（七五九）六月二二日官符には、

　乾政官符

　應三畿内七道諸國驛路兩邊遍種二菓樹一事

　右東大寺普照法師奏狀偁。道路百姓來去不レ絶。樹在二其傍一。足レ息二疲乏一。夏則就レ蔭避レ熱。飢則擿レ子噉《し》レ之。伏願。城外道路兩邊栽二種菓子樹木一者。奉レ勅。依レ奏。

とあり、東大寺の僧普照が、畿内七道諸国の駅路の両側に遍く果樹を植えることを提案している。それは百姓が木の蔭に憩い、その果実を食して飢えをしのぐことを目的としたものであって、道路そのものの造作と比べるとその規模は大きくないが、官道の人工性を際立たせる点で変わりはない。いずれの要素も、道路が断絶することなく中央の都へ通じていることを、地方住民に認識させるために機能したであろう。また『東大寺諷誦文稿』によれば、寺の堂舎をたたえる際の常套句として用意された言葉に、

　此堂名《ハヲ》云レ某、……此堂大壇主先祖建立。堂麗厳……遠見珂怜、驛路大道之邊毎レ物有レ便……

というくだりがあり、地方で私的に建立された寺院の堂舎も、駅路大道の辺に位置させることが一般的だったと知られよう。

　このような形で成立した官道は、中央と地方を結ぶことにより、道路空間の人工性が、中央との連続性を意識させ、中央の朝庭と同次元空間として、地方の官衙所在空間を位置づけたのであった。そこではあくまでも都との道路の連続性が、大命題であった。先に筆者は、律令国家が水陸双方の交通体系の中から、陸路を国家の原則として選び取った事実があるが、それは都城と地方の連続性、不可分性の具現化の必要上からであると解釈した。(26)

「常陸国風土記」に、常陸国の国名の由来を説明して、

所二以然號一者　往來道路　不レ隔二江海之津済一　郡郷境界　相二続山河之峯谷一　取二直道之義一　以為二名称一焉

とあるように、国内の道路はすべて陸路で往来することができ、川や海で郡郷の境界が隔てられることがないという特徴が、国名にかかげられている。このことは、陸路から海路、河川路へたどることの煩わしさからの解放という点で、この国の交通体系が評価されたという事実を、まずは意味していよう。さらに陸路の連続性で国内の不可分性が強調され、ひいては都への直結性が地方の一国の存在意義として強調されえたという古代における中央と地方の特質を看て取って、あながち間違っているとはいえまい。

こうした、「常陸国風土記」の記載との対比で興味深く、また諸国における道路の意味を考える上で示唆的なのは、「出雲国風土記」各郡条の末尾の、おおむね署名の前に記載される郡家から四方の郡境までの里程の記事である。これが諸本には、「通道」という記事表目を立てて表記されている。しかも、各郡の末ばかりではなく、「出雲国風土記」全体の巻末記にも、諸本では「道度」「通度」の項目のもとに、出雲国内の交通路が列挙されている。

この記載で注目されるのは、書き出しが国の東の境界、伯耆国との国堺の道路から始められていることである。そして末尾は石見国にいたる、国の西の境界で終わっている。出雲国内部の交通路を示そうとするものなら、郡ごとの「通道」の記載が、郡家を起点にして行われていたように、国庁から書き出してしかるべきなのに、伯耆との国境から書き出していることは、中央からの路程を示そうとする意図からのものであることを明らかにしている。これは最末尾の「駅」記事標目の項で再び繰り返され、国内を横切って他国に続く主要道たる、伯耆国境から石見国境までの山陰道と、黒田の駅から分岐して北に向かい、隠岐にいたる路程を、逐一駅をたどって里数で表示している。黒田駅は出雲国庁と同所にあった[27]が、ここでは国庁の地理的位置関係はいっさい言及されない。

駅だけが問題なのである。

国の政庁の所在が官道の上のどこに位置するかに、まったく注意を払わない地理表現を見れば、畿内からの交通ルートの表示に主眼があったことはいよいよ明白であろう。「出雲国風土記」において、郡ごとにはりめぐらされた官道と、出雲国全体のそれの詳細、そしてさらにその大要というように、幾重にも官道に関する情報が提供されていることは、出雲国の構成要素として、道のネットワークが重要なファクターとなっていること、縦横に張りめぐらされた官道を集約するかたちで、山陰道というパイプが、中央と出雲国を直結して介在することの表出となっているといえよう。そしてこうした交通路主体の地理の記載法が、中国の地理書のそれといささか傾向を異にしていることは、前節で述べたとおりである。

以上見てきたごとく、わが国の古代における地理表現は交通路を主体に行われた。それは中央からの道路が、地方の国庁を中央と直結させ、律令国家の礼的秩序の存立空間である朝庭を、同次元空間として各地に敷衍するための、不可欠の装置だったのである。こうした交通路の位置づけの日本的特質が、行基図のごとくの、都から延びる道路が諸国を貫いた形で描かれる、独特の日本全図を成立させたものと考えられよう。

第四節　村落の道と官道

ところでこれまで見てきたのは、都と地方の関係であって、それは都と、地方に置かれた都の出先機関としての官衙所在空間を結ぶ道路の問題であった。こうした空間は、庶民の生活空間と合致するものではない。では村落の生活空間と官道は、どのような関係にあったのだろうか。古代村落民にとって、中央と地方の官衙を結ぶ官道が、彼らの日常生活上、どのような位置を占めたのかは必ずしも明らかではない。官道の設置が如上の目的に基づくもので、沿線住民の利便に資することを第一義としてはいなかった。このことは官道の民衆レベルの利用頻度に、当然少なからざる影響を与えた。

「出雲国風土記」嶋根郡条によれば、宍道湖と中海との間には、官道と民間のそれと二つの渡があったことが知られる[28]。すなわち、

朝酌促戸渡　東有二通道一　西有二平原一　中央渡　則筌亙二東西一　春秋入出　大小雑魚　臨レ時來湊　筌邊駈駭　風壓水衝　或破二壞筌一　或製二日腊一　於レ是被レ捕　大小雑魚　濱譟家闐　市人四集　自然成レ鄽矣　自レ茲入レ東　至二于大井濱一之間　南北二濱　竝捕二白魚一　水深也

朝酌渡　廣八十歩許　自二國廳一通二海邊一道矣

と見えて、「朝酌の促戸の渡」と、その東側の、国庁からの官道としての「朝酌の渡」の、二つの渡が併存しているのである。そして両者のうち、「朝酌の促戸の渡」の繁栄が対照的に語られている。この地域は非常に漁獲量が高く、その種類も豊富なので、これを売買する商人や商店が集中し、家々も建ち並んで浜は喧騒の極みだったという。この地が魚介類の市として賑わったのは、ここが渡として交通路の要衝であったからである。

一方、官道の「朝酌の渡」については、国庁から「海辺」へ通う道であることが記されるのみである。ここで「海辺」は、日本海を指しており、嶋根郡衙を経由して隠岐へ通じる千酌駅へいたる官道として、この「朝酌の渡」が設定されていることが明らかなのだが、この渡の利用については言及されていない。このことは、官道としての「朝酌の渡」は、公的任務を帯した人びとの通行には利用されたが、民間レベルではおそらく「朝酌の促戸の渡」の利用頻度の方が高かったことを推定させよう。つまり宍道湖と中海の間に設けられたふたつの渡は、官用と民用におのずと用途が分化していた。地域社会の要請の中で自生的に発生しただろう「朝酌の促戸の渡」の方が、より成立が古いと想定されるが[29]、新たな官道としての「朝酌の渡」の設定にもかかわらず、繁栄を続け

たのであった。渡に設けられた舟などの装置が、官の利用に供されるものであって、民間の利便とはならなかったことなどが、理由としてあげられようが、官道と民間の道の位相を考える上で、示唆に富む史料である。

　このように、国家権力によって設定された交通路はすべて、地域社会の生活に根ざすものではなかったかといえば、そうではない。同じく「出雲国風土記」の玉作温泉に関する記述は、その点を明らかにしてくれよう。

忌部神戸　郡家正西廿一里二百六十歩　國造神吉詞望　参二向朝廷一時　御沐之忌里　故云二忌部一　即川邊出レ湯　出湯所レ在　兼二海陸一　仍男女老少　或道路駱驛　或海中沿レ洲　日集成レ市　繽紛燕樂　一濯則形容端正　再沐則萬悉除　自レ古至レ今　無レ不レ得レ驗　故俗人曰二神湯一也

ここでは万病に効くとされ、風光明媚な土地柄も手伝って、老少男女が集った温泉の繁栄が記されるが、その様子は、「男女も老いも少きも、或いは道路を行き交い、海路を浜に沿って、日々集って市を成した」という。ここにいう道路は、官道だったのか、それとも地域社会で自生的に形成された道路であったのだろうか。「出雲国風土記」巻末記によれば、国府の十字街から正西に延びる官道が、野代の橋を経由して玉作の街にいたったという。また玉作の街からさらに正西の道と、正南の道が分岐している。この地にあえて官道の分岐点が設けられたのは、温泉を目指して各地から集う人びとの利便に供してのことであったと考えられよう[30]。否、見方をかえていえば、自生的に形成された道路を利用する形で官道が設定されたといった方が、より妥当かもしれない。それは朝酌の渡が地域の利便を考慮の外に置いて設置されたがゆえに、旧来の朝酌の促戸の渡の方が、依然として地域社会の交通の要として機能した事実と対照的である。

　このように見てくると官道は、旧来の道路を生かすかたちで設定された場合に、村落共同体を結び、地域社会の活性化に機能しえたと考えられよう。しかし歴史地理学の最近のめざましい成果が知らせてくれたように、古代の官道がその直線性を特徴とした事実は、これが村落共同体をたんねんに結んだ形で設定されたのではなく、そうした配慮を欠いて、郡衙と国庁、ひいては都を一直線に結ぶ交通路として設けられたことを示していよう。古代国家は、中央と地方の村落共同体を有機的に結ぶために官道を設置したのではなくて、地方村落を統治する、中央の出先機関としての官衙を、中央から放射状に延びる直線的官道の上に設置したのであった。

関和彦氏は、「常陸国風土記」行方郡の夜刀神伝承から、香島に向かう官道上の曽禰駅の所在が、村落首長箭《や》括《はず》氏《のうじ》麻多智《またち》が開発した地域を外れた、「此より上は神の地」として、民衆の生活の場と棲み分けを図った、まさにその地にあったことを明らかにした。曽禰駅が『延喜式』や『和名抄』に見えないのは、地域の村落民の生活とかかわりえない地に設定されたという事情が、この駅の廃絶を早めたのではないかとする(31)。

古代官道の直線的形態が中世以降の道と断絶するのは、おそらくこうした点に原因があるのかもしれない。地域共同体の利便に供することを第一義とせずに、官衙間を最短距離で結んで設定された官道が、恒久的な生命を得られたとは考えにくいからである。古代律令国家の衰退とともに、かかる経緯で形成された道路が放棄されていったのは、当然の成り行きといえよう。

おわりに

ここで再び地図の問題に立ち帰って考えてみよう。行基図は、いずれも中央から延びる官道が、諸国を串ざしにした形で構成されていた。個々の国々の地形は一切顧慮されず、都からの官道にそった諸国の配列のみを主眼とした地図は、当然中央の要請で描かれたものということができよう。地方の村落の生活、そこに生成されていった彼ら自身の生活に根ざす道は、かかる地図の上には表現されえない。いかに中央の人びとが列島全体を観念するのに行基図のごとき地図を描こうとも、地方村落に生息する人びとは、彼らの行動範囲に即した、村落相互の交通を主眼とした彼ら自身の地図を、脳裏に描いていたものと考えられる。

本章から得られた結論は、都と地方を結ぶ官道は、庶民の生活に根ざした、村落を結ぶ道と必ずしも重なるものではなく、古代律令国家にとって、地方は村落と同義ではなかったということである。しかし考えてみれば、地方が村落に合致しないこと自体が、日本的特質というべきかも知れない。

（1）『日本書紀』大化二年八月庚申条。
（2）井上薫「行基の勧進、日本国図、土塔」（『末永先生米寿記念献呈論文集』奈良明新社、一九八五年）。
（3）秋岡武次郎「鎌倉、室町時代の行基式日本図」（『日本地図作成史』第三章、鹿島出版会、一九七三年）。
（4）海野一隆氏は、この図は東半分が失われており、しかも諸国への経路の記入がないので、厳密には行基図の範疇に入れ難いとする。海野「行基図」（『ちずのしわ』雄松堂出版、一九八五年）。
（5）「壺石踏」が石造の構築物で、主要交通路の一部を構成するものであったことについては、海野一隆「『つぼのいしぶみ』の正体」（前掲注4『ちずのしわ』）。
（6）（7）織田武雄『地図の歴史――日本篇』（講談社現代新書、一九七四年）。
（8）秋岡武次郎「行基式日本図の総括」（前掲注3『日本地図作成史』第七章）。
（9）秋岡武次郎は、『行基大菩薩行状記』に、「三国の差図をつくりて、吾朝にひろめ給へり」とある史料を、重要な根拠にあげているが、本書の成立は室町以降のものとし、いわゆる行基図の存在が広範にあった時代の叙述であり『群書解題』の解説にも「行基の行状を知る根本資料とはなし難い」とあるように、これを行基図作成の根拠とすることは無理だろう。
（10）前掲注（2）井上論文。
（11）前掲注（4）海野論文。

(12) 西山良平「古代社会と地域社会」(『日本の古代』一五、中央公論社、一九八六年)。
(13) 熊田亮介「蝦夷と蝦狄」(高橋富雄編『東北古代史の研究』吉川弘文館、一九八六年)。
(14) ただし海野のいう、行基を追儺の儀の創始者に擬す史料は、今のところ見いだしえない。
(15) 松尾容孝「馬王堆図——中国地図史上の一大発見——」(久武哲也・長谷川孝治編『地図と文化』地人書房、一九八九年)。
(16) 海野一義「地図学的見地よりする馬王堆出土地図の検討」(『東方学報』五一、一九七九年)。
(17) 前掲注(15)松尾論文。
(18) 前掲注(16)海野論文。
(19) 森鹿三「平凡社中国古典文学大系『洛陽伽藍記　水経注抄』解説」。
(20) 拙稿「道と古代国家」(大阪外国語大学『評林』一五、一九八八年)、「古代における中央と地方」(大阪外国語大学『国際関係論の総合研究』一九八八年)、「古代における道と国家」(『ヒストリア』一二五、一九八九年、本書第一部第一章)。
(21) 関和彦「古代の開発と『地域の道』」(『地方史研究』二二六、一九九一年)。
(22) 成務紀五年秋七月条。関和彦氏はこの「阡陌」を、畔道の意に解釈する(前掲注21論文)が、「阡陌」には、「東西南北の道」の意がある。この文章に続いて七道の設定を念頭にしていると思われる東西南北の道について述べ、しかも両者を「因りて」の語で結んでいることから、「阡陌」も七道に通底する、国土を縦横に結ぶ東西南北の道の意と解した方が適当といえよう。
(23) 前掲注(20)拙稿「古代における道と国家」。
(24) 木下良「国府の『十字街』について」(『歴史地理学紀要』一九、一九七七年)。
(25) 中田祝夫『東大寺諷誦文稿の国語学的研究』改訂新版(風間書房、一九七九年)。
(26) 前掲注(20)拙稿「古代における道と国家」。
(27) 出雲国の交通路については、藤岡謙二郎編『古代日本の交通路』Ⅲ(大明堂、一九七八年)参照。
(28) 関和彦「山村と漁村」(『日本村落史講座』第三巻、雄山閣出版、一九九一年)。

(29) 前掲注(21)関論文。
(30) 現在の玉造温泉と玉作街、玉作湯の関係については『玉湯町史』上巻（一九六一年）参照。
(31) 前掲注(21)関論文。

第三章　二つのチカシマに関する覚え書き

——古代の国際的交通をめぐって——

天安門事件ののち、おびただしい人数のベトナム難民をよそおった中国系の人々が、日本を目指してやってきた。かれらの多くが、五島列島の三井楽町に上陸したというニュースを聞いて、感慨無量であった。古代以来のかの地の、国際関係に占める位置に思いをはせたからである。

五島列島は古来、値嘉嶋《ちかしま》と呼ばれてきた。『日本三代実録』貞観一八年（八七六）三月九日の大宰権帥在原行平の上奏には、

境隣㆓異俗㆒。大唐新羅人等来者。本朝入朝使等。莫㆑不㆑経㆓歴此島㆒。

とあって、中国、朝鮮との往来はこの島を経由して行われたことが知れる。

また『肥前国風土記』値嘉嶋の条は、五島列島の地が、中央にとって、古代以来国際関係の上でいかに重要だったかを、あますことなく示唆してくれている。

値嘉郷　在㆓郡西南之海中㆒有㆓燦處三所㆒

昔者　同天皇　巡幸之時　在㆓志式嶋之行宮㆒　御㆓覧西海㆒　々中有㆑嶋　烟気多覆

勒㆓陪従阿曇連百足㆒　遣令㆑察之　爰有㆓八十餘㆒　就中二嶋　々別有㆑人　第一嶋名小近　土蜘蛛大耳居之

第二嶋名大近　土蜘蛛垂耳居之　自餘之嶋竝人不レ在　於レ茲　百足　獲二大耳　等一奏聞　天皇勅　且レ令二誅殺一　時大耳等　叩頭陳聞日　大耳等之罪　實當二極刑一　萬被二誅殺一　不レ足レ塞レ罪　若降二恩情一　得二再生一者奉レ造二御贄一　恆貢二御膳一　即取二木皮一　作二長蚫鞭蚫短蚫陰蚫羽割蚫等之様一　獻二於御所一　於レ茲天皇　垂レ恩赦放　更勅云　此嶋雖レ遠　猶見レ如レ近　可レ謂二近嶋一　因曰二値嘉一　嶋則　有二檳榔木蘭枝子木蓮子黒葛篁篠木綿荷莧一　海則有二蚫螺鯛鯖雑魚海藻海松雑海菜一　彼白水郎　富二於馬牛一　或有二一百餘近嶋一　或有二八十餘近嶋一　西有二泊レ船之停二處一

一處名曰二相子田停一　應レ泊二廿餘船一
一處名曰二川原浦一　應レ泊二二十餘船一

遣唐之使　從二此停一發　到二美彌良久之埼一（即川原浦之西埼是也）　從レ此發船　指レ西度之　此嶋白水郎　容貌似二隼人一　恆好二騎射一其言語異二俗人一也

ここは元来、土蜘蛛の首長の支配領域であったが、景行天皇の頃、中央に服属するところとなった。捕らえられた首長らの極刑相当の罪は、御贄の貢進を約束することで許されたという。この時景行天皇が、「此の嶋は遠けれども、猶、近きが如く見ゆ。因りて近嶋と謂うべし」といったのが、値嘉嶋の名の由来だと、『風土記』は語っている。

『肥前国風土記』はまた、五島列島の中にあった二つの港と、その規模について語り、この地域を、遣唐使がどのように経由して西に向かったかを特に記している。ここに登場する「美弥良久」という地名は、以後さまざまな史料の中に瞥見され、現在の地名では、五島列島福江島の、三井楽に比定する説が有力である。

『万葉集』巻一六の三八六〇歌以下一〇首の歌の左注は、美彌良久の地の、海上交通における重要性を語ると同時に、九州北部の住民の、海を媒介にしたネットワークの存在をかいま見せてくれる。

右、以二神亀年中一、大宰府差二筑前國宗像郡之百姓宗形部津麿一、充二對馬送レ粮舶柂師一也。于レ時、津麿詣二於

であったことが直接的契機になっていると見られ[8]、このこともこの地が、中央にとって直接的に把握すべき、すなわち「近く」あるべき存在であったことを裏付けるといえよう。

値嘉嶋と志賀島の地はともに、中央の側にとって、国際的交通上の重要性のゆえに、周縁のどの地よりも近くにあらねばならないと、意識されたのではなかったろうか。両地域ともに、景行天皇や神功皇后という、国家の領域的拡大の推進者に命名が擬せられていることも、戦争を含めた広義の交通[9]が、国家の領域的拡大に密接不可分であり、この点において交通の掌握が、なによりも重要であると認識されたことと関係があろう。

二つのチカシマのかかる位置づけの上に、両地域の海人集団の存在を重ね合わせてみよう。先に見たように、国際的交通に深く関与した両地域の海人集団が、相互扶助的ネットワークを組織していたことが推察された。そのふたつの地域が、共に中央からの命名によってチカシマと呼ばれたのである。しかも両地域の海人集団は、志賀のそれは間接的にせよ、国家の命を受けて対馬送糧船の舵取りにあたり、値嘉嶋のそれは遣唐使船の航海に関与するという形で国家の命に応じている。「チカシマ」たることを要求されたのは、もとより中央からの地理的な遠近感覚が問題とされたわけではない。両地域の人的資源の直接的掌握を意味する形での中央からの距離だったのであり、それは国際関係上の要請から発したものであったといえよう。

（1）『万葉集』巻一五、三六五二～三六九九。
（2）『万葉集』巻五、八九四。
（3）「智証大師伝」（『平安遺文』四四九二・四）。
（4）森浩一「古代人の地域認識」（『日本の古代』二　列島の地域文化、中央公論社、一九八六年）。
（5）『平安遺文』一六四。

滓屋郡志賀村白水郎荒雄之許一語曰、僕有二小事一、若疑不レ許歟。荒雄答曰、走雖レ異レ郡、同レ船日久。志篤二兄弟一、在二於殉レ死、豈復辞哉。津麿曰、府官差レ僕充二對馬送レ粮船柂師一容歯衰老、不レ堪二海路一。故來祗候。願垂二相替一矣。於レ是荒雄許諾、逐従二彼事一、自二肥前國松浦縣美祢良久埼一發船、直射二對馬一渡レ海。登時忽天暗冥、暴風交レ雨、竟。

神亀年間に、対馬に糧を送る船の船頭に指名された、筑前国宗像郡の百姓は、老年にしてその任に堪えずとして、滓屋郡志賀村の白水郎荒雄に、代替して海を渡ってくれるよう依頼した。そこで荒雄は、肥前国松浦郡美祢良久から船出して、対馬に向かうが、暴風雨で遭難し、海に没してしまったという。ここで志賀の白水郎が対馬に向けて船出するのに、なぜあえて五島列島を経由したのかということが問題になろう。なぜなら志賀島から対馬にいたるには、『日本書紀』神代紀の、瑞珠盟約章に見える、沖の島を経由するルート、いわゆる「海北道中」が、至近距離としてあったからである。

天平八年（七三六）の遣新羅使は、筑紫館を出て志賀島にいたり、ここを経由して志賀島の対岸の、糸島半島韓亭に三泊し、同半島の西側の入江、引津亭に泊まり、さらに肥前国松浦郡柏嶋亭から、壱岐を指して船出し、さらに対馬にいたるというコースをとっている。[1] ここにいう柏嶋亭は、鴻巣盛広の『万葉集全釈』によると、現唐津市の湊町の沖合にある、神集島に比定されている。引津亭から西行して神集島にいたり、ここから一路北へ向かい、壱岐を経由して、対馬、そして新羅というルートが、考えられるのである。ここでは松浦半島をかすめるものの、五島列島まで下るコースがたどられることはない。神亀年間の対馬送糧使の採ったコースの特殊性が、きわだたざるをえないのである。

志賀の海人は、『日本書紀』神功皇后摂政前紀に、

仲哀天皇九年秋九月庚午朔己卯、令二諸國一、集二船舶一練二兵甲一。時軍卒難レ集。皇后曰、必神心焉、則立二大三

輪社一、以奉二刀矛矣。軍衆自聚。於是、使二吾瓮海人烏摩呂一、出二於西海一、令レ察二有レ國耶一。還曰、國不レ見也。又遣二磯鹿海人名草一而令レ視。數レ日還之曰、西北有レ山。帶雲横絚。蓋有レ國乎。爰卜二吉日一、而臨發有レ日。

とあって、新羅にいたる海の道を探し出し、新羅征討のきっかけとなる功を特筆されているように、彼らの航海技術の卓越性は群を抜いていた。ゆえに宗像の百姓も、荒雄に代替を依頼したのだと思われる。

ところで宗像の百姓が、国家から柁取りとして差発された時、志賀の白水郎をして身代わりに立たしめたのは、荒雄が、「郡を異にすといえども、船を同じくすること日久し。志兄弟より篤く、死に殉ふことありとも、豈に復辞びめや」と語っているように、両者の、航海をともにし、板子一枚下の地獄を共有したことに根ざした同胞意識であった。九州北岸の海人たちが共有したらしいこうした意識は、彼らの間に緊密なネットワークを育てた。そしてその相互扶助的ネットワークは、宗像郡や志賀島という隣接地域のみならず、志賀の海人の船出の地が、肥前国松浦郡の美弥良久であるとされることによって、五島列島にまで及んでいたことが知られる。また彼らのコースが、志賀島から沖の島を経由して、最短距離を対馬にいたるルートをとらなかったのは、おそらく渡海に際して五島列島の海人集団の、なんらかの助力が必要だったためと推察される。五島列島の海人集団は、『肥前国風土記』の記載によれば、漁撈のみを本来の生業とする人々でなかったらしいと推定される。なぜなら、値嘉郷の白水郎は、牛馬を多く所有すると言い、また容貌は隼人に似て、騎射を好むとあって、海人の特徴とかけ離れた様相を呈するからである。

そして彼らは、本来この地に棲息していたのでもない形跡がある。『肥前国風土記』において、値嘉郷の前に位置する大家嶋の記載に、この地の白水郎は、土蜘蛛が景行天皇によって滅ぼされてのちに、当地に宅を造って棲みついたとある。この記載からは、先住民であり、非征服民である土蜘蛛にかわって、新たに白水郎が当地に流入、定住したことが知られ、また彼らは土蜘蛛に比して、より従属度の高い集団として位置づけられていることがわかる。この記載に照らして値嘉嶋の白水郎を考えれば、その言語が「俗人」、つまり肥前国の人々と異なっていたとあることも、彼らの移動、そして定着のプロセスの結果として見るとき、理解が容易になろう。

『日本書紀』応神紀三年一一月条に、処々の海人が、上をそしり、わけのわからぬ言葉を放ち、命に従わないので、安曇連の祖を遣わして、意味不明の言語を言いはなつのをやめさせたとの記事がみえる。この功によって、彼は「海人の宰」となったというが、この行為は、「平ぐ」と表現されていることから、軍事的強権をもって達成されたものと思われる。言語の不統一が、軍事的に解決、統合されるとは、どういうことだろうか。同一の言語体系にない集団同士は、言語を共有しないゆえに、意志の疎通を欠き、したがって価値観を共有することもない。同一の価値体系のもとに共存しない集団は異民族と等しく、それゆえ平定される対象となったものと考えられる。

このように海人諸集団は、大和政権に対して、結果的に異民族として位置づけられていたと推定される。ただ海人集団が土蜘蛛と決定的に相違するのは、この応神紀の伝承に象徴されるように、彼らは被征服民であり、大和政権と敵対しない存在として位置づけられているという事実である。土蜘蛛は諸史料の伝承が語るごとく、まつろわぬ民であるゆえに土蜘蛛であった。しかし諸史料に見える海人集団は、まつろわぬ民ではなく、伴造に統率され、漁撈活動や航海技術を、大和政権へ供進する人々として位置づけられているのである。

ところで志賀の白水郎が、対馬に向かって航海するのに、五島列島まで南下して美弥良久から船出したというのは、五島列島の海人集団の航海技術が、特に玄界灘の難所を渡る遠洋航海に優れていたためではなかったろうか。

『三代実録』貞観一八年（八七六）三月九日条は、「往古より以来全て到るは寡なく、年中五六の三四は漂う」と、対馬への航行の困難なことを述べている。そしてかかる技術の存在を背景に、遣唐使の最終寄港地として美弥良久の地が選ばれたのでもあったろう。

山上憶良の好古去来の歌に、

大御神たち　船舳に　御手うち懸けて　墨縄を　延へたる如く　あちをかし　値嘉の岬より大伴の　御津の
濱邊に　直泊てに　御船は泊てむ　恙無く　幸く坐して　早帰りませ(2)

とあって、遣唐使の帰路についても、値嘉の岬が、難波の津に向かう途中に経由する地として、位置づけられていたことがわかる。

事実円珍は、唐からの帰路、「本国西界　肥前國松浦郡旻美楽埼」に足跡を印しており(3)、当地が遣唐使の往路、復路の、重要な拠点であったことが確かめられる。

また藤原広嗣が、済州島を経て新羅あるいは中国への逃亡を企てた際に、船出したのも値嘉嶋、また吹き流されて帰りついたのも、値嘉嶋であった。このことについて森浩一氏は、値嘉嶋の隼人が、その広範な活動領域のゆえに、彼を値嘉嶋から船出させ、また値嘉嶋へ連れ戻した可能性を示唆している(4)。

こうした国際的交通の要衝としての彼の地は、必然的に交通手段としての船の建造技術をも誇りうる地となった。「安祥寺伽藍縁起資材帳(5)」は、次のように語っている。

(前略)儻値大唐商客李処人等化来、恵運就化、要望乗公帰船入唐、巡禮薦福與善曼荼羅道場、得県青龍義眞和尚、請益於秘宗、兼看南岳五台之聖迹、船主許諾云、東西任命、駈馳随力、遂則承和九年、即大唐会昌二年歳次壬戌夏五月端午日、脱躧両箇講師、即出去観音寺、在大宰府、博多津頭始上船到於肥前國松浦郡遠値嘉島那留浦、而船主李処人等、棄唐來旧船、便採嶋裏楠木、新織作船舶、三箇月日、其功已訖、秋八月廿四日午後上帆、過大洋海入唐、得正東風六箇日夜、船着大唐温州樂城縣玉留鎮守府前頭経五箇年巡礼求学、承和十四年即大唐大中二年歳次丁卯夏六月廿一日、乗唐人張友信元静等之船、従明州望海鎮

頭而上帆、得西南風三箇日夜、帰着遠値嘉嶋奈留浦、纔入浦口、風即止、擧船歎云、奇恠奇恠也云々

承和九年（八四二）に唐の商人李処人は、大宰府を出発して博多津から船に乗り、遠値嘉嶋の那留浦にいたって唐からの船を破棄し、島の裏側の楠木を切って新たに船を建造した。船は三か月かけて八月に完成して、唐に向けて船出し、六昼夜をかけて温州に着いたという。このことは、遠値嘉嶋が、大陸への航海のための技術や人的資源を提供するのみならず、航海に要する船舶の建造技術や、船の建造材料までも供給しうる、大航海のあらゆるニーズに対応しうる一大基地を構成していたことを示唆していよう。

今一つ値嘉嶋の機能に言及しておくならば、『続日本後紀』巻五によれば、承和四年に出発した四艘の遣唐使船は、うち二艘がひどく破損し、漂流して肥前国へ流れついたという。大宰府からの飛駅奏による報告を得て発せられた勅には、

又勅㆓符大宰大貳藤原朝臣廣敏等㆒。得㆓今月十日飛驛奏㆒。知㆘遣唐使第一第四船廻㆓着肥前國㆒之狀㆖。使等不㆑利㆓西颿㆒。漂廻嘗㆑艱。宜㆘安㆓置府舘㆒。迄㆓于更發㆒。依㆑奮供億㆖。又案㆓使奏㆒。兩舶摧殘。更須㆓改營㆒。府宜㆘使㆓修造㆒。令㆖㆑得㆓渡海㆒。其匠手者復將㆓擇遣㆒。又第二第三兩舶。疑亦或㆓廻着㆒。宜㆘値嘉島涯畔可㆑着㆑船處。爲置㆓斥候㆒。以備㆗接援㆖。如有㆓漂着㆒。亟以上奏。

とあって、大宰府に対して再出発に備えて船の修理をすべく、船大工を選別して派遣すべきことが命じられ、かつ残る二艘が漂着する場合に備えて、値嘉嶋の海岸で船の着く可能性のある場所に、あらかじめ斥候をおいて救助の準備をせよと指示したのである。

ここで最初の二艘の漂着した場所は、「肥前国」とあるのみで、具体的な場所は不明であるが、その場所に船舶修理のため、船大工が大宰府から派遣されている事実がある。そして残る二艘のひとつは肥前国松浦郡別島に漂着し、もう一艘は対馬南浦に漂着している。対馬に着いた船は大破し、水手らはかろうじて板で筏を組んで漂

うことで命をながらえ得たのであり、船を大宰府に廻航することはもとより不可能であった。遣唐大使藤原常嗣は、遣唐使の判官録事を各一人ずつ当地に残し、大宰府の府司と共に破船を修造することを願い出ている。つまり大宰府は、遣唐使船の保守、修理にそなえての造船技術者を確保しており、必要に応じて各地の現場に派遣する体制を整えていたのである。こうした体制下で、一方では値嘉嶋においても国家の造船の体制とは別に、中国側の要請に答えうる技術水準の造船能力を提供できる体制を整えていたことは、注目に値しよう。戸田芳実氏は、この船がわずか三か月で完成した事実は、この地が冒頭に述べたように、唐人、新羅人の集う国際的環境にあったことに因して、唐人の船大工の指導のもとに行われた造船であったことを意味しているとした(6)。従うべき見解であろう。

また勅符によって値嘉嶋の海岸に置かれた斥候は、救助体制と連動するものであり、とすればこの地には海難救助という国家のニーズに応える組織までもが整っていたことが推察されよう。

以上見てきた如くの値嘉嶋の機能は、当然かかる技術、体制を提供しうる人的資源の供給に裏付けられて成立すると考えられる。そして航海に関する技術および船舶築造技術の双方を体得し、提供しうる人的集団といえば、海人集団の存在をぬきにしては考えにくい。かかる集団の五島列島における存在を背景にすればこそ、この地が中国や朝鮮半島、そして対馬に向けての海上交通の基地たりえたのであった。

先に見たように五島列島は、中国や対馬にむけて開かれた海路の出発点、日本側の最終寄港地であったことが、多くの史料から確かめられる。そしてこの地が、はるか西に続く海上の道の、起点として意識されたからこそ、『延喜式』陰陽寮の、追儺の祭文にみるように、国土の最西端の地としての位置づけを得る事態を招いたのであった(7)。律令国家の西の境界として位置づけられたこの地は、いわば僻遠の地であり、それ以遠は、穢しき悪鬼を追放すべき地であった。円珍が旻美楽《みみらく》埼への上陸を、あえて「本国西界」と記したのは、母国の極西界にともかくも到達出来たことの、安堵の表出であろう。

ところで律令国家において、西のさいはての境界と位置づけられたこの地は、一方で、値嘉嶋の地名の命名譚の中に、中央の政権との特殊な結びつきの要素を見いだすことができる。すなわち冒頭に掲げたように景行天皇が、「此の嶋は遠けれども、猶、近きが如く見ゆ。因りて近嶋と謂うべし」といったことが、値嘉嶋の命名の由来になったと、『肥前国風土記』は語っている。ここで景行の言として語られる「遠き、近き」は、物理的、地理的遠近を超越した、大王の主観としての、ないしは願望としての遠近観である。そしてそれは、大王にとっての、したがって中央の価値基準に照らしての遠近観である。この地が中央からの物理的、地理的へだたりにもかかわらず、なお「近嶋」と観念されるのは、中央とこの地の、特殊な結びつきに由来すると考えられる。そしてこうした中央からの地理的感覚、ないしは願望がうまれたのは、この地の国際的交通上の重要性によるのではないだろうか。

こうした辺遠の地でありながら、近嶋との名を持つのは、値嘉嶋だけではない。『釈日本紀』所引の「筑前国風土記」は志賀島についても、神功皇后が新羅遠征の途上にここに立ち寄って、「近嶋」との命名を行ったとの伝承を記す。先に見たような、対馬や中国大陸に通じる遠洋航海の技術を握る海人集団の拠点の地、したがって、海上交通の要衝の地が、両者共に「近嶋」の名を得ているのは、決して偶然ではないと、筆者には思われる。志賀島は周知のごとく、「漢委奴国王」印の出土地であることから、後漢との交通が推定される。また先にもふれたが、神功皇后の新羅遠征に先立って、磯鹿の海人名草が、西海に船出して新羅を発見したと伝える神功皇后摂政前紀の伝承がある。これらの事象は、志賀海人が朝鮮への航路を掌握していたことを意味しており、彼らの本拠地である志賀の地が、対馬や朝鮮への海上交通の、重要な拠点であったことを示唆している。

志賀島の属する筑前国糟屋郡に、大和政権の直轄領として屯倉が設置されたのも、ここが大陸との交通の要地

（6）戸田芳実「平安初期の五島列島と東アジア」（『初期中世社会史の研究』東京大学出版会、一九九一年）。
（7）西山良平「古代国家と地域社会」（『日本の古代』一五　古代国家と日本、中央公論社、一九八八年）。および武田佐知子「道と古代国家」（大阪外大・法経学会編『廣實源太郎教授定年退官記念論文集』、一九八八年）。
（8）中村明蔵「隼人と海人をめぐる諸問題」（『熊襲・隼人の社会史研究』名著出版、一九八六年）。
（9）石母田正「国家成立における国際的契機」（『日本の古代国家』岩波書店、一九七一年）。

第四章　古代環日本海交通と渟足柵

はじめに

二〇〇三年九月末、新潟大学で行われた「国際的視点からする潟湖河川交通と遺跡立地の地域史的研究」という国際シンポジウムに参加させていただいた。その際、空港に到着してすぐ、古代渟足柵を探るというシンポジウムの趣旨にそくして、ジオスライサー調査・ボーリング調査を行っている渟足柵の参考地を案内していただいた。新潟は、幾重にも砂丘が発達するという自然条件の制約もあって、なかなか位置比定は難しいという感想であったが、筆者が当初渟足柵に抱いていた印象は、北辺防衛の拠点としての基地以上のものではなかった。

そして次に新潟港のランドマークタワー、朱鷺メッセに連れて行っていただいた。朱鷺メッセの、地上一二五メートルの展望台から見下ろして、新潟港は、荒波寄せる日本海に突堤を設けて波よけの港を造ったという港湾ではなく、信濃川の河口に深く入り込んで設けられた港であることを理解した。ちょうど北朝鮮の万景峰号の寄港の許認可が、新聞・テレビをにぎわしていた時期でもあり、船の接岸する埠頭の位置を、朱鷺メッセの上から眺めたのも、とても鮮烈な記憶である。

外国船が、河口深く入り込んで停泊する日本海の港湾の、こうした特徴を、目に焼き付けた筆者は、その後のシンポジウムで新潟大学の小林昌二氏の報告(1)を聞くうちに、思いいたったことがあった。朱鷺メッセは、現代の「渟足柵」にほかならないと……。渟足柵は、出雲大社や、日本海沿岸にいくつか見られる大型建造物遺跡とも共通する、大規模な人工的構造物をともなった、環日本海交易のためのランドマークタワーであり、世界貿易センタービルではなかったかということである。その骨子は、その国際シンポジウムの席上でもコメントし、二〇〇四年二月に新潟で開かれた「地域と地域史研究の未来を語る――渟足柵探求の四年――」公開シンポジウムの講演でも発表している(2)。

第一節　古代渟足柵の機能

シンポジウムでの小林報告は、一九九一年に関雅之氏が従来の諸説を検討し大化三年（六四七）に「造」られた渟足柵と、大化四年に蝦夷に備えるために「治」られた磐舟の柵の、「造」と「治」の用字の違いの意味するところは何か、両柵の性格、役割に相違があるのか、磐舟柵には、蝦夷に「備う」とし、蝦夷対策を明確にしているが、渟足については、その表現がないことなどから、渟足柵は、この時期、どのような機能を持っていたのかと、種々の問題を提起したことについて(3)、ひとつの解答を示そうとしたところから発したものである。関氏は、従来渟足と磐舟は、兄弟柵・双子の柵といわれていたが、そこにはおのずと機能の分化があり、磐舟柵には、蝦夷に「備える」ことが明記されているし、「治」には、鎮めるとの意味があるので、服属しない蝦夷との対峙を目的に置かれた柵であると考えられるとした。これに対して「備え」が明示されない渟足柵は、磐舟柵の蝦夷への備えを後方で支えるとともに、内附後の、つまり軍事的制圧によらず、彼方から服従してきた蝦夷の、安定を得るための施設として設定されたとする。それは北陸辺境の、交通の要衝を押さえ、辺境防衛と外交上の危惧に対してのものであったろうと位置づけている。(4) ここで小林氏が、交通に絡めて渟足柵の機能を指摘している点に注目しておきたい。

金子拓男氏は、従来あまり立ち入った論及がなされたことがなかった大化元年の越国奏言に注目して、「越国言、海畔枯査、向東移去。沙上有跡。如耕田状」とあるくだりの、枯査＝浮き木の移動を、人の移動の象徴かと解釈する従来の一般的理解に対し、渟足・磐舟柵造営のための木材の搬出を表現したものとする仮説を示した。(5)(6)『日本書紀』における大化以降の越に関する記事は、二例を除くとすべて蝦夷に関する記述であり、この越国奏言は、越辺境の蝦夷数千人の内附の記事に続くものであるから、蝦夷経営に関する内容であろうとする。氏によれば、「枯査」は、渟足・磐舟の両柵に使用した建材であり、両柵は、海岸に近い位置に比定できようとする。(7)さらに「沙上」とは、砂丘を指そうが、諸条件に鑑みて、新潟砂丘ではなかったかとし、結論として、渟足柵は阿賀野川河口にあったのではないかとしている。ここには、柵造営のための建築用材がない場所なので、他地域から搬入しなければならず、越から東へ、用材を筏に組んで流したのであろうとする。魅力的な説である。

この金子説は、小林昌二氏もきわめて説得的だとして賛意を示し、跡が耕田状を示したという記事も、バックマージュの浅い水辺に木材を漬けたその跡であろうと推定している。さらに、皇極天皇の元年に、百済大寺を造るために近江と越の丁が徴発されたという記事など、(8) 舒明一一年から白雉五年までのあいだに、宮や遷都、寺院造営と、造営技術官関連の記事が並ぶことから、渟足・磐舟の両柵の造営は、数千の蝦夷の内附を契機として、計画が始まったものであろうとされる。

ただし、この二つの柵は、兄弟関係にありながら、なお厳密に書き分けがなされており、関氏が鋭く指摘されたように、渟足柵については、「造」字が用いられていて、「治」を用いた磐舟柵とは一線を画すべきである。さらに渟足柵は、養老年間には、「沼垂城」と表記され、両者には一括して論じることを許さない差異点が存するのであり、その役割の差に起因した、建築構造の差も、当然存したと考えられるので、これらの先行研究に導かれながら、渟足柵の性格を考えてみよう。

第二節　渟足柵と難波宮造営の共通項

渟足柵は、『日本書紀』に初見する柵であるが、その造営は、大化三年是歳条に、

造渟足柵、置柵戸　老人等、相謂之曰、数年鼠向東行、此造柵之兆乎。

と、「鼠が東へ向かった」という事実が、前兆としてとらえられていることに特に注目したい。この事実は、前年以来盛んに取り沙汰されて、老人たちの語りぐさとなっていたものの如くで、中央へ報告されたものとみられ、『日本書紀』に重ねて記述がある。(9)

そしてこれに類した鼠の移動の記事に、『日本書紀』大化元年冬一二月乙未朔癸卯条がある。ここでは「天皇遷都難波長柄豊碕。老人等相謂之曰、自春至夏、鼠向難波、遷都之兆也」と、難波長柄豊碕宮への遷都を、鼠が難波に向かった事象と結びつけ、その予兆だと語り合った老人たちの言を伝えている。

鼠の移動を、遷都の予兆とする記載は、『北史』魏本紀永熙三年（五三四）七月条に「是歳二月……、群鼠浮河、向鄴」とあるのを、同年七月の鄴への遷都の前兆としていることに、下敷きを求めるべきかもしれないが、孝徳紀に集中的に見られる。中央では、難波長柄豊碕宮への遷都のほかに、有名な、孝徳天皇を置き去りにして、中大兄皇子が皇祖母尊・間人皇后・大海人皇子を率いて倭へ帰ってしまった事件にも、二度にわたって鼠の行進が報告され、老人たちの人口に膾炙したこととして記録されている。(10)

遷都は大規模な造営工事をともなう大事業である。このような、遷都という中央での重大事件にかかわって登場する鼠の行進が、ほかでもない、渟足柵の造営に関して取り沙汰されたという事実は、渟足柵の造営規模が、

難波長柄豊碕宮の造営にも匹敵するものとして人々に意識されたからではなかったか。この点において筆者は、渟足柵は磐舟柵にはるかに優越する造営規模を誇るものであったと、憶測するのである。兄弟・双子のような二柵が、一方は蝦夷への備えを機能として要求され、内附した蝦夷の治定など、辺境経営を任務としたと考えられるが、文武二年（六九八）、同四年（七〇〇）の、その修理記事に渟足柵が併記されないのは、渟足柵が「越後城」[11]と国名を帯した名称に換わったためであったとされる。[12]

さらに養老年間には、越後国府がさらに北の頸城郡に移転したため、旧名の「渟足」と音の通じる「沼垂城」と名を換えたが、「城」の名はそのままだったところを見ると、[13]辺要でのこの施設の規模の大きさと、重要性が推し量られよう。

以上筆者は、渟足柵に関説した『日本書紀』の記載が、難波宮長柄豊碕宮への遷都をはじめとした、宮遷りの予兆と同じく、鼠の移動行進に絡めて語られているが、遷都は、規模の大きい造営事業を必須とする事実から、渟足柵が、通常の柵の建設とは次元の違う、大規模構造物として造営された可能性を指摘した。その建設の過程では、筏に組んで運んだ大量の浮き木を、建築現場である砂丘上に並べた様子が、耕した田を見るようであったという。そうした経緯を経て、二年以上の年月をかけて完成した渟足柵は、では、具体的にはどのような建造物であったのだろうか。

海辺の砂丘上にあっただろうこの建物は、遠く日本海を望む見通しのよい位置に、誇示するように高く威容を現していたのではないかと想像している。実は筆者はかねてから、日本海沿岸に多く検出されている大規模構造物が、古代日本海交流の所産であったという説を持っている。越後が担った「越後の北彊、衛は蝦虜に接し、柔懐鎮撫すること……」[14]という任務のうち、「海からの交通の要衝として、蝦虜に接する」という役割を担ったのが、ほかならぬ渟足柵の、大規模な建造物であったと推察するからである。かかる建築物は、いったいどのような機能を担うために築かれたのだろうか?

以下その手がかりを、斉明紀五年（六五九）是月条の記事に沿ってみていこう。

第三節　阿倍比羅夫の北征

斉明天皇五年三月是月、遣阿倍臣、闕名。率船師一百八十艘、討蝦夷国。阿倍臣、簡集飽田・渟代、二郡蝦夷二百四十一人、其虜卅一人、津軽郡蝦夷一百十二人、其虜四人、胆振鉏蝦夷廿人於一所、而大饗賜禄。胆振鉏、此云伊浮梨娑陛。即以船一隻、與五色綵帛、祭彼地神。至肉入籠。時、問菟蝦夷胆鹿島・菟穂名、二人進曰、可以後方羊蹄、為政所焉。肉入籠、此云之々梨姑。問菟、此云塗毗宇。菟穂名、此云宇保那。後方羊蹄、此云斯梨蔽之。政所、蓋蝦夷郡乎。随胆鹿島等語、遂置郡領而帰。授道奥與越国司位各二階、郡領與主政各一階。或本云、阿倍引田臣比羅夫、與粛慎戦而帰。献虜卌九人。

蝦夷征討に派遣された阿倍比羅夫は、一八〇艘の船を率いて蝦夷国を討ったが、飽田《あぎひ》・渟代・津軽・膽振鉏《いふりさえ》の蝦夷を一か所に集めて、饗応し、禄を賜った。

この記事は、以下の斉明四年是歳の記事と重複するところが多い。

夏四月、阿倍臣、闕名。率船師一百八十艘、伐蝦夷。齶田・渟代、二郡蝦夷、望怖乞降。於是、勒軍、陳船於齶田浦。齶田蝦夷恩荷、進而誓曰、不為官軍故持弓矢。但奴等、性食肉故持。若為官軍、以儲弓矢、齶田浦神知矣。将清白心、仕官朝矣。仍授恩荷、以小乙上、定渟代・津軽、二郡々領。遂於有間浜、召聚渡島蝦夷等、大饗而帰(15)。

二つの記事をあわせると、要するに、降伏・恭順の意を表した蝦夷を饗応した事実を抽出できる。その際、船一隻と、五色綵帛が、彼の地の神に捧げられているのは、征討軍の和平の意志を、土地の人々が斎《いっ》き祀る神に対する敬意として表現するためであった。

この神は、斉明四年紀と重ねて考えると、齶田浦神《あぎたうらのかみ》であると想定され、そこでは蝦夷の首長恩荷が、自分たちが弓矢を帯しているのは、肉食の慣習上、狩猟をするからであり、もし官軍に抵抗し弓矢を使用するためであれば、すべて齶田浦の神がお見通しになっているであろう。我々は齶田浦の神にかけて、清き白なる心をもって、朝廷に仕えまつる、と表明し、帰順した。つまり降伏の意志に二心のないことを、彼らが斎き祀る神にかけて誓っているのである。齶田浦神が、如何に蝦夷たちの篤い信仰を集めていたかを物語るが、このような蝦夷社会での位置づけを持つ神に対して、阿倍軍が、船一隻と五色綵帛を捧げたという行為は、彼らの信仰を尊重する、すなわち彼らの価値観を尊重するという意志の表明であり、どれほどの安堵を、降伏しようとする蝦夷に与えたか、容易に推し量りうる。

この在地の神は、蝦夷の信仰対象として秋田城遷置以前から存在した、古四王神社であったとの説があり、古四王は、高志王・越王に通じるという。その当否はともあれ、異なる民族が、相互に信仰する神に敬意を表することは、相互に価値観を共有することであり、その神に祈りを捧げ、供物を捧げるという行為で表象される。阿倍比羅夫は、もっとも効果的に、蝦夷の人心を収攬し得たのではないだろうか。この時、蝦夷等に対して「大饗」が行われたことについて、簑島栄紀氏は、饗給は、王権の側には服属儀礼に第一義的性格があるとはいえ、その本質には交易としての性格が認められるとしている(16)。鈴木靖民氏も、この有間浜での大饗は、王権と蝦夷の間に、物資の進納と、それに対する食事と禄物の提供という互酬性が見られるゆえに、交易に等しいものだとした(17)。

筆者はさらに、この時の饗給の形式をとった交易には、王権の側からの賜物の中に、土地の神へ捧げるという形で、船一隻や五色綵帛が加えられたものと解してみる。

阿倍比羅夫が、船一隻と五色綵帛を土地の神に捧げたのは、それらが蝦夷の社会の中では生産され得ないもので、それが故に彼らに歓迎された物品であったからであり、神に捧げるという行為の中に、交易の要素が少なからず含まれていたと考えられる。

同様のことは「神功皇后紀」摂政四六年に、百済に遣わした使いが、通交を求める百済の王から、「五色綵絹各一匹、及角弓箭、幷鐵鋌四十枚」を与えられ、また宝の蔵を開いて諸々の珍宝を示されたことのうちにも、うかがわれよう。すなわち、百済は倭と交易を望んだがゆえに、その糸口を得るべく、使者に百済との交易の利を示すために、五色綵絹をはじめとする珍奇な品々の開陳に及び、かつその一部を進物としたと考えられるからである。阿倍比羅夫の戦術としては、蝦夷の斎き祀る神に、船や五色綵帛を捧げることで、倭がこれ以上の侵略を行わないことを、身をもって示すと同時に、倭との通交が、これらの物品を獲得できる手段であることをも示したのであった。これは、恭順の意を示した蝦夷たちに、安堵の念を与える、もっとも効果的な手段であったろう。土地の人々が祀る神を、礼をもって拝することは、その地の人々の価値を尊重、共有することだからである。

第四節　異民族交易の場の立地条件

次に、斉明六年紀に見える、阿倍臣による粛慎の征討記事の中に、異民族間交易の方法を探ってみよう。

斉明天皇六年三月、遣阿倍臣、闕名。率船師二百艘、伐粛慎国。阿倍臣、以陸奥蝦夷、令乗己船、到大河側。於是、渡島蝦夷一千余、屯聚海畔、向河而営。々中二人、進而急叫曰、粛慎船師多来、将殺我等之故、願欲済河而仕官矣。阿倍臣遣船、喚至両箇蝦夷、問賊隠所與其船数。両箇蝦夷、便指隠所曰、船廿余艘。即遣使喚。而不肯来。阿倍臣、乃積綵帛・兵・鉄等於海畔、而令貪嗜。粛慎、乃陳船師、繫羽於木、挙而為旗。斉棹近来、停於浅処。従一船裏、出二老翁、廻行、熟視所積綵帛等物。便換着単衫、各提布一端、乗船還去。俄而老翁更来、脱置換衫、幷置提布、乗船而退。阿倍臣遣数船使喚。不肯来、復於弊賂弁島。食頃乞和。遂不肯聴。弊賂弁、渡島之別也。據己柵戦。于時、能登臣馬身龍、為敵被殺。猶戦未倦之間、賊破殺己妻子。

ここで阿倍臣が、船に同乗させた陸奥蝦夷の先導により、二〇〇艘の船団を組んで日本海を北上していたった、一〇〇〇人の蝦夷が宿営していた大河のほとりの地とは、具体的な地理的位置比定はともかく[18]、「斉明紀」五年にいう「後方羊蹄」と、地理的に共通する場所である。「後方羊蹄」は、アイヌ語で大河を意味する語だからである。渡島の蝦夷は、海の畔で、河に向かって宿営していたとあるので、河口近くであったことは間違いないだろう。つまり両者とも、河口港としての立地条件に適っていたことが理解される。また「後方羊蹄」は、蝦夷の進言によって、のちに蝦夷郡の「政所」が置かれた地[19]であることにも注目しておきたい。簑島栄紀氏は、斉明五年紀の「政所」を、中央から派遣された使節が滞在し、貢納を取り仕切るセンターであったと想定している[20]。河口港であったことが、交易センターとしての要件を満たしたものであろう。

さて大河の左岸に上陸した阿倍軍のもとに、対岸の渡嶋蝦夷の中から二人がにわかに叫びかけ、「粛慎の軍団が船に乗って大勢やってきて、我々を殺そうとしているので、河を渡って、倭の軍に下りたい」と申し出た。そこで迎えの船を出して、二人の蝦夷を召し、粛慎の船団の隠れ場所と、その数を問うた。

粛慎は、中国極遠の民族と位置づけられ、聖帝が出現した時に来服するとされる[21]。ここでは粛慎の船団に攻められた蝦夷が、阿倍比羅夫の軍に投降し、粛慎を討つ手引きをしている。二〇艘あまりの粛慎の船団の居場所を蝦夷から聞き出した阿倍臣は、使いを送って和平を促すが、粛慎はこれを拒否した。そこで次に阿倍臣は、海辺に色とりどりのきぬや武器、それに鉄といった、粛慎の世界では生産し得なかっただろう品々を、海岸に積み上げて、粛慎の軍団に見せつけた。すると粛慎の船団は、鳥の羽を木に掲げて旗として、戦闘の意志がないことを表現した船に乗り、一斉に棹を進めて、浅瀬に停泊した。やがて一艘の船が漕ぎ寄せ、派遣された二人の老翁が、海辺に積み上げられた品々をじっくり見て回り、そこにあった単衫を着ると、各々綵帛一端ずつを持って、再び船に乗って船団の方へ帰っていった。しかししばらくすると、戻ってきて、衫を脱ぎ、綵帛を元の場所に置いて、帰っていった。阿倍氏は何艘もの船を派遣して、呼び戻そうとしたが、船団は、渡島の一部である弊賂弁島《へろべのしま》の、粛慎が築いた柵の方へ帰っていった。その後、粛慎は和平を申し出たが、今度は阿倍氏がこれを許さず、粛慎は宿営していた柵にたてこもって戦った。対戦のさなか、敗色濃いとみると、粛慎は、みずから妻子たちを殺してしまったと、『日本書紀』はその悲劇的な結末までをも記録する。

第五節　沈黙貿易

ところでこの粛慎との戦闘に先立って行われた、海辺に綵帛等を置く行為は、早くへロドトスの『歴史』の中に、カルタゴのフェニキア人と古代リビア人との間で行われた営為として登場し、未開民族の間で行われた沈黙交易、すなわち言葉の通じない民族同士で交易する時、意思がうまく通じないことに起因する摩擦を避けるため、あえて直接交渉を避けて、物々交換による、言語を介さない交易を行うという、民族学上の事例が、日本の文献にあらわれた例であるとされ[22]、筆者もかつてこの事実に言及して、論じたことがある[23]。

斉明紀四年是歳条には、越国守阿倍引田臣比羅夫が、粛慎を討ち、「生羆二・羆皮七十枚」を献じたとあるが、粛慎との交易で、倭国が綵帛・兵・鉄と交換して得ようとしただろう物品のうち、生羆・羆皮が、我が国が産出しない物品であったがゆえに、如何に高価であったかを証してくれるのが、翌斉明五年の「書紀」の記述である。すなわち来日した高麗の使節が、羆皮一枚を、綿六〇斤という法外な価格で売りつけようとしたのに対し、粛慎から得た羆皮七〇枚を巧みに利用して、機転をきかせて、これを官から借り出し、宴席を設けた家の客席に敷き詰めて、高麗使を迎えたので、使節は、日本にはかくも豊富に羆皮があったのかと、大いに恥じいったとある[24]。こうした物品を獲得するためにも、粛慎との交通が試みられたのであろう。

ともあれ、粛慎との沈黙貿易が行われたこの地は、河口港であることは疑いなく、二〇〇艘の船が停泊でき、さらに二〇艘余りの粛慎船団の隠れ場所があったというのだから、複雑に入り組んで風や波を避けることができる天然の良港であったのは確実である。かかる地形の土地は、斉明五年三月是歳条によれば、アイヌ語で大河を意味するとみられる地名、「斯梨蔽之」と呼ばれていたらしいが、蝦夷を帰順させると、その地に「政所」が設けられ、それは蝦夷郡の「郡衙」のことだというのだから、そこには人工的構築物が設けられたとみて差し支えないだろう。そして大河の河口の、いわゆる河口港において、沈黙貿易と類似した営為が行われ、その地に人工的構築物が建造されたとすれば、その建造物の機能のひとつに、蝦夷・粛慎との交易があったことは、容易に想定できるのだが、そうした営為に適した建造物とは、いったいどのような構造の建物であっただろうか?

再び斉明紀に戻ってみよう。ここでは単衫の着脱という行為が、和平・恭順の意志の象徴として、きわめて重要な意味を担っていると筆者は考えている。おそらくみずから着て行った衣服と、単衫を交換することが目的だったとすれば、あえて着用する必要はないのではないだろうか。和平を前向きに検討するという意向の表明のために、単衫を、交換対象の品目である布と同じように手に提げて持ち帰るのではなく、ことさら着用におよんで船に帰ったと考えられるのだ。

言葉の通じない民族の間の意志疎通は、そうたやすいことではない。民族によって、行動様式が違う場合も容易に想定できようし、一歩間違うと、同じ行為が正反対の意志の発露と受け取られてしまう危険性が存するのである。こうした状況下で、民族を異にする人々が、相手の衣服を着用することで、民族的同化の意志の表明となったり、臣属の指標となった例を、かつて筆者もいくつかあげて検証を試みたことがある(25)。異民族同士の通交の場では、相互の行動様式や装いを、より多くの監視のもとに、相手方の行為や身なりの意味するところを判断し、確認しなければならなかった。粛慎との交易の場が、大河の畔の見晴らしのよい海岸に場所を定めて、海上からは粛慎が、陸上からは渡島蝦夷と阿倍軍がこれを注視したのは、当然の成り行きであった。

それと同等の、否それ以上の象徴的な意味を担うのが、その民族の信仰する神に他の民族が礼拝することではなかったか。神に礼拝することは、同時に幣物を捧げることをともなうが、実はこれとて、交換・交易を前提にした幣物であったと見てよいのではないだろうか。なぜなら他民族・あるいは他共同体の斎き祀る神を礼拝することは、対価としての返礼を、すなわち物品を、反対給付として当然要求していると想定できるからである。それは神の価値、すなわちその神を斎き祀る土地の人々の価値観を、正確に投影しているものでなければならないだろう。それはとりもなおさず交換・交易にほかならないのだ。

第六節　古代出雲大社と交通

こうした視線で見ていくと、出雲大社が、「天下無双の大厦」と称され[26]、天禄元年（九七〇）の年紀を持つ『口遊』に、京都の大極殿より、さらに東大寺の大仏殿より大きく高い「大屋」として誦されて、平安時代の人々の人口にも膾炙していたこととの関係が想起される[27]。

さらに近年の出雲大社境内遺跡の発掘成果によって、金輪造営図の所伝がほぼ正確な姿で、一六丈の高さがあったとされる中世以前の社殿の姿を伝えていることが判明した事実がある。出雲大社の名称は、明治初年以前は「杵築大社」であったが、『出雲国風土記』の所伝では、その名前の通り、神々が杵で突き固めて版築を行った上に造営された、大規模な人工的構造物であったという事実は、神はまず社にやどるのでなく、自然そのものが神であり、自然物に神がやどると考えた古代人の心性とはまったくなじまないが、その理由がかいま見えてくるような気がするのだ。ここで古代神殿の成立についての議論に関説している余裕はなく、常設的な社殿を持つ神社の成立過程は、立地や構造、そして祭祀形態の状況により、決して一様でなかったとする、錦田剛志氏の研究史の整理に譲りたい。[28] つまり「はじめに建物ありき」という神殿の来歴も、あって不都合ではないと考えるのだ。

『出雲国風土記』神門郡高岸郷の、郷名の由来に関する伝承に、アジズキタカヒコネを高き屋を造ってそこに据え、高梯子を渡して上下させたとある。これが高崖、高岸の名の由来とされることから、この建造物が、神門水海《かんどのみずうみ》に向かって建てられた高楼であったと解すれば、[29] きわめて整合的な理解が可能である。神門水海は、杵築大社も面していたラクーンであり、ここから外海に通じ、さらには環日本海の交易圏に通じていた。この地に交易のための高楼が設けられたことには、必然性が存するのである。

『出雲国風土記』出雲郡の、出雲大社が面していた神門水海にそそぐ大川＝斐伊川に関する記載に、材木をあざなった筏が、春先の雪解け水で増水した河を利用して、川を下る様子の記述がある。これも建築用材としての、材木であろうと推定され、杵築大社の用材も、アジスキタカヒコネを祀った高屋のそれも、こうして斐伊川を下る筏に組まれて運ばれただろうことは想像に難くない。

筆者は、このように出雲大社がひときわ大きく高く造営された理由は、実は土地の神への奉祀に姿を借りた交易の場、貿易センターとして、この建造物が機能したところにあるのではないかと憶測している。

出雲大社が大きく高く作られた理由を、森浩一氏は、港の望楼的施設であったからとした。[30] もし社殿が望楼的な性格を継承したものとすれば、階段は当然、陸へ向かって付けられている筈である。しかし「金輪造営図」にも「引き橋一町」と記された長い階段は、かつて潟湖であった方向へ向かって取り付けられていたのだ。氏は、鳥取県淀江町の稲吉住田遺跡発見の土器片に描かれた絵などを援用しながら、海に向かって取り付けられた階段や梯子が、日本海沿岸の港の、伝統的な開放性を表していると評価するが、なぜ日本海地域でそうした造作が行われたのだろうか。筆者見では、海側から登る階段は、海を渡って来る者たちのために用意された施設であったことを証しており、神殿は実は、異なった民族や共同体に属する人々が、それぞれに生産した品々を、神への幣物と、神からの賜物というかたちをとって交換する、交易センターだったに違いないと想定している。

森浩一氏はさらに、日本海沿岸に点在する潟は、海上交通の、そして河川交通の拠点として「潟港」を中心に文化を展開させていったとするが(31)、出雲の社殿も、神門水門という潟湖から神門の海に通じる、まさにそうしたポイントに設けられた建築物として、大社の前身をとらえることが出来る。出雲大社は、海に向かって、環日本海交通のランドマークタワーの役割も果たしたがゆえに、高く、大きく建造されなければならなかったのではなかったか。出雲の高い社殿は、背後の八雲山の高さに合わせたのではないかともいわれている。出雲の高い社殿との関わりで必ず引き合いに出される、鳥取県淀江町の稲吉角田遺跡発見の土器片に描かれた絵でも、異様に長い柱の上の寄棟造の建物には、長い梯子が取り付けられている。そして梯子に向かって漕ぎ寄せる船に乗った人々は、鳥の羽の表現とみなす説もある、特殊なマゲを結った群像として描かれ、武装した姿には見えないことは、彼らが軍事以外の目的で船をこの高楼に向かって漕ぎ寄せていることを示唆していよう。斉明六年紀で、征討軍と、和平＝交易の途を検討した際に、沖合に停泊した粛慎の船団が掲げた旗にも、鳥の羽があしらわれていたことが想起される。

こうした視線をさらに周辺に移してみると、出雲の近くにも、近年発掘されて注目を集めている、淀江の潟を前にしていた妻木晩田《むきばんだ》遺跡や、宍道湖畔の丘の上に築かれた田和山遺跡でも、出雲大社の祖形とおぼしき九本柱の建物跡が見つかっている。これらの建物と、船で漕ぎ寄せた人々との関係は不分明だが、海からのランドマークとしての機能は十分に果たし得ただろう。

第七節　城柵と交易

熊谷公男氏は、『古代の蝦夷と城柵』において、近年の考古学調査の進展によって、柵は経済的側面からいえば、交易センターとしての性格を有していたことが、次第に明らかになってきたとし、発現期の柵を場として、北方世界との交易が行われた可能性を想定している。城柵はその初期の段階から、蝦夷の朝貢制支配の拠点であったと見るべきで、古墳時代の拠点集落が有していた交易センターという性格を引き継ぎ、それを王権の権威と武力を背景に服属させた蝦夷の朝貢を受け入れる官衙として、再構築したものとした(32)。つまり交易センターとしての役割は、柵成立以前、古墳時代以来のものと想定しているのである。また古代の主要な城柵や官衙遺跡は、ほとんど水運の便の良いところに立地していることも、交易を主眼とした柵の成立意義と深くかかわっているとしている。

如上の指摘は、渟足柵が、日本海交易を念頭に造営されたとする筆者の想定とも整合的である。想起すべきは、渟足柵は、『日本書紀』に造営を最初に特記された柵であるが、考古学の成果により、ほぼ同時期に太平洋側にも、柵が建設されていたことが明らかになっている。仙台市の郡山遺跡がそれである。当遺跡のⅠ期の官衙は、広瀬川と名取川の合流点付近の自然堤防上に、七世紀第3四半期、倭王権の直接的主導によって造営されたと想定されている(33)。『日本書紀』の北征記事は、主として阿倍氏家記を資料として叙述されたため、越国守阿倍比羅夫の活躍のみが偏って記録されているが、大化改新後の東北経営が、日本海側ばかりでなく、太平洋側にも遠征軍が派遣され、貢納制支配を拡大する施策が取られた結果であるとされる(34)。

さらにこの柵は、多賀城の創建に前後して廃絶することから、多賀城以前まで陸奥国府になっていたと目されている。渟足柵も、のちに越の国府になったと想定され、また「沼垂城」と称されるなど、鏡山遺跡との共通項も多い。今泉隆雄氏は、渟足柵と郡山遺跡を、双子と見る説を提起しているが、[35]かかる重要な拠点の形成が、書紀に断片的に見える王権の太平洋側への進出記事の中にも、まったくうかがえないことは、渟足柵と対照的であり、筆者はそこになお、渟足柵のぬきんでた特殊性を見て取るべきであると考える。

その特殊性こそ、環日本海規模での、朝貢を含めた交易ではなかったか。そしてかかる目的のためにも、ランドマークタワー、貿易センターとして、大型構築物が建造されたのではなかっただろうか。

おわりに

再び出雲大社と渟足柵の共通項を指摘することで本章を締めくくりたい。柵建造のため、たくさんの用材が、岸の砂浜に跡を残したという越国からの報告について冒頭で触れたが、実はこれときわめて類似した伝承が、平安末期の出雲大社の再建についても存在する。いわゆる「寄木の造営」がそれである。

杵築大社造営遷宮旧記注進案[36]には、天仁二年（一一〇九）の倒壊による、永久年間の大社造営について記録があるが、その行間に、「国日記云」として書き入れがある。これによれば、天仁三年（一一一〇）、大社に近い稲佐の浜に大木が一〇〇本、海から漂着したという。最大のものは長さ一〇丈、直径七尺にも及ぶという途方もない大木だったとされる。しかもこの事件に先立って、因幡上宮（＝因幡一宮宇倍宮）の近くに、長さ一五丈、直径一丈五尺という、荒唐無稽としか言いようのないほど巨大な材木に大蛇がまとわりついて流れ着いたという。これらの経緯は、今回の大社の造営が因幡上宮の行事として行われるとする因幡上宮の御示現として語られている。大木一〇〇本は因幡上宮の計らいで漂着したのであり、大社の造営料として、さらに大きい一五丈の巨木は、前年倒壊した因幡上宮の造営に供されるべきであるという託宣である。

この事件は、佐伯徳哉氏によって、白河院政勢力が、その権力と威信を誇示する必要があったために仕組まれたという興味深い指摘がなされている[37]。ともあれ、大社の造営材の調達をめぐって、かかるストーリーが仕立てられたことの背景には、前述のように斐伊川上流に材木の供給地があったにもかかわらず、大社のような海に近い巨大神殿の造営の場合には、河川の流域から蒐集するだけでは不足したため、用材が日本海沿岸から海路を通じて広く供給されなければならなかったという事情があるだろう。さらに人為によらずして大量の用材の供給がなされたという言説が不自然でない程の、並はずれて大規模な造営であったがゆえに、大社も渟足柵も、人力を超越した神意に由来し、あるいは人智の及ばぬ現象として、大量の巨木が流れ着いたのだとされたとしてよいだろう。

六世紀半ばの所伝と、平安末期のそれは、時期は隔たってはいるが、いずれも壮大な規模の建造物の建設だったからこそ、こうしたストーリーが出来上がったものと思われる。

してみるとこれら伝承の比較からも、古代渟足柵は、日本三大建築のうちでも最高の高さを誇った出雲大社にも匹敵する、大規模建造物であった可能性があり、古代東北に造られた柵の中でも、抜きんでた造営規模を誇ったものと考えられる。そしてその理由は、蝦夷をはじめとした、環日本海交易の拠点として設定されたから以外に、その特殊性の背景は考えにくいといわざるを得ない。

以上本章では、古代渟足柵に関する記述の再検討から、その建造物の規模、機能と役割について考えてみた。そして環日本海交通における交易の拠点として、貿易センター、ランドマークタワーとして、古代渟足柵は、想像よりはるかに大規模な建造物が、砂丘の下深く、埋もれている可能性があるといえよう。それは筆者の脳裏には、今新潟港に高くそびえる朱鷺メッセと、少なからず重なって像を結ぶのだ。

（1）　小林昌二「渟足・磐舟柵の調査研究（二〇〇〇～二〇〇三）」（地域と学際・国際シンポジウム『国際的視点からする

潟湖河川交通と遺跡立地の地域史的研究――日本海・越後の前近代を中心に――』）。

（2）「環日本海交流と渟足柵」（『前近代の潟湖河川交通と遺跡立地の地域史的研究』二〇〇〇年度～二〇〇三年度科学研究費補助金基盤研究A―2　課題番号一二三〇一〇一七）。

（3）関雅之『磐舟柵についての現状――考古学の立場から――』古代史サマーセミナーレジメ（一九九〇年）。

（4）小林昌二「渟足・磐舟柵の研究序説」（『前近代の潟湖河川交通と遺跡立地の地域史的研究』二〇〇〇年度～二〇〇三年度科学研究費補助金基盤研究A―2　課題番号一二三〇一〇一七）。

（5）『日本書紀』大化元年一二月戊午条。

（6）金子拓男「大化元年『越国奏上』についての検討」（小林昌二編『越と古代の北陸　古代王権と交流3』（名著出版、一九九六年七月）。

（7）『日本書紀』四皇極天皇元年九月癸酉廿一、越辺蝦夷、数千内附。

（8）『日本書紀』巻第廿四皇極天皇元年九月癸丑朔乙卯三、天皇詔大臣曰、朕思欲起造大寺。宜発近江與越之丁。

（9）『日本書紀』大化二年是歳、越国之鼠、昼夜相連、向東移去。

（10）『日本書紀』白雉五年春正月戊申朔一夜、鼠向倭都而遷。

『日本書紀』白雉五年十二月壬寅朔己酉八、葬于大坂磯長陵。是日、皇太子、奉皇祖母尊、遷居倭河辺行宮。老者語之曰、鼠向倭都、遷都之兆也。

（11）大阪四天王寺蔵「威奈大村墓誌」に、「後岡本聖朝紫冠威奈鏡公之第三子也。……越後北彊、衝接蝦虜、柔懐鎮撫允属其人、同歳（慶雲二年）十一月十六日、命卿除越後城司、……」とある。なお『続日本紀』慶雲三年閏一月五日条には「以従五位上猪名真人大村為越後守」とある。

また、「威奈大村墓誌」には、「以慶雲四年歳在丁未四月廿四日、寝疾終於越城　時年卅六」とあり、越後城司が、越後国守でもあったことが知られる。

（12）前掲注（1）小林発表。

（13）八幡林遺跡出土第二号木簡に、「養老」の年号と、「沼垂城」の文字が見える。

（14）大阪四天王寺蔵「威奈大村墓誌」。

(15)『日本書紀』巻第二六斉明天皇四年夏四月条。

(16)簑島栄紀「古代出羽地方の対北方交流」(『史学研究集録』二〇号、一九九五年、のちに『古代国家と北方社会』吉川弘文館、二〇〇一年一二月)。

(17)鈴木靖民「古代蝦夷の世界と交流」(水野祐・鈴木靖民編『古代蝦夷の世界と交流』名著出版、一九九六年九月)。

(18)石狩川、黒竜江、あるいは尻別川という説もある(西村真次『日本古代社会経済』第一冊　交換編、東京堂、一九三四年一一月、二五〇頁)。

(19)『日本書紀』斉明天皇五年三月是月。
可以後方羊蹄、為政所焉。肉入籠、此云之々梨姑。問菟、此云塗・宇。菟穂名、此云宇保那。後方羊蹄、此云斯梨蔽之。政所、蓋蝦夷郡乎。随胆鹿島等語、遂置郡領而帰。授道奥與越国司位各二階、郡領與主政各一階。或本云、阿倍引田臣比羅夫、與粛慎戦而帰。献虜四十九人。

(20)簑島栄紀「阿倍比羅夫の北航と北東アジア地域」(前掲注16書)。

(21)『晋書』列伝巻六七。
衣其皮、績毛以為布。有樹名雒常、若中國有聖帝代立、則其木生皮可衣。周武王時、獻其楛矢、石砮。逮於周公輔成王、復遣使入賀。爾後千餘年、雖秦漢之盛、莫之致也。及文帝作相、魏景元末、來貢楛矢、石砮、弓甲、貂皮之屬。魏帝詔歸於相府、賜其王・雞、錦罽、錦帛。至武帝元康初、復來貢獻。元帝中興、又詣江左貢其石砮。至成帝時、通貢於石季龍、四年方達。季龍問之、答曰「毎候牛馬向西南眠者三年矣、是知有大國所在、故來」云。

(22)鳥居龍蔵「東亜細亜に於ける無言貿易に就て」(『人類学会雑誌』二七巻一号、一九一一年四月)。前掲注(18)西村書。

(23)拙稿「日本古代における民俗と衣服」(『日本の社会史』第八巻、岩波書店、一九八七年三月)。

(24)『日本書紀』巻第二六斉明天皇五年是歳。
又高麗使人、持羆皮一枚、称其価曰、綿六十斤。市司咲而避去。高麗画師子麻呂、設同姓賓於筆者家曰、借官羆皮七十枚、而為賓席。客等羞怪而退。

(25)前掲注(23)拙稿。

(26)康治二年(一一四三)三月一九日「官宣旨案」(『平安遺文』二五一〇)。

(27)大林組プロジェクトチーム編『古代出雲大社の復元』(学生社、一九八九年一一月)。

(28) 錦田剛志「『古代神殿論』をめぐる近年の研究動向――考古資料の解釈をめぐって――」上・下（『皇學館大學神道研究所報』六三・六四号、二〇〇二年七月・二〇〇三年二月）。
(29) 関和彦「古代社会の諸様相――宗教・生活編――」（『日本古代社会生活史の研究』校倉書房、一九九四年二月）。
(30) 森浩一「出雲大社の大神殿――その源流と巨木文化――」（『古代日本海域の謎Ⅰ』新人物往来社、一九八九年一一月）。
(31) 森浩一「古代日本海文化と仮称潟港の役割」（『古代日本海文化の源流と発達』大和書房、一九八五年一〇月）。
(32) 熊谷公男「城柵の形成と南北交流」（『古代の蝦夷と城柵』吉川弘文館、歴史文化ライブラリー一七八、二〇〇四年七月）。
(33) 熊谷公男『蝦夷の地と古代国家』日本史リブレット（山川出版社、二〇〇四年三月）。
(34) 熊谷公男「阿部比羅夫北征記事に関する基礎的考察」（高橋富雄編『東北古代史の研究』吉川弘文館、一九八六年一〇月）。
(35) 今泉隆雄「多賀城の創建――郡山遺跡から多賀城へ――」（『条里制・古代都市研究』一七号、二〇〇一年）。
(36) 北島家文書『鎌倉遺文』七〇一七。
(37) 佐伯徳哉「天仁の出雲杵築大社造営と白河院政の台頭」（『古代文化研究』五号、一九九七年三月、島根県古代文化センター）。

第二部

民族標識・異性装

第一章　「魏志」倭人伝の衣服について
――「横幅」衣・「貫頭」衣の位相――

はじめに

「魏志」倭人伝は、三世紀段階の邪馬台国の衣服について、次のように記している。

男子皆露紒、以木綿招頭。其衣横幅、但結束相連、略無縫。婦人被髪屈紒、作衣如単被、穿其中央、貫頭衣之。

ここにいういわゆる「貫頭」衣・「横幅」衣の具体的な形態については、江戸時代以来、さまざまに解釈が試みられてきた。またかかる衣服が、果たして現実に、この段階の倭で、着用されていたのか否かについても、議論のわかれるところであった。

そこで本章では、これまでの諸説をふまえ、現段階での考古学的知見、および技術史の視点からの考説に依拠しながら、中国正史の蕃夷伝中に記載される諸民族着用の、「貫頭」衣・「横幅」衣の諸相を比較検討することにより、「倭人伝」の衣服の特質を考えてみたい。

第一節　藤貞幹の倭人伝の理解

倭人伝の衣服関係記事について最も早く言及したのは、藤貞幹の『衝口発』であろう。藤は、

上古衣服タヾ千早アルノミ。日本紀ニ神代ヨリ衣裳ノコトアルハ固ヨリ異邦ノ服ノミ。千早ノ製、一條ノ布ヲ用、此ヲ着スル。其一條横幅ノ中間ヲ裂テ頭ヲ出シ、其両端ヲ以結束ス。日本決釈ニ中衣ト云是ナリ。小野ノ妹子入隋ニモ此ヲ着シ行シトミエタリ。後西土ニ倣テ服ヲ製メ、巫祝ノミ此ヲ服上ニ加フ。又巫祝ニアラズトイヘドモ、神会葬送等ニハ故事ヲ存メ、卑賤ニハ此ヲ服上ニ加ヘシム。是巫祝ヲシテ黒歯被髪セシムルガ如シ。按三国志巳人倭人伝ニ千早ノ外ニ又別ニ婦女ノ服アリ。其制今知ヘカラズ、疑ラクハ筑後磐井造ル所ノ古人ノ服ノ類ナラン。

千早ノ制及着用ノ法。古図書ニ考テ左ニ図ス。

として、図1のような「千早」の寸法とその着装の想定図を示し、

魏志及後漢書等皆伝。倭人其男子衣以横幅、但結束相連略無縫綴モノ嘘妄ニアラズ(1)。

と述べている。

つまり藤貞幹は、千早という、神事や葬礼の際に着用するものとして中世まで存続した衣服と、「魏志」倭人伝の衣服記載との関連を考えたのであった。ここでは倭人伝が女性の衣服として言及していることについては、「其制今知ヘカラズ」として、形態の推定を留保していることが注目されよう。「魏志」倭人伝の記載の文脈上からは、倭人の男女は、各々別形態の衣服、いわゆる「横幅」衣と「貫頭」衣を着用していた事実が想定されるが、貞幹もこれにそって、まず男子の衣服を千早と結びつけ、これとは形態の異なるはずの女子の衣服を、具体的形態は不明としながらも、『釈日本紀』が引用する「筑後国風土記」の逸文にみる、筑紫君磐井の墓に列立する石人像着用の、衣服の形態に擬している。

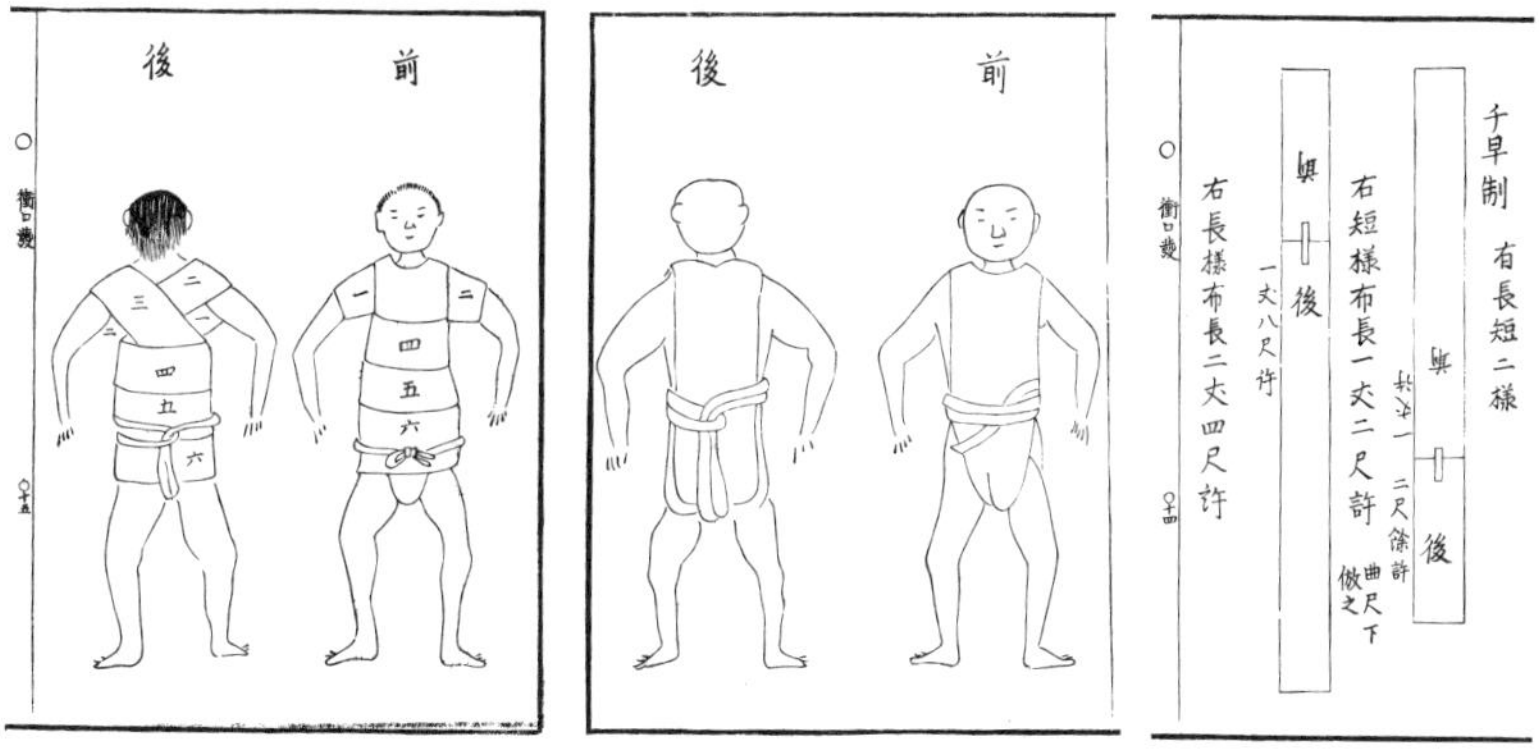

図1　藤貞幹の想定した千早着装図（『衝口発』）

ところで宮本勢助は、藤貞幹が、倭人伝の記載から婦女の衣服の、別な存在形態を想定しているというのは、実は男子の「横幅」衣と女子の「貫頭」衣との相違と考えているのではないとしている。藤貞幹のいう「婦女の服」とは、

其（正始）四年、倭王復遣使大夫伊聲者、掖邪狗等八人。上献生口、倭錦、絳青縑、緜衣、帛布、丹木、𤝔、短弓矢。

とある記事中の「絳青縑緜衣」を指していると解する(2)。つまり倭王卑弥呼の献上した衣服を、女王卑弥呼の衣服そのものと解し、これを男子の衣服とは別制のものと判断して、貞幹は石人の衣服をこれに比定したものと推察している。

確かに千早の制は、「一条の布を用い、その横幅の中間を裂いて頭を出し、両端を結束する」という貞幹の解釈においては、「横幅」衣と「中間ヲ裂キテ頭ヲ出シ」て着るという「貫頭」衣の双方の特質を併せて想定されたものと理解することができる。つまり、藤貞幹は、「魏志」倭人伝の記載中の「婦人被髪屈紒」の話を、ひとまず捨象して考え、倭人伝の記載を、すべて倭人男子の衣服形態を想定する際の史料として用いている。

かかる想定からは、いわゆる「横幅」衣も「貫頭」衣も、同一の衣服の実態を、異なる側面から表現したものと解釈することが可能であ

る。しかしながら貞幹の理解からは、倭人女性の衣服の想定が困難であることが問題となろう。
はたして「倭人伝」は、本当に女性の衣服形態について直接的には言及せず、これらすべての記載は男子の衣服についての記述であると解すべきなのだろうか。

第二節　本居宣長の反論

ところで藤貞幹の、千早の制と倭人伝の記載の関説からする如上の奇妙な着用形態の想定図は、本居宣長らの反発を招いた。

宣長は、

> いづこのいかなる人にかあらむ、近きころ衝口発といふ書をあらはして、みだりに御国のいにしへをいやしめおとして、かけまくもかしこき皇統をさへに、はゞかりもなくあらぬすぢに論じ奉れるなど、ひとへに狂人の言也。故今これを弁じて名づくることかくの如し。[3]

として、『鉗狂人』なる一書をものして、『衝口発』の所説を個々にとりあげて、悉く反論した。衣服についても、

> さて上古の衣は千早のみ也といへるは、例のからぶみに男衣ハ皆以二横幅一結束相連女人ハ衣如二単被一貫レ頭面着レ之といへるを拠として、是を着たる躰、甚ダ見苦シキ図を新作して、千早の製也といへる、皆強て皇国をいやしめおとさむための妄説也、ちはやは襲にせし服と見ゆれば、本製豊かくの如き物ならむや、抑論者須佐之男ノ命は韓人、神武帝の御父は呉泰伯が裔といへるに、その御子たちは何とて韓衣、呉衣をば廃て、裸体同前の千早のみを着給へるぞや、もし韓呉の風うつりなば、そのかみより韓衣も呉衣も有べき物をや、諺に尻口のあはぬといふは、此論者の事也けり……

として、貞幹の所説の論理的矛盾をつくのである。ここでの宣長の主張は、貞幹が大和王権の祖を渡来系と見る

ならば、なぜ彼らは衣服だけは倭人固有のそれを着用したと考えられるのか、というところにある。

では宣長自身は、どのような形態の衣服を我国固有のものと考えていたかといえば、埴輪像に見られるような、いわゆる衣褌衣裳の制を想定していたらしい。

『古事記伝』巻六の、伊邪那岐が、黄泉国より帰って、筑紫日向の橘の小門で、衣服を脱ぎ棄てて禊をする段に、次のような記述が見られる。

　御裳、萬葉巻廿に美母とよめり、和名抄に、釈名云、上曰レ裙、下曰レ裳、和名毛とあり、抑裳は女の着る物にこそあれ、男のよそひに云ること、古書に凡て見へざれば、禮服にあるは、漢のまねびなれば、いふべからず、此に御裳の事を云るは、いといぶかし。書紀には此に御裳と御冠のことは無し。意ありてにや。(4)

宣長が『古事記伝』叙述の藍本とした、卜部家本系の『古事記』に、男神たる伊邪那岐の衣服に、衣、褌とともに、裳があげられていることについて、のちの衣服令の「禮服」には裳（＝裙）があるが、それは中国の制の模倣であって、我国固有の衣服制には、男子に裳の着用があったことは考えられないとして、疑問を呈している。

このことから宣長は、我国本来の衣服制を、男子衣褌、女子衣裳の制の、いわゆる埴輪像に見られるごとき衣服形態のイメージで把えていることが明らかであろう。

かかる形態の衣服は、当然ながら朝鮮半島系の衣服や、中国における胡服との不可分性が想定され、宣長も、前掲の『鉗狂人』において、応神紀以来の、韓・呉からの縫製技術者の渡来伝承との関連について言及している。

しかし宣長は、

　但し被縫韓服に似たりとて、必彼を取れりとするは非也。すべての衣服のさまは、いづれの国も大躰は似たる物なれば、韓と似たる事も有べし。又韓吾にならへる事も有べし、いかでか一偏にはいふべからむ。

と説き、日本と朝鮮半島を一元論として把握する考え方と、日本の衣服制が朝鮮のそれへ影響を及ぼした可能性の、二つの理解の方法を示している。

このように宣長は、「魏志」倭人伝の記載を、「例のからぶみ」と、我国の実態を伝えるに信憑性なきものとしてしりぞけ、我国には初発から衣褌、衣裳の制の存在したことを主張するのであり、かかる考え方は、国学系の研究者に継承されていった。

豊田長敦は、『上代衣服考』において、

我上代の服は、筒袖にて、丈けは膝までに至らず、下の方は褌といへど、今の世の股引といふもの、如にて、上を衣といひ、下を褌といひ、二ツにて一具とせしものと見えたり。(5)

とし、筒袖の短衣と褌の組みあわせが、応神朝の縫製技術者の渡来以降、大袖にして襴丈《すそたけ》の長い漢衣に、とってかわられたのだと解釈している。

『上代衣服考』は明治三年の上梓であるが、このように江戸時代における服飾史研究では、『衝口発』以外には、「魏志」倭人伝の記載が正面からとりあげられることはなかった。それはおそらく当該時代の服飾の研究が、「からぶみ」を排斥する国学系の研究者によってなされたためであり、またその目的も、たとえば豊田長敦が、

神武天皇の御衣服はさらなり、天照大神の御衣服の、凡にも知られ奉しは、いといと奇しとも、悦しともいふべきやうなし。これいかなる故ぞと、あまたゝびかへさひおもひ見るに、今や朝廷の御稜威、古へにかへらせ給ひ、大御政新に、千歳の旧習をも改給ふ。此御時に当りて、我年頃おもひ渡りし、此考の今成就れるも、皇神達は、常にかく雄々しき御姿ぞと、神の示し給へるにや有らんとさへおもはるゝなり。

と記しているように、記紀神話の神々や、皇統の祖の具体的な姿をイメージすることにあったためである。

第三節　「倭人伝」の信憑性を問題とする諸説

かかる傾向を引いて明治時代に入っても、「魏志」倭人伝を史料とした衣服形態についての研究は、たとえば菅政友が、『漢籍倭人考』において、

作レ衣如二単被一、穿二其中央一、貫レ頭衣レ之、此ハ漢書ニ儋耳珠崖ノ俗ヲ記ルシテ民皆服レ布如二単被一穿二其中央一為二貫頭一トアリ、其ハ男女トモ合ハセテイヘルヲ、ヒトリ婦人ノ事トシテ取リタルナリ、[6]

と記したように、倭人伝そのものの史料的信憑性を否定する方向で進められた。「倭人伝」の記載を、『漢書』地理志の「儋耳・珠崖の俗」の引きうつしと見る説は、那珂道世[7]、内藤虎次郎[8]、そして喜田貞吉[9]らにも継承された。

これらの説は、『漢書』地理志、粤地条の、儋耳・珠崖の項に、

民皆服布如単被、穿其中央為貫頭。男子耕農、種禾稲紵麻、女子桑蠶織績、

とある記事が、「魏志」倭人伝において、倭人の俗の伝聞記事として転用されたと見るのであるが、その根拠は、中国側の認識として、倭国の地理的位置関係が、会稽・東冶の東方にあり、したがって、現在の海南島にあたる朱崖（珠崖）・儋耳と近接していると理解されていた形跡があることによる。

たとえば「魏志」倭人伝は、

計其道里、當在会稽東冶之東、

として、女王国を福建省、福州の東に比定し、その衣服、風俗、物産等を述べたあと、

所有無與儋耳朱崖同、

と、儋耳・朱崖との共通点のあることを述べているのである。『後漢書』にいたっては、地理的位置関係そのものが、朱崖・儋耳と近接しているゆえに、風俗が共通すると記している。

しかしこの考え方は容認し難い。なぜなら「魏志」倭人伝の記載には、他書の引きうつしとのみは考えにくい

「倭人伝」のみのオリジナリティが認められるからである。中国正史の蕃夷伝にみられる衣服関係記事の中に、いわゆる「貫頭」衣、「横幅」衣の記述は多いが、特に倭人の衣服のみの特質として形容される表記に、「略無縫」というくだりがある。この特徴は、倭人伝では「横幅」衣の属性として表記されている。しかし「横幅」衣には、たとえば『晋書』の林邑伝が、「女嫁時、著迦盤衣横幅合縫如井欄」と述べているように、縫製をその属性としてともなうものも存したのである。

第四節　「横幅」衣の諸相

ここで「横幅」衣が、決してその形態を一律のものとして考えられない徴証として、「横幅」衣の諸相をあげておこう。『梁書』諸夷列伝第四八の、林邑国の条には、

男女皆以横幅吉貝、繞腰以下、謂之干漫、亦曰都漫

とある。ここにいう吉貝というのは、同条の冒頭に、林邑国の特産品として掲げられ、

吉貝者、樹名也。其華成時如鵝毳、抽其緒紡之以作布、潔白與紵布不殊、亦染成五色、織為斑布也。

とあることからわかるように、植物製繊維(10)で織った布の名称であった。林邑国では、この布で製した「横幅」衣が、(11)男女ともに腰以下を覆う衣服として着用されたという。つまりここでの「横幅」衣とは、腰巻、いわゆるサロンのごとき形態の衣服ということになろう。しかしながら一方で、『新唐書』列伝第一四七、南蛮下、南平獠条には、次のような記載が存在する。

婦人横布二幅、（『旧唐書』では横布両幅）穿中貫其首、號曰通裙。

また、『太平御覧』巻七九〇、四夷部、南蛮の、穿胸国条には、

異物志曰、穿胸人其衣則縫布二幅、合両頭、開中央以頭貫、穿胸身不㆓突穿㆒。

とある。上掲の史料にいう「横布二幅」とは、実は「横幅」の語を詳しく説明した記載であり、また後者の史料にいう「縫布二幅」と、実態としては同じものであると考えられよう。とすればこの場合の「横幅」衣とは、横幅に布を二幅つづりあわせて、その中央から首を出すという形態のものであり、先に掲げた腰巻型式の「横幅」衣とは、形態の異なるものであることが、おのずと理解されよう。

そしてこの二史料が、「横幅」の衣の諸相の一つを示していると理解することが許されるとすれば、ここにいう「横幅」の衣は、とりもなおさず「貫頭」の衣に他ならないという事実がうかびあがってくる。

なぜならこれらの「横布を二幅ならべて、その中央から首を出す」、あるいは「二幅の布を縫いあわせて、中央部分のみ開き、そこから頭を出す」という衣服のあり方は、『漢書』地理志の粤地条、儋耳・珠崖の項の「穿其中央為貫頭」のくだりに対して、顔師古が、「著時従頭面貫之」と注しているのと、同一の着装形態を指していることが知られるからである。

このように考えてくると、「横幅」の衣と、「貫頭」の衣は、同一の実体の衣服を指す場合があるという事態が予想されるのである。

そして、こうした横布二幅を並べて作る、貫頭衣形式の横幅衣の存在の一方で、先に掲げたような、腰巻式の「横幅」衣が『新唐書』列伝第一四七、南蛮下、婆利の条では、

以古貝横一幅繚于腰、

との文言で表現されていることは注目に値しよう。ここでは「横一幅」とは、体軀の線に対して、布を横にして用いるということである。そして『旧唐書』同条では、これと同一内容の記載が「被古貝布、横幅以繞腰」と表記されており、「横一幅」が、まさしく「横幅」を詳述した記載であることが知られるのである。ここにおいて、先に推定した「横布二幅」が、「横幅」衣の表現であるとの推定も、傍証を得たものと断言できるであろう。と

もあれ「横幅」衣は、決して一律の衣服形態を表現するものなのではなく、諸記載には位相が存し、そのうちのあるものは、「貫頭」の衣でもあったという事実を指摘しておきたい。

また、いわゆる「貫頭」衣についても、これが同一の形態の範疇のみではとらえきれないことが想定される。すなわち、「倭人伝」の、

作衣如単被、穿其中央、貫頭衣之、

とある記載、あるいは『太平御覧』巻七八六四夷部、南蛮の、扶南国条に、

穿疊布貫其首、

とある記載からは、表記上、布の中央に穴をうがち、頭からこれをかぶる形態の衣服が想定されるのだが、一方で『三国志』呉書巻五三、薛綜伝に、「椎結徒跣、貫頭左衽」の語のあるところを見ると、これは「貫頭」の衣と、蕃族の衣服と表象である、衽あわせが「左衽」の衣服の両者が、「民如禽獣、長幼無別」たる交趾地方で行われたと見るべきかとも思われるが[12]、いまひとつには、「貫頭」の衣にしてかつ左衽、つまり衽あわせを持った貫頭衣が、当地で行われた可能性も考え得るのである。

以上見て来たごとく、「貫頭」衣・「横幅」衣は、かかる表記のうちに一括されたとしても、決してその形態は一様ではなく、位相が存したのであり、その一形態として、倭人の「略無縫」たる「横幅」衣の存在があったのだと考えられよう。

そしてこの「略無縫」という属性は、「魏志」倭人伝の編者がその風俗記事を引きうつしたとされる『漢書』地理志の儋耳・珠崖の衣服記事には、当然ながら存在しない。そして、郭璞注の『山海経』や、『太平御覧』巻七八二、四夷部、日本国条が伝える『山海経』の逸文に、倭人の衣服が針功のないこと、すなわち縫製を要しないことを特記している事実がある。また、これが単に中国側の、倭人に対する、不確定な認識なのではないこと

は、我国の側の史料で、縫製を要しない衣服の存在を語っているものが少なからず存在することから裏付けられるのである。これらの事実から、かつて筆者は、我国古来の固有の衣服は、織ることが衣服製作の最重点項目と認識されるような、ほとんど縫製を要しない、簡略な形態のものであったろうと推定したことがあるので、詳しくはそちらを参照願いたい(13)。

ともあれ、このことからすれば「魏志」倭人伝の衣服関係記事は、珠崖・儋耳の引きうつしとのみは考えにくい事態がうかびあがってくるのであり、筆者はかかる理由から、「魏志」倭人伝の衣服関係記事を、信憑性の高いものとして評価したいと考える。

第五節 倭人を九州地域の南方系民族と解する諸説

さて、先述した理由により、我国における固有の衣服の形態を、主に記紀神話と、埴輪像の対応関係から考えてきたのが、江戸時代、ひいては明治期以降の服飾史研究のあり方なのであるが、こうした研究状況の中で、はじめて「魏志」倭人伝の記載を正面からとりあげて、科学的かつ客観的立場からその衣服形態を想定しようとしたのは、高橋健自である。

高橋の発想は、神話段階の服装を、埴輪像によって復元することを一まず妥当とし、それ以前の衣服形態を探りうる史料として、「魏志」倭人伝を位置づけるところからはじまる。高橋は、大正一五年四月に行われた帝室博物館の講演会において、次のように述べている。

……神代物語以下、神武創業・日本武尊東西征伐・神功皇后三韓征伐という類の伝説を繪に畫くとか、舞臺の上に実演するとかいふ場合には、大和朝時代に行はれた埴輪土偶に見るところの主要なる服飾をそれらに當嵌めることが最適當と信ずる。教科書の挿繪をはじめ、芸術家によつて取扱はれてゐる所謂神代の服装は、即ちこの埴輪土偶を人格化し、その服飾を復元することに拠るを適當とする所以である。

暫らく神話を離れて、吾々の祖先が埴輪土偶によつて象徴されてゐる服飾を有つ以前、モット原始的な時代に於てどんな服飾文化を有つていたかといふことは、史学が科学的に研究されるべきである以上、そこに之を知りたいといふ欲求が起る。然らば如何すれば知り得ようか。この問題は伝説を超越したる事項である。そこで我々は埴輪土偶等から容易に見られない部分は、当時に於ける海外先進文化圏の文献や、近代に於ける海外未開種族の土俗系に拠つてこれを推定するのである。

東方亜細亜に於て最古い文献を有つてゐる最早く開けた国は支那である。日本に何等記載のなかつた時代に、彼れは堂々たる典籍を有してゐたのである。その支那の書なる晋の陳寿の『三国志』中の『魏志』の倭人伝は、我が日本を具体的に記した現存文献中の最古のものである。この「倭人」を以て単に九州地方の民族と解する学者もあるが、吾輩は広く大和に中心点を有つた日本人と解している一人である。[14]

ここで高橋が、「倭人伝」の記載を、九州地方に限定された風俗でなく、広く日本人一般のそれに敷衍し得るものと述べていることの背後には、次のような学説の存在がある。

鳥居龍蔵は、「倭人の文身と哀牢夷」なる小論において、「倭人伝」の文身の図様を、『後漢書』南蛮西南夷伝の、哀牢夷の記載に結びつけて考え、哀牢夷は雲南省地域に棲むインドシナ族に属する者であるとし、倭人は、この系統を引くものであると理解した。また鳥居はその前書きで、

我が国の民族中にインドシナ族のある者に類似するものがあります。その一例として倭人の文身のことを記しましょう。私はこの倭人と称する者は当時日本の九州の一隅にのみ分布して居ったので、全日本民族にはあまり関係のないものと考えます。而して彼らの支配者は固有日本人で北方系に関係あるものと存じます。

と述べ、倭人伝の記載を、九州の一隅のみに限定してとらえるべきものであるとした。[15]

この論文が出たのは、大正六年のことであるが、同年喜田貞吉も、同様の見解を提出している。すなわち喜田は、「倭人伝」の風俗記事は、倭人が南方系の民族であることを示唆しているとし、古代の隼人の俗との不可分性を強調するのである。そしてかかる「倭人」は、「天孫民族及び天孫民族と融合同化せる先住民族との、相寄りて成れる」(16)日本民族とは別の、九州地方所在の民族であると主張するのである。

第六節　喜田貞吉の「横幅」衣に対する所見

付言しておくべきは、喜田は、隼人の俗と「倭人伝」の記載の結びつきを考える説をさらに発展させて、「横幅」衣に関して特異な見解を発表している事実である。『延喜式』巻二八、隼人司には、元日即位および蕃客入朝系の儀式に、隼人が参列すべきことを述べているが、そこでの衣服の規定は、以下のごとくであった。

其官人著二当色横刀一。大衣及番上隼人著二当色横刀。白赤木綿。耳形鬘一。自餘隼人皆著二大横布衫。（襟袖著二両面襴一。）布袴。（著二両面襴一。）緋帛肩巾。横刀。白赤木綿。耳形鬘一。（番上隼人以上横刀私備。）執二楯槍一並坐二胡床一。

ここに見える隼人着用の「大横布衫」を、「その制を知らずと雖」としながらも「倭人伝」にいう「横幅」の衣にあたる可能性を説くのである。(17)つまり喜田は「大横布衫」が、何らかの衣服の形態的側面に関連して称された名称と解しているのだが、ここで「大横布」は「衫」を修飾している語であることを忘れてはならないだろう。「衫」は、内衣、つまり肌着に相当する上半身に着用する衣で、夏季には表衣にもなった衣服である。(18)また「延喜隼人司式」は、大儀および行幸の際に隼人に支給する装束として、次のような規定をもうけている。

凡大儀及行幸給二装束一者。大衣各紅鬘木綿大二分。白木綿二分。隼人各肩巾緋帛五尺。紅鬘木綿一部。白木綿一分。衣料調布二丈一尺。袴料七尺。（並摺大横。）襟。袖幷袴。襴料。両面四尺四寸。（衣四尺袴四寸。）並具レ所レ須申省請受。（但肩巾。衣袴隋レ損申請。）

ここで、隼人衣料のうち、調布で製した衣および袴が、「並摺大横」の割注を施されていることが問題となろう。上半身に着用する「衣」のみならず、下半身に着用する「袴」が、ともに「摺大横」であるとすれば、「大横」とは「横幅」の衣たることを、形態論的に修飾する名辞ではないと考えなければならないのである。そして「摺大横」の衣・袴は、調布で製したもので、しかもその二丈一尺、また七尺という衣袴の用布量は、通常の衣袴のそれとまったくかわりがない(19)ことにも注目しなければなるまい。このように考えてくると、「大横」で製した「衣袴」とは、素材も普通の調布であり、形態論的にも何ら通常の衣袴と相違するものではないとの想定が可能なのだが、そこで考えられるのは、「摺大横」の語からして、「大横」とは、布に施された染色、あるいは紋様を指すのではないかという可能性である。

「摺染」とは、植物の花や葉、茎また葉等から抽出した染料、そしてある場合には鉱物性の染料で染める染色法を意味する(20)。そして摺染による染色は、たとえば「青摺衣」の場合でも、布地全体を青一色に染めつけて、青を地色とするのではなかったらしい(21)。つまり種々の染料を摺りつけることによって、紋様をつくり出したものと思われる。

江馬務氏は、「青摺衣」も、平安初期には種々の紋様を刻した型木を摺りつけて摺文をつけたものであったろうと推察している(22)。摺染の技法は、後世の所伝によると、染めようとする文様を刻んだ型木を作り、これに続飯《かたきいひ》をつけ、裂《きれ》を貼り、上から押して、その上から、木片で山藍その他の材料を、墨を摺るように摺りつけ、色をつけてその後、型木をはずすものであった。そして『延喜式』縫殿寮、鎮魂斎服の条に青摺布衫、青摺細布衫の用として、山藍とならんで「模飯」があげられていることは、これが型染めに用いるものであることを証していると、江馬氏は考えている。また青摺衣は、小忌衣《おみごろも》として用いられるのだが、『兵範記』仁安二年（一一六六）一〇月二九日条に、

小忌衣今日令㆓書繪様㆒宗茂執筆、龍膽小鳥相交、仰㆓佛師㆒両三枚令㆑彫㆑之。代々其文相替云々。

とあることは、少し時代が降る史料であるとはいえ、青摺衣が、平安初期には、型木で染めるものであったことを傍証していると考えている。

とすれば「摺大横」にいう「大横」とは、摺染技法によって調布を染めたその「紋様」、あるいは摺染に用いる染料そのものを指している可能性が想定される。

かかる推定からは、喜田貞吉のように、「大横」の語を衣服形態に結びつけて解釈する説の成立が困難であることが明らかとなろう。とすれば、倭人伝の衣服を、隼人の風俗とし、九州の一部に限定して考える説は、必しも妥当だとは言い難いのである。また鳥居龍蔵の所説は、倭人伝の記載が、インドシナの文身の俗と共通項を持つことを指摘し、それが支配者層の俗とは相異することを指摘するのみで、なぜ九州の一部に限定して考えなければならないのかの理由は述べられていない。おそらく久米歌から推定される文身の俗が、大和朝廷配下の部民に保持されていることなどをその理由とするのであろうが、文身についての関説は、本論の責とするところではなく、後考を期したい。

第七節　高橋健自の「袈裟式衣」説

このように考えてくると、「倭人伝」の記載は、決して他の東夷伝の風俗記事の引きうつしではなく、また、九州の一部の民族の衣服に限定して考えるべきものでもないといえよう。

そこで再び、「倭人伝」の記載から科学的に倭人の固有の衣服形態を復元しようとした、高橋健自の所説に立戻って考えてみたい。

高橋は「倭人伝」の記載を、魏の使者が倭で実地に見聞したところの風俗として理解する。そしてここに男女の衣服が書き分けてあることは、決して衣服がすでに性別分化をとげていたことをあらわすのでなく、『万葉集』の、互いに衣服を交替する男女の相聞歌の存在も、衣服が男女共通であった事実を示すと前置きして、復元想像図を示した。これによれば、男子の衣服として記述される「衣横幅、但結束相連無縫」は、織っただけの長い布を、横幅に使用し、体に巻きつけて結びとめるだけで縫わない、という、一方の肩から他方の腋《わき》へ斜めに着る、僧侶の袈裟に似た衣服であり、高橋はこれを「袈裟式衣」と命名した。そしていまひとつ、女子のものとして記述される「作レ衣如二単被一穿二其中央一貫レ頭衣レ之」とある衣服は、単被、つまりひとえの夜具のような形をしており、中央に孔を穿け、そこに頭を貫いて着る、ポンチョ、チュニックのごとき、いわゆる「貫頭衣」であろうと想定した。

そしてこれらはいずれも、専ら上体を蔽うだけで、下体には短い腰巻の類のほか、袴や裳のごとく、両脚の全部を蔽うものはなかったとして、「魏志」韓伝に、馬韓の西方海上の大島の風俗を、

其衣有レ上無レ下。略如レ裸。

と述べている記事を参考に供している。

そして高橋は、これらの衣服が、先にも述べたように、邪馬台国大和説の立場から、大和を中心とする日本人一般に行われた衣服であり、大和朝廷時代には下級者のものであったが、有史以前においては、中下級に一般に着用されたものとして位置づけていることを特記しておきたい。

この高橋健自の所説は、ほぼそのまま承認されて、その後の学界の定説としての地位を獲得して来たといえよう。これを初めて厳密に検討批判し、新たな見解を示したのは、猪熊兼繁である。

第八節　猪熊兼繁の「横幅」衣の理解

猪熊は高橋の「袈裟式衣」説を批判し、次のように述べている。

> 横幅の「横」というのは、布帛について考えると、「緯」のことで、織横糸の意味であろう。またその「幅」も、布帛の広さのことであることは申すまでもない。すると「横幅」とは、衣服とすれば、織った布帛を横糸の広さのままで身につけることにほかならない。「ただ結束して相連ねただけ」というのであるが、これが果たして「体に巻いて結び留める仕方」と解すべきであろうか。「連」は「合」で、「相連」は「ならべ合わせる」ことではないか。「結束」も「締縛」で、ならべ合わせたものを綴くることではないか。この「但」、「略」は、注意すべきである。「略」は「少也」、「稍也」という意味で、「略無縫」とは、「被縫せずに」という意味ではない。「少し、あるいは幾分か、は縫うてあるが、被縫したというほどのことではない」という意味ではないか。すると、横幅の布帛をただ二つならべただけで、綴くり合わせ、少しは縫ったようではあるが、裁縫したというようなものではない、ということになる。これは「横幅衣」ではあっても、高橋博士の説かれたような「袈裟式衣」ではない。

として、図2-1(上)を示した。そしていま一つの女子の衣服として記載される「貫頭衣」について、「穿其中央」とは、円形の穴をあけることではなく、一幅の横幅布の中央に、経に沿って、緯を一直線に裁断し、そこから頭を貫いたものと解して、図2-1(下)のように図示した[23]。

さて、猪熊の復元する両者の衣服は、布を一幅でつくるか、二幅にするかの差で、形態としては極めて似かよったものとなっている。そこで猪熊は、伝香川県出土の袈裟襷文《けさだすきもん》銅鐸の人物画像(図2-2)が、男女の性別役割分業を示しているとの想定のもとに、男女の衣服はほぼ同一形態ながら、一幅、二幅の差が絵画の上に表現されているとして、自説を補強しようとした。確かに香川銅鐸には、男子とおぼしき人物の衣服の図案中に、一本縦の線の引かれているものがあり、横幅の布を二幅、並べて綴ったとする氏説に組しているかに見える。しかしながら、その後発見された桜ヶ丘銅鐸等を見ると、これは、頭部の形によって男女が描き分けられているとする仮説に基き、弥生時代の性別役割分担を考える諸説の出発点となった著名な銅鐸であるが[24]、ここでは衣服についての如上の性による差異は検証されない。

また猪熊氏が依拠した、伝香川県出土の銅鐸に描かれた左下の人物と、桜ヶ丘五号銅鐸に描かれた人物（図3）を比べると、頭部の形状および性別役割分業の面から考えて図2-2の狩猟図が男性、図3の脱穀の図が女性と考えられるが、中央に縦線を持つ衣服は、男女双方に描かれており、この縦線は、人物の背面を表わす図案であるかのごとくである。猪熊自身も、男女の衣服の図案が同一である銅鐸の存在があることを断わっており、高橋が考えたように、衣服の性別分化はこの段階ではまだ存せず、猪熊式の貫頭衣と横幅衣が男女共通に着用された可能性も示唆している。

この猪熊の復元図は、「倭人伝」の記載を逐語的に吟味し、細心の注意のもとに案出されたものでありながら、これまでこれに関説した論考は、管見の限り存在しない。そこで私は、猪熊の所説の妥当性を、ここで一度検討

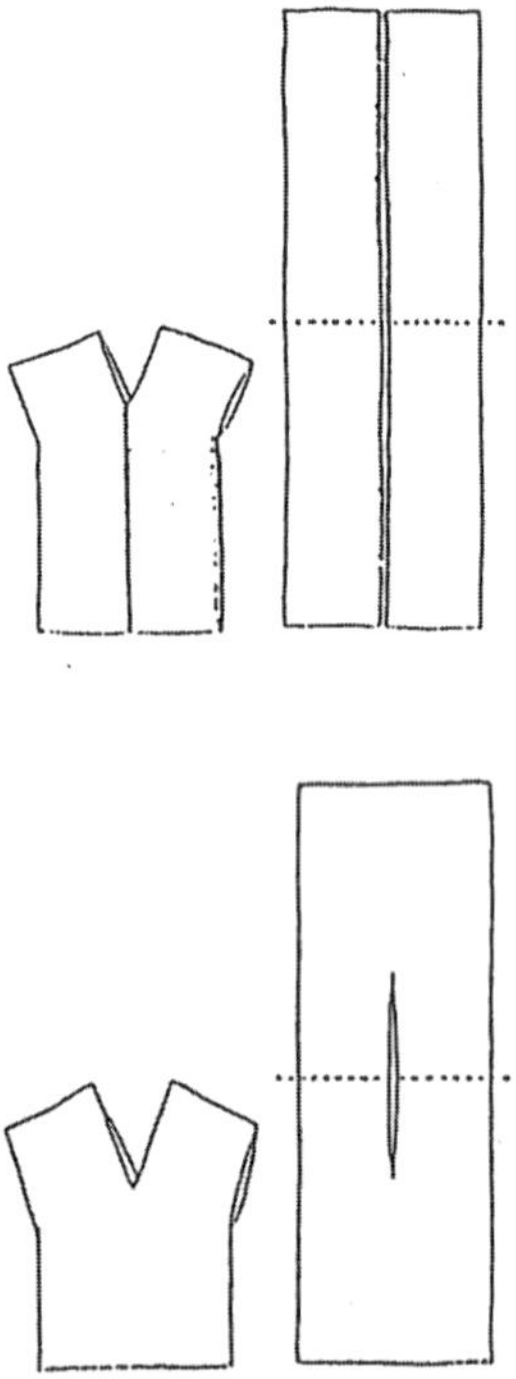

図2−1　猪熊兼繁の「横幅」衣（上）、「貫頭」衣（下）推定復元図（『古代の服飾』より）

図2−2　伝香川県出土袈裟襷文銅鐸の人物画像（同上書）

してみたいと思う。

猪熊は、「横幅」衣と「貫頭」衣を、形態的にはほぼ同一のものとして推定し、布を二幅で使うか、一幅にするかの相違のみが両者の間にあるとしている。おそらく原始段階の衣服は、形態上、性による分化を遂げてはいなかったと思われ、かかる想定からすれば、高橋のように袈裟式衣、貫頭衣の二形態が存在し、かつそれらが男女の間で相互互換的な衣服であったとするより、形態的にも両者は同一であったと考える方が、より整合的かと思われる。なお猪熊は、豊田長敦が『上代衣服考』において『万葉集』や「催馬楽」が記す、「更衣」の習俗は、男女の衣服が同一の形態であったことを論証しているとするのは誤りで、「更衣」は、男女の性交の際に行われる特殊な事態ではないかと反論している。しかしかかる風習が男女間の恋愛や性交に不可分のものとしてあったにせよ、八世紀段階でもある特定の衣服が、男女間で互替可能の形態であったことは否定しきれまい。また、『万葉集』に、

図3　桜ヶ丘5号銅鐸

夏影《ナツカゲノ》　房之下迹《ツマヤノシタニ》　衣裁吾妹《キヌタツワギモ》　裏儲《ウラマケテ》　吾為裁者《ワガタメタタバ》　差大裁《ヤヤオホニタテ》　（巻七―一二七八）

とある歌が、衣服を裁断している妻にむかって、夫が、「もしそれが私のために裁ってくれているものなら、少し大きめに裁ってくれるよう」要求したものだとすると、[25] 夫と妻、つまり男女の衣服が、形態によって区別されるのでなく、大きさによる相違のみがあったのだということ、そしてそうした固有服の伝統が、八世紀段階においてもなお、庶民の間に持続されていたことを傍証してくれていよう。

第九節　織布技術と貫頭衣

ところで猪熊は、「横幅」衣と「貫頭」衣をほぼ同一の形態としながらも、布幅を二幅衣につかうか、一幅にするかの差があり、男女の性別にかかわらず肉体的に肩、胴、腰の大きい者は前者を、小さいものは後者を着用するのであって、「倭人伝」はこれを「男子」と「婦人」に分けて記述したにすぎないとする。そこで問題になるのは、弥生段階で一幅の布で着用する衣服の作製が、果たして可能だったかという点である。氏は、潮見浩氏の弥生時代の布巻具の検討から弥生当時の織布の布幅が、一二～一三センチ前後、二五センチ前後、五〇～六〇センチの三種であったろうという推定を援用して[26]、五〇～六〇センチの衣服の布の中央を縦に切り、そこから頭を出す「貫頭」衣の作製が可能であることを主張している。

しかしながら猪熊自身も述べているように、五〇～六〇センチの布幅といえば最大のもので、普通には二五センチ前後のものが多かったとすると、氏のいうごとくの形式の「貫頭」衣が、普遍的に着用されたとは考えにくいのではないだろうか。角山幸洋氏によれば、弥生時代においては、約三五センチ幅以下のものしか製織されなかっただろうという[27]。

弥生時代の原始機は、いわゆる地機、水平機といわれる系統に属するものであった。これは、立木などに結びつけて固定した経糸を水平に張り、その末端を、織手の胴部に固定した木に結び、手元から緯糸を打ちこんでいく織布法である。この技法では、布幅は織り手の身体の幅に規定されざるを得なかったとみられるのである。三瓶孝子氏も、五〇センチ以上の布幅になると、織手が一人で緯糸を通すことは困難で、二人が並んで作業しなければならないとする[28]。

このようにみてくると、弥生期の倭人の織布技術からは、中央に穴をうがって頭からかぶることができるような広幅の布は、たとえ織り得たとしても、それは非常に非能率的な織布法であり、こうして織られた布が、普遍的に一般民衆の衣服の素材として活用されたとは考えにくいとしなければならない。

このように、従来考えられてきたような「貫頭」衣が、織布技術上からみると現実には作製不可能なものであったとすると、これが「倭人伝」では女子の衣服として記載されている事態を、どのように理解したらいいだろうか。

第一〇節 「横幅」衣＝「貫頭」衣

ひとつの可能性として「倭人伝」に男女各々のものとして書きわけられた「横幅」衣・「貫頭」衣の二系統の衣服は、実は同一の実体を、異なる側面から表記したにすぎず、両者は形態としてもまったく同一のものであったと考えられないだろうか。

筆者は、「倭人伝」記載の「横幅」衣を、高橋の想定したような袈裟式衣として理解する説はとらず、猪熊の描いたごとくの、横幅に布を並べて綴った衣服と考えたい。先にも述べたように、中国正史が記す周辺諸民族着用の「横幅」衣は決して一様でなく、位相が存したのであった。そこには腰巻式のものもあったし、高橋のいう「袈裟式衣」も、当然存在したと考えて不都合はないだろう。

しかし「倭人伝」の「横幅」衣は、「但結束相連、略無縫」の記述と照らしあわせてみても、猪熊の想定した形態に擬するのが適切と思われる。なぜなら、先に『新唐書』南平獠の項に見たように、「横布二幅」を並べて、中を穿ち、首を通す衣服の存在があった。これは猪熊が想定したように、「倭人伝」が「横幅」の布を二幅、「相連」ねるのと同じ事態を指している可能性があるからである。つまり南平獠の衣服の場合、「横布二幅、穿中貫其首、別曰通裙」とある記載からは、横幅に布を二幅ならべて作る衣服の存在が看取されるのだが、それは中を穿ち首を通して着用するものであり、とりもなおさず、「貫頭」衣と形容される衣服のあり方でもあったのである。これが「通裙」と称されるのは、まさしくワンピース型の裳であったからとみて大過なかろう。このように考えれば、「横幅」の衣は同時に「貫頭」の衣でもあるという、二面性を有していた事態が、「倭人伝」の衣服の理解の上でも適用されるのではないだろうか。

もう一度「倭人伝」の記載から、衣服の描写についての記事のみ摘記しておく。

（其男子）衣横幅、但結束相連、略無縫（……婦人被髪屈紒）作衣如単被、穿其中央、貫頭衣之。

これを、逐語的に検討してみよう。（男子は）横幅の衣を着るという。それは横幅に布を二幅、相連べて綴ったものであったが、ここでは先掲の『太平御覧』穿胸国条に「縫布二幅、合両頭」とあるような、布の両端をきっちりと縫い合わせて作製したものではない、という意味で、「但《ただ》、結束して相連しただけで、略《ほ》ぼほとんど縫製していない」と断わらねばならなかったものと思われる。こうして二幅の布を綴りあわせた形態を見ると、それは単被つまりひとえの夜具のような状態につくられていた。しかしそれは中央の部分が綴りあわされておらず、そこから頭を出してこれを着るのであると解釈できよう。このように「婦人被髪屈紒」の語を挿入句として捨象して考えると、衣服の作製の方法、その形態、そして着用の方法という、三種の記述が、ひとつらなりのものとして記載されている事実が看取し得るのである。

如上の想定が許されるとすれば、いわゆる「横幅」の衣とは、衣服の作製法上からする名称なのであり、また一方「貫頭」の衣とは、顔師古が、「著時従頭而貫之」と注したように、衣服の着装法上からする名称なのであって、その実は、同一実体の衣服について形容されたものと解することが可能になってこよう。つまり「倭人伝」は、男女同形態の倭人の衣服の俗を、一方で作製法上からくる描写を男子の衣服として「衣㆓横幅㆒、但結束相連、略無縫」と記述し、また他方、女子の衣服にかかわるものとして完成した衣服の形状、および着装法からくる描写を「作レ衣如二単被一、穿二其中央一、貫レ頭衣レ之」と、書き分けたものと理解できるのである。

以上見てきたごとく、「横幅」衣は衣服作製法上の、「貫頭」衣は衣服着装法上の用語であり、これらは同一形態の衣服を、異なった側面から称したゆえの、表記上の相異と見ることが可能である。

第二節　坪井遺跡出土の人物画像

一九八三年五月、奈良県橿原市常盤町の坪井遺跡から、弥生時代中期の土器片に刻まれた人物画像が出土した（図4）。顔や頭部の装飾、そして衣服が、比較的リアルに太く線刻されてあり、この期の衣服形態を考察する上できわめて貴重な資料である。

これまで、弥生時代の衣服を考える史料としては、銅鐸に描かれた人物像か、少数の土器片に刻まれた人物画像があったが、いずれも単純な図案として抽象化されており、衣服の細部までをうかがい知ることはできなかったといえよう。

図4　奈良県橿原市坪井遺跡出土土器片の人物線刻画

長頸の壺の一部に描かれたらしいこの人物像は、大腿部以下が欠失しており、その衣服の全容をうかがうことができないのは残念だが、衿や袖がなく、腰に二本の紐らしきものをめぐらせている。この衣服は、高橋が想定したような、偏袒の「袈裟式衣」ではなく、腰以下に続らせた腰巻式の衣服でも、無論ない。

そしてこの人物像の性別は不明とせざるを得ないのだが、鼻から続く太くつりあがった眉、真一文字に結んだりりしい口もと、そして広くいからせた肩幅は、心性的に、これが男子像であるこ

図５　佐賀県川寄吉原遺跡出土
鐸形土製品の人物線刻画

図６　鳥取県角田遺跡出土土器片の線刻画

とを推定させてくれよう。頭上の背後に描かれた放射状の装飾は、その実体は不明だが、羽根飾り様のものとも推定される。だとすればこの人物像は呪術的な司祭者のごとき性格を持つものだろうか。弥生時代の人物画像の頭部装飾は、佐賀県川寄吉原遺跡のものにしても、鳥取県角田遺跡のそれにしても、特殊な髻様の頭部被髪、あるいは羽根飾り状の装飾を持つものがあり、いずれも呪術的な意味が考えられよう[29]（図５・６）。

いずれにせよこの人物像を、男子と推定することが容認されるとすれば、彼の着用している衣服が、同時代の倭人の衣服について記した「倭人伝」の記載とどのような関係にあるか、両者の整合的な理解が試みられなくてはならないだろう。

人物画像の衣服が、肩からひとつらなりのものとして大腿部に続いていることは、誰の眼にも異論はあるまい。そして衿やそれに続く前あわせの表現もない。とすればこれは、通説的にいう「貫頭」衣の表現そのものだということになろう。そして事実新聞発表の解説記事も、これを「貫頭」衣着用像と解している。しかしこれまで縷々述べてきたように、「貫頭」衣だとすればなぜこれが男子像に着用されているのかという問題は、当該期の衣服には、「横幅」衣と「貫頭」衣の二様式があったが、衣服の性別分化がとげられる以前の段階であって、両形式は男女双方によって、区分なく着用されたのであるという、一般的理解では片付きにくいと思われる。

そこに先に述べたように、「倭人伝」における両形式の並存のごとき記述は、実は、同一形態の衣服を異なる側面から、すなわち衣服作成上からと、衣服着用上からの二側面から表現したために惹起されたものとする理解が生まれる余地もあるといえよう。

そして図4の人物画像を仔細に検討してみると、頭部の直下、胸の中央部に腕の表現と同じ細いタッチの線で一本縦線が引かれ、それは途絶しながらもまた、腰紐の下に現れ、全体としてひとつらなりのものとして描かれていることをうかがい得る。これは腕の表現と同じ筆致であることからも、無意味な線描であるとは考えにくい。おそらくこれこそが「横幅」の布を連ねあわせた、その綴り口、もしくは「穿其中央」と表記された、頭を通す開口部の箇所の表現だったのではないだろうか。

このように考えると、「横幅」衣がとりもなおさず「貫頭」衣でもあるという、表記上の二重性が、当該時代の実際の人物画像の衣服表現の上に重ねあわされて、きわめて整合的に理解できるといえよう。

「但結束相連、略無縫」という、粗略な形態の衣服であってみれば、腰にまわす紐が、体軀に衣服を固定し、裾のひろがりをおさえるためにも不可欠のものであったのだろうか、しっかりと体を二廻りしている。おそらくこのような形態の衣服における紐の機能の重要性が、後代にいたっても、なお、『万葉集』中に見るように、幾多の衣の紐をめぐる歌を残したものと思われる(30)。

第二節　扶南における「横幅」衣・「貫頭」衣

以上みてきたごとく、私見では「倭人伝」所載の「横幅」衣・「貫頭」衣を、同一形態の衣服をちがう側面から形容して表記したものであると解するのだが、幾度も述べるようにそれは、まずは「倭人伝」の記載についてのみ言い得ることであり、すべての「横幅」衣・「貫頭」衣について妥当することなのではない。

たとえば『南斉書』扶南国条は、

大家男子截錦為横幅、女為貫頭、貧者以布自蔽。

と記しているが、この「横幅」衣・「貫頭」衣は、文脈からしても、同一形態とは考えにくい。事実『梁書』諸夷列伝、扶南国条は、扶南において、衣服が着用されるにいたった経緯について、次のように述べている。

扶南国俗本躶體、文身被髪、不制衣裳、以女人為王、號曰柳葉、年少壮健、有似男子、其南有徼国、有事鬼神者字混塡、夢神賜之弓、乗賈人舶入海、混塡晨起即詣廟、於神樹下得弓、便依夢船入海、遂入扶南外邑、柳葉人衆見舶至、欲取之、混塡即張弓射其舶、穿度一面、矢及侍者、柳葉大懼、挙衆降混塡、混塡乃教柳葉、穿布貫頭、形不露、遂治其国、納柳葉為妻。

すなわち扶南国は、もと裸体で、衣裳の制がなかったという。柳葉という女王の治下にあったが、南に隣接する徼国に、鬼神につかえる混塡という者があり、夢に神託を得て、柳葉とその国の人々を降服せしめた。混塡は、柳葉に、布を穿って頭を貫く衣服を教え、よって躶形を露わすことがなくなったとしている。混塡は扶南を統治し、柳葉を妻として娶ったという。その後、幾多の政変を経て、扶南は尋という者の治下となった。呉の時代に、康泰と朱応の二名が尋のもとに遣使された。その際の扶南の俗について『梁書』は次のように続けている。

呉時、遣中郎康泰、宣化従事朱応使於尋国、国人猶裸、唯婦人著貫頭、泰、応謂曰、「国中実佳、但人褻露可怪耳」、尋始令国内男子着横幅、横幅、今干漫也。大家乃截錦為之。貧者乃用布。

扶南ではなお、裸形であり、婦人だけが「貫頭」衣を着していたという。これをよからずとして、康泰は朱応とかたり、尋はそこで、国内の男子に令して、「横幅」を着用させることにしたという。つまりここに初めて、先掲の『南斉書』にいう、男子横幅、女子貫頭の制が成立したのである。この場合の「横幅」はどのような形態のものであったろうか。「横幅」は今の「于漫」であるとの注解がついているが、于漫とは、ある特定の衣服形態を指すものとみられる。なぜなら于漫には、錦を截って作る大家むけのものと、布で製する貧者むけのものとの二者があり、それが衣服の素材に由来する名称だとは考えにくいからである。そして『梁書』林邑国条には、

男女皆以横幅吉貝、繞腰以下、謂之于漫、亦曰都漫。

との記載があることからすると、「吉貝」という植物繊維を素材として作る「横幅」衣にも、「于漫」の名があることが知られ、「于漫」は、素材を特定しない衣服であることが確められるのである。とすれば「于漫」は「以横幅吉貝繞腰以下、謂之于漫」の記述に明らかなように、腰以下にめぐらす「横幅」の衣の、一形態を指す語であることが判明する。つまり扶南男子の「横幅」衣とは、腰巻式の「于漫」と称する衣服であり、扶南女子の頭からかぶる「貫頭」衣とは、まったく形態の異なるものだったのであり、ここでは「倭人伝」における衣服の形態の理解は、そのままには適用できないのである。

第一三節 雲南省石寨山出土貯貝器に見える人物群像

このように諸書の蕃夷伝中に見られる衣服、就中「横幅」衣・「貫頭」衣の形態は、決して一律的に解釈できるものではないことを縷々述べてきた。

かかる衣服形態の諸相を、具体的な姿で提示してくれているのが、次に掲げる中国雲南省・石寨山古墳群から出土した、紀元前一世紀頃の青銅の貯貝器[31]の側面に描かれたレリーフにみられる人物群像である。まず図7には、収穫した穀物を倉庫に納める作業にいそしむ人物群像が見られる。ここには袖付きの衣服をまとう者、またメキシコのインディオのポンチョのごとき貫頭衣を着用する者の姿が見られる。図8は、輿に乗った貴人の巡狩図かと思われるが、従侍の者たちの衣服は、いずれも膝までの丈のもので、これが種々に相をかえて着用されている

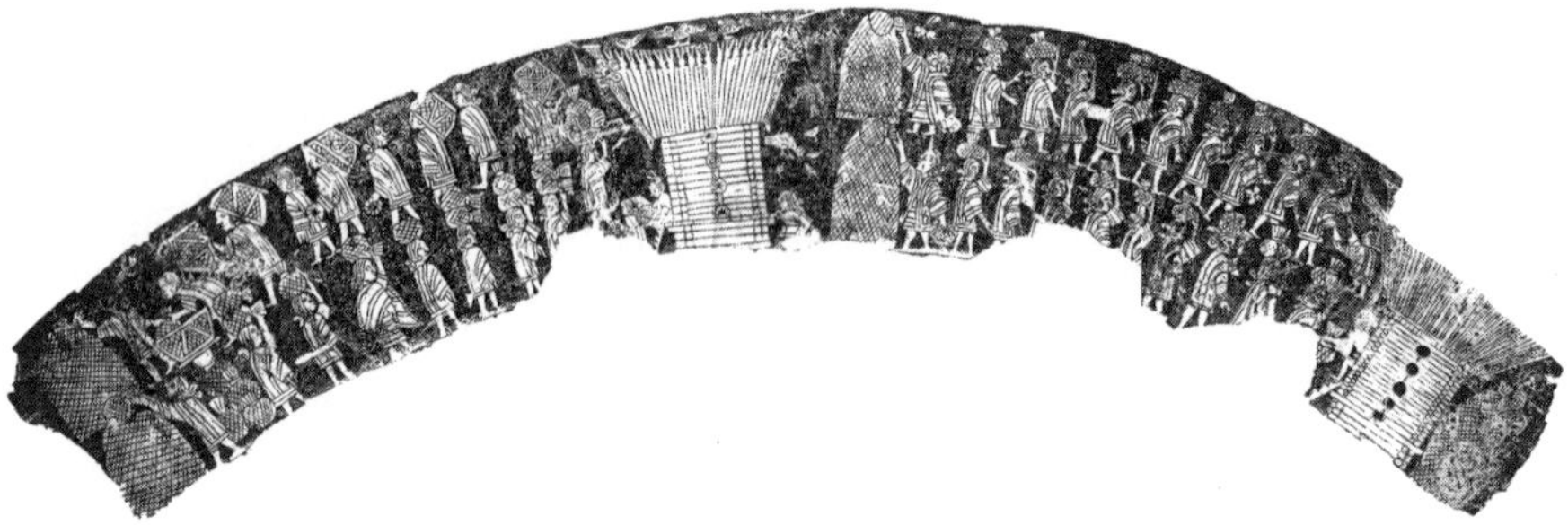

図７　中国雲南省晋寧石寨山古墳群出土　銅鼓形双盖銅貯貝器腰部紋飾拓片（M12：１）

図８　中国雲南省晋寧石寨山古墳群出土　銅鼓形銅貯具器腰部紋飾拓片（M12：２）

ことが看取されよう。

想起すべきは、雲南地域に関説する以下の史料である。

先是、西部都尉広漢鄭純、為政清潔、化行夷貊、君長感慕、皆献土珍、頌徳美、天子嘉之、即以為永昌太守、純與哀牢夷人約、邑豪歳輸布貫頭衣二領、塩一解、以為常賦、夷俗安之。純自為都尉、太守、十年卒官。建初元年（ＡＤ七六）……

（『後漢書』南蛮西南夷伝第七六、哀牢）

雲南の哀牢夷は、後漢の初期に永昌太守と約して、邑落の豪民は毎年布の貫頭衣二領と、塩一解を出すことにしていたという。また同じく雲南の地に棲んでいた黒僰濮について、『通典』巻一八七、辺防三は、

黒僰濮　在永昌西南、山居耐勤苦、其衣服、婦人以一幅布為裙、或以貫頭、丈夫以穀皮為衣。

と記している。この項の末尾に「按諸濮與哀牢地相接故附之」

との割注があり、黒僰濮も、哀牢と地を接して雲南に居住する民族であることが知られるのだが、ここでも貫頭衣着用の俗があったことが明らかである。なお付言すべきは、黒僰濮では、一幅布でもって「裙」もしくは「貫頭」の衣が作製されたとある事実についてである。これは一幅布を横に用いて「裙」を、同じくこれを縦に使って「貫頭」衣を作ったことを意味していると思われる。つまり前者は、腰巻形の衣服を「横幅」とも呼んだ諸書における記載の類型からすれば、「横幅」と称されることも可能な衣服を指していよう。そして後者の「貫頭」衣が、「倭人伝」のそれとは相違して、「一幅布」で作製されたことの背後には、この地域の織布技術の先進性があったと見なければならない。すなわち『後漢書』南蛮西南夷列伝には、哀牢夷について、

土地沃美　宜五穀、蠶桑、知染采文繡、罽毲、帛畳、蘭干細布、織成文章如綾錦、有梧桐木華、績以為布、幅広五尺、潔白不受垢汙。先以覆亡人、然後服之。

と記している。哀牢夷が高度の染色技術を持ち、種々の布の織成が可能で、綾錦のごとき紋様まで織り成すことができたとしているのである。また梧桐木華をつむいで布を作ったが、その幅は五尺と、幅広であったことが特記されている。おそらく後漢代にしてすでに保持されていたこのような高水準の技術は、隣接した黒僰濮にも次第に伝播されていったと見て不自然ではあるまい。

このように、「一幅布」を「横幅」にして裙をつくることも、「貫頭」することも可能にした雲南地域の織布技術が、先に石寨山出土の貯貝器に見たごとくの多様な衣服形態を産み出すにいたったものと思われる。特にこの地域が、史料の上で瞥見されたように、広く「貫頭」衣着用の俗を持つ民族であったと想定することが許されるとすれば、これらの人物群像は、この地域の「貫頭」衣の諸相をそのままに表現したものと解釈することも可能になってこよう。そしてそれらの中で倭人のそれに似たものを探すとすれば、図8中央の男子とおぼしき人物像のは、腋を縫いとめずに、腰にまわした紐で衣服を結びとめているように見うけられ、坪井遺跡出土の人物画像の

衣服とも共通するものである。私は「倭人伝」の「貫頭」衣の、具体的表現形態を、かかる形式のものとして理解している。

この貯貝器の図案には、衣服のみならず、他にも倭人の俗と共通する事物が存する。

上段の図版の倉庫とおぼしき建築がそれで、この形状は弥生時代の銅鐸絵画の中にも描かれている（図9）。近年、弥生時代に我国に伝来した稲作の源流の地として、雲南地方を比定する説[32]が有力になってきている。稲作は、水田の泥の中に深く足をしずめて作業を行うことが不可欠であるが、このような作業には、たとえば古墳時代の人物埴輪像に見られるような、踝までの長さの太いズボン形式の衣服は、適していないとは言いがたく、やはり今まで見てきたごとくの、「貫頭」衣形式の膝までの丈の衣服が広く用いられたと見る方が蓋然性が高いのではないだろうか。

図9　伝香川県出土　袈裟襷文銅鐸（国宝）絵画の高床倉庫

また雲南地域の哀牢夷は、先に鳥居龍蔵の所説で見たように、文身の俗を持つことでも倭人と共通していた。大林太良氏によれば、現代における貫頭衣の分布状況を見てみると、北方ユーラシア東部にはほとんど着用されておらず、東南アジアからオセアニアの地域に広範に着用されているという。倭人の貫頭衣の系統を想定する上で最も緊密性が考えられるのは、中国南部から東南アジアにかけての地域であり、これをドンソン文化という青銅器文化の分布地域とかさなるものと想定している。氏は、「倭人伝」の「横幅」衣を、袈裟式衣あるいは腰巻式衣と考えて、これを東南アジア未開農耕文化の古層に属する要素として位置づけ、一方「貫頭」衣は中国南部を含めた東南アジア地域の比較的新しい農耕民文化的なものであり、東南アジア栽培民の採集狩猟的な古層文化に溯る可能性は少ないとする。かかる二系統がともに「倭人伝」に記載されるところから見て、これらは農耕とともに、縄文時代晩期、あるいは弥生段階にいたってから、中国中南部から入って来たものと想定されている[33]。私見は「倭人伝」の「横幅」衣を、形態としては「貫頭」衣そのものとして理解するのであるから、氏の所説はその伝播の時期をより確定的に考えうる一助となるかのごとくであるが、この問題についての言及は保留したい。なぜなら水稲耕作技術の伝来をこの期に比定することはできても、それがただちに稲作技術を持った民族そのものの渡来を意味すると断言することはもとよりできないし、同時期の民族の間の衣服の類同性が、そのままその時期の衣服の伝来を意味するとは考えにくいからである。

むしろ筆者は、歴史の発展段階の図式では「未開の上段」に位置づけられるこの期において、日本列島は想像以上に海にむかって開かれていた事実に留意したい。石母田正氏は、弥生から邪馬台国時代の朝鮮海峡が、朝鮮半島、ひいては大陸と倭国を隔離するよりも、反対に両者を結合させ、媒介する通路をなしたと指摘し、そこに点在する大小の島々を、古典古代の成立期における、ギリシアの多島海になぞらえた[34]。おそらくこのような海の果たした役割は、朝鮮海峡に限定して言及されることではなく、広く日本海、あるいは東シナ海を通じて言い得ることであろう。

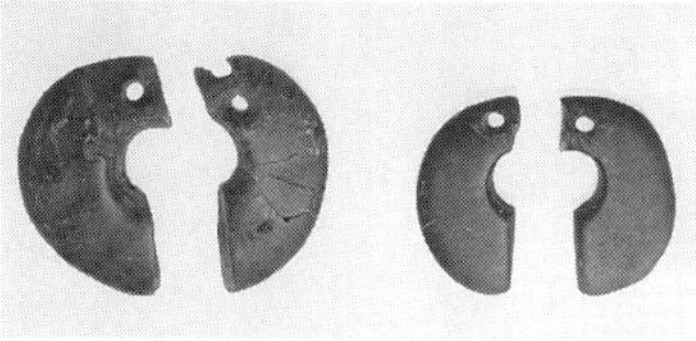

図10　玦状耳飾り

一九八三年九月、京都で開催された「国際アジア・北アフリカ人文科学会議」において、中国社会科学院の安志敏考古研究所副所長は、日本各地の縄文時代前期（紀元前五〇〇〇年頃）の遺跡から出土する硬玉、大理石、滑石等の「玦状《けつじょう》耳飾り[35]」（図10）について、これらの祖型とみられる、紀元前七〇〇〇年期にまで溯りうる遺物が、中国中部、浙江省の河姆渡遺跡で発見されたことを報告した。氏は同遺跡から、中国北部には類例のない、高床式住居を描いた絵画が出土しており、これが弥生時代の銅鐸絵画のそれと共通すること、同遺跡の遺物が、東シナ海に点在する舟山列島の出土遺物と共通することから、古代東アジアには、朝鮮半島を経由せず、直接中国中部と日本を結ぶ海のルートがあったと主張する。

おそらく、こうした海のルートは、通時的に開かれていたと見られる。「貫頭」衣型の衣服も歴史的にある一時期を画して、たとえば水稲耕作技術と一緒に伝播したと見るよりは、今のところより長いレンジでの文化的交流の所産として考えておきたい。おそらく縄文期の衣服形態の検討が、伝来時期の確定に重要な鍵となるものと思われ、その作業を経てからの総括的考察が不可欠なるが故でもある。

以上見てきたごとく、「倭人伝」所載の「貫頭」衣型衣服は、系統としては、中国南部から東南アジアにかけての衣服と共通し、就中雲南地方の出土遺物の検討から具体的形状としても、「倭人伝」のそれや、坪井遺跡の人物画像にも共通するものが確められた。

坪井遺跡からは、十数人も乗れたかと推測される、船べりに櫓をならべた大型船のレリーフを持つ土器片も出土している。弥生時代人が外洋を渡る航海技術を持ち、海にむかって開かれた民族であったことの証左でもある。彼らの祖先、あるいは彼ら自身も、遠く東シナ海を渡ってか、あるいは対馬海峡、朝鮮半島を経由してか、広く大陸と緊密な関わりを持った民族だったのである。

なお付言すべきは、坪井遺跡は奈良県に位置しているという事実である。大和地方に位置するこの遺跡から、「倭人伝」の「貫頭」衣とおぼしき衣服着用の画像が出たことは、先に掲げたような、明治以降の「倭人伝」の風俗関係記事に関する研究史の中で支配的な地位を占めて来た、これを珠崖・儋耳（＝海南島）の俗の引きうつしとみる説はもとより、邪馬台国九州説とも絡みあって、九州地域の一部の俗に限定して考える説をも、否定し得るものと評価できよう。

「貫頭」衣は、中国南部から東南アジアにかけての農耕民族に着用された衣類に共通するものであるが、これが弥生時代の日本列島で、おそらく九州から大和地方にいたる広い地域で、着用されたものと推定できるのである。

おわりに

本章では「倭人伝」の衣服関係記事の検討を試み、これが表記上では男子の「横幅」衣、女子の「貫頭」衣と書き分けられてはいるが、実質としては両者は同一の衣服形態を指していると主張してきた。「横幅」衣は衣服作製上の、「貫頭」衣は衣服着装上の表現なのであり、同一実態を異なる側面から表記した故に、二種の衣服形態が並存したかのごとき記述となったと考えるのである。

ところでかかる考察において一つ問題になるのは、なにゆえに「魏志」は、倭人の衣服についてのひとつらなりの記述を、男女に性別分化をとげたものとして書き分けたのかという点である。これについて明確な解答を、今のところ筆者は用意し得ないが、解決の緒となるべき二、三の点を指摘しておき、今後の課題としたい。

ひとつは、中国における東夷に対する認識が関係していようかと思われる。『後漢書』東夷列伝の冒頭は、東夷の民族について、

天性柔順、易以道御、至有君子、不死之国焉

とし、東夷を、君子国や不死国という、理想郷を持つ諸民族に擬している。「君子国」は『山海経』によれば、

衣冠帯劒、食獣、使二大虎在旁、其人好譲不争、有薫華草、朝生夕死

と、整序された冠帯の制度を持ち、人々は謙譲の心を持って争いを好まない、いわば儒教的な社会秩序としての礼制のいきとどいた国として描かれている。事実『後漢書』東夷伝の序文は、後半部で、

東夷率皆土著、憙飲酒歌舞、或冠弁衣錦、器用俎豆、所謂中国失禮、求之四夷者也。

と述べ、東夷が弁を冠り錦を着用し、祭祀に供物を盛る俎豆まで用いることをして、中国ではすでに失われた礼が、ここに求められるとさえ記しているのである。このように、東夷を他の諸蕃と区別する考え方は、『後漢書』の編者、范曄にも継承されており、彼は東夷伝の末尾で、その子が朝鮮に逃れてから、この地に法の必要なことを教え、以来これが守られたとし、その結果、

　故東夷通以柔、漢為風、異乎三方者也、苟政之所暢、則道義存焉。

と、東夷が他の三方（＝南蛮、西戎、北狄）と相違することを明記しているのである。

そしてかかる東夷の位置づけの中でも、「魏志」倭人伝の記載は、倭人に対する破格の取り扱いを示していると、指摘されている。

石母田正氏は「魏志」東夷伝のうち、「倭人伝」が、日本よりも中国王朝に親近なはずの高句麗伝、夫餘伝、韓伝に比して、質量ともにはるかに豊富であるのは、魏が倭国の位置を、「當在会稽東冶之東」と、実際よりはるかに、魏の対立国たる呉と近接しているものと錯覚していたことに求めている。倭国と呉の通交、またはその可能性が、倭国の地位を実力以上に評価させ、また関心も深かったのだという(36)。時代は降るが、『続日本紀』慶雲元年（七〇四）七月甲申条は、唐に使した粟田真人が、彼地において次のように評価されたと記載している。

　唐人謂㆓我使㆒曰。亟聞。海東有㆓大倭国㆒。謂㆓之君子国㆒。人民豊楽。禮儀敦行。今看㆓使人㆒。儀容大浄。豈不㆑信乎。

ここでは先述の「君子国」を、東夷の他ならぬ倭国そのものに擬す考え方が、中国にあったことが看取されるのである。

西嶋定生氏も、女王卑弥呼が、これまで倭と同じく帯方郡に所属していた諸韓国の臣智たちが邑君・邑長の印綬を与えられたにすぎないのに対し、破格の「親魏倭王」の称号を受けた理由の一つを、魏が邪馬台国の地理的

位置関係を、呉の背後に擬したことに求めている。(37) 地理的近接性から、魏にとって、対抗国呉と通じかねない倭が、その存在を過大に意識させるにいたったとみることは不自然ではない。

「倭人伝」は、

見大人所教、但携手以當跪拜、（中略）婦人不淫、不妬忌、（中略）及宗族尊卑、各有差序、足相臣服、（中略）下戸與大人相逢道路、逡巡入草、伝辞説事、或蹲或跪、両手據地、為之恭敬

と、倭人の社会に、儒教的な礼の範疇に入る社会的秩序が成立していたことを随所で述べている。

岡田英弘氏は「倭人伝」が、二〇〇〇字という膨大な文字数を費して倭人の世界について記述する理由を、上掲の諸説とはちがう、新たな視点からとらえて次のように述べる。

『三国志』の「烏丸鮮卑東夷伝」の世界は、晋王朝の創業の舞台であり、東夷を征服した功により、司馬氏は魏のあとをうけて晋の皇帝として即位したのであった。

司馬懿は、東夷に勢力をふるった公孫淵を滅ぼし、討伐の総仕上げとして卑弥呼の使節団をはるばる魏の都洛陽に招き、「親魏倭王」の金印紫綬を授けたのである。つまり「倭人伝」の記載は、それが精密であればあるほど、そして邪馬台国が遠く光輝ある大国であればあるほど、かつて倭を従えていた公孫氏を討伐した晋の皇帝の光栄の証しとなったとする。(38) このように晋王朝における陳寿の、「魏志」執筆に際しての政治的姿勢から、「倭人伝」の特異な性格を考えようとする視点も、「倭人伝」の衣服関係記事の性格を考える上で有効であろう。

「倭人伝」の衣服関係記事は、諸蕃族のそれに比して著しく長大であり、詳細であるといえよう。これが男女別形態のものとして書き分けたのでなく、私見のごとく一連のものとしてとらえるならなおさらである。

おそらくこのことの背後には、遠く会稽・東治のはてにあるとされた倭人の衣服を、かくまで厳密に説明し得る事態によって、晋王朝の祖の功業を著示しようとした政治的意図が想定し得るのである。そしてこの一連の文

言の間に「婦人被髪屈紒」の語が挿入されたのは、それが偶然の所産ではないとすれば、倭人の社会に中国的な礼の秩序の存在することをことさらに強調しようとした、陳寿の所業として考えるべきかもしれない。

つまり男女の衣服が別形態であると表記することにより、男女長幼尊卑の別が劃然とした、礼的秩序の貫徹した社会として倭を位置づけようとしたと解釈できるのである。

ただし問題は、中国側の認識として周辺諸民族が、男女別形態の衣服を着用することをより礼制にかなったこととして位置づけていたという確証が、今のところ得られないという事実である。もとより中国における、儒教的な礼に則した衣服は、男女同形態の「衣裳」の制であった。これからすれば、あえて倭人の世界が、衣服が性別分化を遂げた社会として描かれなければならなかった必然性が不分明となるのである。しかし中国では漢代以降、儒教的理念からする理想的な衣服形態が「衣裳」の制に求められていたにせよ、実社会では「胡服」の着用が次第に一般化しつつあった。いうまでもなく「胡服」は、蕃夷たる北方騎馬民族の衣服であったが、「胡服騎射」の語に象徴的に示されるように、乗馬の風習と共に漢民族の中にとりいれられていったものである。そして「胡服」は、下半身に、男子は袴を、女子は裳というように、性による形態変化をとげた衣服をともなうものであった。

おそらく中国におけるかかる衣服のあり方が、「倭人伝」の衣服の記述に際して影響を及ぼしたものとも考えられよう。

（1）　藤貞幹『衝口発』天明元年。
（2）　宮本勢助「貫頭型衣服考」（『民族学研究』第二巻第二号、一九三六年）。
（3）　本居宣長『鉗狂人』（『本居宣長全集』第五巻、吉川弘文館、五三九頁）。

(4) 本居宣長『古事記伝』巻六（『本居宣長全集』第九巻、筑摩書房、二六六頁）。
(5) 豊田長敦「上衣衣服考」（『日本随筆大成』第七巻、吉川弘文館、七頁）。
(6) 菅政友『漢籍倭人考』（『菅政友全集』所収）。
(7) 那珂通世『外交釈史』巻三、第二八章。
(8) 内藤虎次郎「卑弥呼考」（『芸文』一―二・三・四、一九六八年五月～七月）。
(9) 喜田貞吉「漢籍に見えたる倭人記事の解釈」（『歴史地理』第三〇巻四・五・六号、一九一七年九月～一二月）。
(10) 中華書局本『梁書』の校勘記は、「按吉貝南史皆作古貝、梁書則惟百衲本古貝吉貝雑出、実皆一物、即木綿」と述べている。つまり「吉貝」は、諸書にいう「古貝」と同一の実体をさし、木綿のことを意味しているという。
(11) この条は、『大平御覧』七八六、四夷部、林邑国条では、「男子皆以横幅古貝繞腰已下謂之于漫亦曰都漫」と、男女でなく、男子のみの衣服とされている。
(12) かかる可能性を想定しなければならない理由の一つに、当条は『後漢書』巻八六の南蛮西南夷列伝に、「凡交趾所統、雖置郡縣、而言語各異、重譯乃通、人如禽獣、長幼無別、項髻徒跣、以布貫頭而著之」と、『呉書』とほぼ同文の記載が存在するが、ここには「左衽」の語がないことがある。もっとも、先行する『呉書』の信憑性の方が高く評価し得、『後漢書』は左衽の語をあえて省略したものと見なし得るかもしれない。
(13) 拙稿「推古朝以前の衣服形態についての覚え書き――埴輪男子像の衣服の理解へむけて――」（『女子美術大学紀要』一二号、一九八二年）。
(14) 高橋健自『日本服飾史論』（大鎧閣、一九二七年）二一～三三頁。
(15) 鳥居龍蔵「倭人の文身と哀牢夷」（『鳥居龍蔵全集』第一巻、朝日新聞社、一九七五年所収『有史以前の日本』、四四一頁）。
(16) 喜田貞吉「漢籍に見えたる倭人記事の解釈」（『歴史地理』第三〇巻三・四・五・六号、一九一七年）。
(17) 喜田貞吉『日向国史』（東洋堂、一九四三年）二〇二頁。
(18) 関根真隆『奈良朝服飾の研究』（吉川弘文館、一九七四年）一四三頁。
(19) たとえば『延喜式』隼人司式、今来隼人時服条には、

凡今来隼人給㆓時服及監㆒。春夏男別絹一尺。袴腰料布二端（二丈一尺朝服一領料。一端衣二領料。二丈一尺袴三腰料。）

とある。ここで「朝服」と称するのは、実は上衣のみを指すのだが、これが二丈一尺であることは、「衣」料が、調布二丈一尺であることと一致する。また次に「一端、衣二領料」とあることから、一端で二領の「衣」を製することが明らかなのだが、賦役令集解、古記所引の養老元年一二月二日の格文では、一端の長さは四丈二尺、広さは二尺四寸となっており、また正倉院の調庸布もこの規格であった。これらからすれば、四丈二尺で二領の衣を製することから、二丈一尺が衣一領料であることは自明である。

(20) 江馬務「摺染と摺衣の史的研究(一二)」(『風俗研究』二四、一九二一年)。

(21) 地色を一色に染めつける摺染技法は、特に「地摺」と称されたものか。『政治要略』巻二八、賀茂臨時祭装束条に、舞人装束として「青摺布袍」と共に着用する衣服に、「地摺袴」の語が見える。

また、『栄花物語』初花の巻に、「みすのうちを見わたせば例の色ゆるされたるは青色赤色のからぎぬ地ずりの裳うはきはおしわたしてすはうのおり物なり。……おほうみのすり裳水の色あざやかになどして是れもおかしう見ゆ」とあり、「地ずりの裳」「おほうみのすり裳」が対照的に記載されていることが注目される。一説に、「地ずり」とは、絹織物で白地に金・銀泥を用いて摺り模様をつけるものとする(『平安朝服飾百科辞典』)。ただし管見の限り、「地摺り」の技法そのものが、模様を描き出したものと見られる確証が得られる史料はない。別に詳考を要する。

(22) 前掲注(20)江馬論文。

(23) 猪態兼繁『古代の服飾』(日本歴史新書、至文堂、一九六二年)二一頁〜二六頁。

(24) その経緯については、都出比呂志「原始土器と女性」(女性史綜合研究会編『日本女性史』第一巻、原始・古代東京大学出版会、一九八二年)にくわしい。

(25) 澤潟久孝『万葉集注釈』巻七(中央公論社、一九六八年)。

(26) 潮見浩『図説世界文化史大系』日本Ⅱ(角川書店、一九五九年)。

(27) 角山幸洋「弥生時代の布幅」(『風俗』巻四の四、一九六四年)。

(28) 三瓶孝子『日本機業史』(雄山閣、一九六一年)四三二頁。

(29) 松本信広「鳥夷の国」(『季刊ドルメン』九、一九七六年)。

坪井遺跡出土人物画像の頭部装飾と、他の弥生期の人物画像のそれが、羽状の装飾で共通していること、およびかかる装飾の背後に考えられる鳥人信仰の存在について、春成秀爾氏の御教示を得た。

(30)『万葉集』中に、衣の紐を詠じたと見られる歌は、管見の限り七五首存在する。これらはいずれも、恋、就中性愛に関連して詠われた歌ということができ、この段階でも衣服の着脱が、紐を結ぶ、あるいは解く動作と不可分であったことが知られる。

(31) 雲南博物館編『雲南新寧石寨山古墳群　発掘報告』（文物出版社、一九五九年）。

(32) 渡辺忠世『稲の道』（日本放送協会、一九七七年）。

(33) 大林太良『邪馬台国――入墨とポンチョと卑弥呼――』（中公新書、一九七七年）。

(34) 石母田正「古代史概説」（『岩波講座　日本歴史一　原始および古代』一九六二年）。

(35) 玦状耳飾りについては、日本で自生的に生まれたとする説、または日本の玦状耳飾りの方が、中国でこれまで最古のものとされていた紀元前二〇〇〇年期の青蓮崗遺跡出土のそれより古いので、日本から中国へ伝えられたとする説が行われていた。しかし、現段階での日本および中国における「玦状耳飾り」の出土状況をふまえ、我国の玦状耳飾りの起源を、中国江南のそれに比定する説を、日本でも西口陽一氏が発表している（「耳飾りからみた性別」『季刊考古学五特集　装身の考古学』一九八三年一一月）。

(36) 前掲注(34)石母田論文、一三～一四頁。

(37) 西嶋定生「親魏倭王冊封に至る東アジアの情勢」（井上光貞博士還暦記念会編『古代史論叢』上巻、古川弘文館、一九七八年）。

(38) 岡田英弘氏の所説は、森浩一編『倭人伝を読む』（中公新書、一九八二年）所収の、「「倭人伝」をどう読むか」との標題のもとに行われた森浩一氏との対談の中で紹介されている。

補論一　『一遍聖絵』に見る時衆の衣服——阿弥衣と袈裟——

はじめに

時宗の開祖一遍は、「捨て聖」と呼ばれた。一遍の『播州法語集』には、「念仏はいかが申すべきや」との問いに、空也が「捨ててこそ」と答えたという、西行の『撰集抄』に載せる逸話を引いて、「一切のことを捨てて申す念仏こそが、阿弥陀如来の本願にかなう」としている。(1)『一遍聖絵』を読み進んでいくと、「捨てる」という語がキーワードになっていることが理解される。肉親の恩愛を捨てて仏道に生きることを決心する場面から「聖絵」は始まり、超一、超二、念仏房との別れを経て、聖戒とも臨終の夕べの再会を約して離別するなど、すべての人間関係を捨ててから、念仏賦算の生活を始めたのであった。

九州をまわった時は、まだ同行の時衆もなく、人々の供養もほとんどなかった。食べ物がなくなれば、浄土往生を念じて、長い一日を過ごし、夕べの雲がたなびく頃には、衣までなくなってしまって、慚愧の思いを重ねて寒い夜を過ごした。このような状態で念仏を勧めているうち、行き合ったある僧が、破れた七条袈裟をくれたので、これを腰に巻いて、縁にしたがい、足のむくままに念仏を勧めて歩いたという。

弘安元年（一二七八）九州から四国に渡ろうとしたころには、衣を献上する者も出、同行する者も七、八人になっていた。

こうした一遍の遊行の初期の段階のこととして、有名な、備前国吉備津の神主の子息の妻の出家譚が挿入されているのだが、彼女の言に、「尊い捨て聖のおはしつるが、念仏往生の様、出離生死の趣、説かれつるを聴聞するに、誠にたふとくおぼえて、夢まぼろしの世の中に、あだなる露のすがたをかざりても、いつまでかあるべきなれば出家をしたる」とあり、「捨て聖」という呼称が、すでに一遍のものであったことが知られる。

身をすつる　すつる心をすてつれば　おもひなき世にすみぞめの袖

『一遍聖絵』巻五に見えるこの歌は、身のまわりの一切のものを捨て切ったその極限の状況に、衣が存在したことを象徴しているといえよう。したがって時衆における衣を考えることは、時衆における「捨てる」ということと相関した、きわめて重要な意味を担っていると考える。そこで本章では、時衆における衣の意義を考え、なかでも時衆が最重要の衣服として位置づけた「阿弥衣」をとりあげて、それがどういう経緯で、時衆の法衣として採用されたのか、またこれが当時の社会にどのように受け取られたか、そしてこれに対する社会の反応は、どのような背景に由来するものなのかを考察してみたい。

『一遍聖絵』によれば、一遍が時衆の具すべき最少の道具として「道具秘釈」あるいは「十二道具の持文」を書いたのは、弘安一〇年（一二八七）のこととされている。しかし時衆を引き連れての遊行の当初から、これらの品のみを持参すべきことが定められていたとする。

ここでは遊行する時衆たちに最低限必要とされた一二種の道具の筆頭に、「引入」、つまり食物を入れる椀・鉢があげられ、ついで「箸筒」があげてある。そしてこれに続くのが「阿弥衣」である。そして「阿弥衣」以下の一〇道具は、大まかにいえば、法衣とそれに関係する衣服関係の品々である。つまり「十二道具」は、衣食住という人間の生活の最も基礎となる条件のうち、食関係の具が二品あがっている他は、すべてが時衆の衣に関わる道具なのである。これは仏教において、法衣と托鉢用の鉢を、僧侶の必要最少限の所持品として許した「三衣一鉢」思想に通じるものである。一遍は、

衣食住の三は三悪道なり。衣装を求めかざるは畜生道の業なり。食物を貪求するは餓鬼道の業なり。住所をかまへるは地獄道の業なり。しかれば三悪道をはなれんと欲せば、衣食住の三つを離るべきなり。(2)

と、衣食住を求めると、三悪道に落ちるとまで言いきっている。ゆえに衣食住の一切を捨てて、しかしなお生きてゆくために必要な最小限のものとして、時衆が所持を許された物品の検討は、時宗の教義と不可分に関わっているものと考えられよう。

さて「道具秘釈」にあげられている、阿弥衣、袈裟、帷《かたびら》、手巾《てのごい》、帯、紙衣《かみこ》、念珠、衣、足駄《あしだ》、頭巾の一〇種の品々は、『一遍聖絵』のなかで、おおむねその具体的な姿を確かめることができる。「聖絵」には、一遍を始め、遊行する時衆の姿がそこかしこに描かれている。たとえば巻二の、伊予国桜井での聖戒との別れの場面では、白い下着のうえに墨染の衣をまとって袈裟を着け、「頭巾」をかぶって足駄姿の一遍の姿がある（図1）。左腰に下がった白い布は、「手巾」であろうか。

ここで「道具秘釈」のなかで筆頭にあげられた「阿弥衣」について、服装史の観点からの歴史的考察を加えておこう。

「聖絵」のなかで、確実に「阿弥衣」と思われる描写が最初に登場するのは、備前国福岡市の場面である（図2）。「よくもコキユにしてくれた」とばかり今にも一遍に斬りかかろうと、太刀を抜こうとする吉備津の神主の息子の前で、念珠を手に、裸足で立つ一遍は、白い下着のうえに膝たけの墨染めの衣をまとい、その上にむしろを編んだようなふうあいの、袖の短い衣を重ねている。長さは墨染めの衣より少し短くなっている。そしてさら

図１　桜井での聖戒との別れの場面（『一遍聖絵』巻二）

図２　福岡の市の一遍（同巻四）

にその上に、袈裟を重ねているのが注目される。以後おおむね一遍はこの姿で描かれることが多くなるようで、[3]巻五の鎌倉入りのシーンでは、賦算札と念珠を持った、阿弥衣に袈裟姿の一遍を先頭に、墨染め衣に袈裟、あるいは阿弥衣に袈裟姿の時衆たちが付き従う姿がある。

「阿弥衣」というのは、「網衣」「編み衣」に音通することから当てられたもので、カラムシ・イラクサ・アカサ・大麻などの植物性繊維を素材とし、錘具を用いてもじり編みにする、編布で作った衣料である。この編み布の技法は、アンギンと呼ばれ、縄文時代末期に稲作技術とともに地機が伝来して、織布が作られるようになる以前、古く縄文時代中期から存在した、布作りの技法である。

伊東信雄氏は、土器に付着する布片から縄文時代晩期には、縄文文化圏のほぼ全域に野性の植物の繊維を撚りあわせ、これを絡み編みにした編布が存在しており、編布こそ縄文時代の衣料としてもっとも一般的なものであったと主張している。[4]縄文期の土器底部圧痕から確認される編布は、日本全国に分布しており、その糸の密度から、極めて細密な布と粗い布が併存したことも確かめられている。[5]トチの実を食用にするためのアク抜きの工程で、水さらしに細かい布が不可欠であるとし、縄文編布の研究に情熱をそそいだ渡辺誠氏の総括的な研究によれば、縄文時代の編布は、平織にも匹敵する細密なものもあり、後世に比して格段に細密な布もつくられていたらしい。以下、渡辺氏の研究に依拠して、アンギンの歴史を見ていく。

この編布の伝統は、織機による布生産が盛んになった弥生時代以降も、連綿として受け継がれて現代にいたっている。新潟県下の山間部の豪雪地帯に伝わり、ソデナシと呼ばれる袖のない衣や、マエカケ、マエアテなどの作業着を作る素材とされた、越後アンギンがそれである。ソデナシは、後身頃の裾から編み始める。平均七ミリから一センチ程度の縦糸の間隔を刻んだ目盛板を、アミアシと呼ぶ二本の支えで固定し、その上に横糸を置く。そしてコモヅチに巻き付けた縦糸を、刻み目ごとに交差させ、さらにまた横糸を一本おいて、コモツチを前後に交差させていく。スダレかタワラを編む要領だといえばわかりやすいだろうか。ソデナシの場合、縦糸の平均の本数は、五八〜六六本程度という。こうした手法で肩の部分まで編み進むと、あと半分は、横糸を中央の部分で分けて左右別々に裾まで編んでゆく。前身頃が打ち合せになったソデナシが、こうしてできあがる。あとは両脇を千鳥掛けで綴じ合わせて完成である。

アンギンの技法は、今世紀に入って急速に消滅しようとしているが、いまひとつの編布の画期が中世であり、その変化を示すのが、まさに問題にしようとしている、時衆の阿弥衣なのである。

時宗系寺院には、山形から広島までの地域に、いくつか古い阿弥衣が伝世されており、「アミギヌ」「アミゴロモ」「アミエ」などと呼んでいる。「編み衣」が南無阿弥陀仏の「阿弥」に音通することからの命名であることは明白であろう。

現存の阿弥衣はどれも、越後アンギンのような袖なしではなく、袖の付いた、着物仕立てのものである。広島県尾道市の西郷寺には、大永五年（一五二二）の墨書銘のある阿弥衣があり、新潟県柏崎市の専称寺のそれは、上杉謙信が着用したという伝承を持つが、渡辺氏によればより古いもので、開山の遊行二代真教上人のものかとする。とすれば一三世紀の阿弥衣ということになろう。素材はカラムシらしいとのこと。縦糸は一センチ間隔位で、横糸は一センチに一〇本ほど。編み上がりの布の組織の様相は、「聖絵」で縦糸を強調して特徴を描写しようとした阿弥衣の表現に酷似している。

ただし「聖絵」の阿弥衣は、場面によって少しく形態は異なるものの、おおむね越後アンギンのソデナシに似ているが、現存の時宗の阿弥衣は、袖つきの着物仕立てである。丈もほぼ身丈ほどあって、長い。いつごろから阿弥衣が、「聖絵」段階のそれから変化したのかは定かではない。しかし注目すべきは、二祖他阿真教上人在世中から作られ、徳治二年（一三〇七）以前に成立したといわれる[6]『遊行上人縁起絵』では、時宗の寺院に伝わっている「阿弥衣」と同じく、首まわりと衿に黒い別布が当てられていることが、絵画表現から見て取れることである。尾道市西郷寺の大永二年（一五二二）銘の「阿弥衣」の衿は、黒い麻の別布で作られ、さらに左右の肩にも別布が当てられている。してみるとソデナシの「阿弥衣」は、比較的早くから変更が加えられ、二祖他阿の時代には、はや現存の形態に整備されたものと思われる。

その他、藤沢の時宗本山遊行寺には元亀三年（一五七二）、兵庫県竹野町の興長寺には、永正一八年（一五二一）の墨書のある阿弥衣があるという。

「道具秘釈」以外に、阿弥衣に関する言及は見えないが、「聖絵」巻七に、空也上人の言葉を、一遍が口ずさんだものとして引用される文言に、「藤衣紙衾是浄服　易レ求二盗賊恐一文」とある。ここにいう藤衣が、藤蔓で編んだ衣、すなわち阿弥衣をさすのではないかと考えられるが、時衆では紙衾《かみぶすま》とともに、安価な衣なるがゆえに清浄の衣とされていることが注目されよう。

六条道場所在の「阿弥衣」について、『寺社宝物展閲目録』は、「藤ヲ裂テ、筵ノ如ク編候而、衣といたし、一遍ノ時ヨリ、当宗ニテ著用仕来候由ニ御座候」と、これが藤で編んだ「阿弥衣」であることを明言している。

なお『日本霊異記』には、清らかな生活をおくった極貧の女性に神仙が応心して、天を飛べるようになった話がある[7]。この女性は貧窮のゆえに「衣なく藤を綴る。日々沐浴みて身を潔め綴を著る」と、藤蔓を綴った衣服を着ていたとあるが、この衣服は藤蔓を「織る」のでなく「綴る」とあるところから、おそらく編み衣であったろう。また同書が記載する役小角の説話[8]には、彼が神仙の術を感得して空を飛ぶことを願い、修行する際、「葛を被、松を餌み、清水の泉を沐み、欲界の垢を濯ぐ」という記述が見られるが、同じ話は『今昔物語』『三宝絵詞』『扶桑略記』『元亨釈書』などに伝えられており、各々「藤皮ヲキ」「被二藤皮一」「藤葛為レ衣」とあって、小角の衣服はいずれも藤の蔓で作った編み衣のことを指していると見てよいであろう。つまり古代から、藤衣は清貧の象徴として位置づけられていたのみならず、神仙の術を会得するための修行に不可欠の衣服とされていたことが理解されよう。

しかも『今昔物語』巻一三の三話に見える、幼い日に登って天台教学を学んだ比叡山を降り、金峰山に登って苦行し、仙人になった陽勝の説話は、「捨て聖一遍」の理想を体現しているかのごとき感がある。修行の結果、日に粟一粒を食べ、身に藤衣をまとう以外は、衣食を断つことが可能になったとする。さらに着ていた袈裟を松の木に掛けて失踪した[9]という陽勝の姿は、後述するように私見では、一遍の時代の遊行する時衆は、袈裟を着ていなかったと推定するのだが、彼らの姿を髣髴とさせるのである。

第一節　時衆批判の書

以上見てきたごとくの時衆のいでたちが、当時世間からどのような視線をあびせられ、どのような批判の対象であったかは、『野守鏡』や『魔仏一如絵』『天狗草紙』の内容から推定できる。『野守鏡』は、作者が播磨国書写山に詣でた折に老僧に会い、彼の説いた歌論をのちに書き留めたという体裁をとる。下巻の巻末に、「永仁三のとし　なが月のころしるしをき侍り」とあり、一遍が死んだ正応二年（一二八九）より六年後の永仁三年（一二九五）に描かれたことが知られる。これは一遍の死んだ正応二年からわずか六年後のことである。さらにいえば「聖絵」成立の五年まえにあたる。

また『天狗草紙』の制作年代については、東京国立博物館蔵の模本の、興福寺巻の詞書のなかに、「于時永仁四年之天初冬十月之日なり」とあって、永仁四年（一二九六）の制作であることが知られる。(10) さらに『魔仏一如絵』は、いわば『天狗草紙』の成立の基となった絵巻物で、上野憲示氏によれば、『魔仏一如絵』の祖本から、『天狗草紙』が生まれたという。(11)『野守鏡』は、諸本が作者について、

野守鏡、依仰書写之。姉小路三位基綱卿本云、右一冊上下以作者有房公真筆正本令臨写終。不及比校。落字等之失錯満数。審証本之書写、却有恨者也云々。（後略）

于時文明十一年九月六日　　按察使藤原親長

と、有房公という人物名をあげている甘露寺親長の奥書を有していることから、六条有房に擬せられてきた。

しかし『一遍聖絵』巻四において一遍が、念仏踊りを非難する、比叡山延暦寺の東塔の桜本の兵部竪者重豪という者との間に、

はねばはねよをどらばをどれはるこまの　のりのみちをばしる人ぞしる

という歌を交わしたという話が伝えられている。さらにこの話は、『一遍上人語録』や、『一遍上人絵詞伝』にも伝えられており、「絵詞伝」では大津の関寺でのこととし、非難した人物を、「桜本の兵部阿闍梨宴聡」としている。同じ歌が『野守鏡』では、書写山の老僧との問答の形式をとって叙述されていることから、梅津次郎氏は、「重豪」ないしは「宴聡」なる人物が、『野守鏡』にいう書写山の老僧に当たるとし、架空の人物ではなく、実在した人であった可能性もあろうとする。(12)「聖絵」によれば、この後彼は発心して念仏の行者となり、摂津国小野寺に遁世したという。

梅津氏はさらに、早くから指摘されているように『天狗草紙』の詞書と『野守鏡』が符合する箇所が多いところから、『野守鏡』の作者と『天狗草紙』の製作者が同一人物であったのではないかという試案を提出している[13]。上野憲示氏も、これを傾聴すべき卓見と評するが、福田秀一氏は、二つの作品は宗教的立場が異なり、『野守鏡』の作者は、天台宗の教義の上に立ち、旧仏教を擁護して禅宗や時宗を攻撃しているが、『天狗草紙』では、旧仏教のなかでも特に天台宗の寺院や僧侶に対する攻撃が、相当の比重を占めており、両者の宗教的立場は、必ずしも同じではないとする[14]。

一遍とその教団が踊り念仏を始めたのは、「聖絵」によれば弘安二年（一二七九）のことで、たちまちに大流行した。『野守鏡』の作者も、「その時しも湊河に侍しほどに、かの最後のありさまよくきき侍て」と、一遍の時代にすでに、兵庫ではその最期が評判にさえなっていたことがうかがえる。とすれば『野守鏡』の作者や、『天狗草紙』の詞書の制作者が、それぞれに一遍や時衆の動静に注目していたと推定することは、不自然ではない。そして共通する一定の評価が、当時の貴族あるいは旧仏教の僧侶の間に成立していたと見ることもまた、きわめて自然であろう。

したがって私見では、『天狗草紙』と『野守鏡』の作者を同一人物と考えず、いずれも一遍と時衆の活動した時代に重なる時期の制作ではあるが、異なる人物の手になった、同時代の時衆批判のくだりを含んだ史料として評価したい。このように考えれば当該部分を比較検討することにより、当時の人々の時衆に対する認識の一端が知られよう。

さて、『天狗草紙』における時衆と禅宗に対する反感は、

　其後いくほどなくして、世間によのつねならぬすがた振舞する輩、多みえきたり侍。

とあるように、ひとえに彼らの姿と行動様式の異様さに焦点が合わせられている。

今これに続く全文をあげておく。

或は一向衆といひて、弥陀如来の外の余仏に帰依する人をにくみ、神明に参詣するものをそねむ。衆生の得脱の因縁、さまざまなれば、即、余仏菩薩に因縁ありて、かの仏菩薩に対して出離し、神明又和光利物の善巧方便なれば、即垂迹のみもとにして、解脱すべし。しかるを一向弥陀一仏に限て、余行、余宗をきらふ事、愚痴の至極、偏執の深重なるが故に、袈裟をば、出家の法衣なりとて、これを着せずして、慭に姿は僧形なり。これを捨つべき。或は馬衣をきて衣の裳をつけず。念仏する時は、頭をふり肩をゆりておどる事、野馬のごとし。さはがしき事、山猿にことならず。男女根をかくす事なく、食物をつかみくひ、不当をこのむありさま、併、畜生道の業因とみる。また放下の禅師と号して、髪をそらずして、烏帽子をき、座禅の床を忘て、南北のちまたに佐々良すり、工夫の窓をいでゝ、東西の路に狂言す。（中略）また髪を被袒、身にして礼度によらず、又蓬頭散帯たり。如比の輩、世にあらば、これすなはち魔業をたとみ、よて宋朝の亡国になりぬる事、ひとへに教法すたれて禅門さかりなるよへなり。かるがゆへに公も臣も斟酌し給ひ、僧俗も傷嗟し侍べきをや。

まずここで、一向衆の名が見えることについて、言及しておくを要する。赤松俊秀氏は、「一向に弥陀一仏に帰依し、余の仏菩薩に帰依しない、神明をも憑まないとしていることは、如何にも真宗を指しているように見受けられるのである。が併し、後半の法衣や踊り念仏に関する記述、並びに絵よりして、一向衆とは真宗ではなく、時宗の徒を指すものであることには、もはや疑問を挟む余地がない[15]」と、一向衆を時衆の別名として解釈している。一方大橋俊雄氏は、当時空也の流れをひき、遊行しつつ踊躍念仏を行じた一流があり、その影響をうけていくつかの衆団が形成され、時衆や一向衆は、そのひとつで、史上に名を残したが、他の多くは露のごとく消え去ってしまったものとする。そして一向衆は、本来一向俊聖を開祖と仰ぐ一派で、江州番場の道場蓮華寺を頂点として、いくつかの末寺を傘下にする集団であったとする。[16] 一遍の時衆と一向衆が、踊り念仏を修する別の派だとする解釈である。

しかし蓮如が「あまつさえ当流之輩も我と一向宗となのるなり。夫一向衆と云は時衆方の名なり。一遍一向是なり。其源とは江州ばんばの道場、是則一向宗なり。此名をへつらひて如此云一向宗と歟。是言語道断之次第也」[17] と述べていることを問題にしたい。まず「一向衆」とは「時衆」の名であるとしている。ついで「一遍一向是なり」との文言は、もし「一遍俊聖是なり」と、二人の一向衆の開祖の名が併記されていれば、時衆の二つの流派として解釈できようが、そうではないことから、「一遍の一向衆是なり」の意で、一遍の時衆が一向衆とされていたことを意味していよう。

なによりも『野守鏡』に、「一遍房といひし僧。念仏義をあやまりて。踊躍歓喜といふはをどるべき心なりとて。頭をふり足をあげてをどるをもて念仏の行義としつ。又直心即浄土なりといふ文につきて。よろづいつはりてすべからずとて。はだかになれども見苦しき所をもかくさず。（中略）その姿を見るに、如来解脱のたふとき法衣をあらためて畜生愚癡のつたなき馬きぬをき、たまたま衣の姿なる裳を略してきたるありさま偏に外道のごとし」と、『天狗草紙』で一向衆に対して向けられた非難の言が、そのまま一遍への非難として集約されているのである。そこで私見では、赤松氏の所説のごとく、『天狗草紙』にいう一向衆は、一遍の率いる時衆を指すものと解釈する。

さて『天狗草紙』で禅宗の放下僧が時衆とともにあげられているのは、ひとつには放下僧の、「髪をそらずして、烏帽子をき……、髪を被祖、身にして礼度によらず、又蓬頭散帯たり」という、その禅宗の僧侶でありながらの異形性にあったと見てよいであろう（図3）。つまり時衆と同じように、その異形性が糾弾のまとになっているのである。放下僧たちは、禅宗の僧たちからさえ指弾される存在であった。[18] 抜隊得勝という禅僧の手になる

『塩山和泥合水集』(19)には、

又一種ノ国賊アリ、放下ノモノト号シテ、三衣一鉢ヲステテ、身ニ衣モキズシテ、或ハエボシヲキ、或ハ狗猫兎鹿ノ皮ヲキテ、マイヲナシ歌ヲウタイテ、正法ヲ謗シ、人家ノ男女ヲ誑謔シテ世ヲ渡ル類ヒアリ。

放下は一種の国賊でさえあると非難されているのだが、ここでもその所以は「三衣一鉢ヲステテ、身ニ衣モキズシテ、或ハエボシヲキ、或ハ狗猫兎鹿ノ皮ヲキテ」と、まず第一に衣に関して述べられている。三衣とは、要するに袈裟のことである。本来は巴利語で「三支縛羅」と呼ぶ三枚の布を指し、体賤（＝人の捨て顧みないボロ布）・色賤（＝よごれた色、すなわち壊色）・刀賤（＝裁断して価値をなくしてから、また縫い合わせる）の三種が施されたものである。三種の賤のうち色賤が最も目立つことから重要視され、色賤の意味から「三支縛羅」を「迦羅沙曳」また「袈裟」と称したが、「袈裟」とは本来の巴利語では、色の名だという(20)。「三衣一鉢」とは、袈裟と、僧侶が托鉢の際に用いる鉢で、僧侶の携えるべき最小限の物を指す。

図３　放下僧の姿（『天狗草紙』）

つまり僧侶の袈裟を着ずに、烏帽子をかぶるなど、俗形でいることと、また「狗猫兎鹿ノ皮」など、殺生の所産としての動物の毛皮を着用したことが、非難されているのである。鹿皮は、『梁塵秘抄』の今様に、

聖の好む物、木の節、鹿角、鹿の皮、蓑笠、錫杖、木欒子、火打笥、岩屋の苔の衣(21)

と謡われていて、代表的な聖のいでたちとしてもとらえられている。

網野善彦氏は、『今昔物語』に見える、愛宕護山の大鷲峰に住んだ東大寺の僧仁鏡が、「或は破れたる蓑をおほひ、或は鹿の皮を纏って」修行した事実[22]や、寛弘二年（一〇〇五）から七年にかけて活躍した行円が、鹿皮を着て「皮聖人」と呼ばれたことなど[23]をあげ、聖と鹿皮の不可分の関係がうかがえるとする。さらに『菅家文草』に、「浪れ来れる人」つまり浮浪人が、「鹿の裘三尺の弊れ」を身につけ、「行く行く乞与瀕なり」とあることから、浮浪人あるいは乞食人が、鹿の皮衣をつける習俗は、その根源を民俗の世界に求めうる可能性を示唆した[24]。

ともあれ『天狗草紙』において、袈裟を着用せず、烏帽子を被った俗形で、狗・猫・兎・鹿などの皮を着た姿の放下僧が、時衆とならんで非難の対象となったのは、「世間によのつねならぬすがた振舞する輩」とあるように、両者における異形性が、その主たる理由であったことは間違いないだろう。

一方『野守鏡』には、「凡禅念両宗は、まことに末法流布の法」と、時宗を含んだ浄土教全般とならんで、禅宗に対するはげしい非難のくだりは見えるが、ここには放下僧への直接的な言及はない。福田秀一氏が指摘するように、『野守鏡』は禅宗については教義そのものに対する否定に及んでおり、作者は禅宗に対する強い反感を抱いていた人で、各宗派の教義にも詳しいことから、俗界にあったとするよりは、僧籍に身を置く存在であったと見る方が適切で、相当の修行と学識を積んだ天台宗の僧侶であったろうと考えられる[25]。禅宗に対する非難の内容が異なることからも、『野守鏡』と『天狗草紙』の作者が違うということが裏づけられよう。

第二節　阿弥衣と馬衣

さて、本章で問題にしたいのは時衆の衣服なので、今一度『天狗草紙』の時衆についての言及に立ち戻って考えてみよう。

袈裟をば、出家の法衣なりとて、これを着せずして、懟に姿は僧形なり。これを捨つべき。或は馬衣をきて衣の裳をつけず。念仏する時は、頭をふり肩をゆりておどる事、野馬のごとし。さはがしき事、山猿にことならず。男女根をかくす事なく、食物をつかみくひ、不当をこのむありさま、併、畜生道の業因とみる。

このくだりは、『天狗草紙』の一異本とされる『魔仏一如絵』では、「懃に姿は僧形なり」と「これを捨つべき」との間に、「袈裟は是三世諸仏の解脱幢相の法衣也、何ぞ」との語が挟まれており、「袈裟をば、出家の法衣なりとて、これを着せずして、懃に姿は僧形なり。袈裟は是三世諸仏の解脱幢相の法衣也、何ぞこれを捨つべき。或は馬衣をきて衣の裳をつけず」となっている。この方がいっそう文意がとおるといえよう。『野守鏡』でも、「如来解脱のたふとき法衣をあらためて畜生愚癡のつたなき馬きぬをき……」とあり、袈裟をきないことが非難されていることは明瞭である。

これらのくだりにいう「馬衣」が、どういう衣服を指すのか、「阿弥衣」をいうのか、また別の時宗の法衣をさすのか、実は明らかではない。井筒雅風の『袈裟史』は、「馬衣」は「阿弥衣」のことで、馬の被服にしか用いぬようなもので、人の用いるものではないという意味で「馬ぎぬ」と呼ばれたとする。しかしたとえば『日本常民生活絵引』は、「一遍の場合は小袖の着流しの上に簡単な馬衣とよぶ法衣を着、編み衣をその上に着ていた」と解説し[26]、『野守鏡』以下にいう馬衣は、法衣の一種で、阿弥衣とは別物と判断している。

筆者は、井筒氏のいうように、馬衣は時衆の阿弥衣の異称ではないかと考えている。まず『野守鏡』が、「如来解脱のたふとき法衣をあらためて畜生愚癡のつたなき馬きぬをき……」と、袈裟のかわりに馬衣を着たとしているのは、馬衣が袈裟と同じく、衣服を着た上にまとう衣料であったことを示していようから、馬衣の上に編み衣を着たとする「絵引き」の解釈には従えない。ではなぜ編み衣を馬衣と称したのだろうか。編布をアンギンというのは、「編み衣＝アミギヌ」に由来することは明らかである。そして越後のアンギンは、地域によって「マギン」「マンギン」などの別称を持っている。「マギン」は「麻衣」または「麻着衣」の意と見られ[27]、「マンギン」

は、「編み衣」が「アンギン」に変化したと同様の、「麻衣」の転と考えられる(28)。「麻衣」を指しての「マギン」、「マンギン」の名称は、マ＝馬に通じ、あるいは「馬衣」の語も、ここに淵源するのではないかと想像している。

そして『北越雪譜』(29)より少し降って書かれたという『信濃奇勝録』巻五の、「高井郡之部秋山」に、

衣類はおろという物にて造る。此物は山中に自然に生じて苧の如し。是を苅りて日に晒し水につけて皮を剝、小索にして細に編、袖なき外套の如くになして表着とす。老若男女孺子まで皆これを着る。名付けてバタといふ。冬は古服の上に着、夏は裸形にこればかり着るなり

とあるのも、まったくアンギンのソデナシと同一の衣料を指していることは明らかで、「バタ」の異称があったことも知られる。東頸城郡では「バト」と呼ばれた。

文化文政期に、小千谷市片貝の床屋であった太刀川喜左衛門が、『やせかまど』という書物を著して、

小千谷より南、魚沼に農夫の着用せるバタといふものあり。製は山からむしをとりて、夫を細き縄にない、夫を同じき縄にて、ここもあしこも槌にて幾くふと大人・小人極めてあみおろし、夏の耕耨の時分は一重にて山野に出て、冬は綿入れの上に着して、農夫の便なること思ひしるべし。

と、ここでもアンギンを「バタ」と呼んでいる。バの音は、「馬衣」の馬に音通することも思いあわされる。またアンギンの袖なしは、脇綴じが、裾まで綴じ合わされたものと、下部を綴じ残したものとがある。後者は馬に跨がって乗るための便が考慮されたもので、この開いた部分を「ウマノリ」というらしい。してみると、「馬衣」は、脇の語は、下部を綴じ残したアンギンのソデナシをいったものかもしれない。福岡市での一遍の「阿弥衣」は、脇の下部が開いていることの表現とおぼしき線描が見られる。無論馬の着る衣ほどの、粗末な衣との意味からの命名という通説も、捨てきれまい。

なおセコナージという、大きい荷物を背負う時に、肩や背を保護するために着る袖なしの衣料は、素材を藤蔓

で作る例があったことが飛騨や鳥取から報告されており、(30)これはまったく「阿弥衣」に等しい。

ともあれ以上見てきたような、夏はこの袖なし一枚だけを着、冬はフル着や綿入れのうえに重ねて着たという近世アンギンのソデナシの着装法は、たとえば『今昔物語』巻一五の五四話に、仁和寺の僧のもとで、「馬ノ草刈ラシメ、糞ナド取テ棄セシムル程」の卑しい仕事に従事する下童が、「夏ハ袖モナキ衣ニシテ、長ハ膕本（膝までの長さ）ニシテ、冬ハ二ツ許、夏ハ一ツ着セテゾ……」と、太古の貫頭衣と同じ着装法で着用されていたことと通じるものである。また『古今著聞集』に「下臈ノ着ル手ナシトイフ布着物ヲキテ」と、下層階級に固定された衣服として「手ナシ」が位置づけられていること(31)に注意を喚起しておきたい。

そして『天狗草紙』以下が「馬衣をきて衣の裳をつけず」と、馬衣を着る時には下半身衣を着けないという点を指摘しているのも、越後アンギンや、中世の「手なし」の着装法に通じるものがある。

なお遊行二一代他阿知蓮上人（一四五九～一五一三）の作と伝える『別時作法問答』には、

問ヒテ云二阿弥衣一為二別時法衣一如何。答ヘテ云ハク、阿弥衣ノ由来ハ元祖修行ノ時、依二此衣一自顕二現証一至二臨終一為二法衣一。遂往生以来能所用レ之。其旨具載真宗要法記。就レ之或ル人難ジテ云ハク、元来馬衣ニテ侍レバ争カ是レヲ着二衣上一為二大法衣一乎ト云フ。以二此義一故六条ノ道場ノ御会ナドハ異国人ノ奉リシ衣也ト云ヒ替タリ。此レハ以テノ外ノ不足言ト也。譬ヘバ真着二馬皮一玉フ共、依レ其既ニ一遍上人ノ行業不可思議ナル所ノ現証顕然シテ天下ニ皆所レ知何不レ貴哉。即チ空也上人ハ以二鹿角一為二本尊一、一向上人ハ馬ノ敉子ト云フ物ヲ取テ掛二袈裟一。今馬場門ノ時衆ノ掛ケル結袈裟是也。建仁寺ノ開山ハ犬ノ乳ヲ飲ミテ黒白二犬養育給キ。故ニ一期其ノ犬不去云ヘリ。此等天下無双ノ名聖也。誰軽レ之哉。其上鳥類畜類ニモ権化多シ。又諸宗為二法衣一綾羅錦繡、根本非二虫巣一乎。去リテ然トテ可レ不レ重レ之哉。唯ダ祖師ノ三昧発得備二一身一可レ信二其証所レ現光明一者也。

とあって、[32]一遍が「阿弥衣」を着用して修行中に、霊験をえたことから、臨終にいたるまでこの衣を法衣としたこと、「阿弥衣」が元来「馬衣」であったことが明言されている。ここに引く『真宗要法記』は、同じく知蓮の筆と伝え、時宗の衣や袈裟、数珠などの外形的なものや踊躍念仏の法要の儀式などについての意義を記す書である。ここには「阿弥衣」についての興味深い話が伝えられている。

此衣元来雖レ可レ書二阿弥衣一。初祖曾修行之時、宿二信州伴野之館一。冬寒気甚。取二傍馬衣一着二衣之上一。明旦如レ本懸二置之一。毎二此馬衣之編目一出レ光閃々也。伴野恠二見之一問二宿直者一。答曰昨夜修行者宿而着レ之矣。殿主大驚帰二敬之一。縫二綴伴馬衣一而與レ聖。以来二至命終一着レ之。爾来為二当門法衣一。然後編レ之定二四十八符一而表二四十八願一。以二一糸一毎レ編唱二念仏一一返也。然則雖レ可レ言二阿ミ衣一随二言便一謂二之阿弥衣一。

すなわち一遍が修行中に、信州佐久郡伴野の館に宿泊したとき、夜中に寒さのあまり傍らに掛けてあった馬衣を取って衣の上からかぶった。翌朝もとの位置に掛けておいたところ、馬衣の編み目ごとに光を発した。館の主はおおいに驚いてこれを敬い、馬衣を縫い綴って（「阿弥衣」に仕立てて）一遍に与えた。以来馬衣が、時宗の法衣となったのだという。この説話からくみ取りうる事実は、馬衣が編み布であったこと、そして少なくとも知蓮の頃の「阿弥衣」は、「馬衣」にさらに縫綴という作業を加えて製したものになっていたことである。それは『遊行上人縁起絵』の頃の「阿弥衣」や、時宗系寺院に現存している一六世紀の年記を持つ「阿弥衣」が、和服の形式をほぼ整えているのと一致しよう。ゆえにこの話が、一遍の時代の「阿弥衣」を念頭に、構成されたとは思いにくいふしもある。

しかし「阿弥衣」が馬衣であったということは、動かしがたい事実であろう。伴野で一遍が宿ったのは、「館」とあり、「殿主」とあるところから見ても、そう粗末な家ではあるまい。しかし殿主は、一遍がここに宿を取ったことを、次の朝まで知らなかったという。してみると、一遍に直接宿を提供したのは、宿直の者の裁量だったということになろう。とすれば一遍が提供された宿泊の場所は、立派な館のなかにあっても、殿主の客人を通すような上等のところではなかったにちがいない。ゆえに一遍の傍らに「馬衣」があったというのも、室内に掛けてあった庶民の労働着としてのアンギンの袖なしを指すのと見てよいのではないだろうか。後世の「阿弥衣」と対比すれば、アンギンの袖なしも、「阿弥衣」に仕立てるためにはさらに縫製を必要としようからである。

またさらに『別時作法問答』は、馬衣が衣の上に着装されたこと、そしてこうした衣服を「大法衣」とすることを不都合とする巷間の認識が、あったことを明らかにしている。故に六条道場の御会では、馬衣をことさら異国人が奉納した衣服だということにしているという。しかしこうした言い逃れはもっての外だと知蓮は述べている。たとえ一遍が本物の馬皮を着たとしても、それが上人の尊厳を少しもそこなうものではないとし、以下に空也が鹿角を本尊にし、一向上人は馬の毛皮を袈裟にしたことなどを引合に出して、例証している。さらに頭注のかたちで、行願寺の開山行円が頭に宝冠を戴き身に革服を披ったので、人々は彼を「革上人」と呼び、行願寺を「革堂」と名付けたことをも特記している。

この記述は、「阿弥衣」が実は「馬衣」でもあったことを証するとともに、これが「馬衣」の名を持つことに、相当の抵抗があったこと、ゆえにかくまで畜獣と関連したいにしえの聖人の他例を多数列挙して、馬衣を法衣としたことに不都合はないことを説いたのだと考えられる。しかしかかる衣服を法衣とすることの異形性を、時衆自身認識していたからこそ、六条道場の法会で「馬衣」を用いる際には、これを異国人が奉納したものと言い逃れたのでもあった。

またここで注意を喚起しておきたいのは、一向上人が、馬の毛皮を袈裟にしたという事実、およびこれが現在の、馬場門徒時衆の、結袈裟にあたるのだという『別時作法問答』の指摘である。これらの事実は、馬衣が袈裟のかわりに衣の上に着装されたものだという推定を、助けるものである。

以上の事実を勘案して、私見では「馬衣」こそ、「阿弥衣」の別名だと考え、それは縄文時代以来の編布の系統を引く、そして形態としては、弥生時代の貫頭衣の系譜に連なる、中世では下層民の衣服として位置づけられていた衣服だと結論づけたい。

そしてかかる、衣服を最重要の法服として位置づけた時衆の意図こそが問われなければならないであろう。

馬の糞尿の処理を仕事とするような底辺の人々が、手なしを着用している社会で、あえて同じ形態の衣服を法服にし、しかも一遍がみずからの臨終に際して、時衆に阿弥衣を着て参集するよう命じたことで象徴されるごとく、最上級のものとして位置づけたのであった。

それは法服が、壊色とか、糞掃衣、あるいは衲衣といった、人の嫌がって捨てたようなぼろ布で作った袈裟をまとうという当初の理念をまったく失念したことに対する批判の意からおこったものといえよう。たとえば正倉院宝物の聖武天皇の「七条刺衲樹皮色袈裟」は、青、黄、緑、茶、紅などの色裂をさまざまなかたちに切り、幾重にも重ねて刺し子縫いにし、裂の切り方と重ね方で絶妙に変化した模様を形成して遠山に見たて、いわゆる「遠山袈裟」の祖形となっているものである。あえて最高の技術力を結集し、高価な絹を切り刻んでから縫い合わせ、人が捨てるようなボロ布に見せかけた袈裟を作るという制作法をとっている。また比叡山延暦寺に伝わる、天台第六祖荊溪大師から行満和尚を経て、最澄へと伝領されたと伝える七条刺衲袈裟は、粗い麻地に白、紺、茶、紅など各色の麻の繊維をほぐして置いて、さらに紫の麻裂を散らして、刺し子縫いにし、糞掃衣の精神を芸術的に表現したものである。

このように袈裟が出家者の標識としての本来のありようをまったく喪失して、華美に流れたり、汚れや破れたものを縫い合わせた袈裟という触れ込みながら、贅をつくし、高度な技術力を結集した工芸品になり果てた結果、「捨て聖」一遍の反発を招き、袈裟そのものを時衆の法衣としては取入れないという主張に繋がったのではなかろうか。

さらにいえば、玄昉が唐へ留学した際、中国皇帝は三品に準じて紫の袈裟を着用させ、帰国後、律令国家も彼に同色の袈裟を施し、着用させた事実がある(33)。それは俗人である三品の官人の服色と同じ色の袈裟を、出家の身でありながら帯し、俗的権力の体系のなかに出家者を位置づけることを意味したに他ならない(34)。このように出家の表象たる袈裟が、俗界の権威に追随していった姿もまた、「捨て聖一遍」にとってみれば、堪えがたいこととして写り、ゆえに袈裟を捨てて遊行回国したのではなかったか。

しかし出家の身でありながら袈裟をつけないことが、いかに世間の常識からかけはなれたものであったかは、『天狗草紙』で時衆とともに非難の対象となった放下僧が、

およそ沙門の形といっぱ、十力の数珠を手に纏い、忍辱二諦の衣を着、罪障懺悔の袈裟を掛けてこそ、僧とは申すべけれ、異形のいでたち心得難く候。

と、謡曲「放下僧」のなかで、ワキの利根信俊によって袈裟を着ない姿を非難されていることでも明らかであろう。袈裟は古代以来、出家の表象であった。『続日本紀』天平宝字八年（七六四）九月二〇日条には、称徳天皇は出家の身を「朕は髪を剃りて仏の御袈裟を着て在れども」と袈裟を着ていることで表現している(35)。また、「袈裟を着たる輩は、賤形なりといえども恐れざるべからず。隠身の聖人も其の中に交はればなり……袈裟を著たる人を打ち侮る者は、其の罪甚だ深し(36)」とは、袈裟を着た沙弥を打ったことが長屋王の業因になったとする、『日本霊異記』の編者景戒による教訓なのだが、ここからは官許を受けずに出家した私度僧であって、妻子をともなう半僧半俗の生活をした沙弥もまた、袈裟だけは着けていたことが明らかである。こうしたなかで、一遍らの一行が袈裟を着ず、「阿弥衣」を着て遊行回国していたとすれば、出家の標識をつけない彼らの姿が、たとえそれがひそかに袈裟を捨て、藤蔓で編んだ衣を着て、清浄な生活を心がけ、山間で修行して仙人になった陽勝ら、行者

たちの先蹤にならったものであったにせよ、仏道修行者としての範疇を逸脱したものとして、世間の非難の的になったことは容易に想像できよう。

第三節　袈裟と阿弥衣

さて、時衆の法衣については、さらに言及しておくべき問題が存する。時衆批判の書では、時衆が袈裟を着ないことが、まず咎められている。『野守鏡』でも、「如来解脱のたふとき法衣をあらためて畜生愚癡のつたなき馬きぬをき……」とあり、袈裟のかわりに馬衣を着たことが非難されていることは明瞭である。私見も、袈裟のかわりに馬衣、すなわち阿弥衣をまとったのではないかという論を進めてきた。

しかし『一遍聖絵』の「十二道具の持文」のうちには、「袈裟」が数えられている。そして先に見たとおり、「聖絵」のさまざまなシーンにも、袈裟を着た時衆たちが数多く登場してくる。時衆のまとった袈裟は、図像表現によると、横五条と呼ばれる、簡略な形式の袈裟である。平安中期頃までに日本で創始された袈裟で、僧侶が法会以外の場で、その身分を示すため、または俗人が入道して僧籍に入っていることを示すためのものという(37)。延暦寺の阿闍梨の回峰行の装束にこれが用いられていて、行動の便を確保した簡便な袈裟であり、時衆の遊行回国にも適した袈裟といえるだろう。

にもかかわらず、何ゆえに当時の人々は、袈裟を着用しないとして時衆を咎めたのだろうか。「聖絵」の画像と、当時の批判との乖離を整合的に解釈するために、ひとつの可能性として、一遍の時代には、実は袈裟を着用しなかったが、袈裟を着けないという一点に集中した世間の非難をかわすために、のちに袈裟を着けるようになった事態も推定できよう。宮次男氏は、『一遍聖絵』と『遊行上人縁起絵』における十二光箱の図像表現を比較して、正安元年（一二九九）八月に完成した聖戒本の「聖絵」には、十二光箱が男女を区分するという位置づけは、まだなかったろうとする。しかし「聖絵」におくれて徳治二年（一三〇七）頃までに成立した宗俊本の『遊行上人縁起絵』には、時衆の集う中心に、十二光箱が一線に並べられ、これを境に時衆が、明らかに性別を意識して分かれて座る画像が登場する。それは、世間が時衆の男女が一堂に会することを非難したことに対する措置として、一遍以後に加えられた改変なのだろうかとした。(38) このように、一遍死後の時宗の教義の変更という事態を媒介に考えるとすれば、「聖絵」で袈裟が十二道具の持文にあげられているにもかかわらず、実は一遍の時代には、袈裟の着用はなかったとする推定も可能である。

なぜなら先に見たように、永仁三年（一二九五）に書かれた『野守鏡』では「如来解脱のたふとき法衣」すなわち袈裟をあらためて、「畜生解癡のつたなき馬きぬ」を着たとし、袈裟着用をやめて馬衣に替えたということが明記してある。そして永仁四年（一二九六）に描かれた『天狗草紙』でも、「袈裟をば、出家の法衣なりとて、これを着せずして、愁に姿は僧形なり」と、袈裟を着なかったことを明言している。さらに『天狗草紙』の祖本となった『魔仏一如絵詞』でも、同様の文言に、「袈裟は是三世諸仏の解説憧相の法衣也、何ぞこれを捨つべき」と、袈裟を着用しない時衆への批判の言を付け加えている。

これらの作品は、いずれも「聖絵」の制作年より遡った時期に、すでに作られていたと推定されている。そしてこれらの批判から『野守鏡』では袈裟のかわりに「馬きぬ」を着たこと、『天狗草紙』では袈裟を着用しないその姿は、生半可な僧形であると認識されたことが知られよう。さらに『野守鏡』も『天狗草紙』も、馬衣を着て裳を着けなかったことを指摘し、こうした時衆のいでたちを、『野守鏡』は「外道のごとし」とし、『天狗草紙』では「畜生道の業因」と総括する。ここで馬衣は、裳を着けないことと不可分の衣として位置づけられていることに注意を喚起しておきたい。「裳なし衣」については、先にあげた知蓮の『真宗要法記』に、「十　念仏裙衣事」として、

或曰、元祖二無上希有之法一喜レ易二出難一、踊躍念仏而不レ知レ蹈二落衣裙一而来如レ是矣。予以、金剛経云法尚応レ捨、何况非法。吾宗者言二法上捨法一放二下万事一然則衣裳レ無、袈裟用二五条一。念珠持二五十四一。是以諸余事可レ知也。

と、踊躍念仏して裳が落ちたことに気がつかなかった一遍の事績に照して、裳なし衣の由来を述べているが、五条袈裟の着装については、一遍の行動と脈絡なく語られていることが気になる。『真宗要法記』はこれに続けて、「十一　能所共用五条事」として、

五条袈裟謂二之道行衣一、又謂二之頭陀衣一、又謂二之安陀衣一、便二修行往坐臥一。故用レ之。但是能所取二一躰義一也。

と、五条袈裟が修行等に便利な衣服であることを述べ、さらに以下十二、十三の条を割いて、袈裟について述べながら、一遍と袈裟との関連を述懐しないのである。上述の「十　念仏裙衣事」では、裳なし衣と五条袈裟、念珠の三種があげられていたが、うち念珠についても「十四　念珠事」として一遍との関係を言及されていないのである。このことも、一遍の時代に袈裟が未だ法衣として位置づけられていなかったことを示唆するのではないだろうか。さらに袈裟の代わりに馬衣を着たとする『野守鏡』の記述も、こうした推定を助けてくれよう。

そしてこうした当時の社会での風評かんばしからざる状況下で、具体的な画像表現において、時衆の衣服はどのように表現されているかを見てみよう。

先にも述べたように、一遍が「十二道具の持文」を書いたのは、弘安一〇年（一二八七）三月のこととされ、その死のわずか三年前である。ここでは阿弥衣とともに袈裟があげられている。「聖絵」は、これらの道具だけを遊行にともなうことは、一遍が弟子たちを連れて遊行を始めた当初から、定められていたとする。しかし実は一遍の晩年に、阿弥衣に袈裟を加えた装束を一式として整えたのだとすれば、踊り念仏で一世を風靡した時衆が、袈裟を着ないことで集中した世間からの非難をかわすために、袈裟を改めて装束のなかに取入れたとも考えられ

ようである。そしてそれが故に、「聖絵」の図像表現では、阿弥衣のうえにさらに袈裟をまとう姿で、時衆が描かれたのではなかったろうか。

図4　一遍臨終の場面の阿弥衣の上に袈裟をまとう時衆（『一遍聖絵』巻十二）

「聖絵」によると臨終に際して一遍は、「時衆みなこりかきて、あみぎぬきて来るべきよし」仰せられたという。しかし当該場面の時衆たちは、阿弥衣だけでなく、そのうえに袈裟をまとって参集している（図4）。このことは「十二道具の持文」で、阿弥衣が筆頭にあげられていることとあいまって、阿弥衣が時衆の最も正式かつ重要な衣服として位置づけられていたことが理解されよう。そして袈裟については言及がないにもかかわらず、阿弥衣のうえに袈裟が描かれていることは、一遍臨終の段階でも袈裟の着用の規定がまだ定まっていなかった可能性を示唆するのである。そこで筆者は、さらに袈裟の着装が時衆に取入れられたのは、一遍の臨終からさらに遅れて、聖戒の時代だったのではないかと推定してみる。

「聖絵」が聖戒の時代の時衆のあり方を色濃く反映していることは、たとえば先の十二光箱の位置づけの変化にも見たとおりである。そして「聖絵」自体が、袈裟着用を前提として描かれていることは、巻五の、

　ふればぬれぬるればかはく袖のうへを　あめと
　ていとふ人ぞはかなき

という一遍の歌を配した、下野国小野寺で雨宿りしたくだりに、「尼法師みな、袈裟、衣などを見給ひて」との文言があることから知られる。ここであえて歌には袈裟の言及がないにもかかわらず、地の文に、尼の装束を説明して袈裟と衣があがっているこ

とは、少なくとも「聖絵」制作段階では、袈裟が時衆の装束の構成要素になっていたことを示していると考えられる。

さらに巻八では、

けさのぢに　おくればやがてかきばかま　しぶの弟子ともたのみける哉

図5　袈裟をつけた一遍以下時衆の姿（尿をのむ場面？）（『天狗草紙』）

という一遍の歌をあげ、ある人が柿色の袴を袈裟の地にするために、と差上げたところ、一遍が柿渋と出家の比丘、比丘尼、在家の優婆塞、優婆夷の男女の、仏教の四部の弟子をかけてうたって、謝意をあらわしたという逸話も伝えている。この歌が果たして一遍のものかどうか、疑問ではある。ともあれこの逸話も、袈裟着用が前提となっていなければ、成立しえないといえよう。

要するに、「聖絵」制作段階では、すでに袈裟の着用は時衆にとって普遍的なものになっていたと解することができる。しかし一方で、永仁三年（一二九五）作の『野守鏡』の、袈裟を着ないという指摘がある。そして最も問題になるのは、永仁四年（一二九六）に制作されたとされる[39]『天狗草紙』が、詞書には「袈裟をば、出家の法衣なりとて、これを着せずして、愁に姿は僧形なり」として、時衆は袈裟を着用しないと詞章で咎めながら、絵の部分では、五条袈裟を着けた一遍以下、時衆の姿を描いていることである（図5）。詞書と絵は、この点において、確実に齟齬をきたしているのである。この事態をどのように解釈したら、整合的な理解が可能であろうか。『天狗草紙』の詞書と絵を見比べて、奇妙に思うのは、相互が関連しているようで、実はあまり関係がないということである。絵は必ずしも詞書の絵解きの任を果たしていない。梅津次郎氏は、『天狗草紙』の詞書作者と絵師の関係は普通の絵巻物の場合と異なり、両者それぞれ截然たる自己の分野をもって計画されたものであるという。絵は単なる挿図ではなく、最初から詞書に対立する分野をもって計画されたもので、特に時衆批判を含んだ久松本は、最も活気に満ちた絵巻と評価されているが、それは絵師が実際に目撃した当時の世相であったからだろうとする[40]。つまり『天狗草紙』の絵師は、詞書の、袈裟を着用しないという文言を無視して、眼前の時衆の所行を活写した結果、詞書作者の認識、主張とは乖離して、袈裟を着た時衆の姿を描いてしまったものと思われる。

要するに詞書と絵巻成立の間の時間的隔たりが、かかるくいちがいを生じたものと思わざるを得ない。そして『天狗草紙』の完成が永仁四年（一二九六）のことだとすれば、時衆が世間の非難に対する方策として、五条袈裟を着用するようになった時期は、『野守鏡』以降、『天狗草紙』以前という、極めて限定した時間にしぼりこむことができるのではないだろうか。

おわりに

以上見てきたごとく一遍は、阿弥衣を袈裟のかわりに、時衆遊行の法衣としたのであった。阿弥衣は、縄文時代以来の、アンギンの系譜を引く、編み布で製した衣料であり、労働着として永く残った衣服である。そして「聖絵」の描写からは、そこにいくつかのバリエーションはあるものの、『遊行上人縁起絵』に見るような、のちの時代の、完全に和服のかたちと合致した袖付きの長い阿弥衣とは異なる。袖が付いていなかったり、あったとしても下に着た衣の袖に比べて極端に短かったりと、明らかにそこに較差が認められるのである。越後アンギンの場合で考えると、編み上がった布はゴワついており、袖付き衣に仕立てるのは適切とは言い難い。まして山野を遊行して歩く衣としては不適当であろう。おそらく本来の阿弥衣は、アンギンの作業着がそうであるように、袖なしではなかったろうか。

それは形態としては、中世にも「手なし」という名称で残った貫頭衣の系譜を引く衣装であり、この時代には最下層の人々の衣服として着用されていたものであった。とすれば、かかる階層の衣服を、あえて袈裟に替えて、時衆の最重要の衣服として位置づけた一遍の思想が問われなければならないだろう。そこに捨て聖一遍の、一切を捨てることの究極の姿があるといえよう。

衣食住を求めることは、三悪道につながり、「衣装を求め飾るは、畜生道の業」であると言いきった一遍ではあったが、人間として生きる以上、衣服を着ないわけにはいかない。とすれば求めるのではなく、飾るのではない、生きていく上で最低限の具としての衣に、最下層の人々の衣料であった「手なし」と同形態の衣服、しかも織布ではなく、前時代の製法である編み布で作った衣服を採用したことは、「捨て聖」一遍の、面目躍如といった感がある。袈裟が本来のありようを忘れて、豪奢に流れたのは、宗教界の堕落に他ならない。紫袈裟など、官僚制的身分の体系に対応した色の袈裟の出現は、袈裟が俗界を離れたことの標識とは言いながら、俗界の価値体系に追随していることの証左でもある。そうした宗教界への批判の意を込めて、あえて阿弥衣を、袈裟のかわりに、最上にまとう衣としたのではなかったろうか。

ここで忘れてはならないのは、これが最下層の人々の「手なし」と決定的に違うのは、衣や帷の上に着用すべく定められた衣服であるという事実である。阿弥衣は衣服の一番上にまとう衣料なので、視覚的には最も目立つ衣料である。衣や帷は、それ自体は他の宗教各派と、識別する標識たりえず、出家であることのみを表示する標識である。つまり「捨て聖」を標榜するためには、衣や帷では、有効ではないのである。もし捨てることの究極の姿に、あくまで一遍がこだわるのなら、「手なし」の着用法がそうであったように、夏はこれを一枚、冬は二枚だけ重ねて着ればよかったはずで、衣、帷は不要である。しかしそれでは、最下層民と時衆を識別する視覚的標識は、まったくなくなってしまう。そこで僧の着る衣や、帷の上に、あえて阿弥衣をかさねたのである。とすれば、これは「捨てる」ということの演出以外の何ものでもない。

つまり時衆の阿弥衣の着用は、最下層民への同化と、宗教界への批判の意志をふたつながら込めて、きわめて意図的に演出された、先鋭的な記号なのであり、ゆえに『野守鏡』を始め、当時の宗教者や貴族らの、激しい反発を招いたのであった。

（1）「興願僧都、念仏の安心を尋ね申されけるに、書きてしめしたまふ御返事」『播州法語集』補遺（橘俊道・梅谷繁樹編『一遍上人全集』春秋社、一九八九年）。
（2）「播州法語集」（『法然　一遍』日本思想大系一〇、岩波書店、一九七一年）。
（3）渋澤敬三編著『絵巻物による日本常民生活絵引』第二巻（平凡社、一九八四年）の「聖絵」についての概説の「衣服」の項では、「阿弥衣」は絵巻物で見るところでは、東北地方の旅行の時多く用い、京都以西ではあまりもちいなかったらしい、としている。しかし備前福岡の市の一遍は、明らかに「阿弥衣」をまとっており、備中国の軽部里、淡路の志筑天神社、兵庫観音堂での一遍の姿はいずれも「阿弥衣」姿であり、京都以東での装束と断定はできない。
（4）伊東信雄「縄文時代の布」（『文化』三〇巻一号、一九六六年）。
（5）渡辺誠「編布の研究」（八幡一郎先生頌寿記念古学論集『日本史の黎明』六興出版、一九八五年）。
（6）宮次男「『一遍聖絵』と『遊行上人縁起絵』」（『一遍聖絵と中世の光景』ありな書房、一九九三年）。
（7）『日本霊異記』上巻一三話。
（8）『日本霊異記』上巻二八話。

(9)『今昔物語』巻一三の三話。
(10)上野憲示「『天狗草紙』の制作事情」(中央公論社版『続日本絵巻大成』十九巻)。
(11)同右。
(12)梅津次郎「魔仏一如絵詞考」(『美術研究』一二三号、一九四二年三月)。
(13)梅津次郎「天狗草紙考察」(『美術研究』七四号、一九三八年二月)。
(14)福田秀一「『野守鏡』の作者について」(『中世和歌史の研究』角川書店、一九七二年)。
(15)赤松俊秀『鎌倉仏教の研究』(平楽寺書店、一九五七年)。
(16)大橋俊雄「時衆と一向衆」(日本絵巻物全集二三巻『遊行上人縁起絵』角川書店、一九六八年)。
(17)蓮如『帳外御文』六七。
(18)脇田晴子「自然居士について」(同氏の浦田能楽会における演能パンフレット『能楽自然居士』より)。
(19)『中世禅家の思想』日本思想大系一六(岩波書店、一九七二年)。
(20)井筒雅風『法衣史』(文化時報社、一九六五年)第一章、一五頁。
(21)『梁塵秘抄』三〇六。
(22)『今昔物語』巻一三の一五。
(23)『日本紀略』後篇一一、寛弘二年五月一日条。
(24)網野善彦「中世の旅人たち」(『日本民俗文化大系』六、小学館、一九八四年)。
(25)前掲注(14)福田論文。
(26)「親鸞上人絵伝」(渋澤敬三編著『絵巻物による日本常民生活絵引』巻四、平凡社、一九八四年、二四頁)。
(27)十日町在住池田喜一郎氏の報告「アンギンとブウトウ」(『高志路』通巻一六二号、一九五五年)。
(28)「番後のアンギン紡織習俗」(文化庁文化財保護部編『民俗資料選集』紡織習俗Ⅰ、一九七五年)。以下新潟県の編布習俗については、本書に従う。
(29)『こしの山づと』下巻に、「編み衣は編て造りたるものなれば、しかいうなり。野苧麻として苧麻に似て芳茎なる草あり土人呼でおろといふこの草を灰汁にひたしうち和げて筵を編むごとくあみつくりて雪にさらすといふ」とある。

(30) 小林存「アンギン追考」（『高志路』通巻一五九号、一九五五年一月）。
(31) 拙著『古代国家の形成と衣服制』（吉川弘文館、一九八四年）三二九頁。
(32) 定本『時宗宗典』下（時宗宗務所編、山喜房仏書林、一九七九年）。
(33) 『続日本紀』天平一八年六月己亥条。
(34) 『旧唐書』太宗本紀貞観四年八月。
(35) 『続日本紀』天平宝字八年九月二〇日条。
(36) 『日本霊異記』中巻一話。
(37) 前掲注(20)井筒書、一四六頁。
(38) 宮次男「遊行上人縁起絵の成立と諸本をめぐって」（日本絵巻物全集巻二三『遊行上人縁起絵』角川書店、一九六八年）、「『一遍聖絵』と『遊行上人縁起絵』」（一遍研究会編『一遍聖絵と中世の光景』ありな書房、一九九三年）。
(39) 梅津次郎「天狗草紙考察」（『美術研究』七四号、一九三八年）。
(40) 同右。

補論二　笠の山——境界をめぐる一試論——

はじめに——問題の所在——

『一遍聖絵』の、歓喜光寺本（歓喜光寺旧蔵・清浄光寺〈遊行寺〉蔵）と御影堂本（新善光寺旧蔵・前田育徳会ほか蔵）の間に存する位相を検討することにより、さまざまな図像学的成果が生まれてきた。そのなかからこの試論では、巻四第三段に描かれた「福岡の市」をとりあげて、市場の境界を示す図像表現について考えてみたい。

佐藤和彦氏は、歓喜光寺本『一遍聖絵』の備前福岡の市における、吉備津宮の神主の子息と一遍が対決する光景を分析し、従者のもつ太刀に注目して次のような見解を示した。福岡の市に急ぐ場面では、従者がもっていた太刀が、市のなかで一遍と対決するシーンではいったんは描かれながら、消されているという事実を指摘し、「人々が群集し、雑鬧する市場においては、その平和を維持するために、太刀はともかく、飛び道具である弓矢の携帯は許さないという慣習があったのではあるまいか」と、市場の性格を規定する重要な要素として、弓矢を位置づけた。(1)

これにたいして黒田日出男氏は、市の平和のために弓矢の不携帯が義務づけられたことを示す文献史料がないとして批判した(2)。そして歓喜光寺本における改変は、画面の構図上、太刀で一遍を切り殺そうとしている神主の子息と、それに動じることなく対峙する一遍との緊張関係をきわだたせるため、あえて従者の手から弓矢を消したのだとした。また詞書には太刀だけが登場し、弓矢の記述がないことも、これを消した理由のひとつであろうと考えた(3)。

この黒田氏の所説にたいして藤本正行氏は、従者の弓矢を消したことが一遍と神主の子息との緊張を高めることにはならないだろうと批判し、絵画の構図を分析したうえで、この改変は、純然たる絵画構成技法上行われたものであろうとした。弓矢の線が、他の従者の太刀の線と平行、反復することを避けた、絵師の作意によるものと主張したのである(4)。

黒田氏の議論にしても、藤本氏のそれにしても、絵画技法の問題に集約され、当初佐藤氏が提起した、市の内部の空間的性格、つまり市は平和空間として維持されなければならないため、弓矢の所持が禁止されたのではないかとする興味深い問いかけは、ペンディングのままである。歓喜光寺本の改変が、たんに絵画の感性的側面だけから行われたとして、絵師の美意識の問題に帰結してしまうのでは、佐藤氏の問題提起に答えたことにはならないのではないだろうか。そこで本稿では、絵画技法の問題はひとまずおいて、『一遍聖絵』の福岡の市の光景を題材に、歓喜光寺本と御影堂本（本書では前田育徳会本を対象とする）を比較することで、市という空間の性格について考えてみたい。

佐藤氏は、市は聖なる平和空間で、その場へ入るためには飛び道具としての弓矢の放棄が不可欠だったとする。とすれば、佐藤説が成りたつためには、市の空間が、他の空間と断絶した空間として設定されていたという前提がなければならない。そこで二つの『一遍聖絵』の比較という作業のなかから、市の空間とそれ以外の空間の断層を析出しうるか、考えてみようと思う。

▲a

第一節　市場の境界

歓喜光寺（清浄光寺）本『一遍聖絵』の福岡の市のシーンは、次のような空間構成で示される（図1）。

まず右下に、留守中に、妻をそそのかして剃髪させた憎い一遍を追って、馬で福岡市に向かう神主の子息と、二人の従者の姿がある。三人のまえには、川があり、そこに粗末な板橋が渡されてある（図1-a）。この川は、舟で福岡の市に商品を運ぶルートにもなっていたことが、下流で荷揚げをする情景の描写からたしかめられる。

画面ではこの川を境界にして、左側に市が展開される。立ち並ぶ藁葺き、板葺きの、掘立柱の市小屋。商われる大きな甕や米俵。布を品定めする女性。

そうしたなかで、神主の子息と一遍の息詰まる対決のシーンが展開されている（図1-

図1－a・b　備前国福岡の市（『一遍聖絵』巻四第三段／歓喜光寺本、図は以下同）　▲b

b）。固唾を呑んで見守る野次馬たち。

一遍の背後には、小さな川が流れている。これが福岡の市を、空間的に、かつ時間的に他から区切る、境界になっているらしい。小川の左手では、一遍に帰依した神主の子息が、松の木の下で剃髪する場面が展開されるからである（図1－d）。

また、舟着き場に接して立つ、市の小屋の横には、柵が立てられ、左手に畑が広がっている。この柵も、明らかに市場と他の空間の境界を示すものであろう。

絵巻物の世界で、紙という二次元空間に示された福岡の市は、以上のような構成になっている。二つの川と柵で仕切られた空間が、『一遍聖絵』のなかでの福岡の市を構成している。川と柵が、市の境界を視覚的に表象するのである。それはいわば、絵巻物を見る側にたいして、絵師の側から発信された情報だといえよう。

▲c

◀d

図1－c・d　備前国福岡の市（『一遍聖絵』巻四第三段）

では市に集う人々にとって、市はどのような空間として区切られ、認識されているのだろうか。換言すれば、彼らは川と柵で区切られた市の空間に入場するにさいし、どういう転換を迫られるのだろうか。

そうした観点から、目を御影堂本に転じて、市の境界と思われる部分を探っていくと、奇妙な光景に気づかされる。画面左手の、小川のほとりの小屋（歓喜光寺本では図1-c）の裏手に、市女笠がいくつも積みあげているのである。いったいこれは何なのだろう。売りものなのだろうか。もしこれが商品なのなら、なぜ小屋の内部に積みあげられず、わざわざ軒の外におくのだろうか。雨に濡れても問題のない、備前焼らしい大甕までが、小屋掛けしたなかにころがしてある光景が見える一方で、市女笠だけが小屋の外に積みあげてある理由が解せない。

それにこの小屋は、手前半分に履きものを

並べる男がいるだけである。男と背中あわせに、もう一人商人がいて、それが笠を商っていると考えられるかに見えるが、奥の部分は空きスペースになっている。小屋の内部に一切商品がないのに、店先だけに品物を山積みしてあるというのも奇妙なことである。

いったいこの市女笠の集積は、何を表わしているのだろうか。試みに歓喜光寺本を繰ってみると、福岡の市のシーンには市女笠の集積は描かれないものの、他の場面に似たような描写が少なからず見られる。

第二節　積みあげられた市女笠

そこでふたたび目を歓喜光寺本に移して、市女笠のシーンを拾ってみよう。

［巻二］　伊予の三輩九品の道場（図2-a・b・c）

回廊で結ばれた三つの堂舎があり、御簾を下ろした各々の内部では、僧侶が管弦講を行っている。庭や堂の周囲をめぐる縁の部分には、僧俗男女が集い、妙なる音に聴きいっている。各々のお堂の縁にあがった人々は、笠と履きものを脱いでいる。積みあげた笠の山は、あるいは縁の下に、あるいは縁の上に、堂ごとに一か所存在する。本堂では、履きものも、笠の横にまとめられている。縁の下に座って笠を預かるのは、小童だろうか。

［巻七］　四条京極の釈迦堂（図3）

中央の本堂のまえに踊り屋が設けられ、これを囲むように境内いっぱいに、板屋がひしめいている。本堂の吊りあげた蔀戸の上に、三か所、市女笠が載せられているが、積み重ねて山になっているとはいえない。笠を二つ重ねてもいるが、無雑作にずれている。

踊念仏を本堂で見物しようとする女性たちが、室内では邪魔になる市女笠を、思い思いに蔀戸のうえにおいたものであろう。

〔巻七〕　市屋道場（図4）

中央の踊り屋を囲んで、仮設桟敷が建てられ、その外側に、市女笠の山。履きものもいくつか。

〔巻十一〕　淡路二宮（図5）

再建された檜皮葺の二宮の社殿のまえに、踊り屋が設けられ、僧侶や、二宮の神主とおぼしき烏帽子に浄衣姿の男の姿が見える。被衣にした女性たちの横に、市女笠の山。市女笠をかぶった女性たちが、三々五々、集まってきている。やがては彼女たちも、ここに笠を重ねて、見物の座につくのであろう。

〔巻十二〕　兵庫観音堂（図6）

一遍の最後の説法に集まった聴衆たちは、老若男女、僧も俗も、たいへんな数である。観音堂の板塀を入って

図2　三輩九品の念仏の道場（『一遍聖絵』巻三第二段）

図3　四条京極の釈迦堂（『一遍聖絵』巻七第二段）

図4　京七条東市の市屋道場（『一遍聖絵』巻七第三段）

図5　淡路二宮（『一遍聖絵』巻十一第一段）

すぐのところに、小童が預かった笠を積みあげている。
もう一か所、観音堂の本堂の左手の縁の下にも、市女笠の山がある。いましも到着した女人が、笠を預けて縁のうえにあがろうとしているところだろうか。

[巻十二]　ふたたび観音堂（図7）

臨終の時の到来を告げる一遍と、沈痛な面持ちで一遍を囲む時衆の面々。この場面には、市女笠の山はない。僧たちが主体で、参集した男女の数が、あまり多くないためであろうか。それとも、本堂の左手の縁の部分が、藍色の雲におおわれて、隠されているためであろうか。抱えこんだみずからの笠に寄りかかる人物や、笠を膝のまえにおいて座る人の姿は見える。

[巻十二]　同じく観音堂（図8）

一遍の臨終を哀しんで、ぞくぞくと参集する道俗の姿。一遍の遺骸の横たわる観音堂の本堂の縁先に、二つの市女笠の山がある。さらに画面右手の、ぞくぞくと馬が到着する先にも、市女笠の山が二つ見える。

市女笠の山が築かれた場所には、いくつかの共通点がある。まず、非常に多くの人々が参集する場所だということである。

そして屋内と屋外の境界に笠の山が設けられるという点も指摘しておくべきだろう。当然それは、笠が屋外で利用に供されるものであり、屋内に入るにあたって、それを脱がなければならないことによる。

しかし市女笠の山は、屋内への境界ばかりに築かれるのではない。淡路二宮では、同じ境内に、市女笠をかぶったままの女性と、笠の山にみずからの市女笠を託した女性の姿が混在していた。ここでは笠を託すことが、踊念仏の見物の座につくことを意味しているのである。つまり笠の山は、踊念仏の劇場空間と、神社域との境界を表象しているのだ。

図6　兵庫の観音堂で最後の法談をする一遍（『一遍聖絵』巻十一第四段）

図7　観音堂で臨終を待つ一遍（『一遍聖絵』巻十二第一段）

図8　一遍入滅（『一遍聖絵』巻十二第三段）

これにたいして、なぜ四条釈迦堂の踊念仏の場面には、笠の山がなく、蔀戸のうえの笠ばかりなのだろうか。そこには二つの可能性が考えられる。ひとつは構図の関係で人々がつめかける釈迦堂の門の内側が見えないだけであって、実は築地の裏に市女笠の山があるという可能性である。築地の外側の、いままさに門からなかへ入ろうとしている人々のなかに、たくさんの市女笠をかぶった女性の姿が見えるのに、築地の内部の人には、笠をかぶった人が二人しか存在しないことは、この推定の確かさを裏づけるかに見える。

市屋道場の踊念仏の場面でも、踊り屋を囲んで建てられた画面右手の仮設桟敷の間に、笠の山と履きものを守ってうずくまる小童の姿がある。桟敷にあがった人々のものであろうか。

いまひとつ考えられるのは、築地に囲まれた釈迦堂に入るにさいして、笠を預けることとは別の入場要件（たとえばお布施など）があったので、入口で笠を託すことを必要としなかったという可能性である。このことは一遍が踊念仏を演じるにさいして、どのような劇場空間を創出したかという問題とも関わっており、稿を改めて検討したい。

いずれにせよその境界から内側に入ることが、たんに屋外から屋内に入ることにとどまらず、空間の質的転換を意味している場合に、通過地点に笠の山が築かれるのだといえよう。伊予の三輩九品の道場になった三つの堂舎の縁先にあがることは、御簾によって室内と隔てられているとはいえ、管弦講の僧侶たちと同じ高みに身をおくことを意味していると考えられる。

兵庫観音堂では、板塀で囲まれた門の近くに市女笠の山が築かれていた。板塀のなかに入ることは、一遍と空間を共有することを意味する。観音堂への入口はここだけではなかったようで、画面左手の本堂の縁先にも、市女笠の山がある。ここにも市女笠をかぶった女性が、何人か集まってきている。ここから本堂にあがることは、一遍と同じ地平に身をおくことでさえあった。

以上見てきたごとく、市女笠の山が築かれた場所は、その地点が二つの異なった空間の境界を表象していると考えられる。そして踊念仏の劇場空間であれ、一遍の臨終の場であれ、道路など、不特定多数の人の行き交う空間から、ある限られた空間へ入場する権利の取得と交換に、市女笠を一か所に託して山にすることが行われたと推定できるのではないだろうか。つまり市女笠の委託に、空間でのメンバーシップの獲得を表象した事態が看取されるといえよう。そして最後に付言しておくべきは、市女笠の山を経て入場する空間は、その閉鎖性、限定姓のゆえに、混雑を余儀なくされているという事実である。

第三節　市女の市女笠

築かれた市女笠の山についての、以上の分析をもとに、ふたたび福岡の市の場面に戻って考えてみよう。御影堂本で、履きものを並べた男の背後に積み重ねられた市女笠の山は、これが商品として並べられたのではないとする先の推定にそって考えるとすれば、いったいどこからどのような空間への境界に据えられたものとしてとらえられるだろうか。

笠の山の左手の小川は、福岡の市と他の画面とを、時間的、空間的に仕切る境界であった。そこに設けられた笠の山は、当然福岡の市という空間に入るにさいして設けられたものと考えられよう。しかし福岡の市を往来する女性たちは、ほとんど市女笠をかぶっている。市へ買物をするために出かけてきた人々の笠だとは考えにくい。店先で反物をみつくろう女は、市女笠を脱いでうしろにおき、被衣のまま思案顔である。彼女の背後におかれた市女笠と、市女笠の山とは、明らかに意味がちがう。

ではいったいこの市女笠の山は、この場面に登場する誰のものなのだろうか。そこで注目されるのは、この場面には、市で商品をひさぐ販女が幾人も登場するが、彼女たちはいずれも笠をかぶっていないという事実である。

市の販婦、市女が愛用していたから、市女笠の名があるという説に短絡的に結びつけるわけではないが、これらの笠が、市での販売権を獲得することとひきかえに、市の入口で市を差配する人に託されたと推定してみたい。この時代には、市が露天ではなく、この福岡の市のような、小屋掛けしたなかに店をはる方式の段階にたちいたっていたことは、同じ『一遍聖絵』のなかで、信濃の佐久郡の、伴野の市の光景からもうかがうことができる。ここでは市の開かれない日の、荒涼とした伴野の市の光景が展開されている。草葺きの屋根をのせただけの市屋が、通りを隔てて立ち並んでいる光景は、市の開かれる日の雑踏を想像するのが困難なほど寂漠としている。

この情景から明らかなのは、「聖絵」のころには、市の建物は、市の開かれる日だけ仮設されるのではなく、恒常的な建物として存在していたという事実である。このことは、市における店舗が、小屋掛けした場所に開かれることを意味するといえるのではないだろうか。そして店舗が露天にではなく、屋根をかけた下で営まれるとすれば、販婦は市女笠を必要としない。笠は屋内では脱ぐべきものだからである。

市屋の屋根の下に座を占めることと、市で出店することが相即的関係にあるとすれば、市女笠を脱ぐという行為が、そこに媒介されたと見ることもきわめて自然ではないだろうか。

そこに市に出店する権利とひきかえに、市女笠の供託が行われたという推理の成りたつ余地がある。いま少し、市女笠の機能について見てみよう。市女笠の名がありながら、この笠は実は女性専用のものではなく、男女兼用であった。『西宮記』に「行幸時、王卿已下、雨具用市女笠」とあるように、貴顕の男子までもが雨具として用いたことが確認できる。『枕草子』の「えせものの所うるをりのこと」に、「雨降る日の市女笠」をあげるのは、市女笠の本来の用途が、雨具であったことを示している。しかし男性がこの笠を用いるケースは女性の場合ほど多くはなかったようである。『小右記』に「女等以㆓市女笠㆒隠㆑形参㆓功徳所㆒、是善根也」とあるように(5)、女性が面体を隠すのに市女笠を利用したが、こうした用途は、男性の市女笠には確認できないし、笠の周囲に虫垂衣《むしたれぎぬ》をめぐらして旅装の用とするのも、女性だけの市女笠の利用法であった。通常烏帽子の着装を不可欠とした男性にとって、さらに市女笠をかぶることは難があったからかと推定される。結局男性の場合、雨具としての用途以外には、着装の機会が限定されていたことが、男性の着用例を減少させる事態を招いたのではないだろうか。

第四節　笠と履きものの供託

このように考えるとそこで問題になってくるのは、市で商いをするのは、女性ばかりではないということである。女性が市での出店の権利を、市女笠の供託で象徴させたような事態は、はたして男性の場合にも想定することができるのだろうか。

そうした目で御影堂本の『一遍聖絵』を見てみると、笠の山の手前の小屋のなかで、履きものを商っているかに見える男がいるが、彼にたいして、左手から履きものを捧げるように差しだす男の姿がある。この男は、いったい何のために履きものを差しだしているのだろうか。

御影堂本では、男はみずからの足に履きものを履いていながら、さらに履きものを差しだしている。修理を頼んでいるかのごとく低姿勢である。しかし歓喜光寺本の男は、裸足として描かれており、いままで履いていた履きものを脱いで、差しだしているとしか思えない（図1-c）。しかも店の正面からでなく、横手から履きものを差しだしている。さらにいえば店の中央で商う男にたいしてでなく、背後にひかえる女性にたいして差しだしていることも気になる。

御影堂本での、小屋の背後に積み重ねられた笠の山の存在と関連づけて考えると、この男は、修理を依頼して履きものを差しだしているのではなく、女性商人たちが市女笠を託して市での販売権を得たように、履きものを託してその権利を得たのではないかと想像してみたい。それが市を差配する者、もしくはその代理人にたいして、市での出店の権利を得るための所作であるとすれば、腰が低いのも道理であろう。

　このような推定が可能だとすれば、笠の山と並べられた履きものが境界に存在する場が、市の空間への入口を象徴するといえるのではないだろうか。

　市庭空間が、小屋掛けされた建築物で構成されるものとなった段階では、市に出店することは屋根の内側で店をはることを意味していよう。そのさい、商人たちが履きものを脱ぎ、被りものをとるのは、当然の事態である。こうした自然の行為であったものに、いつか象徴的な意味が付与されるようになったのではないだろうか。つまりいわゆる座売りを行うさいの、市のメンバーシップが、笠と履きものの供託という行為と、象徴的に交換されるようになる。ここであえて「象徴的」というのは、これと表裏一体の行為として公事銭の納入などが行われたことが、容易に推定できるからである。

　このように笠と履きものの供託が、市のメンバーシップの獲得を象徴する事態として示されるためには、市庭空間を支配する論理、あるいはルールが確立されていることが前提となろう。この空間に統一的な論理が、笠や履きものの供託を要請したと考えられるからである。しかしこのルールが拘束するのは、市に出店する売人についてだけであったと思われる。なぜなら市に群集し購買する人々は、供託に象徴される論理の強制の枠外の存在だからである。市に集う人々は、笠をかぶり、履きものを着けている。歓喜光寺本で、面を商う小屋のなかにいる女性たちが、屋根のうちに入りこんでいてさえ市女笠をつけたままの姿で描かれるのは、店内を、行路の延長として認識する彼女たちの主観から発したことである。とすれば笠や履きものは、市に集う人々から売人を、象徴的に区別する標識だといえよう。つまり笠や履きものによって示される市の境界は、売人たちの意識のなかにのみ存在するのであり、これらの供託を要さない人々にとって、こうした境界観念は、生じようがないのである。

　これにたいして、次のように反論が想定されよう。歓喜光寺本で画面右手から、息せき切って走ってくる神主の子息とその従者の姿を見てみると、従者は草鞋のようなものをはいている。しかし福岡の市のなかで、一遍と対決する場面では、裸足なのである。とすると市のなかで、売人でない彼らも履きものの供託を必要としたのではないかという想定が可能になってこよう。しかし走っていく彼らの足をよく見ると、一人の片足は、隠れていて履きもののあるなしはわからないが、もう一人の足では、草鞋をつけているのは片足だけである。この描写はいったい何を意味しているのか。この二つの場面の間の差異を整合的に解釈するためには、いくつかの分析が可能である。

ひとつは、息せき切って走るあまり、片方を落として走り、市に到着したときには、両方とも履きものを失っていたという可能性である。

いまひとつは、この場合の履きものは、疾走するさい、すべりどめにするために身につけられたもので、市で対決する場面では必要なかったという想定もできる。さらに御影堂本では、駆けつける従者の足に、最初から履きものはなかったという事実にも、注目しておかなければなるまい。

市というのは、大和国海石榴市が横大路と上ツ道、もしくは山の辺の道の交点にあった例に見るように、行路の延長線上にあってこそ、数多くの人々を集めることが可能なのではないだろうか。市という空間が活況を呈するためには、行路と同等の、往来の自由が保障された空間として存在することが要請されよう。つきつめていえば、市に集う人々は、行路という、無限定の空間に集う存在と同一視してよいかもしれない。さればこそ女たちは市女笠をかぶり、男たちは履きものをはいているのである。つまり市庭空間という同一の空間に集いながら、往来を往きつ戻りつする人々と、屋内に彼らを迎えて商売をしようとする人々は、まったく空間認識の意識構造がちがうのである。

筆者が本章で言いたいことは、これにつきる。市という場の繁栄は、そこが行路の延長であるという事態によって保障されるのである。市庭空間と他の空間との境界は、市の売人の側の意識にのみ存在するのであり、買手の側には、行路に連続する空間として市庭を位置づけ、自由な通行が可能な空間として認知されることこそ、理想的な状態であろう。だとすれば行路人から連続して市の買手に転化する人々に、市の境界で弓矢だけを着脱するという手続きを要請したという事態は、想定しにくいというのがこの小稿のひとつの結論である。

なお古代の市において歌垣が行われたり、外国使節入京のさいの邪霊祓除、使者の誄儀礼や殯宮が営まれたり、さらに民衆教化のために処刑が行われることがあったが、それらはいずれも市が行路と行路の交点、各共同体の境界領域に立地したという事態から派生してきたものと位置づけられる。そうした境界領域を律する秩序として、律令国家が規定した市場法は、小林茂文氏によれば官設の市場を対象にしたものであって、地方の市までをも掌握するものではなかったろうという。(6)『延喜式』東西市司では、六衛府の舎人が剣をもって市に入ることを禁じている。しかしこれも自然発生的に生まれてきた地方の市の内部の秩序としてまで敷衍できるかどうか疑問である。よしんばそうであったとしても、『延喜式』で禁止されている剣は、『一遍聖絵』の風景では依然として神主の子息やその従者たちの腰にあった。

『日本霊異記』中巻の第四話に、往還の商人から暴力的に収奪することを業とした、市に棲む力女の話がある。ここではいま一人の力女が、さらなる大力をもって彼女を鞭で打ちすえ、屈服させて市から追放したというストーリーになっている。この話を小林氏は、市のなかに平和を維持するための、民衆の生活の知恵の表出であるとし、市は権力が介入する余地のない、何人の介入をも拒む聖域であったと規定する。(7)

しかし筆者は、この説話のなかで、暴力的収奪を、さらに暴力をもって制したという文脈を読みとらなければならないと思う。ここからは、市庭空間に集う人々が、平和維持のために弓矢を身から離したという事態は、なかなか想定しにくいのではないだろうか。

おわりに

さて、この結論を導くについて、いまひとつ考えておかなければならない点がある。それは歓喜光寺本と御影堂本の、先後関係の問題である。歓喜光寺本が『一遍聖絵』の原本で、御影堂本はこれを模写したものであるという通説的理解があった。これによるとすれば、歓喜光寺本に存在していない笠の山の境界標識が、御影堂本ではあえて描かれたという奇妙な事態を想定しなければならなくなってしまう。しかし宮次男氏は、歓喜光寺本が絹本であり、御影堂本が紙本であるという関係を重視して、歓喜光寺本には、もとにした紙本の下絵、稿本があったのではないかと考えた(8)。そして黒田日出男氏は、御影堂本と歓喜光寺本の画面構成の差異点から、両者が系統のちがう稿本をもとにしたものであった可能性を推定した(9)。

これにしたがって、歓喜光寺本をよりオリジナルに近いものと考える必要がないとすれば、市の境界を示す二つの標識、笠の山と履きものの供託が描かれるべきなのに、歓喜光寺本では笠の山が描かれていないことの解釈が可能になってくる。すなわち歓喜光寺本では、市の境界が、履きものと笠の山の双方で示されるという本来のありようが忘れられ、笠の山はなく、履きものの供託だけが示されたのではなかったか。つまりこの境界標識に関するかぎり、御影堂本のほうに、原形に近いものが示されている可能性も考えられよう。

以上本章では、御影堂本『一遍聖絵』の福岡の市に示される笠の山から発想して、市庭空間の境界を考える手掛かりを探ってみた。もとより中世の市の具体相を示す史料は少なく、仮定の上に仮定を重ねる結果になったことは否めないが、ひとつの試論として提出しておきたい。

（1）　佐藤和彦「中世都市史の研究視点」（『歴史評論』四二六号、一九八五年一〇月）。

（2）黒田日出男「民衆史研究と史料学」（『民衆史』三一号、一九八六年一一月）。
（3）前掲注（2）黒田論文、および「二つの『一遍聖絵』について」（週刊朝日百科「日本の歴史」別冊、歴史の読み方1『絵画史料の読み方』朝日新聞社、一九八八年七月）。
（4）藤本正行「福岡の市の対決」（『月刊百科』三一七号、一九八九年三月）。
（5）『小右記』治安三年（一〇二三）五月一三日条。
（6）小林茂文「古代の市の景観――流通外の機能を中心に――」（『文学研究科紀要』別冊第八集、早稲田大学大学院文学研究科、一九八一年三月）。
（7）前掲注（6）小林論文。
（8）宮次男「一遍聖絵の錯簡と御影堂本について」（『美術研究』二四四号、一九六六年一二月）。
（9）前掲注（3）黒田「二つの『一遍聖絵』について」。

第二章　日本古代における民族と衣服

はじめに

本章の目的は、日本古代における民族の存在形態を、その可視的表象としての、衣服とのかかわりで考えるところにある。

先に筆者は、衣服を身分標識としての側面からとらえ、古代国家の形成過程、国家構造の特質を探る作業を試みたことがあった(1)。前近代社会において、社会に着用者の身分を公示する役割を担う衣服の意義は、現代社会に生きる我々の想像の域をこえて、はるかに重要なものであった。前近代社会では、身分制が社会の重要な規定的要因であったとされるが、身分制が有機的に機能する前提として、人間相互の社会的位置関係を、視覚的に表示する記号の存在が不可欠であり、衣服はその最も効果的な表出の手段であった。したがって衣服は、その社会の基層文化に根ざした着用慣行をもちながら、常に国家的規模で、記号として着用を強制される側面をもっていたのであり、両者の相関・相剋が、新たに次の時代の基層文化としての衣服の俗を生み出していったのだといえよう。

ところで、日本古代の衣服制の形成過程を右の視点からとらえる時、国家による体系化された衣服の着用の強制は、律令国家によって自生的に考え出されたものではなく、常に東アジア世界の諸民族、わけても中国・朝鮮との国際関係の所産として、彼らの衣服制と密接にかかわりながら生み出されて来たものであったことが明らかであった。それは究極的には、古代東アジアの国際関係が、中国の礼教イデオロギーによって、多かれ少なかれ規制されていたことによると考えられる。むしろ「東アジア世界」という範疇そのものが、中国的イデオロギーがつくりだした枠組でもあった(2)。したがって、東アジア的視野の中でわが国の衣服制の形成過程と、その後の変遷を追おうとするならば、中国の礼教思想に規定された、衣服に対する考え方を明らかにしておく必要がある。

本章では紙数の制約上、十分には語りつくせないが、端的にいえば、中国において衣服が身分関係を表示するものとして国家的に体系づけられたのみならず、中国周辺に存在する民族を位置づける指標とされていたという事情が、周辺諸国家の衣服制に、多大な影響を及ぼし、方向づけたのである。しかも中国の考え方では、身分と民族は同次元に存在し、中国の国内的な身分秩序の外縁、その体系の延長線上に、周辺諸民族が位置するという側面を有していた。つまり中国側の論理では、身分標識としての衣服の体系の中に、周辺諸民族の標識としての衣服が、大局的には同一の表象機能を担うものとして位置づけられていたのである。

このような考え方の背景にあったのは、中国の儒教的・礼教的観念に基づいた世界観に他ならない。中国にとって、周辺諸民族すなわち「夷狄」の居住領域は、やがては克服されて「中華」の中に組みこまれるべく、つまり「王化」をうけて一元的な「中国」に包摂されてゆくべく観念された領域にすぎないといっても、過言ではないであろう。したがって中国側は、いまだ中国の国内的身分秩序を及ぼしえない民族について、その民族の位置を表示するものとして衣服をとらえ、これを国内での身分標識たる衣服と同一の範疇に置いたのだと考えられる。

このような中国における衣服と身分、ひいては民族に関する特有の考え方が、周辺諸民族の衣服観念、わけても民族相互の衣服に対する認識にどのような影響を与え、それが個々の民族の衣服制形成および変遷の過程を、どのように方向づけたかを、日本古代社会の問題としてとりあげてゆきたい。

第一節　中国における礼と衣服

中国正史の蕃夷伝は、おおむね周辺諸民族の衣服の叙述に熱心である。無文字社会の段階にあったにもかかわらず、三世紀の倭人の衣服の俗が「貫頭」衣であったことが知られるのは、「魏志」倭人伝の記載による。[3] また冠位十二階にともなう衣服制の具体的な形態を知りうるのも、『隋書』倭国伝に詳しい記載があるからであった。[4] 倭人ばかりでなく、四夷の民族について、たんねんに叙述された歴代王朝の正史における衣服関係記事を通じて、民族の系譜関係や、社会の発展段階が明らかにされてきた。

ところで、なにゆえに中国側は周辺諸民族の衣服に多大な関心を抱き続けたのだろうか。中国王朝とその周辺の諸民族の間の現実的力関係を、政治的な機構に具体化する方式として、西嶋定生氏は「冊封体制」を措定した。この方式の根底には、中国王朝側において、中華と夷狄とを差別する論理である華夷思想（＝中華思想）と、いったん差別的に位置づけた夷狄を、王者の徳によって再結合させる、同化の論理である王化思想とが結びついており、また相反するこの二つの論理、華夷思想と王化思想とは、ともに礼に律せられていたとする。[5] つまり中華と夷狄の弁別のメルクマールは、礼体得の有無におかれるのである。おそらく東アジア世界の国際関係が、礼教的イデオロギーに律せられたこのような体制に規定されていたことが、中国の側における、周辺諸民族の衣服に対する関心を喚起したものと思われる。

荀子が「礼」を「分」「別」「称」「弁」などの字で置き換えているのは、[6] 礼の本質が弁別・差別の論理であることを示している。むしろそこに、中華と夷狄が一線を画して弁別されなければならなかった必然もあるのだといえよう。

礼とは、君臣、上下、貴賤、長幼、親疎その他、人間相互の社会的位置関係を、明白に序列化することを本旨としている。またその序列は、目に見える形で示されなければならない。「礼」は原義的には、宗教的儀礼に関係した、行礼の器の意であるとされるが（『説文解字注』一篇、上の四）、『淮南子』斉俗訓に、「礼は体なり」とあるように、具体化・可視化されるべきものとの考え方が根底にあった。『論語』陽貨篇に、「礼といい、礼という、玉帛のみをいわんや」とあることは、礼がいかに具体的事物に顕現すると考えられていたかを、逆説的に示すものである。

かくて礼は、儀礼の際に具備すべき、籩豆《へんとう》、玉帛・衣冠の類を一般的に指すものとして、意味が拡大していったという(7)。究極のところ礼とは、人間の全社会的位置関係を、儀式・儀礼における衣服や行動様式として、眼にみえる形にあらわすことを、本質とするといえよう。おそらくこの事実が、礼が中華と夷狄の区別の指標であったこととあいまって、中国が周辺諸民族の衣服の俗に注視を怠らなかった事態を惹起したのではなかったろうか。

華夷思想による分別の論理と衣服の関係は、中国の衣服制と周辺諸民族のそれとの、層位の確認という形で顕在化したと考えられる。周辺諸民族を位置づけるにあたって、中国の衣服制と異なった諸民族個々の衣服の俗が、まず正確に把握されなければならなかったといえよう。また王化思想による同化の論理と衣服の関係は、中国皇帝の徳化に浴した周辺諸民族の衣服制が、徳化による礼の体得の度合の指標として、どこまで中国の衣服制に近づくかに注目した中国王朝側の関心の高さとして現われる。それゆえ、中国正史の蕃夷伝は、周辺諸民族の衣服を、たんねんに記述し続けなければならなかったのである。

そして中国王朝側の意図としては、王化思想に基づいて、周辺諸民族の衣服を限りなく中国の衣服制に近づけ、ついには中国のそれに同化させることを究極の目的としていたといえよう。中国の支配領域にあること、あるいは礼を体得した中国人であることが、「冠帯の境」（『隋書』裴矩伝）、「冠帯の倫」（『史記』司馬相如列伝）の語によって代弁される事実は、中国の衣服制に基づいた冠や帯の制度の行われた領域こそが、中国に他ならないという認識のあることを示している。

『旧唐書』鉄勒伝には、匈奴の子孫で突厥とその俗がほぼ同じとされる鉄勒が、民百余万戸をあげて唐に内属しようとした時、このような事態が「身を委ねて内属し、編列に同じからんことを謂う。竝に州郡として其の瀚《かん》海《かい》を収め、尽く提封に入り、其の辮髪を解き、竝に冠帯を垂る」と表現されている。内属・州郡への編入の事実が、北方民族特有の辮髪を解き、固有の衣服制を棄てて、中国の衣服制に従うことで可視的に示されるとの考えが背景にあることが理解されよう。このような、衣服による中国の領域の可視的表現形態を維持し、かつ拡大していくために、中国側は、「冠帯」を含めた衣服を、周辺諸民族の首長層に賜与したのであった。また周辺諸民族の側でも、中国の衣服が、首長層の一般共同体成員に対する支配力強化の具として、その視覚的効果を利用されたという事情があった(8)。

いったいに衣服の視覚的機能は、異なった衣服との対比において、最も先鋭的にその効果を発揮する。その点からすれば中国国内においてより、周縁部、すなわち民族が領域を接する地においてこそ、衣服の果たす能動的役割が大きかったといえよう。中国王朝側の礼教的イデオロギーに規定されて、衣服がそのまま民族のアイデンティティでもあった東アジア世界では、中国の衣服と周辺諸民族のそれ、また周辺諸民族の衣服同士の対比が、国際関係上、きわめて重要な意味を担っていた(9)。民族・国家間の政治的帰属、あるいは離反の意志が、着用する衣服を通じて表明される事態もあったのである。

以上に見てきたような、衣服を通じて具体的に表示される民族・国家間の緊張関係は、古代東アジア世界が、礼を根本原理とした中国の冊封体制に多かれ少なかれ律せられていることに起因して、周辺諸国家の側においても胚胎されていたと思われる。そこで次に、古代日本における、民族の問題とかかわった衣服の諸相をとりあげ、民族・国家の緊張関係の中で、衣服がどのような役割を演じたかを見てゆきたい。

第二節　粛慎平定伝承に見る礼教観念

日本律令国家が東アジア世界の拮抗した政治的力関係の中にみずからを位置づけるために描き出した世界観は、次のようなものであった。

まず天皇の統治・教化の及ぶ範囲を「化内《けない》」として設定し、その中に臣下と人民とを「王民」として組織し、それによって「化内」と「化外《けがい》」を対立させ、また「化外」の民に夷狄と諸蕃を設定する。これによって、東夷の小帝国、「大国」として日本を規定し、(10)大帝国と隣好を結ぶ地位を獲得することを究極の目的としたのである。(11)ところで日本が構想した「大国」としての存在は、あくまでも唐の世界帝国的秩序を前提として、その内部において考えられていたものであり、その点からも、中国の礼教的イデオロギーの影響をうけることは必然的であった。

『日本書紀』の蝦夷に関する初見記事、「東夷の中に日高見国あり。其国人男女並に椎結文身《ついけつぶんしん》す。為人勇悍。是れ総て蝦夷という」(『日本書紀』景行天皇二七年二月壬子条)は、中国側が、夷人の俗として観念していた「椎結文身」(12)を、そのまま日本的小中華世界観の中に引きうつして蝦夷の俗として表現したものである。

また斉明紀六年三月条の、粛慎の征討記事は、粛慎が蝦夷なのか、(13)またある特定の北方民族を、(14)中国における極遠の部族を称する雅名である粛慎の名で呼んだものか諸説の分かれるところであるが、古《いにしえ》の聖王の時代に来服した(15)とする伝説上の民族の名を冠したところにまずは注目したい。そしてこの記事では、開戦に先立って征討軍の側が、海岸に綵帛などを置いている。海岸に近づいた粛慎の船団から老翁が二人出て、積み上げた綵帛などの間を廻り、中にあった単衫に着換え、布一端を持って船に戻った。しかしややあって引き返し、着換えた衫を脱いで置き、また布をも置いて再び船に戻ると、やがて戦闘が開始されたとある。

このやりとりは未開民族の間で行われた物々交換と意味づけられているが[16]、筆者は、おそらく首領格であったろう老翁たちが着用した単衫に注目したい。彼らが単衫を単に持ち帰るのでなく着用に及んだと表現されていることは、これに征討軍すなわち倭の側の衣服制に従うこと、すなわち文字通り「帰服」「服従」することを表象させせようとしたゆえではなかったろうか。斉明紀に記された蝦夷・粛慎征討記事は、重出や矛盾が多いことから早くから問題にされているが、坂本太郎氏は当条を『書紀』が「阿倍氏家記」から採録したものとした[17]。これに対して最近、若月義小氏は実録性をより大きく評価し、論功行賞の基礎ともなる「勲簿」相当の従軍記録に基づいたものだが、阿倍宿奈麻呂が氏上の地位を支え、正当化するために、父比羅夫の斉明朝における事績を顕揚する必要があって[18]、『書紀』の記載内容が規定されたとする。

いずれにせよ、このような礼教的イデオロギーにのっとった民族の服従の儀式的形態の踏襲が、まずは試みられたとすることは、阿倍氏の東北経営を宣揚する上できわめて効果的な叙述ではなかったろうか。想像をたくましくすれば、中国の伝説上、粛慎が獣毛の衣服から植物繊維のそれへ進化をとげうるのは、中国に聖帝の出現した時とされているのだが[19]、阿倍氏は、この転換に助力しようとした者として功業を評価され、位置づけられているともみられるのである。

第三節　諸蕃と衣服

このように、わが国においても、中国の礼教的イデオロギーに基づいた衣服観念が、きわめて直截的な形で取り込まれていた可能性がある。日本的小中華世界の構築に「諸蕃」と並んで不可欠の要素であったのは、「蝦夷」「隼人」をもってあてた「夷狄」の存在である。日本における夷狄の著しい特徴は、「国家を形成しない、列島内居住の、王化に従わない周辺諸民族」[20]を意味するところにある。この点において彼らは、朝鮮諸国を指す「諸蕃」とは決定的に区別されるのだが、国家の究極の目的はむしろ「諸蕃」の上に礼教的に君臨し、「蕃礼」をとらせるところにあった。列島内部の「夷狄」はこのような儀式を演出するための不可欠の要素だったのであり、蕃客入朝の儀に参加して、大化前代的な服属儀礼と結合した形で諸蕃の服属儀礼の形式を整えたのであった。

この儀式において諸蕃の採る行動様式は、現実の国際関係上の政治的力関係に規定されているがゆえに、常に日本が志向する形で実現されるとは限らない。事実、新羅との関係においても、新羅が唐との関係を修復し、天平七年（七三五）には浿江以南の領有を唐から公認されたが[21]、このような唐―新羅関係の好転に符合するかのように、天平六年から宝亀五年（七七四）までの一一回の新羅使は、七回までが、放還されるという事態があった。日本側の放却の理由は、「大いに常礼を失す」（『続日本紀』天平一五年四月辛卯条）、「昔を以て今に准ずるに殊に礼数なし」（同前、宝亀五年三月癸卯条）、あるいは「新羅漸く蕃礼を闕く」（『経国集』巻二〇、紀朝臣真象対策文）とあるように、礼の有無をめぐってのものであった。

日本にはさらに「諸蕃」を「大蕃国」と「小蕃国」に区分する慣行があったことが、「延喜中務省式」慰労詔書条にみえ、新羅・渤海両国は「大蕃国」に措定されていたことがわかる。このことは両国の日本に対する独立性を示しており、それだけ日本の小帝国内部の従属・朝貢関係は擬制的で、観念的であったことを意味していると指摘されている[22]。換言すれば、日本側は、常に諸蕃の離脱・背反を懸念し続けねばならない状況があったといえよう。おそらくこのような事態にそなえて、「化外」の民の範疇に「諸蕃」とは別に「夷狄」として蝦夷・隼人を設定し、古代小帝国を補完する要素としたのであろう。

また一つのこのような状況への対処の術として、諸蕃の船が難波へ入京する際に行われる海上での儀式を掲げておきたい。

「延喜玄蕃寮式」の規定では、蕃客が海路来朝する場合には、摂津国が迎船を派遣すべしとされている。ここでは、客船がまさに難波の津に入港しようとする日に、摂津国からの国使は朝服を着用し、一装船、つまり装飾を施した船に乗って海上で待ちうけ、客船が到着すると相互に接近して船をとどめる。国使が船上に立つと、客使らも朝服を着て船上に出、国使は通事を喚び、通事を介して国使が宣するのである。その内容は、「某蕃王の遣わした客使らが京畿に近づいたことを、摂津国守が聞き、水路を教え導くようにとの宣に随って迎えたのである」との内容であり、客使らはこれに対して再拝して謝言を述べ、それが終わると客使らを率いて泊《とまり》に帰るという規定であった。

ここに国使も客使らも、いずれも「朝服」を着用して相対するとあるが、国使着用の朝服はもとより、客使ら着用のそれも、わが朝の朝服と見なければならない。なぜなら諸蕃の使者が本国の服を着用する場合には、「其の国の服を服す」との表現が「延喜式部式」下に見られるからである。この客使らが着用した朝服が、どのような経緯で客使のもとへもたらされたかは必ずしも明らかではない。なぜなら、蕃客使は、おそらく大宰府を経由して海路難波へいたったのであろうが、大宰府では諸蕃への授位は行われないという指摘がある(23)。とすると、叙位のことなく、「朝服」のみが、蕃客使のもとへ、難波入港に先立ってあらかじめ届けられたと見なくてはならない。

このような事態に比定しうる可能性があるのは、「延喜太政官式」に見える、蕃客入朝に際して、それに対応する諸使の任命を定めた式文である。ここでは、存問使・掌客使・領帰郷客使・随使らの任命をまず規定し、入京の際は存問使に領客使を兼任させせよとの割注を施している。ついで「賜衣服使」を郊労使・慰労使・労問使・

宣命使・供食使以下とともに、あらかじめ差定すべしとある。このことは存問使以下は、入京以前にあらかじめ任じられているはずの使いであると考えられ、郊労使以下も「予め差定」とあることからすると、入京あるいは入朝以前に任命され、おそらくは大宰府で、接客の任にあたったものと見てよいであろう。

これらの使いは、客使の遠路の旅をねぎらい、旅装を解かせることを眼目としたと見られるが、その際に賜与される衣服が、蕃客使の本国の服であったとは考えにくいだろう。蕃客が好むと好まざるとにかかわらず、わが国の衣服制にのっとった衣服が用意されたと見るべきである。またそれは、国家によって賜与されたものである以上、律令体制内の公的な衣服である「朝服」でなければなるまい。おそらくこのような形で大宰府で賜与された「朝服」が、難波津への入港を目前にした海上で、着用を強制されたのではなかったろうか。

諸蕃使を筑紫に迎え、それをさらに入京させるか否かは、ひとえに、日本の宗主国意識を満足させうる使者であるか否かの判断にかかっていた。[24]この判断を行ったのは朝廷から大宰府に派遣された使者であり、また宝亀一〇年（七七九）以降は国書開封権を掌握した[25]大宰府であり、ここでの査定を経て蕃使は京へ向かったものと考えられるが、難波津の船上での朝服着用の儀は、その最終段階での、いわば踏み絵としての意義を担ったものではなかったろうか。

さきの「玄蕃寮式」の規定は、「凡そ新羅客入朝せば」の文言で書き出しながら、このくだりは「蕃客」とあり、新羅使に限定することなく、より普遍的な蕃使の来朝を想定しているごとくである。ただ具体的に期待しうる蕃客使の来朝は、新羅と渤海のみであり、渤海使は能登・越前などの北陸や山陰の各国を経由して入朝するの[26]であって、海路難波にいたる蕃客といえば、新羅使以外に存在しないのである。

わが国の小中華的世界は、当初新羅の従属を得て初めて成立していた。というよりむしろ小中華世界構想の目的が新羅を従属させていることの対外的・対内的な承認にあったともいえよう。しかし宝亀一一年（七八〇）以来、新羅の来朝は途絶しており、それは新羅の側が、「上表貢調」という形式をとって日本の藩屛として位置づけられることをいさぎよしとしなかったからであった。

ただ朝廷の側がこの事態をともかくも黙認・静観しえたのは、新たに渤海使の来朝があったからであり、新羅の位置を渤海に代替させることによって、小中華世界の体裁を維持できたからであった。つまり渤海使の存在を前提にして、律令国家は新羅使の来朝を小中華世界実現のための不可欠の要素とするに及ばなかったのである。しかも新羅使は、来朝途絶に至る過程でも、礼の存否をめぐって度重ねて放還を余儀なくされていた。「専対の人、忠信の礼、仍旧の調、明験の言」の四者が、朝貢に際しての不可欠の要素であると新羅側に要請されているように（『続日本紀』天平宝字四年九月癸卯条）、蕃礼を体現し、日本の宗主国意識を満足させる具体的事物・行動様式を、あくまでも日本側は要求したのであった。

このような日本側の要求を満足させる方向でのみ、新羅使の上京は実現されなければならないのであり、入京後の諸儀礼において、新羅使がそれを励行するか否かが、難波沖の船上でわが国の朝服を着用するか否かによって、確かめられようとしたのではなかっただろうか。それが日本の朝服であることを要したのは、『令集解』衣服令の古記が「衣服は礼服をいう也」と注しているように、衣服、わけても朝服が、日本の礼を最も先鋭に表現するものとして、その表象機能が評価されたからにほかならない。新羅使は日本の朝服の着用によって、日本の礼教的秩序に従うことを、可視的次元で表明しなければならなかったのである。

なお、ここで蕃客使が着用した衣服について付言しておきたい。これが、「朝服」の名で呼ばれている限り、日本の律令制的位階秩序に連動し、それを色によって視覚的に表示する衣服でなくてはならないだろう。しかし大宰府で叙位のことが行われなかったとすれば、初めて来朝する蕃客がまというる朝服とは、本国での位階に連動するものか、さもなければ无位《むい》のそれ以外に想定しにくい(27)。しかしここで着用された「朝服」は、入京以降も引き続いて蕃客の装身の具として身にまとわれ続けたわけでは、決してなかった。

「延喜式部式」下によれば、諸蕃使の表および信物を受ける儀式においては、使者は「其の国の服」を着用して入場する定めになっていた。そして蕃国使に賜宴が行われる際に、叙位のことがあったが『内裏式』七日会式の規定によれば、授位の儀に引き続いて、叙された位階を可視的に表示するわが朝の朝服が賜与され、蕃客使は直ちに退出して「本国服」を脱ぎ、わが朝服に着換えて参入し、列立する儀が行われていたのである。このことは、その服色と列次とによって、わが国の律令制的位階秩序の中に、蕃客使の位置を可視的次元で明示・確定しようとするものであり、これによって客使の本国たる蕃国をも、日本が蕃屏とすることとの視覚的効果をねらったものである(28)。そしてこの儀式は、いったん難波沖の海上でわが朝服の着用を義務づけられた客使の側にとっても、さらに上級の位階の朝服に着換えることで、改めて日本的な小中華世界の中に、それなりに正当な座標軸上の位置を示しうるという面で、歓迎されたのではなかったろうか。

またここで注目しておきたいのは、民族相互の間において、いったん着用された衣服が以降も継続的に着用し続けられるのでなく、ある民族の衣服制に従った衣服から他のそれへの転換にこそ意義があり、その視覚的効果とそれに付随する政治的意味が、きわめて巧妙に演出されている事実である。

そもそも諸蕃は、『類聚国史』に殊俗部として分類されているように、風俗・衣服の違いにこそ諸蕃たるゆえんがあった。諸蕃使の表および信物を受くる儀において、蕃使がその国の服を着用するというのは、まさに中国的な、中華と夷狄の、差別の論理の発現の場であったといえよう。そしてこの儀を媒介にしてこそ、叙された位階に連動したわが国の朝服を着用させるという儀式の意義が増幅されるのであり、いったん夷狄として位置づけた諸蕃に対する、天皇による「王化」が、衣服を着換えることによって顕現するのである。一連の儀式における個々の衣服の対比的効果が、華夷思想による差別の論理と、王化思想による同化の論理を二つながら体現するところに、衣服の動的な機能までを、まずは見てとっておきたい。

第四節　蕃客入朝の儀と隼人の衣服

慶雲三年（七〇六）の正月拝賀の儀は、新羅使の参列があったために、「儀衛常に異なること有り」と『続日本紀』に特筆されているが、それは諸国から徴発された騎兵が、隼人・蝦夷を率いて分陣・行進するという行事を含んだからであった(29)。「延喜隼人司式」は夷狄としての隼人の参列が蕃客入朝という儀式の重要な構成要素であったことを示している。

なお「蕃客入朝」の儀式には、同じく「大儀」に相当する「元日」「即位」と異なり、隼人の吠声《はいせい》が禁じられているということは、隼人の服属儀礼と蕃客のそれが、本来「化外の民」として同一次元で括ることのできない異質的な側面をもっていたことを意味しているといえよう。隼人の狗吠《こうはい》の根源は、『日本書紀』神代紀第一〇段の一書第二に所伝がある。火酢芹尊《ほのすせりのみこと》が、弟の彦火火出見尊《ひこほほでみのみこと》への隷従を誓ったゆえに、その苗裔たる諸々の隼人らは、今にいたるまでに天皇の宮墻《みかき》の傍を離れず、代々に吠《ほ》ゆる狗《いぬ》して奉事するのだとある。おそらく隼人の大化前代的な服属民としての存在形態を中国の礼教的な夷狄観念にあてはめようとしたために、必ずしもそれに適合しない発吠など、日本固有のいわば土俗的服属儀礼を、蕃客臨席の場合には中断することで、より中国のそれに酷似した形に整えようとしたものと見られる。

『儀式』が、元日の豊楽院に御すの儀や正月七日の儀の際に、蕃客がある場合は、吉野国栖《くず》の御贄《みにえ》を献ずる儀と歌笛を奏する儀を取りやめることを注記しているのも、同様の事情に起因するものであろう。

では、このような儀礼の場において、「夷狄」と規定された隼人は、どのような衣服を着用し、日本的小中華世界を現出せしめたのだろうか。

「延喜隼人司式」大儀条には、蕃客入朝の儀などに隼人が着用する衣服の規定がある。これによれば、隼人司の官人三人・史生二人が、大衣《おおきぬ》二人、番上隼人二〇人、今来《いまき》隼人二〇人、白丁隼人一三二人を率いて、応天門外の左右に分陣することになっていた。この際、官人は、当色（の朝服）[30]に横刀を佩し、大衣と番上隼人は、当色の朝服・横刀に、白赤木綿の耳形鬘《かずら》をつける定めであり、自余の隼人はみな大横布衫・布袴に、緋帛の肩巾《ひれ》、横刀と白赤木綿耳形鬘をつけることになっていた（次頁表）。ここにいう「大横布衫・布袴」について、かつて筆者は考察を加えたことがあるが[31]、同式駕行条に「揩大横」の語があり、「揩」はこする（摺る）の意をもつところから見て、大横とは摺染の文様を指すか、摺染に用いる染料を指す用語であると思われる。そして管見の限り、隼人以外に「大横」を衣服に施した例はなく、これは隼人固有の衣服の俗を、何らかの形で反映していると見て、まずまちがいはないだろう。

この「揩大横」は、衫と袴の双方に施されたもののようで、衫の襟や袖、そして袴には、別布で襴が加えられた[32]。つまり今来隼人・白丁隼人らは、形態的には律令国家の体制内的な衣服形態と目される、衫・袴を着用している。そこに、「揩大横」と別布の襴を施すことによって、おそらくは隼人の隼人たる、民族の指標を明らかにしたのではなかったろうか。

そして官人・史生に率いられる筆頭に掲げられた「大衣」とは、「隼人司式」一五日大衣条の規定[33]では、譜第の中から左大衣・右大衣の二人が選ばれることになっており、大隅隼人を左とし、阿多隼人を右としたという。その職掌は、隼人を教導し、雑物――おそらくは職員令隼人司式にいう、竹笠などを指すかと思われる――を造り、また、今来隼人に吠を教えることにあった。「大衣」は、畿内居住の隼人[34]の中にすでに存した譜第性を持った者たちの中から選ばれたものと思われる。吠声の教習を大衣から受けた「今来隼人」とは、文字通り本国から新たに貢上された隼人を、本来指すものであったろうし、それゆえに王化をうけず、夷狄としての本性を全き形で温存していると評価されて、発吠の任を担ったものと思われる。

ところがその実、この吠声は、本国にあった今来隼人らにとってはまったくなじまないものであって、ゆえに畿内に住み譜第として代々その任にあたった「大衣」隼人から教習を受けることを必要としたのであった。これは発吠に象徴される隼人の服属儀礼が、いかに九州在住隼人にとって無縁な形で、中央の手によって儀式的に整えられ、政治的に利用されたものであったかを語っていよう。

ともあれ隼人の筆頭たる「大衣」は、「番上隼人」の二〇人とともに、今来隼人・白丁隼人総計一五二人を率いて応天門の左右に分陣した。そして大衣と番上隼人が、当色の朝服を着用し、以下の者は隼人固有の衣服の俗を反映させた衫・袴を着用したのであるが、大衣と番上隼人は、いっさい隼人としての可視的民族標識を身に帯さなかったのではない。大衣以下隼人全員に配された服飾品である「白・赤木綿耳形鬘」は、その形態は必ずしも明らかではないが、『万葉集』に「肥人《こまひと》の額髪《ぬかがみ》結へる染木綿《しめゆふ》の染みにし心我忘れめや」（『万葉集』巻一一の二四九六歌）とある「染木綿」との共通性が考えられよう。

喜田貞吉は、この歌にいう肥人は、隼人のうち、華夏としての化内の地に雑居している者を指すと解している(35)。また井上辰雄氏は肥人を隼人の一部族と考え、額の前髪を染めた木綿で結ぶ風俗は、南西アジア・南東アジアにみられる「裏頭《かとう》」と同じ系統のものとし、隼人の「白・赤木綿耳形鬘」との関連を想定し、肥人のみが木綿をつけるというのは誤りで、これは一般に隼人風俗であって、その隼人の中で肥人の染木綿が特に目立ったと解すべきとする(36)。いずれにせよ「白・赤木綿耳形鬘」は、隼人固有の俗としてあった服飾品であることは認めてよいだろう。

	衣服	刀	冠り物	
官人・史生	当色	横刀	（頭巾カ）	
大衣・番上隼人	当色	横刀	白赤木綿耳形鬘	
自余隼人	大横布衫・布袴	横刀	白赤木綿耳形鬘	緋帛肩巾

なお天武一〇年紀に、多禰嶋《たねのしま》使人が国図を貢上した記事に、その俗を「髪を切り、草の裳《も》きたり」と表記している。多禰嶋人と隼人を直接的に同質のものとして結びつけるのは慎まなければならないが、髪を切るとは、おそらく結髪して冠り物をするのでなく、蓬髪・垂髪でいたことを意味していよう。とすれば、冠・幘《さく》をかぶらずに、木綿で額髪を結ったとある『万葉集』の肥人の記載とも整合的である。

以上、元日・即位・蕃客入朝などの儀式の際に参列する隼人は、全員が同一の衣服を着用して隼人の隼人たることを視覚的に呈示したのではないことを見てきた。「大衣」という、隼人集団を引率する筆頭者と、日常的にも宮廷警衛の任に当たっている番上隼人の計二二人のみが、律令国家の官僚制的身分秩序の最末端につらなることを可視的に表現する、位階に連動した朝服をまとったのであった。しかしその彼らも、完全に王化に浴し民族的同化を果たしたのではないことの象徴として、白・赤木綿耳形鬘をつけたのであった。そして以下に分陣する今来隼人・白丁隼人総計一五二人は、大横布衫・布袴という、衣服の摺文様に隼人固有の俗を反映させ、また固有の鬘・肩巾を帯することで、大衣や番上隼人と一線を画した形で、王化に浴さない夷狄としての隼人であることを表現したのであった。

これらの事態は、全体として隼人集団が、辺遠国に居住する夷人雑類であることを視覚的に明らかにし、かつその統率者・上層部が、隼人でありながら、朝服を着用することですでに律令国家の身分秩序の中に組みこまれ、官僚体系の最末端に位置づけられていることを明らかにしているのである。隼人の教導者・上位者集団のみに、律令国家の朝服をまとわしめていることの意図は、隼人服属の構造を儀式空間の中に現出させることにある。つまりこのような儀式の中に、華夏と辺遠国の双方を含めた日本的小中華世界を演出し、天皇を頂点とした律令制的位階秩序の最末端に、隼人の首長層を参加させ、かつその外縁に彼らに率いられた夷狄としての標識のままの隼人を配すという構図をとっているのである。ここでの華夏と辺遠国の夷人との関係は、中国的な国際関係でいう「外臣」に該当しよう。

漢が、周辺諸民族の首長との間に結んだ関係のうち、漢と直接関係を持った君主だけが漢の礼・法を奉じ、その支配下では独自の礼・法が行われる場合を「外臣」と規定した。[37]礼は衣服に発現するのであるから、「外臣」の国の場合、君主のみが漢の衣服制に従い、その支配下では民族独自の礼による衣服制が行われたと見ることができよう。つまり「外臣」の関係下にある民族の衣服は、これらの儀式に参列した、首長層に該当する隼人の着た朝服と、自余の隼人の着用した大横布衫・布袴という隼人固有の衣服の重層性と、まったく同一の構造を有するのである。

このような衣服の対比は、いわば頂点に天皇をいただく垂直的階層関係を、儀式という空間において、平面的な次元にうつしかえ、世界像として表現しなおしたものとも見ることができよう。

同様の事態は、『類聚国史』が隼人と同じく、蝦夷・俘囚などとともに風俗部に分類している国栖が、節会における風俗奏に着用した衣服のあり方についても見てとることができる。『九暦』の天慶七年（九四四）の五月節条は、吉野国栖三人が風俗を奏したことを記録しているが、そのうち一人が朝服を着用し、二人は「布衣《ほい》」に「烏帽」を着用したと注が施されている。布衣とは当初は麻布で製された狩衣《かりぎぬ》のことを指したが、のちには、綾や織の絹などでも作られ、これが指貫《さしぬき》とあわせて納言以下の常服となったという。また狭義には、狩衣の中で布・絹にかかわらず文様のないものを指し、最も低い階級の者の着用する狩衣を称するようになったとされている。[38]

『九暦』のそれが具体的にどの段階の「布衣」を指していたかはいま一つ明らかではないが、いずれにせよ「朝服」よりは格が下がったものとみて差支えないだろう。とすると、国栖によって「朝服」と「布衣」の両者が着用されたというからには、明らかに着用者の間に階梯設定の意図があったと見るべきであろう。林屋辰三郎氏は、国栖別当が二人を率いて参勤したものかとするが[39]、一人が律令体制内の朝服を着用して他を統率したとすれば、首長に率いられた国栖の服属の形態を、平面的な次元で可視的に表現したものと見られる。

国栖の風俗奏は、その後まもなく行われなくなったが、寛弘八年（一〇一一）の『権記』（権大納言藤原行成の日記）は、その久方ぶりの登場を次のように記している。

また異服を服せる者、隼人の北にあり。後に聞く、吉野国栖と云々。

国栖が「異服」を着用して三条天皇の即位の儀に従ったことが知られる。彼らはおそらく、朝服着用の国栖別当に引率されていたと推定されるのだが、ここでは異服の国栖のみが衆目をそばだて、ことさらに特記されたものと見ることは不自然ではないだろう。

なおこの儀式においては、国栖とともに隼人が参列していたとあることからも、異服の隼人、および国栖の参加によって演出しようとしていた、日本的小中華世界のありようを彷彿とさせよう。

以上、中央における国家的要請に基づいて演じなければならなかった隼人集団の夷狄としての役割が、その階層に応じた異なった衣服の着用を必須ならしめた事態を見てきた。そこで次に、九州の隼人社会においては、実際上、このような衣服制の対比がどのようなものとして受けとられたのかを、八世紀半ばに勃発した、藤原広嗣の乱を手がかりに見てゆきたい。

第五節　藤原広嗣の乱と隼人の朝服

天平一二年（七四〇）八月二九日、大宰少弐藤原広嗣は、僧玄昉《げんぼう》・吉備真備《きびのまきび》を除くべく、時政の得失を指弾する上表を中央へ送った。ついで九月三日、広嗣挙兵の報が中央にもたらされると、直ちに大野東人《あずまひと》を大将軍とし、一万七〇〇〇人の兵を徴発して征討軍が編成された。翌四日、隼人二四人が御在所に召集され、橘諸兄《もろえ》が勅を宣する形で、彼らに叙位が行われ、おのおのの位階に準拠した「当色の服」を賜与されると、直ちに九州へむけて発遣せしめられた。以降の戦況を報告する大野東人の上表からは、彼らが広嗣軍の平定に、精神的作戦上、大きな役割を担った事態が看取される。

二四人の隼人は、勅使佐伯常人と阿倍虫麻呂に引率されて、軍士四〇〇〇人の先頭を切って進み、九月二二日板櫃《いたびつ》の営に到着した。一〇月九日、一万騎の広嗣軍も板櫃河に到着し、広嗣はみずから隼人軍を率いてその前鋒となっていた。朝廷側が、広嗣の乱勃発の報に接して、即座に在京隼人のうちから二四人を選んで叙位し、当色服を賜与して九州に向けて発遣したというのは、おそらく広嗣軍の陣容に占める隼人の軍事的役割を、すでに察知してのことであったと思われる。広嗣の率いる隼人らが木を編んで船を作り、まさに河を渡ろうとした時、佐伯常人・阿倍虫麻呂が弩《いしゆみ》を発して威嚇し、ここに板櫃河をはさんで西に広嗣軍、東に常人らの率いる軍士六〇〇〇余人が睨みあう形となった。ここで常人側の隼人が河むこうの隼人に、「官軍に拒捍すれば、自分の身を滅ぼすのみならず、罪はその妻子親族に及ぶであろう」と呼びかけた。

すると広嗣軍の隼人や兵らは弓箭を発することができなかったという。そこで佐伯常人と阿倍虫麻呂が勅使として広嗣と対峙したが、広嗣は自分が朝命に背くものでないと弁明しきることができなかった。時に隼人が三人、河を泳ぎ渡って降服すると、朝廷発遣の隼人がこれを岸に助けあげ、たちまちに降服した隼人は二〇人にのぼり、その中には隼人の首長贈唹君多理志佐も含まれていた。以上の経過からは、板櫃河の対陣において、緒戦での朝廷側隼人の呼びかけが、広嗣軍の隼人にとって、いかに大きな心理的影響を及ぼしたかを見てとることができよう。ところで、朝廷側が隼人を征するに隼人を用いたことの意味は、従来、言語の側面から解釈されている。つまり朝廷発遣の隼人は、朝廷軍と広嗣側の隼人との意思疎通を行うための通訳として位置づけられているのである(40)。確かに大隅・薩摩の隼人征討の功により、将軍以下に勲位が授けられた際には、「訳語人」もその列に加わっており（『続日本紀』養老六年四月丙戌条）、隼人と征討軍を介する通訳が、軍事的にも必要であったことがわかる。しかし広嗣の乱における朝廷発遣の隼人は、大野東人の上表において「訳語人」「通事」などの職掌に由来する名辞を、一貫して冠することがなかったことからすると、彼らは言語によって相互の意思を仲介する以上の任務を負っていたのではなかったろうか。このことを裏づけてくれるのが、彼らが発遣を前に叙された位階相当の「当色服」を受けている事実である。

叙位と同時に「当色服」を賜与されるということは、『続日本紀』の記載を表記通り受け取るとすれば、実はそう頻繁に行われた事態ではなかった。広嗣の乱に際しての場合を除くと、管見の限りそれは三例しか存在しない。

第一の例は渤海が派遣してきた高斎徳らに、正六位上が授けられ、「当色服」が賜与された記載である（同前、神亀五年正月甲寅条）。

第二の例は、孝謙天皇が東院に御して五位以上を宴した際、勅があって正五位下多治比家主と従五位下大伴麻呂の二人を御前に召して特に四位の当色を賜い、四位の列にあらしめ、すなわち従四位下を授く、とある記事である（同前、天平勝宝六年正月癸卯条）。ここで当色の朝服の賜与と従四位下の叙位は、一連の時間的推移の中にとらえるべきものと思われる。つまり当色の服の賜与と四位の列に加えるという孝謙の行為の中に叙位を象徴させ、ついで位記の給付による正式な叙位が、当然行われたものと推察される。なぜなら四位当色が表象する位階は、正確には正・従および上・下の計四階梯に及び、そのうちのどのランクに属するかは、衣色によっては表現できず、服飾の上でこれを表出するには、「位袋《いたい》」の佩行がなければならなかった。しかし「位袋」は、そこに施された緒の色とその結び目の数で、正・従位および上・下位を識別するしくみとなっていたが、養老六年（七二二）にすでに廃止されており（『令集解』衣服令朝服条所引、養老六年二月二三日格）、この段階では、衣服のみによっては正確に位階を表示することはできなくなっていた。すなわち、この「四位当色」には、深緋衣のみならず、頭巾から腰帯・袴・襪《したうず》その他いっさいの服飾品が含まれていたにせよ、「従四位下」を正確に表現するにはいたらなかったのであり、位記の給付が、天皇の衣服賜与による叙位の象徴的行為を補完するものとして行われたと見なければならないだろう。

このように考えると、天皇が「当色」を賜与し、当位の列に並ばしめ、叙位を象徴させたことは、それのみでは完結しない変則的な形式であり、おそらく天皇の特別な恩寵としての意味を含んだ事態だったと想定される。このくだりが「特に四位の当色を賜いて[41]」とあるのはこのような事情に由来しよう。

いったいに帯位の事実を社会的に公示するためには、衣服という可視的・感性的標識が、最も効果的にその伝達手段たりうる。しかし叙位は「当色服」の賜与と連動するものではなく、律令官人のみずからの位階を公示する衣服は、一般的には被叙位者が、衣服材料として給された位禄・季禄や、時服料を用いて具備するのが建前であったらしい。詳しい考証は紙数の都合上、別稿に譲りたいが、律令国家によってたびたび発せられた種々の衣服禁令や、衣服の「様《ためし》」の頒下、また天平一二年に「礼服冠」が私に作り備えるべきことが令された事実などは、すべて官人層にとって、律令国家の公服が私的に調製すべきものであったことを前提としている。「延喜東西市司式」の規定から、「幞頭廛《ほくとうてん》」（廛は店の意）「帯《おび》廛」「沓《くつ》廛」など、律令国家の公服として規定された服飾品でもある品々が商われる店舗の存在が知られるのも、右の推定を裏づけるものである。

そもそも衣服令そのものが、その規定にそって官人がみずからの位階に該当する衣服を製作するために存在したものであるとも考えられよう。なぜなら「礼服冠」が、衣服令では「位及び階ごとに別制あり」と注記するのみで、細かい規定が明記されないのは、前述のごとく、これが元来官給であったゆえに、官人の遵守すべき規定として呈示される必要がなかったためと見なしうるからである。

ところで叙位にともなって当色が賜与された第三の例は、宝亀一一年（七八〇）の新羅使、金蘭蓀以下に対してであった（『続日本紀』宝亀一一年正月壬申条）。これも第一の例と同じく、蕃客使についてのものである。蕃客使に対する叙位が、当色服の賜与と不可分に結びついた儀式として行われたことは、『内裏式』を通じて、さきに見たとおりである。そしてそれは日本的礼教の秩序を顕現化し、そこに諸蕃を組み込んで小中華世界を儀式空間の内に演出するための不可欠の儀式であった。とすれば、国内の律令官僚の場合には叙位に当色服の賜与がともなわなかったにもかかわらず、蕃客においては叙された位階に連動した「当色」の賜与が行われたと推定するのも、不自然ではないといえよう。

このような叙位と「当色」賜与の関係からすると、広嗣の乱において朝廷発遣の隼人に「当色」が賜与されたのは、広嗣軍に隼人が編成されているという事態を勘案しての特別の措置であったと考えられる。ではそれは、具体的にはどのような企図によるものだったのだろうか。筆者は、彼ら二四人の隼人が位階のみならずそれを表象する「当色」をも賜与されたのは、「当色」が、彼らの九州発遣の任務に欠くべからざる装置であったゆえと考えている。つまり彼らが、板櫃河を隔てて、広嗣側の隼人軍と対峙した際、かの「当色」を着用に及んで隼人に呼びかけたと想定するのである。

朝廷発遣の隼人が、単なる通詞・訳語人以上の任務を帯びていただろうことは先に見たとおりであった。事実彼らの発した言葉は、大野東人らの指示によったのではあったろうが、大将軍大野東人の言を仲介して語ったのでも、勅使佐伯常人・安倍虫麻呂の言を翻訳して呼びかけたのでもなく、朝廷側の隼人集団の主張を、彼ら自身の言葉で、広嗣側の隼人に語りかけているのである。おそらくその際に、彼らが律令国家の朝服を着用しているという事実が、九州在地の隼人集団にとって、非常に重大な意味を持ったのではなかったろうか。

このことの理解のためにもう一つふまえておかなければならないのは、九州の隼人社会の、律令国家との関わり方の問題である。

そもそも藤原広嗣が、反乱軍の戦力として隼人を動員しえたのは、彼が大宰少弐の任にあったからであった。広嗣が九州下向わずか一年余にして、しかも大宰帥・大宰大弐につぐ、いわば全権を掌握しえない官にありながら、大宰府のおそらく全権力を掌中にして九州に号令しえたことの理由を、利光三津夫は次のように考えている。広嗣が大宰少弐に任じられると同時に大弐に任官したのは、高橋安麻呂であった。また当時、定員二名の少弐の官に、多治比真人伯がすでに着任していた。そしてこの二名は、広嗣の父藤原宇合《うまかい》が、神亀元年に蝦夷征討を行った時、宇合の指揮のもとに東征に従っていたことが推定でき、いずれも宇合の閥に属していたゆえに、広嗣の上司・先任者であっても、その意向を拒否しえない立場にあったろうとする。(42)つまり隼人集団は、広嗣が主導する大宰府という公権力に服従する形で、兵力を動員されたのであり、隼人の反乱のこれまでの形態から考えても、隼人が主体的に反乱に参加したとは考えにくく、広嗣に利用されたにすぎないとみられる。(43)

広嗣と隼人は大宰府という公権力を媒介として結びついたのであって、隼人の不満を集約した形で利害を一致させたのではなかった。このことは、隼人集団が、大宰府・広嗣を通じて、律令国家に服従しているとの幻想のもとに、軍事的結集を果たしたことを意味している。広嗣の主張も、朝命にそむくのではなく、朝廷に対する乱入玄昉・吉備真備を除くことを建前としており、隼人側の認識と齟齬するものではなかった。

おそらくこのような隼人集団と広嗣の関係の実態を十分に把握した上での、朝廷側における隼人の発遣であったと思われる。とすれば朝廷発遣隼人の担った役割は、広嗣と隼人集団の幻想的紐帯を断ち切るところにあり、そのためには、広嗣がよって立つ公権力の基盤を否定しなければならなかった。その際に何よりも必要とされたのは、広嗣が対決しようとしている側こそが、隼人が大宰府を介して服属する律令国家である事実を、明らかにさせることである。そしてそれを端的に明らかにするのが、朝服を着用に及び、律令国家の位階を帯びていることを示した隼人の存在であり、またその口から、隼人固有の言語をもって語られる彼ら自身の意志を帯した説得力ある言葉ではなかったか。つまり同一の言語を喋ることによって同一民族であることを明らかにし、かつ朝服の着用によって、律令国家の位階的身分秩序の体系の中に正当な位置を保持していることを明示した朝廷隼人の登場とその説得は、九州の隼人集団にとって、広嗣が公権力を代表したのでないこと、したがって広嗣側につくことは、彼らが朝敵として位置づけられてしまうことを察知せしむるに十分であったろう。

いま一歩、隼人集団と律令国家の朝服とのかかわりについて、立ち入った考察を加えておきたい。九州の隼人集団が、朝服を着用した隼人を、律令公権力の体現と認めるには、少なくとも彼らに朝服の朝服たる意味が認識されていることが前提になければなるまい。では彼らは、朝服の何たるかを知る機会を持ちえたであろうか？

第六節　九州の隼人社会と「朝服」

九州の隼人に課された最大の義務は朝貢である。天武一一年（六八二）に方物を貢じ、朝廷に相撲したとあるのを初見とし、和銅年間からほぼ六年相替を原則として、定期的に続けられた。隼人入朝の儀は調物を貢じ、風俗歌舞を奏し、あるいは相撲することにおいて夷狄としての服属の事実を明らかにするものであった。これらの儀式についで、隼人の郡司や首長層に叙位・賜禄が行われるのが常である。

この隼人に対する叙位の際に、諸蕃入朝の際に行われたと同様な、『内裏式』七日会式に定式化されたとおりの、朝服賜与の儀が行われたか否かは不明とせざるをえない。なぜなら律令国家が隼人を夷狄として位置づけた事実を十全に評価するならば、諸蕃に準じて隼人の首長層に朝服賜与の儀が行われた可能性も想定しうる。しかし隼人の居住地域としては、大宝二年（七〇二）前後には薩摩国が、和銅六年（七一三）には大隅国が成立しており、『律書残篇』には大隅・薩摩両国の郡数記載があることからも、おそらく天平一二年（七四〇）すなわち広嗣の乱勃発以前に、すでに他の一般公民と同様、隼人社会も律令的国郡制支配の下に編成されていたと考えられる。(44)

とすれば、彼らは位階に叙されても、当色服賜与のことはなく、他の有位者と同様に、位禄や時服として支給される衣服材料をもってみずからの朝服を具備した可能性もあるのである。事実「延喜隼人司式」には、今来隼人の時服に「朝服」料が含まれており、この階段では、前代の朝貢隼人と系譜的に最も近しい関係にあったとおぼしき今来隼人でさえ、出来あがりの「朝服」を賜与される範疇になく、「時服」として朝服の材料のみを支給されていたとすれば、国郡に編成された当初から同一の状況があった可能性もなしとしない。

ともあれ朝貢した隼人らは、律令国家の「朝服」を、どのような場合に着用することがあったのだろうか。まず考えうる第一の機会は、諸蕃の場合と同じく入朝の儀において、叙された位階に対応する当色の朝服をうけ、その場で着換えさせられた可能性である。第二には、入朝後、六年相替の原則のもとに、中央で分番して雑役に使われる際、「朝服」を着用させられた可能性が考えられる。先に見たように『延喜式』の規定では、蕃客入朝などの大儀の際に今来隼人が着用するのは、大横布衫・布袴という、隼人固有の衣服の俗を反映したものでありながら、彼らが「時服」として朝服料をも給されているのは、そうした分番の任を想定してのことではなかったろうか。そしてそれは、「番上隼人」として分類される隼人集団が、大儀の際に、「当色」を着用すべきものと規定されていたことに相通じるものであろう。

このように、隼人集団は、遠く「辺遠国」にありながら、朝貢を通じて中央の朝廷で着用されていた「朝服」に接し、またみずからそれを着用する機会は、他の辺遠国の公民に比して格段に多かったといえよう。

いま一つ、九州の隼人社会が「朝服」に接する機会として想定しうるのは、国衙で行われる「元日朝拝」の儀である。儀制令が規定するこの儀は、元旦に国司が僚属や郡司らを率い、都の朝堂・大極殿の方向へむかって朝拝を行い、ついで国守が賀を受けるものであった。この儀式がおそらく朝服着用の諸人によって催行されたものであると考えるのは、同じく儀制令の凶服不入条にいう「公門」を、『令集解』の諸説が国郡庁院の門をも含むものであると解釈していることによる。

本条の規定は、公門の内部に入る際は、位色すなわち朝服を着用すべきことを定めたものである(45)。とすれば、公門内の国庁での儀である「元日朝拝」も、当然朝服で行われたと見るべきであろう。そして辺遠国薩摩においても、この儀が催行されたことは、天平八年（七三六）の「薩摩国正税帳」に、「元日拝朝庭刀禰国司以下少毅以上、惣て六十八人」（『大日本古文書』二の一三頁）の記載のあることから知られる。薩摩国内諸郡の郡司主帳以上の全員や軍団少毅以上が、国衙に参集した際に、朝服を着用して儀に臨んだとすれば、これが隼人一一郡（同前、一二頁）をも包括するものであった以上、隼人の首長層も、そこに加わっていたと考えなければならない。なぜなら、これらの諸郡は、隼人の部族ごとに設置されたものであり、その郡司には、隼人の首長層が任じられたと見られるからである(46)。

隼人世界に衣服令に準拠した朝服の制が知られていたことは、考古学的にも裏づけうる。銙帯《かたい》の出土がそれである。銙帯は、革帯の上に銙と呼ぶ金属製の板を取り付けたもので、革帯・鉸具《かこ》・巡方《じゅんぽう》・丸鞆《まるとも》・鉈尾《だび》からなる。考古学的出土例は大半が鋳銅製で、上に黒漆を塗ったことが確認されている。これは養老衣服令にいう「烏油腰帯」に比定しうるもので、六位以下の朝服、无位の制服および志《さかん》以上の武官の朝服として規定されている。そして鹿児島県高山町新富の地下式横穴古墳から(47)、銅製の巡方三、丸鞆一が出土している事実がある。乙益重隆氏(48)によれば、南九州の地下式横穴には明瞭な分布圏があり、日向・大隅の隼人の居住地域に一致することから、これを隼人固有の墓制とみなしうるという。新富の地下式横穴は、須恵器坏・蕨手刀・刀子などの出土遺物から八世紀のものとされ、これが衣服令に準拠した「烏油腰帯」である可能性はきわめて高い。ここにおいても隼人の首長層が、在地の九州社会でも、朝服を着用に及んだ事態があったことを認めなくてはならないだろう。

なお、阿部義平氏は、北は岩手・秋田県から、南は鹿児島県まで広範に分布する銙帯の出土状況が、畿内・内国と辺境・化外の地では異なるという興味深い事実を指摘している。すなわち、銙帯が墳墓から出土するのは、蝦夷・俘囚・隼人の居住地を含む辺境・化外の地に限られており、また墳墓出土の例においてのみ、銙帯の部品が揃っている。これに対して畿内・内国では、墳墓からは出土せず、官衙・集落などから、部品が遊離した形で、遺失物が埋没したものとして検出されるか、あるいは工房で回収品を再生する過程で埋没したとおぼしきもののいずれかであるという。このことから阿部氏は、銙帯は本来、官人をやめる際に回収するシステムが設定されており、このシステムにのりえないものだけが、辺境や化外における墳墓の副葬品となったと推定する(49)。これは夷狄にとっての朝服が、内臣のそれと同一のものでありながら、異なった意味が付与されていたことを示唆していよう。それはひいては、隼人の叙位の際に朝服が賜与されたか否かの問題とも関連するものであるが、いまはそれについて考察を進める余裕がない。

ともあれ、隼人の首長層は、賜与されたにせよ、季禄をもって誂えたにせよ、現実に朝服を着用したのであった。そしてその一部であった銙帯が副葬品として隼人の墳墓から出土する事実は、律令国家の朝服が、隼人社会において一種の階級表示の役割を担い、首長層の階級的優位を明示・確定する機能を持ったことを意味するのではないだろうか。

筆者はかつて、三世紀の朝鮮半島南部の韓族社会で、邑落共同体の首長層は、依然として民族固有の衣服を着用し続ける一般共同体成員との対比において、中国の衣幘《いさく》を着用することで階級的優位を明示し、確定しようとした事実を検証した。邑落共同体の首長としての性格を脱却しえず、共同体規制を抜けきれない首長層は、いまだ階級結集のための独自の身分秩序をつくり出しえない段階にあった。そこで着用者たる首長層を、中国の権威をうしろだてにし、中国皇帝を頂点とした官僚制的身分秩序の最末端に連なるものとして位置づける、中国の衣幘の視覚的効果が巧妙に利用されたのであった。

これに対して同時期の朝鮮半島北部の高句麗では、従来玄菟郡を通じて賜与されていた中国の朝服・衣幘の受容を拒み、郡に朝謁しなくなったという事態があった。それは高句麗社会が、すでに国王を中心として支配階級の結集を果たしており、そこに一種中央集権的な官僚制組織をも形成していたからである。そして、中国の朝服・衣幘とは別に、プリミティヴな形であれ、官僚制的身分秩序を表象する、「幘」「折風」などと称する独自の感性的身分標識の体系を創始しつつあった。このような状況下では、韓の社会に見たような中国式の衣幘の役割は、もはや必要とされなかったものと思われる。むしろ玄菟郡に詣でて、朝謁という儀式的な形態をとって行われる朝服・衣幘の授受、およびその着用が、中国の官僚体系への組み込み、すなわち中国への臣属を意味するという側面が、高句麗の支配者層にとって、朝服などの授受をいさぎよしとせず、郡詣を欠くという事態を惹起したのであった。

韓・高句麗の二つの社会状況の対比から知られる事実は、次のように総括できよう。可視的身分標識は、身分を身分として成り立たせる重要な契機であり、国家成立に不可欠の要素であるがゆえに、前国家段階の東アジア世界では、先進文明たる中国のそれが転用され、国家形成の契機を模索する手段として利用された。そして支配階級の結集を果たし、国家形成の端緒を探りあてた段階の社会では、独自の身分標識がプリミティヴな形であれ、創始されてくることにより、中国のそれの受容を拒みうるのである(50)。

八世紀段階の隼人社会は、ついに国家を形成しえなかったという点において、三世紀の韓族の社会の状況と共通する側面を持つといえよう。そして韓族社会が、帯方郡を通じて中国の支配下にあったことと、隼人社会が、隼人の共同体をそのまま抱きこんだ形で郡に編成されていたこと、また韓族の邑落共同体は、相互に支配・統率の関係にはなく、したがって首長層が階級的に結集しうる段階になかったことと、隼人社会でも共同体が相互に対立していて、全体が連合する基礎がなかったという諸点において、両民族の社会に共通項が見いだされる。

このような隼人社会の、国家形成の端緒をついにひき出しえなかった政治的状況が、隼人の首長層をして、律令国家の朝服を転用し、一般共同体成員に対する支配階級の結集の核としようとする企図をいだかせたのではなかったろうか。

そしてこの傾向に拍車をかけたのが、律令国家による、あくまでも中央における儀式の中でのことではあろうが、隼人に対する民族標識としての特定の衣服――大横布衫・布袴――の強制である。それは、先にも述べたごとく、律令国家の側の要請として、隼人を夷狄として位置づけ続けねばならなかったことに由来する。中国における民族は、中華と夷狄として対置された当初から、礼を維持し、文明の範疇にある中国の側が、不断に夷狄をみずからのうちにとりこんでゆき、無限に増殖していく存在として位置づけられていた。つまり夷狄は克服されるべき対象として存在し、またその方向へのみ努力がなされていたのである。

ただ日本の場合、律令国家の志向する小中華世界が、究極的には中国の中華的世界観に包摂されるという矮小性と、日本列島という地理的条件に規定されて、夷狄の無限な存在が許されないという、特殊な状況があった。(51)つまりいったん夷狄が克服され、王化に服してしまうと、中華思想の理念からいえば、次なる夷狄が目標として設定され、これを王化のもとに服せしめるための不断の努力が払われなければならないのであるが、日本の場合、それは同時に中国の中華的世界観と相剋するものであってはならないという限定条件が存在したのである。古代の日本においては、夷狄は列島内部に居住する辺境民に限定され、また国家を形成しない民たることを要したのであった。

このような事情により、律令国家の辺境政策が効を奏した結果として、隼人社会は国郡制に編成されながらも、なおかつ夷狄として規定され続けなければならないという矛盾を内包していた。隼人に民族標識としての衣服が強制され、一方では国郡制支配の儀式的形態ともいえる「元日朝拝」の儀に、律令国家の朝服が着用されていたらしい事実は、律令国家がかかえる矛盾の発現形態でもあったといえよう。おそらくこのような状況下にあった隼人社会でこそ、最も鋭敏に、衣服の政治的・身分標識的意味が感知されたに相違ない。そして律令国家の側も、隼人社会での、以上のような衣服に対する鋭敏な感覚的対応を察知したからこそ、隼人らに叙位し、かつ特に「当色」を賜与して、九州の藤原広嗣側に参戦した隼人集団と対峙させるために発遣したのであった。

板櫃河を挟んで、広嗣側の隼人らの前に出現した、「当色」着用の隼人二四人の存在は、おそらくみずからの出動を、律令国家の要請にもとづいてのものと規定していた広嗣側隼人集団の認識を、くつがえすものとなった。彼らは、律令国家の朝服を着用することによってその権威を裏打ちされた首長層の命によって、広嗣に従ったのであった。ところが、眼前に出現し、彼らと同一の言語を喋る朝廷発遣の隼人らもまた、その身に律令国家の位階を帯していることを可視的に表象する朝服をまとっていた。そして彼らの口から語られる事態は、彼らの認識していた従軍の意義と真向から対立するものだったのである。

ことの意味をいちはやく察知したのは、おそらく隼人の首長層であったろう。朝廷発遣の隼人らの呼びかけに応じて真先に降服した二〇人の中に、贈唹君多理志佐の姿のあることが認められる。贈唹君は、大隅の北半部に勢力を持った隼人の最大級の豪族であった[52]。彼は降服後、広嗣軍の情報をもたらし、のちの論功行賞によって外従五位下に叙されているが、その時すでに彼は外正六位上の階にあった（『続日本紀』天平一三年閏三月乙卯条）。律令国家彼が広嗣の乱当時、位階とそれに連動する「当色」の何たるかを、正確に理解していた証左となろう。律令国家における「朝服」の意義と、隼人世界においてそれがどう利用され、いかなる効果を得てきたかを一番よく知る者は、他ならぬ彼自身だったのである。

以上、広嗣の乱において、政府は広嗣軍との武力による対決と併行して、広嗣側の隼人に対する精神的作戦を企て、これに律令国家の朝服を巧妙に利用した事実を見てきた。このような心理的作戦が効を奏したのは、いまだ国家形成の端緒をひきだしえなかった隼人社会において、中国の礼教イデオロギーに規定された、律令国家の辺境政策における衣服の政治的・身分標識的意義が、最も先鋭な形で受け取られたことに由来しよう。

おわりに

中国において衣服は、礼教の発現の場として身分を識別する標識であり、かつ民族の標識でもあるという重層構造を有していた。かつ中国では身分と民族は別の座標軸上にあるのでなく、同一平面上に存するのであり、中国の国内的身分の外延として、民族が位置づけられているという構造になっていた。このような状況下においては、異民族・夷狄として位置づけられながら、同時に中国の領域の中に彼らの居住地域が組み込まれるという事態はありえない。「冠帯の境」の内に包摂されるのは、あくまでも王化をうけた化内の民なのであり、それゆえに中国の衣服制にそった「冠帯の倫」として規定されるのである。

しかし日本の場合、隼人の居住地域にはすでに国郡制支配が行われ、その点からすれば、あくまでも「冠帯の境」に内摂されており、隼人も「冠帯の倫」として律令国家の国内的身分秩序に組み込まれうる要素を、すでに全き形で備えていた。にもかかわらず、律令国家の描こうとした小中華的世界像構築のための不可欠の構成要素として、依然「夷狄」として位置づけられ続けねばならなかったという特殊な事情があった。それゆえ、中国的な考え方からすれば、律令国家の朝服・制服などが、少なくとも公的な次元で一律に着用される、「冠帯の境」であるはずの隼人社会であったが、中央の儀式空間でのこととはいえ、首長層にのみ朝服の着用が許され、以外の隼人集団には、隼人固有の、民族標識ともおぼしき衣服が強制されなければならなかったのである。かくて、両者の視覚的対比が、隼人社会においては、首長層を律令国家の身分大系の中に序列づけるとともに、一般共同体成員との階級格差を明示し確定するための、有力な装置として機能したのではないかと推察されるのである。

ところで、以上のような八世紀段階における律令国家周辺域での、衣服が果たした先鋭的な役割は、同時に、律令国家内部の問題として、以降の列島内の衣服制の発展の上で、どのような方向づけを与える要素として機能したのだろうか。一例を、中世の衣服制との関連で、烏帽子と袴の問題として考えてみよう。

律令国家が公的な衣服として、「朝服」「制服」に採用したのは、中国で「朝参の服」として規定されていた袍・袴の制、つまり下半身にズボン形式の袴をまとうものであった。これに対してわが国の社会の基層には、いわゆる「貫頭」衣の系統を引く、スカート型の衣服をまとう文化があり、少なくとも八世紀段階まで、庶民層は日常的にはこれを着用していたと推定される。ところが中世の諸史料からは、公的次元のみならず、日常的・私的次元においても、袴が着用されるにいたった事実が知られるのである。このような事態の推移の背後に、筆者は律令国家による袴着用の徹底という意図を介在させて考えたことがある。しかし、さらにそこに民族と身分という範疇をいま一つのバイヤスとしてとり入れると、より自然な理解が可能になると思われる。すなわち、上からの袴定着の意志という要因だけから、中世絵巻物の世界に見るように、人庶一般も下層民を除いて一律に烏帽子・袴を着用するという事態が惹起されるにいたったと見ることは、いかにしても一面的にすぎよう。そこにはその客体たる着用者の側にも、袴の着用を必須とする要因があったと見るべきであろう。

おそらくそこには「朝服」の着用によってくくり出され、他とは区別される共同体意識の問題があったのではなかろうか。先に筆者は、律令国家が朝服・制服として、王臣以下、奴《やつこ》にいたるまで、一律に袴の着用を規定した事実は、これを律令国家の身分構造の面からみると、王臣以下が、階級的に分化しているにもかかわらず、それを観念の上で止揚して、天皇に対する一律・平等の従属と奉仕の関係を、可視的な形態に表出したものであると考え、これを石母田正氏の考え方に依拠して、王民制的身分秩序を表現したものであるとした(53)。つまり、宮門内という限られた空間の中でのこととはいえ、朝服を着用した集団によって演出されたのは、天皇を頂点とした身分秩序の体系なのであり、それは全体として見れば、律令国家の公民としての結集を意味するものといえよう。

なぜなら、このような儀式空間の中で、隼人あるいは国栖の集団に「異服」の着用が強制され、彼らが夷狄として差別されることにより、自余の集団の結束の紐帯は、より緊密なものになりうると、想定されるからである。そしてその紐帯が、朝服など律令国家の公的な衣服によって表示され、それは隼人・国栖らとの差別の指標でもあったとすれば、同一の衣服をまとうことによる、列島内居住の人々の、民族としてのアイデンティティも、相対的に醸成されていったのではなかったろうか。

いわば、わが国の国内的身分秩序の体系は、小中華的世界像の構築という必要上から、その外延に、異民族としての夷狄を配することによって、内部に序列をもちながらも、頂点に位置する天皇への、一律・平等の奉仕の意識を強められ、民族結集の紐帯としても機能したと考えられる。

そしてこのような意識構造を媒介にして初めて、列島内の衣服制の古代から中世への推移が、朝服をその基本形に、烏帽子に袴を着用するものとしてほぼ一元的に進展したことの理解が容易になるといえよう。

また一方、隼人社会の内部においては、中央での儀式空間において隼人に強制された、差別的な民族標識としての衣服の着用という事態とは別に、隼人の首長層は、中央においても、また国衙での元日朝拝などの儀式においても、朝服の着用が許された事実があった。このような事態を背景にして、ついに国家を形成しえなかった隼人社会では、抑圧的政権のそれとはいえ、首長と一般共同体成員の階級関係の明示・確定の手段として、律令国家の朝服が、肯定的な側面をもって利用され、彼らの世界にうけいれられたと考えられる。そしてそれは、国郡制支配の実施という事実と相俟って、隼人の世界をも、やがて一元的な衣服制の中に吸収していく梃子となったと想定される。

かくてわが国は、中国の儒教的礼教に基づいた衣服観念を採用することにより、国家の支配領域内に組み込み、日本的中華イデオロギーに基づいて「中国」と規定した地域を「冠帯の境」として、地域的な発展の不均等性にもかかわらず、一元的な衣服制のもとにひとまずは包摂しえたのだといえよう。

（1）拙著『古代国家の形成と衣服制――袴と貫頭衣――』（吉川弘文館、一九八四年）。
（2）西嶋定生「中国史を学ぶということ」（堀米庸三編『歴史学のすすめ』筑摩書房、一九七三年）。
（3）「魏志」倭人伝所載の衣服の具体的形態については、拙稿「「魏志」倭人伝の衣服について――「貫頭」衣・「横幅」衣の位相――」（『女子美術大学紀要』一四号、一九八四年）参照。本書第二部第一章。
（4）冠位十二階にともなう衣服制の具体的形態については、拙稿「推古朝以前の衣服形態」（前掲注1拙著）参照。
（5）西嶋定生「古代東アジア世界の形成」（岩波講座『日本歴史』第二巻、古代二、一九六二年。のち『中国古代国家と東アジア世界』東京大学出版会、一九八三年、に再録）。
（6）西晋一郎・小糸夏次郎「筍子の礼説」（『礼の意義と構造』国民精神文化研究第二四冊、国民精神文化研究所、一九二七年）一二二頁。
（7）前掲注(6)書、三九頁「礼の原始的意義」。
（8）拙稿「東アジア世界における国家の形成と身分標識」（前掲注1拙著）。
（9）このような事態の朝鮮半島における例を、高句麗と百済・新羅と加羅について、筆者はかつて検証を加えたことがある（注8に同じ）。
（10）石母田正「天皇と「諸蕃」」（『日本古代国家論』第一部、岩波書店、一九七三年）。
（11）石上英一「古代国家と対外関係」（講座『日本歴史』二・古代二、東京大学出版会、一九八四年）。
（12）『礼記』王制篇に、「東方曰レ夷、被髪文身、有下不二火食一者矣上」とあり、また『漢書』西南夷伝に「南夷君長、此皆椎結」とある。
（13）津田左右吉「粛慎考」（『津田左右吉全集』一一、岩波書店、一九六三年）。

(14)　若月義小氏は『書紀』のいう「粛慎」を、ツングース系種族とし、沿海州方面の靺鞨《まつかつ》の一類であったろうとする（「律令国家形成期の東北経営」『日本史研究』二七六号、一九八五年八月）。

(15)　『史記』周本紀。また粛慎の衣服は、晋代以降、中国皇帝の徳の顕現の指標として、特別の意味を与えられていた。『晋書』粛慎伝は、粛慎では猪を多く飼い、その皮を着、また毛を紡いで布としているが、「雒常」という樹があって、中国に聖帝が出現すると樹皮を生じ、これで植物性繊維の衣服が作れるようになる、とする。

(16)　日本古典文学大系本『日本書紀』（岩波書店、一九六五年）、三四二頁頭注。

(17)　坂本太郎「日本書紀と蝦夷」（『日本古代史の基礎的研究』上・文献篇、東京大学出版会、一九六四年）。

(18)　前掲注(14)若月論文。

(19)　前掲注(15)の『晋書』粛慎伝、参照。

(20)　前掲注(10)石母田論文。

(21)　鈴木靖民「日本律令と新羅・渤海」（『古代対外関係史の研究』吉川弘文館、一九八五年）。

(22)　前掲注(10)石母田論文。

(23)　平野卓治「律令位階制と「諸蕃」」（林陸朗先生還暦記念会編『日本古代の政治と制度』続群書類従完成会、一九八五年）。ただしこれは七・八世紀を通貫する事態ではなく、天武二年八月戊申紀には、筑紫にあった耽羅国使と、在国の耽羅国王に対して、爵位が贈られている例がある。

(24)　酒寄正志「七・八世紀の大宰府」（『国学院雑誌』八〇巻一一号、一九六九年）。

(25)　石井正敏「大宰府の外交面における機能」（『法政史学』二二号、一九七〇年）。

(26)　『続日本紀』宝亀八年（七七七）正月癸酉条に、「渤海入朝使、自レ今以後、宜下依二古例一、向中大宰府上、不レ得下取二北路一来上」との宝亀四年の太政官処分が引用されているが、以降の渤海使も越前・出羽・出雲といった北路からの来朝に限定されており、この規定は守られていない。また宝亀一一年（七八〇）七月戊子条の勅に、「今北陸之道、亦供二蕃客一」と見え、先の禁令がすでに解かれていると考えられる（前掲注25石井論文）。

(27)　旡位の者が着用するのは、養老令の規定では「朝服」ではなくて「制服」であるが、大宝令では旡位のそれも「朝服」と称された可能性があること、また養老令での変更にもかかわらず、旡位の「制服」も「朝服」と観念され続けた可能性があることは、前掲注(1)拙著第二編第五章「日本衣服令の特質」参照。

(28) 拙稿「東アジア世界における国家の形成と身分標識」(前掲注1拙著)。

(29) 前掲注(10)石母田論文。

(30) 本条は、「凡元日即位及蕃客入朝等儀。官人二人。史生二人率二大衣二人。番上隼人廿人。今来隼人廿人。白丁隼人一百卅二人一。分陣二応天門外之左右一。蕃客入朝。天皇不レ臨レ軒者不レ陣。群官初入自二胡床一起。今来隼人発二吠声一三節。蕃客入朝。不レ在二吠限一。其官人著二当色横刀一。大衣及番上隼人著二当色横刀。白赤木綿。耳形鬘一。自余隼人皆著二大横布衫。襟袖著二両面襴一。布袴。著二両面襴一。緋帛肩巾。横刀。白赤木綿。耳形鬘一。番上隼人已上横刀私備。執二楯槍一並坐二胡床一。」となっており、官人ならびに大衣・番上隼人は「当色横刀」とあるのを、井上辰雄氏は、「当色の横刀」と解している(同『隼人と大和政権』学生社、一九七四年、九三頁)。もし然りとすれば、番上隼人以上は、衣服についての規定を見ないことになる。自余隼人に規定された大横布衫・布袴の着用が番上隼人以上にも及ぼされたと見ることも可能かに見えるが、後述のように、これが隼人固有の衣服の俗を反映している可能性があるとすると、隼人司の官人までがこれを着用しなければならないことになり、なんとしても不自然である。ゆえに、この当色は、「当色の服」でなければならない。そして大儀の際に着用する衣服は、五位以上であれば「礼服」である可能性もあるが、隼人司の官人は、隼人正でも正六位下であり、礼服着用の位階にない。したがって当条にいう「当色」は、「朝服」であると見なければならない。なお、「朝服」を指して「当色」という例は、『続日本紀』天平勝宝四年四月の、大仏開眼の斎会の際に、「五位已上者著二礼服一。六位已下者当色」とある例をはじめとして、多数見出される。

(31) 前掲注(3)拙稿参照。

(32) 注(30)、および「延喜隼人司式」駕行条「凡大儀及行幸給二装束一者。大衣各紅䯼木綿大二分。白木綿二分。隼人各肩巾緋帛五尺。紅䯼木綿一分。白木綿一分。衣料調布二丈一尺。袴料七尺。並揩大横。襟。袖幷袴。襴料。両面四尺四寸。衣四尺。袴四寸。並具レ所レ須申レ省請受。但肩巾。衣袴随レ損申請。」。

(33) 「大衣」は、『延喜式』の左右近衛府式、左右衛門府式にも規定があるが、ここでは、将監以下、府生・近衛らが着用する衣服そのものを指しており、隼人司の「大衣」との関連は必ずしも明らかではない。

(34) 前掲注(30)井上書、一二四頁。

(35) 喜田貞吉「熊襲と隼人」(『日向国史』東洋堂、一九四三年)、三三九頁。
(36) 前掲注(30)井上書、一〇四頁。
(37) 栗原朋信「漢帝国と周辺諸民族」(『上代対外関係の研究』吉川弘文館、一九七八年)一頁。
(38) あかね会編『平安朝服飾百科辞典』(講談社、一九七五年)。
(39) 林屋辰三郎「古代芸能の儀礼化と伝承者」(『中世芸能史の研究』岩波書店、一九六〇年)一〇八頁。
(40) 卯野木盈二「隼人征伐史」(『熊本史学』一九・二〇合併号、一九六〇年)。
(41) 『令集解』職員令式部省条の令釈説は、禄と賜の相違を「禄」は上日日数によって給される、いわば当然の権利ともいうべき扶持を与える意であるのに対し、「賜」には節日や別勅によって特別に与える、恩恵的意味が内在していることを示唆している。とすれば「特賜当色」と、特例的意味を持つ語を重複させることによって、この行為のうちに示されようとした天皇大権の誇示を看取すべきであろう。
(42) 利光三津夫「広嗣の乱の背景」(『律令制の研究』慶応義塾大学法学研究会、一九八一年)。
(43) 中村明蔵「隼人の反乱をめぐる諸問題」(『隼人の研究』学生社、一九七七年)。
(44) 伊藤循「隼人支配と班田制」(『千葉史学』四号、一九八四年)。
(45) 拙稿「日本衣服令の特質」(前掲注1拙著)。
(46) 前掲注(30)井上書。
(47) 「鹿児島県文化財調査報告」第四輯(鹿児島県教育委員会、一九五七年)。
(48) 乙益重隆「熊襲・隼人のクニ」(『古代の日本』三・九州、角川書店、一九七〇年)。
(49) 阿部義平「銙帯と官位制について」(『東北考古学の諸問題』寧楽社、一九七六年)。
(50) 拙稿「東アジア世界における国家の形成と身分標識」(前掲注1拙著)。
(51) 前掲注(11)石上論文。
(52) 中村明蔵「隼人の豪族・曾君についての考察——その本拠地と勢力圏をめぐって——」(前掲注43書)。
(53) 拙稿「日本衣服令の成立——唐令の継受をめぐって——」(前掲注1拙著)。

第三章　律令国家と蝦夷の衣服——民族標識としての衣服——

はじめに

これまでに筆者は、三世紀から八、九世紀までを射程に入れて古代の衣服を考えてきた。それはまず、列島内居住民の基層の衣服形態の特質を探り、その上に形成された衣服制との位相を探ることで、古代国家の形成過程や、国家の性格を明らかにする作業でもあった。

さらに列島居住民の衣服制の特質を浮きぼりにすることは、周辺の東アジア諸民族の衣服および衣服制の諸相を探る作業をも必要とした。東アジア世界では、民族の視覚的標識として衣服の形態上の相違が強調された事実があった。東アジアの諸民族は、中国を強烈に意識しながら、個々の民族の独自性の表出を衣服に託し、その民族の存立を賭けてきたのであった。そうした視点で民族の相関を探る作業を続け、律令国家と新羅の関係や、斉明紀の阿倍比羅夫遠征における粛慎との関係などを考察しながら、国家を形成しないまま列島内部に存在し、律令国家の手で異民族として位置づけられた人々の存在をも、衣服制を通じて浮きぼりにしなければと思いつづけていた。そして先に律令国家と隼人の関係を、藤原広嗣の乱を通じて考察した。国家は朝服の賜与を通じ、隼人

(1) (2) (3)

を内民化する施策を打ち出したことが明らかであった(4)。では蝦夷の場合はどうか。

本章の課題は、古代の日本列島の辺境に夷狄として配置された蝦夷が、「異類」として異民族の標識たる、律令国家の公服とは形式の違う衣服の着用を、余儀なくされたらしい事態を探るところにある。律令国家は小帝国の構造を形成するため、天皇の統治権の及ぶ範囲を「化内」、その外側を「化外」と規定し、「化外」をさらに「隣国」の唐、「諸蕃」の朝鮮諸国、そして「夷狄」の蝦夷、隼人に三区分した。このうち夷狄だけが、国家を形成せず、首長が外交上の総意を代表しうる程度に成熟した政治的統合体を形成しない存在であった(5)。こうした存在の蝦夷が諸蕃と律令国家のはざまで「夷狄」として位置づけられ続けるためには、内民化を留保し、「夷人雑類」「夷狄」としての指標を保持しつづけなければならない。そのために国家はどういう措置をとったのだろうか。

首長にとって、国土の領域的拡大は至上の命題である。しかし異民族の従属が、首長の支配権として顕現すると意識される場合、異民族の内民化、ひいてはその居住域の領土への取込みは、決してそのまま首長の得点としてカウントされるというプラスの側面ばかりではなかった。いったん彼らを内民化し、領土の併合を図ってしまうと、首長は次なる徳化を及ぼすべき化外の民を設定しなければならない。そこで日本列島という海を隔てて中国や朝鮮と接する地理的環境のなかで、服属する民族を従えることで帝国の構造を創出するために、異民族は内民化せず、異民族としての性格を温存しつつ、周縁部に配しておかなければならないという必要があった。おそらくこうした地理的・国際力学的・政治的要因のなかで、蝦夷が領域的には倭国のなかに取込まれながら、異民族としての特徴を際立たせてゆく方途がとられたのではなかったろうか。

民族の標識のひとつとして衣服がある。彼らの衣服を律令国家の公服と別形態の状態で留保しておくことは、蝦夷を異民族として列島の北辺に配置しつづけ、帝国の構造を支える重要な方途であった。そこで次に、律における「異類」「同類」という語の法意を確認しつつ、衣服がどのように民族標識としての機能を担ったかを見てゆきたい。

第一節　異類・同類

「異類」あるいは「同類」という言葉がある。この語は古代において、具体的には東北地方住民を指していた。[6]私がここで注目しておきたいのは、同じ「夷狄」として位置づけられた隼人については、ついにこうした語で称することがなかったという事実である。そこでこれらの語の用法や語意の変遷を通じて、律令国家、中央の側からの民族意識、集団意識の変化の問題にふれてみたい。「名例律」下には、「凡化外人、同類自相犯者、各衣本俗法、異類相犯者、以法律論」とある。

「類」は本来、米と犬を神に供えて拝することをあらわす会意文字で、祭儀を意味している。[7]もと犬が相似る意から転じて物の相似ることをいう。そこから、うから・同族・仲間・群れなど、「たぐい」を意味する事態も派生してくるのだが、ここで注目しておきたいのは「類」には『呂覧』序意に「梁下類有人」とあるのに注して「類、象也」とあり、また『淮南子』俶真訓に「又況未有類也」に注して「類、形象也」とあり、『孔子家語』致思の「不飭無類」の注には「類、宜為貌」とあり、かつ『楚辞』九章の橘頌に、「類可任兮」とあるのにたいして「猶貌也」と注するなど、形どる、あるいは形・姿・様子といった具体的な形象の意味を有することである。つまり具体的形象の相似性こそが「類」なのだといえよう。

ここで「化外人の異類、同類」という場合の「類」も、化内の眼から、具体的形象の相似性をもって「類」としてグルーピングされる人々と見ることが許されるのではないだろうか。つまり「類」の同一性、「類」の差異性は、具体的形象をもって識別される人々であることが、あらかじめ想定しえよう。

「名例律」の規定は、唐律の踏襲であって、『唐律疏議』には、

化外人、謂蕃夷之国　別立二君長一者　各有二風俗一　制法不レ同　其有二同類自相犯者一　須レ問二本国之制一依二其俗法一断レ之　異類相犯者若高麗之与百済相犯之類　皆以二国家法律一　論二定刑名一

とある。ここで「同類」「異類」という区別は、化外人のなかで、蕃夷の国々のあいだに存する区別であるとし、高麗と百済の関係が、「異類」として例示されている。つまり中国では化外人、すなわち中国人以外の人々のなかにおいて、同じ類同士が犯罪を犯した場合に、彼らの本国の法によって裁かれることとするのである。その理由は、各々の類には各々の君長が立っており、各々の風俗があり、法もまちまちである。そこで同類間の犯罪は、彼らの本国の制に照らして彼らの俗法によって断罪することとしている。

ここでいう「同類」「異類」の「類」とは、君長に率いられた蕃夷の国々を単位としており、同国人・異国人のことといえよう。つまり疏議の解釈から、中国においては、化外人は国家を構成している事態のあることを想定していることが理解されるのである。

ところがわが国の場合、律の条文としては唐律をそのまま採用しながら、「異類」の化外人が国家を形成するという事態は、二次的なものであったらしい。なぜなら「公式令」論奏式条集解の古記には、「蕃夷国異類相犯、以二法律一論之類」とある。この史料は、先掲の名例律の条文が、大宝律にもすでに存したことを示すと同時に、律にいう「異類」には、わが国においては実は種類が二つあったことを暗に示している。なぜならここで律の条文通りに、単に「異類」といわず、「蕃夷国異類」と、あえて「異類」に限定条件を付していることは、ただ「異類」といった場合に、法意が正しく解釈されない可能性を懸念してのことと思われるからである。つまり「異類」のうちには、「蕃夷国の異類」でない「異類」が存在することを、古記は想定しているのである。要するに国家を形成した蕃夷諸国の「異類」と、国家を形成しない「異類」の、二者の存在が予期されるゆえの、「蕃

夷国異類」との表記と考えられる。このことは、貞観年間に新羅人が船二艘で筑前国那珂郡にいたって、豊前国の貢調船から絹綿を奪取した事件を称して、「他国異類乃加レ侮致レ乱」(8)とあることとも共通しよう。新羅人は単なる「異類」ではなく、「他国異類」と表現されなければならなかったのである。

このように『唐律疏議』が、「異類」は国家を形成していることを前提として解釈を試みていたのにたいし、わが国においては、「異類」はまずは他国人ではないという認識が先行している事態は、古代日本における民族の問題を考えるうえで重要であろう。すなわち「異類」は、まずは国家を形成しないものとして位置づけられ、国家を形成した「異類」は、他国の「異類」、蕃夷の「異類」と特に称されたのであった。

では国家を形成しない「異類」とは、いかなる存在をいうのか。それが化外人の範疇であることは、「名例律」の文脈から自明である。そして化外人については、戸令化外奴婢条によれば「境外之人」と同義であり、国家領域の外にある人々を指し、義解に「謂　教化之所レ不レ被　是為二化外一也」とあり、集解の令釈では「法制不レ同是謂二化外一」とあって、化外人による国家の形成、ひいては独自法の存在を想定していることが明らかである。当然それは蕃夷国、他国を指すのであるが、自国の王化の及ばない地域に他の国家が形成される自明の事態にもかかわらず、他国に所属しない「化外人異類」を想定する明法家の解釈の由来するところは、「夷狄」を化外人の一類型として設定した律令国家の小帝国構造と無関係ではないだろう。

第二節　異類・同類から自類へ

先に見たように、「異類」の語を律令の用法から発展させて、わが国では国家を形成する「異類」と、国家を形成しない「異類」の二つに分けて考えていることが明らかであった。こうした日本的な用法のなかに、さらに異なった用法が派生してくる。

「異類」は本来的には、化外人のなかでの異なった風俗をもつ、異種族同士を指して称する言葉であった。弘仁三年（八一二）の夷俘の長を決めた勅に、[9]

宜乙択下其同類之内。心性了レ事。衆所二推服一者一人上置為二之長一令甲レ加捉搦一。

とある「同類」は、同じ夷俘のなかでの選択という意味で使われたことは明白であり、「名例律」下の「化外人同類」と同義の用法である。

しかしながら次の史料にいう「異類」は、化外人の内部での位相を明らかにするという用法ではなく、日本人社会全体と対置する語として使われるようになる。

貞観元年（八五九）三月の、出羽国秋田郡俘囚の得度を許可する記事中に、国司の上言として、

件俘囚等。幼棄二野心一。深愧二異類一。帰二依仏理一。苦願二持戒一。仍特許レ之。[10]

とある「異類」は、日本人と対置して俘囚全体を称した語であろう。

また承和六年（八三九）四月の鎮守将軍らの奏状に、「又胆沢多賀両城之間。異類延蔓。控弦数千[11]」と見える「異類」も、総体として鎮守府の軍隊に弓を向ける、意志の統一された集団、すなわち「化外人同類」と見るべきであり、これをあえて「異類」の語で呼ぶのは、化内人総体にたいしての位相を表わしてのことであった。

天慶二年（九三九）五月の、出羽国馳駅使がもたらした解状に、「賊徒到来秋田郡。開官舎。掠取官稲。焼亡百姓財物。又率異類可来云々[12]」とある。ここで賊徒が異類を統率して来襲するという文脈からは、「異類」の総意が賊徒によって代表されるという構造が明らかである。つまり「異類」は意志が統合された賊徒であり、その点からすれば「同類」と称すべき存在であり、全体として化内人と対置される、「化外人同類」であった。

このように「異類」が律令の法意を逸脱して、本来の「同類」と同じ意味で使用されるようになった経緯が、おそらく中世における「異類、異形」の意味するところを生んだ土壌となったのではなかったか。

つまり『峰相記』に、「異類異形ナルアリサマ人倫ニ異ナリ」と表現されるような、人倫に対立する存在としての「異類」概念の生成は、化外人総体を「異類」と包括する段階を経て初めて可能なのである。

かくて「異類」は「同類」に対立する概念ではなく、人倫一般と他を識別する語に転化していった。『一遍聖絵』に、

異類異形にして、よのつねの人にあらず。畋猟漁捕を事とし、為利殺害を業とせるともがらなり。このさまにては仏法帰依のこゝろあるべしともみえざりけるが……[13]

とあるように、世の常人との異質性を強調し、対立する存在であることを強調する言葉として使われている。かかる段階においては、もはや「異類」は「同類」の対立概念ではない。常人と異なる存在であることにおいて「異類」なのであり、この義において識別された「異類」総体が、その内部で相互に同質性をもつもの、つまり「同類」であろうと、異質性をもつもの、つまり「異類」であろうと、まったく斟酌せず、「異類」と総称するのである。このように「異類」の内部における個々の異質性を配慮せず、一括して「異類」と呼んだ事情が、「異類」の語義のなかに、化外人を総称することのみならず、禽獣、魑魅魍魎を、人間集団と区別する語として使われはじめるという事態を惹起したのではなかったろうか。

「異類」の語は第一義的に、あくまでもみずからの集団を他と区別する言葉となった。ここに「異類」と対置してみずからを称する語として、「自類」という言葉が生まれる。

『大乗院寺社雑事記』尋尊像正記の、長享二年（一四八八）九月八日条に、

近日方、学侶、社家者也、昼夜之博奕増倍、五十貫百貫打負輩、云二修学者一云二社中一在レ之云々、以外次第也、一向古市西胤栄、古市澄胤之所行、兄弟之帳本也、仍寺住之内会所致二其沙汰一者在レ之、末代至極事也、盗人検断ハ、講衆幷衆中相二論之一、寺社之恣人沙汰一向閣之、博奕ハ倍増可二成行一、如何事哉、珍事々々、

於㆓僧坊㆒自類異類会合、魚鳥等食㆑之、放大中々不㆑及㆓是非㆒、恵心坊殊更此会場也、粂川僧都之伝歟、

とある。

このくだりでは夜となく昼となく博奕に熱中し、肉食する寺社内部の放逸が報告されている。学侶と社家、修学者と社中、講衆と衆中などの人々が、その職分を忘れて博奕に熱中し、恵心坊という僧坊を会場に、一堂に会し、寺社内部ではあるまじき、肉食さえ行った事態があったという。ここにいう「自類」と「異類」は、興福寺と春日社の内部で生成されていた党派性を帯びた集団を指しており、その帰属をとわず、「自派、他派入り乱れて」の意味で使われるのである。

ここでは前節で述べたような「類」の、具体的形象の相似性を識別の指標とする本来的な用法は失われ、したがって「異類」の語に、人倫と対立する意味あいは含まれていない。

「自類」の語のこうした用法は、「異類」が自己以外の集団を指す語として、多義的に用いられた結果として派生してきたものであろう。こうした用語法の発生は、自己以外の集団を「異類」と一括してはばからない意識の形成によって、初めて可能になってくるものと思われる。

このように「自類」の語が「異類」に対置されるものとして使用されること自体が、「異類」の自他を識別する語としての意味が第一義とされ、自集団とそれ以外をあらゆる範疇において区別するという機能を派生させてきたこと、そこではもはやみずからとは区別されて「異類」と識別された集団の、内部における同質性が、一切捨象されたことの歴史的な意味は、きわめて重要である。

つまりみずからの集団との異質性のみが、「異類」として区別される集団の指標であったからこそ、あらゆる集団が「異類」の範疇に包括されたのであり、化外人としての蝦夷以外にも、禽獣や鬼、化け物までを意味するにいたるのである。そして区別をその至上の命題とするという属性が、「異類」を、さらに人間集団

の内部で、自他を区分する語として使用させる事態を惹起したのではなかったろうか。

ここで注意を喚起しておきたいのは、蝦夷が古代においては賤視の対象としての位置づけが確立していなかった(14)にかかわらず、中世社会において北奥羽の海岸地方や北海道に居住する人々が、強烈な異民族観のもとにおかれ、差別と排除の対象となった(15)という事態は、古代における「異類」性の温存の方策と関係があろうということである。非人は本来夜叉等の空想上の怪物を指す、仏教の言葉だったという。『日本霊異記』に登場する閻魔大王に仕える非人が、「七人の非人有り。牛頭にして人身なり」と、異類・異形であったことが指摘されている(16)。つまり本来非人は、異類・異形性のゆえに非人だったのであり、決して非人なるがゆえに、柿帷や蓑笠といった視覚的身分標識を強制されたというのではなかったのである。

次節で述べるように、蝦夷はその衣服制作の素材である布の幅の寸法において、律令国家の公民と形態的に異なる衣服を着用すべく、方向づけられていた。このことが蝦夷の「異類」性を温存し、強調する結果を生んだのであったが、それが境界域にたいする穢地観念とあいまって、蝦夷を中世的な非人と同一の認識の範疇に導く素地を形成していったのではなかったろうか。

かくて蝦夷の異類・異形性は、非人のそれとも結びついて中世社会のなかで果てしなく増殖してゆき、さまざまな姿態の蝦夷像が想定され、描かれていったのでもあったろう。

第三節　蝦夷の衣服

では蝦夷にたいしては、律令国家は夷狄として位置づけつづけるために、どのような衣服の着用を強制したのだろうか。本節ではそこのところを見てゆきたい。蝦夷の身体表装の特殊性の認識は、かなり後世まで人々の脳裏にあったようである。空海の『性霊集』所収の、贈野陸州歌に、「毛人羽人境界を接す。猛虎豺狼処々に鳩る。

老鴉の目、猪鹿の裘、髻中に骨毒の箭を挿し箸け、手上毎に刀と矛を執る」とあり、また『釈日本紀』巻一〇に、日高見国について藤原浜成撰の『天書』第六を引用して、

今與レ倭接レ壊。独擅二山東之利一、剋レ身割レ面、被レ裘髻レ髪。自称二蝦夷一。

とあるように、獣の裘をまとい、髻を結って、鯨面文身する姿で捉えられている。この蝦夷像は、早く景行紀に初見し、武内宿禰の奏言として、

東夷之中、有二日高見国一。其国人、男女並椎結文身、為レ人勇悍、是総曰二蝦夷一。(17)

とあり、あるいは、

其東夷之中、蝦夷尤強、男女交居、父子無レ別。冬則宿レ穴、夏則住レ樔、衣レ毛飲レ血……箭蔵二頭髻一、刀佩二衣中一……(18)

とある。蝦夷に関するこのようなイメージ設定が、長く蝦夷観を規定したのであった。『新唐書』日本伝は、斉明朝に日本の使者に伴われて唐朝を訪れた蝦夷が、鬚《ひげ》の長さ四尺、箭を首に挟むといういでたちであったと述べており、唐天子は蝦夷の身面の異を見て、喜び怪しむこと、極まりなかったという。

ところでこれらの史料からうかがえる、椎結文身、毛皮を衣るという蝦夷像は、中国の伝統的な東夷認識を踏襲したものであった。『漢書』西南夷伝に「南夷君長……此皆椎結」とあり、『礼記』王制篇に「東方曰レ夷、被髪文身、有レ不二火食一者矣」とあるように、まげを結うことも、入れ墨も、毛皮の着用も、中国周辺諸民族の未開性のあらわれとして位置づけられていた。

また『礼記』礼運篇に、

孔子曰。昔先王未レ有二火化一。食二草木之実。鳥獣之完一。飲二其血一。茹二其毛一。未レ有二麻絲一。衣二其羽皮一。後聖有レ作。治二其麻絲一以為二布帛一。

とあり、衣服は毛皮着用段階から、織布着用段階へと進化するものと位置づけられ、それが聖人の出現を画期とする文明社会への移行の標識でもあった。『晋書』粛慎伝には、粛慎の猪の毛皮の着用慣行は、中国に聖帝が出現することにより、その徳の発現形態として、植物繊維の衣服着用段階に進化することが予告されている。

こうした中国における東夷、北狄の民の衣服にたいする観念が、そのまま律令国家の蝦夷の衣服や身体表装についてかくあるべしとする認識につながり、彼らの衣服形態をパターン認識として固定してゆく方向に導いたものと思われる。

ところでこうした蝦夷や北方民族の身体表装に関する断片的記事からは、衣服の素材が毛皮を主としていただろうことを知りうるのみで、彼らの衣服の具体相については推測し得ない。隔靴掻痒の感をまぬがれないが、いま少し蝦夷の衣服の特質を探ってゆこう。

第四節　狭布と蝦夷

彼らの衣服の様相を探るうえでひとつ手がかりになるのは、『延喜式』に陸奥・出羽両国の調庸と、越後の庸に、「狭布」という特別規格の布が指定されていることである。この「狭布」が、日本列島東北部辺境居住民の衣服を、形態的に規定する結果となったのではなかっただろうか。

「延喜主計式」には、

陸奥国

調。広布廿三端。自余輸二狭布。米。穀一。

庸。広布十端。自余輸二狭布。米一。

出羽国

調。庸。輸二狭布。米。穀一。

越後国

庸。白木韓櫃十合。自余輸二狭布。鮭一。

とある。そしてこれら三か国以外に狭布を課された国は見えない。そしてこれらの国々の共通項といえば、「職員令」大国条に、「其陸奥出羽越後等国兼知二饗給。征討。斥候一」とされていることがまずあげられよう。さらに「衛禁律」越垣及城条に、

凡越二兵庫垣、及筑紫城一、徒一年、陸奥出羽越後等柵亦同……

また「賊盗律」盗節刀条にも、

凡盗二節刀一者、徒三年、宮城門、庫蔵、及庫廩、筑紫城等鑰、徒一年、国郡倉庫、陸奥越後出羽等柵、及三関門鑰亦同……

と、いずれも本注のかたちで、これら三国があげられている。

出羽国の成立は和銅五年（七一二）であり[19]、越後の北側に建国をみた。しかし大宝令の段階では、越後が最北の国であった。とすればこれら三国は、いずれも八世紀のある段階での辺境に位置し、未服の蝦夷と境を接していたことが共通点としてあげられよう[20]。とすればこれらの諸国の狭布は、蝦夷・蝦狄との何らかの関係での調・庸であることが、あらかじめ想定される。

『延喜式』主計上における諸国の調布の規格を見てみると、「広布並三丁成端。細布二丁成端。倭文。調布並三丁成端」とあるところに、「各長四丈二尺。広二尺四寸。大隅薩摩両国調布四丁成端」と注があり、さらに続けて、「狭布二丁成端」のところに、「長三丈七尺。広一尺八寸」と注を加えている。国史大系本『延喜式』の頭注は、広布についてはその直下に長さ広さについての割注があったであろうと注しているので、長さ四丈二尺、

広さ二尺四寸という布の寸法は、広布を含まない。細布以下、調布にいたる各種の布の規格と見てよいであろう。広布の規格は不明とせざるをえないが、広絹は二尺五寸であり、また特に幅の広いことを特徴とする望陀布が、二尺八寸であるというから、調布の二尺四寸を上回って、広絹や望陀布に準じた規格であったと推定しうる。そして三丁成端を定めとした。これにたいして狭布は、長さ三丈七尺、広さ一尺八寸で、二丁で一端を作る定めであった。

ところで『延喜式』では、調布も三丁成端であるが、これにはさらに但し書きが付され、薩摩・大隅両国の調布は、特に四丁成端とされていた。両国に負担の軽減が図られているのは、「賦役令」辺遠国条に、

凡辺遠国　有二夷人雑類一之所、応レ輸二調役一者、随レ事斟量　不三必同二華夏一。

とあって、夷人雑類たる隼人の調が、一般公民と異なって、「随レ事斟量」された結果である。

では出羽・陸奥・越後で調布、あるいは庸布として出される規定であった狭布もまた、夷人雑類たる蝦夷や俘囚に課されたものであろうか。

先に見たように調布は、長さ四丈二尺、幅二尺四寸の布を、三丁で貢進することになっていた。これに要する労働量を、長さ三丈七尺、幅一尺八寸の布を、二丁で成端する狭布の場合と比較すると、一人あたりの功は、ほとんど同量である。

狭布の織成作業の労働量は、一般公民の調布織成に等しいことが理解され、夷人雑類にたいする優遇措置の範疇に入るものではない。ゆえにこの狭布は、陸奥・出羽・越後三国の公民に賦課されたものと考えるべきであろう。なによりも俘囚・夷俘・蝦夷等、どのように称されるにせよ、彼らは究極的には課役負担の対象外であったろうことが想定されている[21]ことも、大きな根拠たりえよう。

大同五年（八一〇）二月二三日の太政官符には、

件浮浪人共欵云、土人調庸全輸二狭布一。至二于浪人一特進二広布一。織作之労、難易不レ同。斉民之貢彼此各異。望請、一准二土人一同進二狭布一者。国司検察、所レ申有レ実。但黒川以北奥郡浮浪人、元来不レ在二差科之限一者。[22]

とあり、陸奥の調庸は、土人は狭布を輸すのにたいし、浮浪人は特に広布を進める定めであったという。これを「織作之労、難易不レ同」のゆえ、ひとえに「土人に准じて、同じく狭布を進めん」ことを願い出て許されている。

なにゆえに陸奥の土人は狭布を課されるべく規定されたのだろうか。そこには土人の特別な事情があったのでなくてはならない。先に見たように、狭布織成の一人あたりの功は、通常の調布になんら変わるところがなかった。とすれば陸奥の土人が狭布を賦課されたのは、負担の軽減を図ってのことではなく、なんらかの他の事情を斟酌してのことであったと考えざるをえない。そしてこれが陸奥・出羽・越前に共通することであったとすれば、これらの共通項は、蝦夷との関連以外に考えにくく、陸奥土人と蝦夷が、なんらかの関係を有するものであったと考えざるをえないのである。

陸奥に狭布が賦課されたのは、一体いつのことだったろうか。

天平宝字五年（七六二）の造寺雑物請用帳に、[23]陸奥の調布が見えるが、この調布は、別名「凡布」とも称され、諸国貢進の並品を意味するという。[24]ここで陸奥の調として都に貢上された「凡布」の端あたりの値段は、二七〇文である。この価格は、同じく凡布の範疇に分類された常陸の調布が、端別三一〇文であることと比較すると、価格の点で考えるとたしかに低廉ではある。しかし陸奥の調が『延喜式』の規定するような狭布であるとし、常陸の調布が幅二尺四寸、長さ四丈二尺だったと仮定して、単位面積あたりの価格を比較すると、陸奥の凡布は高価にすぎる。さらに同じ項目に相模の貲布の価格があげられているが、これも端あたり二七〇文で、陸奥の凡布と同じ値段である。貲布は、糸の細いやわらかな布と考えられている細布より、なおいっそう細い糸で織った、しなやかな布だと想定されている。[25]貲布の寸法も勘案しなければならないが、これと陸奥の狭布が同じ価格だとすれば、陸奥の狭布はもはや「凡布」の範疇には入らない、高品質の布であったとしなければなるまい。

　如上の理由によって、天平宝字年間（七五七～六五）の陸奥の調布は、諸国の調布と同じ規格であったと見るほうが自然であろう。それは調布の規格が狭くなった天平八年以降に特有の事象であったとも考えられる。つまり陸奥にたいしては当初から狭布が賦課されていたが、天平八年（七三六）の改定によって、諸国の調布の規定が、陸奥のそれとほぼ同じになったための現象なのか、あるいは陸奥国の調を狭布で輸すという規定が、この段階ではまだ成立していなかったゆえなのかは、必ずしも明らかではない。しかしこの段階では、陸奥の調に特別の名辞が冠せられていないことからして、おそらく後者ではなかったかと想定してみる。

第五節　陸奥土人と狭布

　このように、陸奥の狭布が課されたのは、天平宝字年間以降のことと推定し、そのうえで、陸奥国土人が「狭布」を課されたという事実の意味するところについて、さらに考えてみたい。

　先にも述べたように、狭布の賦課は陸奥一国に限られたことではなく、出羽・越後両国にも共通するところであった。この三国が列挙されるのは、「賊盗律」盗節刀条、「衛禁律」越垣及城条であり、ここからは柵の存在と関わるという共通項がうかがえた。

　さらに「職員令」大国条には、守一人に本注を施してその職掌をあげ、次いで「其陸奥出羽越後等国兼知二饗給。征討。斥候一」とある。そして義解は「謂。饗レ食幷給レ禄也」とし、令釈も同一見解であるという。穴記は、「謂招下慰不レ従二戸貫一之輩上意耳」と解している。朱説も「饗給。未レ知。何人饗給。若外賤饗給歟何」との疑問を呈している。[26]

　この三か国のみに特に規定される「饗給」は、食事の饗与と、禄の支給を意味しており、「不レ従二戸貫一之輩」

を対象としたものであることが明らかである。

そして他ならぬ狭布が、この禄にあてられたことが、出羽国では確かめられる。『類聚三代格』巻一八、貞観一七年（八七五）の太政官符に、

右得二出羽国解一偁。撿二案内一。従二貞観六年一以降。正税帳所二立用過給一狄禄。狭布二万五千六百九端。具録載二不与前守安倍朝臣比高解由状一。進レ官已畢。厥後国吏等依レ例給レ饗行レ禄。而帰来狄徒毎年数千。過給之数及二一万三千六百端一。今以二有レ定之禄一。給二無レ限之徒一。人衆物寡。渓谿難レ塡。夫夷狄為レ性。無レ遵二教喩一。啻対二恩賞一。纔和二野心一。望請。准二先例一被レ定二年料一万三千六十端一。然則所司不レ労二勘出一。国吏無レ煩二遷替一。謹請二官裁一者。右大臣宣。奉レ勅。宜下以二一万端一定為中年料上。若調狭布不レ足。以二正税一買充。但過行以二国司公廨一塡納。立為二恒例一。

とあり、また『延喜交替式』にも、

凡出羽狄徒禄調狭布。以二一万端一定為二年料一。若調狭布不足。以正税買宛。但過行以二国司公廨一塡納。

とある。つまり出羽の調の狭布が、蝦狄の年料の禄に充当されたのであった。

このこととの関わりで注目されるのが、『延喜式』民部上の諸国の貢調に関する規定に、

其陸奥。出羽両国。便納二当国一。西海道納二大宰府一。

とあり、さらに「其出納帳並附二正税帳使一申送」と割注を加えていることである。つまり陸奥・出羽両国の調庸は、中央への貢進を必要とせず、両国の国府へ納めればよいとされているのである。このことは陸奥・出羽両国の調庸物が、律令国家への貢納物でありながら、それが現地での用途を念頭に、徴収されていたという事態を想定させる。とすれば狭布の徴収が、特に陸奥・出羽・越後の三か国に限定されていたことも、それが中央での需要を見込んでのことではなかったと考えられよう。つまり狭布は、陸奥・出羽・越後の三か国で、京進を前提と

せず、あくまでも現地での要用に向けて生産されたのではなかったろうか。

前掲の貞観一七年の官符によれば、貞観六年以降、前任国司安倍高時の代の狄禄の過給分が、二万五六〇九端に達したという。そして高時転任後の過給の狄禄も、すでに一万三〇六〇端に及んでいるという。それはひとえに「以㆓有㆑定之禄㆒。給㆓無㆑限之徒㆒」という状態であった「帰来狄徒」の増加に起因するという。出羽国解の主張するところでは、先例に準じて一万三〇六〇端を、年料として定められんことをもとめている。そこで一万端が、年料として認定されるのであるが、それは調の狭布をもってあてたものであった。そしてそれ以上の狭布の不足分については、正税をもって買いあてることとされ、その過給分については、国司の公廨をもって塡納することがもとめられている。

このことからすると、出羽国で調の狭布が京進されなかったのは、当初から狄禄に充当することを期したためではなかったろうか。「先例に準じて」年料を定めることを乞うていることは、調庸の狭布をもって狄禄にあてることが、新規のものでなかったことを表わしていよう。出羽国においては調がこうしたかたちで、年料として支出されるか、あるいは正税をもって買いあてられ、蝦夷の禄にあてるという用途があったため、調庸の京進が行われなかったと見られる。そしてこのように調を京進しなかった理由は陸奥国でも同様であったと推定することが許されるとすれば、陸奥・出羽両国で狭布が賦課されたのは、それらが蝦夷の手に渡る経緯はどうあれ、究極的には蝦夷の禄とすることを期してのことだったと考えるべきであろう。

おそらく越後においても、蝦夷の居住域と境を接してはいないものの、柵の存在から推定して狄禄を給すべき対象があり、ゆえに庸の一部を狭布で輸すこととされたものと見て大過なかろう。

そして『延喜式』段階のこうした規定の一方で、先述のように天平宝字年間には、陸奥の調布が京進されていた事実があった。[27] このことは、陸奥出羽の調庸当国納入の規定の成立が、さして古いものでないことを示してい

よう。平川南氏は、『類聚三代格』承和一一年（八四四）九月八日の官符に、

此国年中所収息利。調庸租地子等。積貯特多。無レ処二納置一。……

とあり、また斉衡三年（八五六）の官符によれば、陸奥・出羽両国から調帳、および調の使途を明記した用度帳が提出されている(28)ことから、すでに調庸物の当国使用が承和一一年まで遡りうるとした(29)。

さらにこれに先行して、天平神護三年（七六七）からは大宰府・陸奥・出羽の官人の位禄が当国で支給されることとなり、また神護景雲二年（七六八）には、陸奥の調庸は運脚の負担を軽減するために国に収めおき、一〇年に一度京庫に進納することとされた経緯がある。

陸奥ノ国言ス。……又当国舂《ツキ》運ブ二年粮ノ料稲卅六万余束一ヲ。徒ニ費シテ二官物一ヲ。弥致ス二民ノ困一ヲ。……

……又此ノ地祁寒ニシテ。積雪難レク消エ。僅ニ入テ二初夏一ニ。運レンデ調ヲ上道ス。梯レシ山ニ帆レシテ海ニ。艱辛倫サニ至レリ。秋之月ニ。乃還ル二本郷一ニ。妨クル二民ノ之産一ヲ。莫レシ過タルハ二於此一ヨリ。望ミ請ラクハ。所レノ輸ス調庸。収置テ二於国一ニ。十年ニ一度。進納ント二京庫一ニ。許レス之ヲ(30)。

これが一〇年分の調庸を一括して運京したのか、あるいは一〇年に一度だけ、その年の調庸を運京することを規定したのか明確とは言いがたい。しかし律令国家が、中央の毎年の要用に、陸奥国の調庸分を計上しなくなったことだけはいえるだろう。このように陸奥の調庸が、中央での予算枠から除外されてゆく過程で、調庸布が凡布と称された規格サイズの並品から、狭布の輸納に代えられていったのでなかったか。のちに述べるように狭布は、中央の衣料生産の用布としては適さない規格の布であった。そこで調庸が陸奥出羽等の国で生産し消費されるというルートが確立して初めて、狭布での輸納が許されたものと思われる。とすれば凡布から狭布の輸納への変更は、位禄の現地支給、調庸の一〇年一度京進制という制度の成立によって、その機は熟していたと考えられ、調布が京進されていたことが確かめられる天平宝字年間（七五七～六五）以降、承和一一年（八四四）を待たず、

比較的早い時期に比定しても大過あるまい。

第六節　公服と織機

以上見てきたごとく、陸奥・出羽そして越後三国の狭布の賦課は、蝦夷の料として給付するために行われたものと推定できる。とすれば蝦夷にたいして、ことさら狭布という特別な規格の布が給された事実は、律令国家が蝦夷をどのような存在として位置づけようとしていたかを物語ってくれる。

先にも述べたように律令国家は諸国の調庸布の規格を統一し、これに基づいて朝服、制服などさまざまな公的衣服の調達を行おうとした。しかし陸奥・出羽両国では、調庸は、その多くが狭布で輸すこととされた。このことが蝦夷社会の衣服慣行、あるいは衣服制に、どのような影響をあたえただろうか。

『延喜式』大蔵省の、賜客例には、蝦夷や俘囚に賜与すべき禄の数量があげられている。

蝦夷第一等。布十六端。第二等。布十五端。第三等。布十三端。第四等。布十端。第五[第]六等。布各八端。俘囚外五位。絹三疋。綿十屯。外六位。准二第二等一。外七位。准二第三等一。外八位。准二第四等一。外初位。准二第五等一。訳語人有位。准二当位一。無位。布一端。六位已下細屯綿七屯。

ここで蝦夷は、いわゆる蝦夷階に基づいて、第一等が布一六端、以下五、六等の布八端にいたるまで、差等を設けて賜禄を行うという基準が設けられたことがわかる。俘囚については外位があたえられ、その位階に准じて、外五位が特に絹三疋、綿一〇屯を賜与されるのを例外として、外六位は蝦夷階の第二等に准じ、外七位は第三等というように、蝦夷の場合の位階に准じた賜禄の額にならうこととしているのである。

そしてこの賜禄が中央でなく、陸奥や出羽国など、当地で行われた場合の財源こそが、先に見た「狄禄」に充てられた調の狭布だったと考えられよう。つまり陸奥・出羽[31]では、ここで「布」と称されているものが、蝦夷・

俘囚を対象とする賜禄では、通常の織り幅の調布ではなく、狭布が給されたと考えられるのである。とすれば律令国家は、特に蝦夷や俘囚については、衣服制の上での同化を図ることを考えていなかったのではないかという推定が可能になってこよう。

このことは、以下の点で非常に重要な問題をはらんでいる。この狭布は、陸奥国の例でいえば、「陸奥土人」に賦課されたものであった。そしてのちには広布を課されていた黒川以南の浮浪人についても、「狭布」での調庸貢上が許可された。そしてこの布は、京進されることなく、陸奥国内で消費され、蝦夷や俘囚の給禄にもなっているのである。つまり狭布の生産と消費の過程は、少なくとも『延喜式』の段階では陸奥国内で完結し、狭布の生産は、中央での需要に応えてのものではなかったことが知れる。律令国家が東北の住民に、諸国と異なった狭い幅の布の生産を命じ、しかもその布を東北域でのみ消費させるという、生産と貢納と給禄と消費の、循環の輪を設定したことは、律令国家の陸奥・出羽両国の位置づけに、きわめて規定的な要因になると筆者には思われる。なぜなら布の規格は、その布で作られる衣服の形状を規定せずにはおかないからである。

調庸布は、やがて銭貨にとって代わられるべき、物品価値、労働価値などの価値表示体系の基準としての、現物貨幣的な機能を担っており、その最小単位として、長さ一丈三尺の常布が設定されていたことが、吉川真司氏によって明らかにされている(32)。そしてその規格や合成法に関しては、布が最終的には衣服制作の素材である以上、中央での衣服の裁断、縫製法にそった用布量に基づいて決定されたものと想定されよう。

角山幸洋氏は、布は最終使用用途である衣料消費の合理的利用を考慮せず、恣意的に織物生産が行われることはまずないだろうとし、また織物自体が短く裁断してあれば、実用的価値が著しく減殺される場合のあることを指摘する(33)。つまり衣服制作という究極の目的のもとに、布製品の規格が決定されたのであり、具体的には律令国家側の朝服、制服等の衣・袴の用布量を念頭に定められたものと考えられる。

ところで角山氏は、正倉院に伝わる写経事業従事者や、楽衣服の裁断法の分析から[34]、絹の場合、身頃は織物を二幅合わせた形で裁断するが、布の場合には一幅で身頃を裁断していることを明らかにした。つまり調庸布の織り幅が二尺四寸に定められたのは、身幅の寸法に規定されたゆえであり、身体を動かせるゆとりのある織り幅として、二尺四寸が要求されたものと考えられる。布についてのみ、一幅二尺四寸をそのまま身頃に利用したのは、絁のように二幅を合成して衣服を制作するより、裁断、縫製の面で合理的であったからという。絹ではなく安価な布を素材とする衣服の制作において、より合理化が図られたのは、当然ともいえよう。

また角山氏は、単袍を作製するのに必要な布一丈九尺、単袴の用布七尺の、計二丈六尺が、「賦役令」の規定での庸布一段の規格となったとする。また調布が五丈二尺をもって一端と規定されたのは、袷袍、袷袴を作る料であったからとする[35]。とすれば調庸布の規格は律令国家の公的な衣服である袍袴という形式の衣服を作ることを前提として定められたものであったといえよう。以上見てきたごとく、布製の衣服を裁断するに際し、その全幅を身頃の幅として利用するために二尺四寸の寸法が必要であったし、また二丈六尺、五丈二尺という長さがひとえや袷せの袍袴を縫うのに必要な用布量として、国家によって規定されたのであった。

この想定のもとに陸奥・出羽両国の、狭布の規格について考えてみよう。先にも見たように狭布の規格は、『延喜式』の段階では一尺八寸の幅に織り上げ、長さ三丈七尺を一端としていた。この期には調布自体も、長さが四丈二尺に短縮されているが、幅は依然として二尺四寸である。いったいに衣服は、その形は変わらないにしても、時代によってゆるやかに仕立てられたり、細身になったり、また長くも短くも変化するものである。そうしたなかで『延喜式』の調布の一端の規格が当時の袍袴を作る布の用量を反映しているとすれば、狭布の一端は幅の面でも長さの点でも、ひとえにせよ袷せに仕立てるにせよ、袍袴の用布として適しているとは言いがたい。律令国家が狭布で課した陸奥出羽両国の調を、京進せず、両国の国府へ納入することとした理由は、ここにあると筆者は考える。つまり狭布は中央での需要に対処した規格の布ではなかったのである。では何ゆえに狭布という特殊なサイズの布が織られたのだろうか。それはまずは辺境の住民にたいする優遇策としてではなかったかと推定してみる。

二尺四寸という織り幅は、七一・二センチにあたる。こうした広幅の布の織成が、当時の庶民が備えていた織機では不可能であったという指摘がある。(36)弥生時代の織機では、布幅は三五センチを越えるものは織れなかったと考えられているし、(37)八世紀にいたっても、弥生期の原始機に、機台が付いたいわゆる地機が一般的には使われたと推定されており、(38)織り幅が飛躍的に広くなったとは考えにくいのである。こうしたなかで、調庸布として二尺四寸の幅の布の貢上が課されたのは、先に見たような、袍袴を機能的に裁断するための、国家の側の都合によるものであった。一方民衆の側が、地機を用いて織った布は、その幅にふさわしい衣服に仕立てられたに相違なく、それが筆者がかねてから主張している「貫頭衣」の系統を引く衣服であったと思われる。

ともあれこうした在地の織機では対応できない織り幅の布の貢納は、当然困難を伴うものであった。天平八年（七三六）に調庸布の織り幅が、二尺四寸から五寸狭い一尺九寸に改定されたのは、貢納者の側の事情を斟酌したうえでのこととされる。(39)しかしながらこの改定にもかかわらず、正倉院の衣服の裁ち縫いから推定復元される当時の布の織り幅は、一例だけ一尺六寸の布で裁断されたと思われる布袍があるほかは、最小でも二尺を下まわるものはなく、おおむね二尺四寸前後に集中している。(40)このことは、中央では二尺四寸という広幅の布に対する需要が高く、天平八年の制は程なく改められて旧に復したことを意味していよう。事実『延喜式』の調布の規格も二尺四寸であった。

こうした二尺四寸幅の布の中央における需要にもかかわらず、『延喜式』主計上に見たとおり、陸奥・出羽そして越後では、陸奥に総計三三端の広布が課されたほかは、かかる規格の布が課されることがなかったことが、一体いかなる事態を招来したと考えられようか。陸奥・出羽両国の土人にたいする賦課というかたちで生産され、陸奥・出羽両国の内部で蝦夷の禄として消費された狭布は、この地域の衣服制、衣服慣行に多大な影響をあたえたに違いない。なぜなら『延喜式』の段階には布の袍袴は、幅二尺四寸、長さ四丈二尺の調布の全幅を用いて裁断されたと考えられるが、狭布の幅一尺八寸、長さ三丈七尺という規格では、調布と同じ裁断方法で袍袴用量の布を裁つことは不可能だからである。

このことは、中央政府は、陸奥・出羽両国においては袍袴の着用を徹底させることを、放棄していたことを推定させる。布の規格の変化は、衣服形態の変化を一定程度反映せざるをえないものとすると、少なくとも異なる規格の布について、陸奥・出羽両国のなかだけで生産・消費のサイクルの輪を閉鎖的に完結させてしまったことは、両国の衣服制、衣服慣行を、律令国家のそれと同化させようという意志を国家が放棄していることを示していると考えられよう。おそらく陸奥・出羽両国に狭布が賦課された当初の意図は、一尺八寸という規格が、庶民レベルで自家生産できる布幅の、最大限だったからではなかったか。

古代に一般的に使われたとされるイザリ機の織り幅は、織り手の腰幅に規定されざるをえない。角山幸洋氏によれば、織り幅は杼通《ひとお》し操作する両手の動作範囲に限定され、最大五〇センチを越えることは困難であるとされる(41)。天平尺の一尺八寸は五三センチであるから、狭布の織り幅はこれが織り手がひとりで杼を操作できる限界であったといえよう。これを越えて二尺四寸となると、織り機に二人が並んで杼通しをしなくてはならず、織機の構造の改造が要求される。あるいは調庸の請負生産に依存せざるをえないという事情も想定され、それらが広布を課された陸奥の浮浪人が「織作之労、難易不同(42)」と訴えたゆえんでもあったろう。

狭布の賦課は結局のところ、辺境の土人優遇策の一環としての性格が濃厚である。そして狭布の貢献は、中央での需要を期してのことではなく、おそらくは蝦夷・俘囚の禄としてあたえるものとされ、京進されずに陸奥・

出羽の国内で消費されることになったのであった。このように見てくると、狭布は辺境居住民の需要に向けて辺境で生産されたものであったことが明らかである。そして狭布からは律令国家の公的な衣服を製することは難しかったとすると、国家が辺境居住民については、衣服の同化政策による公民としての一元化を、放棄していた事態が看取されよう。つまり中央での公服制作の需要に応じたものなら、狭布という特別規格の布の貢献が許されるべくもなかったと考えられるが、辺境居住民の衣服の素材として消費されるという前提でそれを許したのであった。これで製した衣服は、必然的に中央のそれと形態的に異ならざるをえなかったと考えられるが、中央はそれを容認したと見られるのである。

第七節　狭布の細布胸合わじ

狭布で作られる衣服が、中央のそれと形態的に異なっただろうことを間接的に教えてくれるのが、中世、多くの歌に詠みこまれた「けふのほそぬの」（＝狭布の細布）である。白河天皇の命によって撰集され、寛治元年（一〇八七）に最終的な完成をみた『後拾遺和歌集』には、能因法師の作として、

錦木は　立てながらこそ　朽ちにけれ　けふの細布　胸合はじとや

という歌がおさめられている。この歌の題材になったのは、人々の少なからざる関心を集めていた陸奥の説話である。『能因歌枕』に「にしき木とは、たきぎをこりて、あづまのゐびすの、よばふ女のもとに、けさう文につけてやるをいふ」とあり、陸奥には、求婚の印に男が毎日、女の家の門に錦木を立てるという風習があったらしい。女が了承すると、何日かのちに木を取入れ、恋は成就するが、そうでないと、門さきにほうっておくのだという。ある男は、三年間錦木を立てつづけても思いが通じず、ついに恋こがれて死にいたったという。この錦木説話は広く流布したらしく、多くの歌がこれをめぐって詠まれた。

天永二年（一一一一）から永久二年（一一一四）のあいだに述作されたという歌学書、『俊頼髄脳』では、まず「錦木」を詠った歌をあげてこの悲恋の説話を紹介し、さらに先掲の能因の歌を示し、さらに、

みちのくのけふのほそぬのほどせばみ　胸あひがたき恋もするかな

の歌をあげて、次のように解説している。

この、けふの細布といへるは、これもみちのくにに、鳥の毛して織りける布なり。おほからぬものして、織りける布なれば、機張もせばく、尋も短ければ、上に着る事はなくて、小袖などのやうに、下に着るなり。されば、背中ばかりをかくして、胸まではかからぬよしを詠むなり。

ここでは狭布は、鳥の羽で織ったことになっている。その材料の稀少性ゆえに、幅も長さも短く織られたという。そして特別に狭少な規格であることから、狭布で製した衣服は前身頃のうちあわせが合わず、胸が開いたままになると説明している。謡曲にも、この伝承を素材にした世阿弥の作品と伝える「錦木」という曲があり、「錦木」と「鳥の羽にて織りたる狭布の細布」が、ともに陸奥の名産品というかたちで登場する。ここでも「また細布は機ばかり狭くて、さながら身をも隠さねば、胸合いがたき恋とも詠みて……」とあって、狭布で作った衣服は幅の狭さのゆえに胸でうちあわせられないことから、胸合いがたき恋のたとえに詠まれたと語られる。こうした衣服では胸が露出せざるをえず、それゆえ小袖のように肌着として着用されたという『俊頼髄脳』の解釈も生まれたものであろう。(43)

以上のような和歌説話に登場する狭布を、『延喜式』段階の狭布と同次元のものとして捉えてよいかどうか、伝説上のことでもあり、問題はあろう。狭布の素材が鳥の羽だとする伝承は、後世の附会で、おそらく粛慎の羽の伝承(44)に見るような、北方系民族と鳥羽の関係に由来するものと思われる。なぜなら平安時代には粛慎の羽がいくつかの史料に見え、民族の特産として知られていたことが推定されるからである。(45)若月義小氏によれば、中国

北方の蛮族を称するのに用いた「狄」と、蝦夷の「蝦」を結び合わせて作った「蝦狄」という言葉が創出されたのは、蝦夷と粛慎を一括する用語として、用いるためだったという(46)。とすれば北方居住民のなかに粛慎を包括する中央での捉え方があったことがわかるが、その結果陸奥の居住民と粛慎のイメージが混交され、陸奥狭布の素材も、粛慎の特産品とみなされていた鳥の羽だとする伝承を生んだのではなかったろうか。

中世に陸奥国北西部、現在の秋田県鹿角市や、鹿角郡のあたりを狭布郡と俗称するようになった。狭布郡の初見は保延年間（一一三五～四一）に成立したとされる『奥義抄』である。狭布の貢納に由来するとされ、『奥義抄』は狭布を「みちの国の狭布の郡より出たる布なり」と解している。「狭布の里」は陸奥の歌枕として用いられるようになる。謡曲「錦木」の舞台も、陸奥の狭布の里である。

このように地名にも転化されるほど著名であった狭布ではあるが、現実に都の人々が手にしていたかというと、鳥の羽で織ったとされること自体、これが伝説の産物だったことの証しであり、疑問とせざるをえない。ただ狭布が中央ではその狭少さを知られ、「胸あひがたき恋」、つまりかなわぬ恋のたとえに用いられるようになったことは確かであろう。要するに狭布は、中央の人々の手にした布と比較して、その布幅の狭少さが人々の脳裏に印象的に刻まれたのであった。それが『能因歌枕』に見たように、「あづまゑびす」のものと認識されていたことに、あらためて注意を喚起しておきたい。「けふのほそぬの」は、『延喜式』段階の狭布を、その幅の狭少さという属性において強調的に反映した、都人士の境界領域にたいするエキゾチシズムの所産であったといえよう。

ところで『延喜式』段階の狭布と、「けふのほそぬの」の共通項を、如上のように認めるとすれば、狭布の供給しか受けなかった陸奥・出羽の蝦夷や俘囚は、どういう形態の衣服をこの布から製しえただろうか。少なくとも中央での衣服の裁断、縫製法では胸部を覆うことができなかったとすれば、彼らの衣服は、狭布を素材とする限り、中央との別形態のものを製すべく方向づけられていたといえよう。時代はくだるが『倭訓栞』には、狭布をけふといふは音を略す、……後拾遺集にけふのほそぬのむねあはじとや見えたり、けふのせばぬのともいふとぞ、津軽あたりには田を種る服に製す、たくりぬのといふともいへり……

と、田植えに着る労働着として狭布が利用されたとしている。想起すべきは、『俊頼髄脳』が「背中ばかりを隠して胸まではかからぬ」と、狭布で作った衣服を説明していることである。田植えをはじめとする農作業の際の衣服は、なによりも背中を太陽光線から守るために必要であり、編むよりはるかに効率のよい織布で製した衣服が、農耕の開始とともに着用されたという説がある(47)。換言すれば衣服は背中の保護が急務であり、前身頃をきちんとうちあわせて胸を覆うことは、必ずしも要求されなかったのである。つまり中央の裁断、縫製方法に依拠した衣服であっても、衣服の機能としては問題はなかった。

筆者は我が国では弥生時代以来、基層には貫頭衣の系統の衣服を着用する文化が連綿として存在したと考えている。律令国家がいかに袍袴形式の公的衣服の着用を強制しようと、それはあくまでも公的な空間に限定してのことであり、一般庶民の日常の衣服は、貫頭衣の範疇をでるものではなかった。この衣服は、要するに和服の袖を取り去り、丈を膝までの短さにしたものである。前身頃はうちあわせて紐で結んだと想定される。こうした形式の衣服を着て胸をはだけてしまうか否かは、材料の布の幅に規定されよう。

養老七年（七二三）八月の太政官処分において、衣冠の違制が指摘されている。ここで文武官人雑任以上の衣服が「或冠纓長垂。過越接レ領。或領ニ細綾一。露ニ其胸節一。或袴口所レ括。出ニ其脛踝一」とあって、胸を露出し、脛踝をむきだしにする人々の存在が確かめられる。これを筆者はかつて、貫頭衣の系統の衣服を着ていた人々が、いまだ律令国家の公的な衣服の着用に慣れない姿として捉えたことがある(48)。旧態の衣服が、自家生産の布の幅に規定されて、「露ニ其胸節一」すものであったろうことは、容易に想像がつく。そうした状態が常であったからこそ、新制の衣服を着ても、胸をきちんと覆う着こなしに慣れなかったと、推定できるからである(49)。

おわりに

狭布を禄として受けた蝦夷や俘囚が、以上見てきたような貫頭衣の系統の衣服をあつらえたのか、あるいは彼ら固有の衣服を作ったのかを直接知る史料はない。しかし狭布からは律令国家の公的な衣服、朝服や制服の類を、中央におけると同じ裁断、縫製法からは、調製しようがないことがまず重要である。そしてこうした公服を作るには規格外としか言いようのない布を、どういう範囲の蝦夷に賜与したかを見ることによって、衣服形態の推察がある程度可能になってくる。

今泉隆雄氏は、貞観一七年（八七五）の官符に見える年料の狭布一万三〇〇〇端の申請は、膨大な数値であり、有位者の夷狄のみに支給対象が限定されていたのではなかったろうとする。[50] つまり禄物賜与は、この場合位階の授与者という範囲を越えて、広く夷狄の諸階層に及んだことが推定されるのである。出羽国の解から推察するに、そうした人々が毎年狭布を禄として支給されていたと考えられるが、彼らに律令国家の公的な衣服を着用しなければならない儀式の場面への出席が、予定されたことはまずありえないだろう。とすれば位階を受けない夷狄が、狭布を素材に製した衣服は、律令国家の公服ではなく、彼ら固有の衣服だったと見るほうが自然である。国家の側が、狭布の支給をあえていとわなかったのは、こうしたところにも理由のひとつがあったのではなかったろうか。

ただし熊田亮介氏は、貞観一七年の官符の狄徒は、位記保有者であったとして、布を支給される外六位以下、外初位までの平均支給額を一一・五端として、一万三〇六〇端を、一一三五人分と試算した。[51] この数値が位階保有者の人数として膨大にすぎると見るべきか、判断の難しいところではある。しかしこれが毎年位階を贈与される人々の数だとしても、いずれにせよ膨大な量の狭布が、蝦夷社会に行きわたったことは確かであり、これが位記所有者ばかりでなく、その系類の多くの人々の衣料として用いられただろうことは間違いあるまい。

ともあれ律令国家が蝦夷、俘夷については、衣服制のうえでの一元化を企図しなかったことを意味しており、この点において律令国家が、彼らを「異類」の状態に留保しようとしたことを暗に示しているのではないだろうか。

なぜなら先に見たように「異類」は、具体的形象の異同を指標に称されるものであったが、視覚的にその最も主要部分を占める身体表装としての衣服制の異同が、「異類」の指標として大きな比重を占めていると思われるからである。

国家が蝦夷を異類のままに留保しようとした徴証は他にも見られる。北海道の恵庭遺跡は、東北北部の群集墳の影響を受けて築造されたという北海道式古墳の類型に属する、小規模円墳である。築造年代は八世紀から九世紀後半までで、続縄文文化から擦文文化への移行期のものと考えられているが、ここから銙帯《かたい》様金具が三個出土している。この銙帯金具は、もとは一本の帯を構成していたと見られるのに、それぞれ形が異なり、装飾についても一つは金銅製、二つが銅製と、まちまちの「合わせもの」であった(52)。これが銙帯金具といわず、銙帯様金具と称されるゆえんである。

阿部義平氏は、馬具の一部にも銅製の鉸具が使われることがあってこれが銙帯のそれと形制同じで混同しやすく、恵庭の柏木二号墳の鉸具も、銙帯の部品でない可能性が強いとする(53)。しかし関口明氏は、出羽国に朝貢した渡嶋蝦夷に位階があたえられたが、これに対応する革帯に付けられた飾り金具であったのではないかと推定する(54)。

これが合わせのもので、位階に厳格に対応するものではなかったとすれば、出羽国で蝦夷の饗給に際してあたえられた位階、いわゆる蝦夷階は、律令的位階制の枠組みを逸脱したものであり、蝦夷は帰降して位階を授けられたとしても、その佩する革帯の視覚的表象からも、律令国家の位階制秩序のなかに確とした位置づけを持ったとは考えられず、衣服についてもそれが王民制秩序の表象としての袍袴の制による衣服の着用が不可能な状態におかれたことは、俘囚が王民身分への編入を棚上げにされたことを象徴的に示しているのではないだろうか。[55][56]

最後に第一節の冒頭で述べた、なぜ隼人は蝦夷と並んで夷狄に分類されるにもかかわらず、「異類」と称されることがなかったのかという問題に言及しておこう。『延喜式』の段階で陸奥に狭布が課された一方、大隅・薩摩両国には、諸国と等しく調布が課されていた。諸国のそれが三丁成端であったのにたいし、両国では四丁成端と、負担が軽減されている。それは「賦役令」辺遠国条に基づいて、夷人雑類の調役が軽減された結果であって、隼人の調布の品質が優れていたためではないであろう。両国の調布は、規格としては諸国の調布と変わるものではなかった。

また「延喜民部式」は西海道の調庸の大宰府納入を規定するが、隼人の調布は三年分の大宰府の雑用料を除いて、あとは貢綿使に付して京進することとしている。西海道諸国の調布の中で、特に隼人のそれが京進されたことの理由は明らかではないが、陸奥・出羽の調の狭布が京進されることなく、両国内で生産・流通・消費のサイクルを完結させていたことと対照的である。これらの事象は、隼人が律令国家によって「百姓」身分の範疇に分類されたのにたいし、蝦夷が「異類」を脱しえなかったことと軌を一にしているといえよう。[57]

（1）拙稿「魏志倭人伝の衣服について――貫頭衣・横幅衣の位相――」（『女子美術大学紀要』一四号、一九八四年）本書第二部第一章。

（2）拙著『古代国家の形成と衣服制――袴と貫頭衣――』（吉川弘文館、一九八四年）第一部。

（3）前掲注（2）拙著第二部、および拙稿「日本古代における民族と衣服」（『日本の社会史八』岩波書店、一九八七年）。

（4）前掲注（3）拙稿。

(5) 石母田正「日本古代国家における国際意識について――古代貴族の場合――」「天皇と諸蕃」（石母田『日本古代国家論　第一部』岩波書店、一九七三年）。
(6) 高橋崇氏は、東北住民を指していうこの言葉の使用例を抽出した。高橋『律令国家東北史の研究』（吉川弘文館、一九九〇年）。
(7) 白川静『字統』（平凡社、一九八四年）。
(8) 『日本三代実録』貞観一一年一二月一四日。
(9) 『日本後紀』弘仁三年六月二日。
(10) 『日本三代実録』貞観元年三月二六日。
(11) 『続日本後紀』承和六年四月丁丑条。
(12) 『貞信公記抄』天慶二年五月六日。
(13) 『一遍聖絵』第八。
(14) 石上英一「古代国家と対外関係」（『講座日本歴史二　古代二』東京大学出版会、一九八五年）。
(15) 斎藤利男「中世の奥羽と蝦夷島」（『歴史評論』四九三号、一九九一年）。
(16) 伊藤喜良「日本中世における国家領域と異類異形」（『歴史学研究　一九八七年度大会報告特集号　世界史認識における国家』一九八七年）。
(17) 景行紀二七年二月条。
(18) 景行紀四〇年七月条。
(19) 『続日本紀』和銅五年一一月一日条。
(20) 高橋崇氏は、出羽が建国されているにもかかわらず、越後があげられる理由を、淳足・磐舟・越城等の柵の存在と関わると考えている。高橋「東北支配の律令制」（前掲注6高橋書）。
(21) 高橋崇『蝦夷』（中公新書、一九八六年）。
(22) 『類聚三代格』巻八、調庸事。
(23) 『大日本古文書』二五―三一七。

(24)(25)　関根真隆『奈良朝服飾の研究』(吉川弘文館、一九七四年)。
(26)　大宰府の帥の職掌に、饗讌があげられている。「職員令」。
(27)　「造寺雑物請用帳」『大日本古文書』二五―三一七。
(28)　『類聚三代格』斉衡三年三月八日官符。
(29)　平川南「陸奥・出羽官衙財政について」(『歴史』四八号、一九七五年)。
(30)　『続日本紀』神護景雲二年九月壬辰条。
(31)　ここでなにゆえに越後国をあげないかといえば、陸奥・出羽の両国だけが調庸を京進しないからである。
(32)　吉川真司「常布と調庸制」(『史林』六七巻四号、一九八四年)。
(33)　角山幸洋「写経事業従事者の衣料について」(『南都仏教』一五号、一九六四年)。
(34)　正倉院の衣服については、山本らくの詳細な調査報告がある。山本「日本古代被服構成技法の観察」正・続(『共立女子大学紀要』一・四号、一九五五・五九年)。
(35)　前掲注(33)角山論文。
(36)　角山幸洋「古代紡織具の構造と調庸絁布」(『愛泉女子短期大学紀要』二号、一九六七年)。
(37)　角山幸洋「弥生時代の布幅」(『風俗』四巻四号、一九六四年)。
(38)　前掲注(33)角山論文。
(39)　狩野久「律令制収奪と人民」(狩野『日本古代の国家と都城』東京大学出版会、一九九〇年)。
(40)　前掲注(33)角山論文。
(41)　前掲注(33)角山論文。
(42)　『類聚三代格』大同五年二月二三日官符。
(43)　中世の「挟布」については脇田晴子氏のご教示を得た。
(44)　林屋辰三郎「古代芸能の儀礼化と伝承者」(林屋『中世芸能史の研究』岩波書店、一九六〇年)。
(45)　『小右記』寛仁三年七月二五日、『御禊行幸服飾部類』所引「天仁大記」・「天仁元江記」。
(46)　若月義小「律令制国家形成期の東北経営――その実態と性質――」(『日本史研究』二七六号、一九八五年)。

(47) 西川宏「織物採用の歴史的意義」(『論集　日本原史』吉川弘文館、一九八五年)。
(48) 前掲注(2)拙著。
(49) 公服が完成品を支給されるのではなく、「様」にしたがって個々にあつらえるものだったとすると、彼らが自家生産した幅の狭い布で公服を作るケースも、当然想定しうる。それが「胸節を露す」という仕立てになったという事態も考えられようか。
(50) 今泉隆雄「蝦夷の朝貢と饗給」(高橋富雄編『東北古代史の研究』吉川弘文館、一九八六年)。
(51) 熊田亮介「元慶の乱関係史料の再検討」(『新潟大学教育学部紀要』二七巻二号、一九八六年)。
(52) 後藤守一「北海道における古墳出土遺物の研究」一・二(『考古学雑誌』二四巻二・三号、一九三四年)。
(53) 阿部義平「鍔帯と官位制について」(斎藤忠編『日本考古学論集二　集落と衣食住』吉川弘文館、一九八六年)。
(54) 関口明「北海道式古墳と渡嶋蝦夷」(『古代文化』三七巻七号、一九八五年)。
(55) 前掲注(2)拙著。
(56) 吉村武彦「古代の社会構成と奴隷制」(前掲注14書)。
(57) 伊藤循「律令制と蝦夷支配」(田名網宏編『古代国家の支配と構造』東京堂出版、一九八六年)。

〔追記〕　本稿成稿後、森明彦の「調庸布織成に関する二・三の問題」(『大阪経大論集』四二巻六号、一九九二年)に接した。このなかで氏は、二尺四寸の幅の調庸布は、従来いわれているように決して庶民のレベルでの織成が困難なわけではなく、したがって富豪層による請負生産を想定しなければならない根拠は、必ずしも存在しないとした。調庸布の織成が庶民の自家生産によって可能だとすれば、狭布の賦課が辺境民の優遇措置的色彩を帯びたものであるとする推定は、ますます後退を余儀なくさせられ、衣服形態上の問題に帰結させることが、より有効になったといえよう。

第四章　奉翳美人の「男装」について

はじめに

『続日本紀』天平一二年正月条は、次のように記している。

十二年春正月戊子朔、天皇御大極殿、受朝賀。渤海郡使・新羅学語等、同亦在列。但奉翳美人、更著袍袴。

飛驒国献白狐・白雉。甲午、渤海郡副使雲麾将軍己珎蒙等、授位各有差。即賜宴於朝堂、賜渤海郡王……

この年、聖武天皇は平城京の大極殿で、正月元日の朝賀を受けた。この儀式は、即位儀とならんで国家の「大儀」と位置づけられており、参列する群臣のなかに、渤海からの使節や、新羅学語らの姿も見えた。

さらに続けて、この日の儀式に参加した奉翳美人《ほうえいびじん》が、袍袴《ほうこ》を着用したという記事が見える。このくだりを直木孝次郎氏は、天皇が大極殿後房を出て高御座に入る際、天皇を取り囲んで翳をかかげ、天皇の姿を隠すことを使命とする奉翳美人たちが、朝賀の儀のあと、本来の女官の服装を着替え、袍袴をまとって、男装で、雄壮な男舞を舞ったものだと解釈された。

東大寺の大仏開眼会で行われた数々の歌舞のなかに、「袍袴」と呼ばれる歌舞があるが、氏によれば、この舞は『東大寺要録』にいう「唐女楽」にあたり、二〇人の袍袴をまとった女性、つまり男装した女性が舞う、舞楽であったろうと、推定されているのだ(1)。

佐原真氏は、このことと、中国唐代の墓室壁画に描かれている、男装女侍の群像の存在を結びつけ、古代日本の朝庭にも、男装の女官がいたことをこの記事が示していようと考えた(2)。

ところで直木氏のいうように、奉翳美人は、元正朝賀の儀に参列して、翳を天皇に差しかける任務をはたしたのち、舞を舞うべく、男装したと考えられるだろうか。もし彼女たちが、歌舞するために、あえて「袍袴」という、男性の装いをしたとするなら、それはいわば芸能における仮装のごときものと解するべき事態である。

しかし筆者は、奉翳美人が袍袴を着用したという記事は、単なる仮装としての男装と解釈すべきものではなく、元正朝賀の儀そのものにおいて、高御座へと進む天皇に付き従って、その姿を翳をさしかけて隠した際に、女官が袴をはいて奉仕したものではないかと考えている。そしてそのことには、儀式における女官の奉仕の意義をうかがわせるに足る、重要な意味が含まれていようと想定している。そこで以下、天平一二年の元正朝賀の儀をめぐって、奉翳美人の位置と役割について考えてみたい。

第一節　朝賀の儀と祥瑞奉献

ここで再び、この儀をめぐる『続日本紀』の記事に立ち戻って考えてみよう。このくだりは、聖武天皇が正月戊子朔の日に、大極殿に出御して群臣の朝賀を受けたこと、その儀式には、渤海郡使と新羅学語が、同じ群臣の列のなかにあって、参列していたことが、まず述べられる。

ここにいう新羅学語というのは、新羅を蕃国として従属させようとし、日本を化内、新羅を化外と位置づける意識から、化内の言語、日本語を、化外の民に強制するため、新羅人に日本の言語・風俗を学習・習得させる制度にのっとって置かれたものであった。天武朝に、三人が新羅使とともに来朝している[3]。のちには新羅使の遣使と同時に貢上されて定期的に交替し、将来日本に派遣される新羅使節の候補生として、日本語を学ばせられたらしい。また日本滞在中、新羅の国家を代表して、新羅の使節の役割を演じるため、我が国の国家的儀式に参列することもあった[4]。

つまりここでの新羅学語は、新羅の使節の代替として、朝賀の儀に臨んだのであり、天平一二年の元正朝賀の儀は、渤海・新羅二か国の使節の参加を擬制して、国際色ゆたかな大儀となったのである。

そして「但し、奉翳美人が、更に袍袴を着す」と、おそらくは通常の奉翳美人のよそおいとは違ったことが特筆されている。さらに飛驒国から白狐・白雉などの祥瑞の献上の記事が続くのだが、この文脈からすると、ここには一定の時間の推移が反映しているのではないだろうか。

なぜなら元日の儀礼は本来、元正朝賀の儀と、元日節会で構成されていた。『延喜式』太政官に、「凡元日朝賀畢、賜宴次侍従以上、大臣侍殿上行事。事見儀式」と見え、饗宴である節会に先行して朝賀の儀があったのであり、歌舞奏楽が行われたとすれば、朝賀が終わったあとの元日宴会の場であった。元日の宴での奏楽の最古の確実な記録は、『類聚国史』に、

延暦十四年正月庚午朔に、廃朝……宴侍臣於前殿、奏大歌及雑楽、宴畢賜被。

とある記載である。

ここからは、延暦一四年の正月は、朝賀は行われなかったものの、饗宴のみは開催され、大歌と雑楽が演奏されたことが理解されよう。つまり奏楽は、朝賀儀の一環として行われるのではなく、宴会の場で行われたものであることがわかる。

『大唐開元礼』から推定されるところでは、中国での元正朝賀の儀は、大極殿に皇帝が出御して行われる。そ

して宴会も、おそらく同じ場所で行われたようなのだが、我が国では、元正儀礼のうち朝賀が大極殿で行われ、会場を他の宮殿に移して宴会が行われるのが、基本形式であったらしい(5)。

そして祥瑞の献上は、「儀制令」祥瑞応現条によれば、大瑞は、出現に応じて表奏する規定であったが、上瑞以下は、国郡司から治部省に申告し、治部省に報告された前年一年分が、元日に一括奏聞されることになっていた。では元日儀礼のどの場面において奏聞されたのだろうか。

中国では、唐代には、朝賀の儀において、祥瑞の奏上が行われていることが確かめられる(6)。『大唐開元礼』巻九七は、「皇帝元正冬至受群臣朝賀幷会」と、「朝賀」と「会」が、別の儀であることを明言しており、かつ黄門侍郎による祥瑞の奏上は、朝賀の儀のなかに、含まれている。古瀬奈津子氏によれば、『大唐開元礼』における「会」は、朝廷の行事に付属した宴会で、日本の節会は唐における「会」を、『大唐開元礼』を参考に再編成したものという(7)。

『儀式』によって、元正朝賀儀と元日節会の儀式の推移を見てみると、日本でも祥瑞は、節会ではなく朝賀儀の構成要素であったことがわかる。

すなわち、郡臣の朝庭への参入、列立、天皇の高御座への出御、天皇が姿を見せる宸儀初見。そしてこれに群臣が磬折によって行う拝礼。ついで火炉で焼香を行い、皇太子の賀詞奏上と、これに対する宣詔。ついで、奏賀者の奏賀と、奏瑞者の奏瑞が行われ、これに対して宣命の賀詞が下され、天皇が退出し、群臣が退出するという次第である。その後天皇は豊楽院に移り、節会が行われるのである。

大宝元年、大極殿で行われた朝賀の儀は、七種の幢、幡が立てられ、蕃夷の使者も参列して、「文物の儀、是において備われり」とされた、のちの朝賀の儀の手本ともなるべき盛儀が挙行されたのであったが、ここでは祥瑞の奉献は行われず、四日の日にあらためて文武天皇は大安殿に御して祥瑞を受けている。新川登亀男氏によれば、この儀礼が、「告朔の儀の如し」と「続紀」に特筆されているのは、唐で永徽二年（六五一）以降、朔望朝参の儀式が、元日に准じたものに改定されたことに由来する可能性があろうとする。(8)

大宝二年の奏瑞も、八日のことである。日本において祥瑞の奏上が、元日に行われるようになったのは、元正天皇のころのことだとされる。(9)

白雉改元の時、先に献上された白雉をめぐって、これが故事に照らして祥瑞であることが、渡来人や留学僧たちへの諮問によって確認されると、「朝庭の隊仗、元会儀の如し」という大々的な祥瑞奉献の儀と、奉賀の式が挙行された。左右大臣、百官人等が、紫門の前に四列に整列し、雉を載せた輿を先頭に、中庭に入り、孝徳天皇に奉見されたのである。(10)

第二節　「元会」について

この白雉改元の記事にいう「元会の儀」とは、元日節会でなく、朝賀の儀を指していることを念のため確認しておこう。時代は降るが、霊亀元年の朝賀の儀についての「続紀」の記述がそれを確かめさせてくれる。

霊亀元年〔乙卯〕春正月甲申朔。天皇御メ二大極殿ニ一受クレ朝ヲ。皇太子始テ加テ二礼服ヲ一拝スレ朝ヲ。陸奥出羽ノ蝦夷幷ニ南嶋奄美。夜久。度感。信覚。球美等来朝メ。各貢ス二方物ヲ一。其ノ儀。朱雀門ノ左右ニ。陣二列ス鼓吹騎兵ヲ一。元会ノ之日。用ルヿ二鉦鼓ヲ一自レ是レ始ル矣。

この日は、前年立太子したばかりの首皇太子が、初めて朝賀の儀に臨席する、待望の日であった。その儀は、朱雀門の左右に鼓吹、騎兵が陳列するなかで行われ、陸奥、出羽の蝦夷、南島の奄美、夜久、度感、信覚、球美などが来朝して方物を貢上した。

ここに「元会の日に鉦鼓を用いること、是より始まる」とあるのは、朱雀門の左右に並んだ鼓吹を指しているものかと考えられる。『貞観儀式』には、天皇が朝賀の儀の時、高御座に座を定めると、鉦が打たれたり、御帳を垂らす際の合図に、鉦が打たれるとあるので、こうした朝賀の儀における、儀式進行の合図に打たれる鉦のことかもしれない。いずれにせよこれは蝦夷や南島人の朝貢を含んだ、朝賀の儀についての言及であり、したがって「元会の日」とは、ここでは朝賀の儀を指していることは明らかであろう。

とすれば白雉改元の時の祥瑞奏献の儀が「元会儀の如し」とされたのは、この段階で朝賀の礼がすでに整備され、定着していることを示しており[11]、また朝賀の礼における祥瑞奉献の儀式が、整えられてきたことをも示唆していよう。ただ、問題になるのは、「続紀」延暦元年一二月壬申条に、

詔ノ曰ク。礼制有テレ限。周忌云《コヽ》ニ畢レリ。元会之旦タ。事須ク二賀正一ス。但シ朕乍チ除テ二諒闇一ヲ。哀感尚ホ深シ。霜露既ニ変ノ。更ニ増シ二陟岵之悲一ヲ。風景惟レ新ニノ。弥ヽ切ニス二循陔ノ之変一ヲ来年ノ元正ハ。宜クレ停ム二賀礼一ヲ焉。

とあることである。この「元会之旦、事須賀正」との文脈からは、「元会」は、朝賀の儀と元日節会の双方を含んだ、元日の儀式総体を指すか、あるいは節会のみを指し、その朝に行われる儀が、特に賀正の礼を行う「朝賀の儀」であったということが読みとれる。

ここからは、少なくとも元日の儀式は、節会が主体になっていることが明らかであろう。おそらくこのことは、元日の儀式のうち、屋内で開催される朝賀が、雨や雪、風などによって中止された年でも、屋内で開かれる節会だけは開催されたことと関係しよう。朝賀とともに節会も廃止されるのは、諒闇の日など、限られた場合のみで、朝賀はなくとも宴会だけは開かれることが多かった。『内裏式』の割注に、

按旧記、天応以往、縦雖廃朝元日必会、延暦以来、受朝賀日、賜宴若経三日風雨不止者、雖不受朝、猶有宴饗。

とあって[12]、天候などにより、朝賀が中止にいたった場合でも、饗宴のみは必ず開かれることになっていった。朝

賀と宴会は、表裏一体のものながら、宴会の方がより重要度を高めていったのである。[13] こうした経緯のなかで、「元会」は、大化改新期や、平城宮における朝庭儀礼整備の時期には、朝賀の儀を指していたものが、次第に比重を増した饗宴の儀を指すようになったものと思われる。

『内裏式』七日会式に、「御坐定、開豊楽儀鸞両門、少納言逢春門外、大舎人同候、如元日会儀」とあるのも、この七日会式の次第が、このくだりの前段に記された「元正受群臣朝賀式幷会」のうち、「会」すなわち豊楽院での饗宴の儀に、

所司開豊楽儀鸞両門、未開先掃部鋪闈司座於逢春門左右、両門開訖、闈司二人、出自青綺門分坐逢春門南北大舎人詣門外……

と、大舎人が逢春門の門外に祗候したことを指している。つまりこの段階では、元日会すなわち元会は、元日節会を指していることが明白なのである。

このように見てくると、問題にしている天平一二年の記事においては、

天皇御大極殿、受朝賀。渤海郡使・新羅学語等、同亦在列。但奉翳美人、更著袍袴。飛騨国献白狐・白雉。

とある、飛騨国からの白狐・白雉の献上は、朝賀の儀においてなされたことと見るのが自然である。となれば奉翳美人が袍袴を着用したという記載も、元日節会の際の描写とみるよりは、朝賀の儀での服装であったと見るべきではないだろうか。

しかしこう考えるについて障害になるのは、『続日本紀』をざっと眺めわたしただけでも、朝賀の儀ではなく、元日節会の儀の記録に次いで、祥瑞の献上記事が見られる年が、少なからず存在することである。

このことからすれば、祥瑞奉献は、節会の場においてなされたかに見える。しかし「続紀」の元正朝賀儀・祥瑞奉献・元日節会についての記録を検討してみると、そうは考えにくいことがわかる。

『江家次第抄』によれば、

凡節会有大儀・中儀・小儀、即位幷朝賀等、謂之大儀、……元日・踏歌、謂之小儀、大夫以上預焉、其中儀・小儀皆著常袍。

とあって、朝賀は大儀であったが、元日の節会は小儀であり、おのずとその重要さの度合いが知られる。しかしそのことと、『続日本紀』に記録が残されているかどうかは、別問題である。

では、朝賀の儀・祥瑞奉献・元日節会の三者のうち、「続紀」編纂の過程で最も重視されたのはどれだろうか。霊亀二年の記録では、雨による廃朝の記事と、にもかかわらず節会のみは朝堂で行われた記録が見える。養老三年の正月は、朝賀の儀の記事のみが見える。これは、藤原武智麻呂と多治比県守が、皇太子であったのちの聖武天皇に付き添う「賛引」として、皇太子を助けて拝朝したものであり、こうした朝賀の儀での、通常とは変わった事態を、特記したものと思われる。

一方、養老五年は、祥瑞のみの記録で、朝賀も節会も言及されない。このように、祥瑞のみが書き上げられるのは、神亀二年、神亀三年の「続紀」である。ただし養老四年の記事は、

養老四年春正月甲寅朔、大宰府献白鳩。宴親王及近臣於殿上。極歓而罷。賜物有差。

と、祥瑞の記事に次いで節会の記録になっており、自然な時間的推移を想定させる。

養老六年は、前年末の元明太上天皇の崩御によって、朝賀は行われなかった。廃朝記事に続いて、母元明の死を悲しみ、「賀正するに忍びず、朝廷の礼儀、皆悉く停むべし」という廃朝の詔が引かれている。当然祥瑞についての言及はない。

問題になるのは、天平三年正月の記述で、養老四年の記事とは逆に、「天皇、御中宮、宴群臣、美作国献木連理」と、中宮での賜宴の記録に続いて、祥瑞の記事が見られることである。このことからすれば、中宮での元日

節会の際に、祥瑞の奉献が行われたかに見える。

元日節会が平城宮の中宮で行われるのは、天平元年を嚆矢にしている。そして以降、三年、五年、六年、七年、一〇年と、計六度にわたり、元日節会が中宮において持たれたことが記されている。この間、天平二年、四年、八年、九年、一一年、そして問題の一二年については、「続紀」に節会の記録そのものがなく、したがって元日節会が、中宮で開かれたかどうかは不明である。そして一三年は、恭仁宮で新年を迎えることになる。

つまり中宮において元日節会が開かれたのは、聖武天皇の時代だけである。しかも恭仁京に移るまでの、天平初期の一〇年間ほどに限られた、きわめて特殊な事態だったことが理解されよう。今泉隆雄氏は、中宮は、平安宮の豊楽院の原形になったもので、饗宴の際の天皇出御の場であり、具体的には、和銅創建の大極殿院を指すとする。和銅創建の大極殿、朝堂、いわゆる第一次朝堂院の東には、首皇子の東宮があったが、養老五年段階から、聖武天皇の即位を期し、ここを改造して、新たな大極殿、朝堂を造る工事が始められた。そして神亀元年の聖武の即位を機に、中央区から東区へ遷移したものの、宮内の改作は、なお続行され、天平元年まで継続したことが推定されている(15)。そして移転したあとの旧い大極殿院は、中宮と呼ばれ、新しい大極殿、朝堂が完成したことによって、その使命を完全に終えたため、新たに饗宴の際に、天皇が出御する場として機能することになったのである。

このように見てくると、元日節会における中宮での賜宴は、天平年間のしかも前半部、聖武天皇の時代に限定されたものだったゆえに、「続紀」に特筆されたものと見ることができるのではないだろうか。

天平五年、六年、一〇年と、「続紀」に朝賀の記録はないものの、中宮に出御しての元日節会と祥瑞の記事を掲げているが、これらも、以上述べてきたごとくの中宮賜宴の特殊性にかんがみ、特記されたものと見てまちがいないだろう。したがって、平常通り、天皇は大極殿で朝賀を受け、祥瑞の奉献の儀を経て、場を中宮に移し、元日節会を行ったものと考えられる。

以上のことから、私見では、「続紀」に朝賀についての記録がなく、祥瑞奉献と賜宴についての言及のみがある場合、それは朝賀が挙行されずに後二者のみが行われたということを意味しないと考える。例年どおり朝賀が行われながら、「続紀」編纂段階で、朝賀の記録が除かれただけだと見るべきだと考えている。それが証拠に、廃朝の記録がある年に、祥瑞奉献の記録だけがあるということは決してない。祥瑞奉献が特に記録されるのは、献上された祥瑞の種類や、奏上主体としての所轄官庁が、年ごとに違うからである。

橋本義則氏によれば、元日節会の儀は、朝賀儀や七日、一六日の節会にくらべて、私的な性格が強く、たとえ蕃客が来朝している時であっても、そして『内裏式』や『儀式』に、彼らの参列が規定されているにもかかわらず、元日節会に蕃客が招かれることは決してなかったという(16)。

この事実からすると、問題にしている記事の場合、渤海使も、おそらく新羅学語も、朝賀の列には加わったが、その後の元日節会の宴には招かれなかったと見るべきであろう。とすれば、この「続紀」の文脈では、外国使節の参列を特記したくだり、および飛驒国が白狐と白雉を献上したくだりは、当然朝賀の儀の一環としての祥瑞奉献について述べたものであることが、ますます明らかである。

このように見てくると、その朝賀におけるふたつの記事の間に挟まれた「奉翳美人が袍袴を着用した」という記事も、ここにだけ時間的経過の転倒があって、元日節会の記事が入り込んだとは考えにくく、当然朝賀の儀においての描写であると考えるべきであろう。

以上、非常に煩瑣な記述を余儀なくされたが、奉翳美人が袍袴を着用した場は、「続紀」の記載から見て、元日節会の場ではなく、朝賀の儀においてであった可能性があることを見てきた。いまひとつ注意を喚起しておきたいのは、「奉翳美人」という名称から見た、場の問題である。

第三節　奉翳美人の名称

奉翳美人は、元正朝賀の儀において、天皇が高御座に出入りする時、翳をかかげて天皇の姿をかくす役割の女官のことである。『儀式』や『内裏式』の記載では、女孺がこれに当たる。「続紀」で「美人」と称されているのは、中国唐代の後宮女官の制度の呼称をまねたものとされる[17]。『儀式』では、「元正朝賀儀」の次第は、次のように記載される。

大臣預点十二月十三日二点定ス即日奏聞殿上ノ侍従四人三位二人或ハ以二親王一ヲ為レ之ト四位二人並ニ左右各一人少納言左右各一人若有レ関者権ニ任奏賀奏瑞各一人簡ニ四位以上ノ堪レ事ニ者ヲ為レ之ト典儀一人ヲ通ニ用四位五位一ヲ並ニ奏聞定レ之ヲ前四日式部ノ丞録率ニ史生省掌等一ヲ進ニ八省院一ニ立レ標ヲ并ニ習礼令レ持ニ丈并ニ縄等之類一ヲ前二日所司宣ニ摂内外一ヲ各供ニ其儀一ニ前一日装ニ飾於太極殿一ヲ敷ニ高御座一ニ以レ錦ヲ高御座ノ南并ニ東西ノ壇上ニ敷ニ以ス両面一不レ至ニ東西ノ西一ニ各二間不レ至ニ南廂一ニ一間鋪ニ六幅ノ布単ヲ於軒廊一ニ鋪ニ二幅ノ両面ヲ於其上一ニ自ニ小安殿一属ニ高御座一ニ以備ニ御歩一ニ人不ニ敢ヲ踏一両面ノ辺ノ布単聴ニ御前ノ命婦等踏一張ニ斑幔ヲ於高御座ノ後左右一ニ也設ニ皇后ノ座ヲ於東幔之後一ニ鋪ニ褰帳ノ内親王ノ座ニ於高御座ノ東西二丈一ニ当テ南頭一ニ鋪ニ威儀ノ命婦ノ座ヲ於褰帳ノ内親王ノ座ノ後一丈五尺更ニ北ニ折五尺一ニ以レ南ヲ為レ上ト侍従立ニ於南廂第二ノ間一ニ以レ北ヲ為レ上ト執翳者ノ座ハ於ス東西ノ戸ノ前一ニ少納言ノ位氈ハ於シ南栄一ニ当ニ第一第二ノ楹ノ間一並左右相対ス内匠兵庫ノ両寮率ニ工部鼓吹戸等一ヲ（中略）

訖テ女孺十八人執レ翳ヲ三行就ニ戸前ノ座一ニ以レ南ヲ為レ上ト褰帳内親王二人若無ニ内親王一者以ニ三位已上若ハ王氏ノ四位五位一ヲ為レ之ト威儀ノ命婦四人以ニ三位已下五位已上一ヲ為レ之ト各一人同色相対ス以南ヲ為レ上ト各着ニ礼服一ヲ相分テ以レ次ヲ就レ座ニ侍従四人若不ニ帯剣一セ者権ニ帯ス以レ北ヲ為レ上ト服色同レ上ニ相分共ニ立次ニ少納言二人分テ入レ自ニ昭訓光範両門一（中略）皇太子折進テ至ニ銅烏ノ幢ノ下一ニ北ニ折テ就レ位ニ凡毎ニ曲折一必揖諸臣亦同皇帝服ニ冕服一ヲ就ニ高御座一ニ命婦四人以ニ内親王以下五位以上一ヲ為レ之ト服色同ニ威儀一ニ服ニ礼服一ヲ分テ在ニ御前一ニ至ニ御座ノ下一ニ立御座定テ引還更ニ供ニ奉皇后ノ御前一ニ于時殿下撃レ鉦ヲ三下皇后服ニ礼服一ヲ後就レ座ニ初皇帝御ニ高御座一ニ之時執翳ノ女孺左右各九人分進テ奉レ翳ヲ不レ待ニ皇后ノ着座一ヲ訖テ内親王二人褰ニ

御帳復本座執翳以次退復本座。

（中略――この間に、奏賀、奏瑞および宣命のことなどあり）

宣王公百官共称唯拝舞武官倶立振旗称万歳其声謁不拝舞待宣命者退復本列而止典儀曰再拝賛者承伝群官再拝訖左侍従在南者進当御前跪膝行俛伏曰礼畢還復位兵庫頭進申大臣云令撃垂御帳鉦大臣宣令撃頭称唯退喚鉦師名称唯頭命云撃垂御帳鉦鉦師称唯撃之三下復本列奉翳垂帳訖復本処皇帝入後房皇后還入如出儀兵庫頭進申大臣云撃退刀禰鼓大臣宣令撃頭称唯退喚鼓師名鼓師称唯頭命云撃退刀禰鼓鼓師称唯撃之訖復位諸門鼓皆応上下群官罷自上罷趨退鼓群官且罷不待諸門鼓止応又殿上者侍従先罷次少納言次執翳威儀褰帳等両氏閇門諸衛撃鉦解陣即還御豊楽殿。

いささか長きにわたったが、ここで注目すべきは、末尾の割注に、それぞれ執翳女孺、威儀命婦、褰帳《けんちょう》内親王を指して、執翳、威儀、褰帳の語があり、これらの語が、朝賀の儀に職掌を持つ女官の、いわば固有名詞化していることである。「奉翳」は、執翳女孺がとる行為としてのみ表記されており、たとえば「執翳女孺」の語は、『内裏式』にも『儀式』にも存在しない。直木孝次郎氏も指摘されるように、執翳と奉翳は、明らかに区別されているのである。(18)

では高御座へ進む天皇の姿を、庭上にならぶ群臣の視線から、翳を奉じて遮断する役割の女官が、「奉翳女孺」の名で呼ばれず、「執翳女孺」で呼ばれるのは、なぜなのだろうか。高松塚古墳の壁画の女性が、円翳を「奉ずる」のではなく、手に「執った」姿として描かれているらしいように、彼女たちが朝賀の儀において、翳を奉じた姿勢でいる時間はきわめて限定されている。「奉翳」が究極の任務でありながら、天皇が高御座へ出入する間だけが「奉翳」で、以外は「執翳」の姿でいるわけで、あるいは翳を執った状態でいる時間が長いゆえに、この姿を形容して呼ばれたものとも考えられる。

とすればこうした『内裏式』『儀式』での、「奉翳」と「執翳」の厳密な書き分け、奉翳を任務とする女孺でありながら、「執翳女孺」と呼ばれるという事実を勘案して、「奉翳美人」を考えてみよう。おそらく『儀式』の段階で固有名詞化していなかった「奉翳美人」が、「続紀」天平一二年の段階で、固有名詞として存在していたとは考えにくい。「続紀」の記載でいうなら、執翳の美人が、翳を奉じた状態でいる時のみ、奉翳美人と表記されたと見るべきなのであり、ここはあくまでも「翳を奉じた美人」と訓むべきであろう。つまり唐の後宮女官の制度を模して「美人」と呼ばれた女官たちは、翳を奉じていたからこそ「奉翳美人」と呼ばれたのであり、高御座に出入りする天皇に、翳をさしかけて群臣の視線をさえぎった彼女たちが、天皇に従侍して進む時、袍袴を着用していたと見るべきであろう。

無論袍袴の着用は、「但し」の語に総括されているように、元正朝賀の儀における「奉翳美人」の装束としては、通例と異なるものであった。

この時大極殿の殿上に座を持ったのは、のちのものながら『儀式』によれば、天皇と皇后、褰帳内親王、威儀命婦、それに執翳女孺と、殿上侍従、少納言であった。

大極殿は天皇の独占空間であり、天皇以外に座を設定されるのは、きわめて限られた範囲の人間である(19)。大極殿上の空間では、天皇は冕服を着用し、皇后以下は礼服で朝賀の儀に臨んだ。そして『内裏式』も『儀式』も、この時殿上に座を持つものは、男女ともに、礼服を着用するとしている。こうした場で、天平一二年の朝賀では、奉翳美人だけが袍袴を着用したと、「続紀」に特記されたことの背後には、いったいどういう意味があるのだろうか。

第四節　奉翳美人の袍袴着用

礼服は、五位以上の諸臣、諸王、親王、皇太子が、大祀、大嘗、元日に着用すべしと定められた衣服で、男官の諸臣五位以上が、「礼服冠」という、種々の玉類で飾った冠をかぶり、笏を執って、朝服と同じ、位階を表示する色の上衣と、白袴をまとった。そしてその上に、深緑色の紗の褶を着けるものだった。そして内親王や五位以上の女官の礼服は、頭に宝髻と呼ばれる、金や玉類で髻を飾る頭飾をつけ、朝服と同じ色の上衣に、褶と裳をまとった。女性の宝髻が、男子の「礼服冠」と同一範疇のものととらえられていたことを示唆するのは、天平一三年冬一〇月辛卯条に、「五位以上礼服冠者。元来官作賜之。自今以後。令私作備。内命婦亦同」とある記事である。内命婦が礼服着用の時に装着する宝髻が、礼服冠と区別されるべきものと意識されていれば、内命婦については「宝髻」と明記されたはずだからである。

ここで男女ともに礼服の一式のなかに数えられる褶というのは、『令集解』の「古記」に「婦人の裳に似る也」とある通り、下半身にまとうスカートのような衣服である。「集解」の諸説は、男性の褶は白袴の上にまとうものとする点で一致している。しかし女性の褶と裙（＝「大宝令」では裳となっていた。裳と裙は、同じもの）との相違については、両者ともにスカート状の衣服であるとする点では一致するものの、褶と裙とどちらを上にまとうかで諸説が対立している。男子のそれと同じく、裙の上に服すという説（穴記）と、まず褶を着け、その上から裙を着けるので、褶は裙の下から、裾をのぞかせるだけだという説（跡記・古記・或云）である。

ともあれ男女の褶の著しい相違は、男性の褶の素材が、紗という、目があらく、地のうすい絹でできていることであろう。かかる素材で製した褶だとすれば、男性の場合、白袴が、褶のなかに透けて見えたものと想定される。総じて「衣服令」に列記される衣料は、一式を着装、具備して立った姿を、上から下へ、頭飾品から書き出し、次第に視線を下へ転じて、上半身にまとう衣から下半身の衣、そして履き物というように書き上げて行くという法則性が看取される。見えない下着・肌着については言及しない。

男子の礼服について、たとえば皇太子礼服が、

礼服冠。黄丹衣。牙笏。白袴。白帯。深紫紗褶。錦襪。烏皮舄。

と、まず冠、衣、笏と、上半身の衣や服飾品を書き上げているのは、笏をかまえた姿を想定しているからであろう。

女子の褶の素材については言及がないので、紗で製したのではないかもしれない。とすれば、透けては見えなかったろうから、褶、裙の順に書き上げてある衣服令の記載からすれば、裙のうえに褶をまとったため、下に着た裙が、褶の裾からのぞいているという状態だったのではないだろうか。男性の褶と同じだという「古記」の解釈も、ここで有効になる。褶を裙の上に着るという主張は、「集解」の諸説のなかでも少数意見ではあるが、あえてこう考えてみたい。なお高橋健自氏も、裙のうえに褶をまとうという説をとる[20]。

いずれにせよ、男女ともに礼服には、スカート型の衣服をまとったということになる。天平一二年の段階で、元正朝賀の儀の際、大極殿殿上において、かかる形態の衣服を着用した五位以上の男子が、庭上にも殿上にも居並ぶなか、奉翳美人が袍袴を着用して儀式に臨んだということの意味が問われなければなるまい。

『内裏式』によれば、元正朝賀の儀において殿上に座を持つ女人は、一八人の執翳女孺を除けば、いずれも内親王や五位以上の女官を任用することになっていた。女孺については、『儀式』にも『内裏式』にも、位階についての言及はない。したがって、朝賀の儀において、五位以下の女孺以外は必然的に礼服をまとうことになろう。では女孺は、どういうクラスの女性が、殿上で翳を奉じる任についたのだろうか。

第五節　奉翳美人の出身

「後宮職員令」内侍司条に、尚侍の職掌として、女孺の検校があげられているが、その女孺について「義解」に、「謂。下条諸氏々別貢レ女。雖非氏名。欲自進仕者聴。是也」とあり、「古記」では「女孺以采女。氏女。名仕等。充也」と、女孺には采女も氏女も含まれるとする。また「伴問」として、「女孺者本従何処来女也。答。以采女幷氏女等補他」とある。諸国や京畿の豪貴族層から貢進された采女や氏女が、女孺とされ、後宮諸司に配属されたのであった。その数は水司、膳司に配属された采女が定員六名と六〇名の計六六名、他の八司[21]に一五二人、そして縫司の「義解」に「此司无女孺者。氏女。采女。分配諸司之外。皆惣在此司。即顕正官耳」とあって、諸司に配属された残りの女孺は、縫司に配属されることになっていた。つまり少なくとも後宮十二司には二百数十名にものぼる女孺がいたことになろう。

『延喜式』中務省には、中宮女孺、内教坊未選女孺五〇人、また令制では、定員はなく、諸司に配属した残余の女孺を充てるとされた縫司に、女孺一〇〇人が配置されている。女孺の需要は、依然として高かったらしい。『内裏式』や『儀式』において、殿上で翳を奉じ、高御座へ進む天皇の姿を隠した一八人の女孺たちは、こうした多数の女孺の系譜でとらえるべきものであろうか。たしかに、朝賀の儀の際、殿上に座を持った女官のうち、褰帳命婦、威儀命婦、さらに天皇が高御座に着く時、天皇を先導する任の四人の命婦については、『内裏式』は、礼服の着用を定めている。しかし翳を奉じる女孺については、礼服着用の規定はないのである。他が命婦または内親王であるのに対して、この一八人の女官は、女孺であることも、「礼服着用」と明文化されてないことと関係しよう。なぜなら、礼服は五位以上の者の衣服としてしか規定されておらず、六位以下の者については、礼服そのものが存在しないのだから、五位以上の位を持たない女孺が、礼服着用を規定されていないことは、むしろ当然ともいえよう。

では天平一二年段階の「奉翳美人」はどうだったのだろうか。「続紀」を通覧すると、女孺が位階を授けられている例が少なからず見られる。しかし叙位される前の位階は无位か、少なくとも正六位下をうわまわることはない。「職員令」中務省条の「義解」や「令釈」は、「謂。婦人帯五位以上。曰内命婦也」、「五位以上。謂内命婦」と、五位以上に叙せられた女性は、内命婦と称され、女孺ということはないのだから、当然といえば当然である。

神護景雲二年(七六八)一〇月に、女孺无位文室真人布登吉は、従五位下に叙せられたが、宝亀四年(七七三)には、さらに正五位下に進んでいる。この時の「続紀」は彼女を「命婦従五位下文室真人布登吉」と表記しており、五位以上に昇叙された女孺は、もとより女孺では、もはやないのだ。

宝亀年間前後になると、无位から五位にただちに叙される女孺が多くなり、無位から一挙に内命婦に列する者が頻出するが、須田春子氏は、これらの事例を、当初は采女と同様、貢女であった女孺が、采女とは一線を画し、この段階になると、「内舎人」に準じるごとき存在になったことの証とする。つまり、やがて高級宮人に補任すべき、名門子女を採用する必要から、一挙に五位に叙せられて、後宮に出仕する女孺が現れたのだという(22)。おそらく『内裏式』などにいう執翳の女孺も、高御座へ往来する天皇に近侍するという役割の重要性などから見て、こうした名門出身の子女であったろうが、未だ五位に達していなかったろうことは想像に難くない。浅井由彦氏は、女孺は下級女官であることは疑いなく、少初位ないし少初位に準じる者から六位相当の者までは女孺として遇せられるが、五位以上に昇進すればもはや女孺ではなくなり、女孺を監督する立場になるとする(23)。

筆者は、『儀式』や『内裏式』の、翳を執る任務の女官が、大極殿上に座のある高位の女官や内親王のなかにあって、ひとり「女孺」とされていることに注目したい。その役割の晴れがましさから、他の女孺に比しての尊貴性を認めるとすれば、「後宮職員令」の縫司の条に、「東宮宮人。及嬪以上女竪准此」とある、「女竪」との関係を考えるべきかもしれない。孺と竪は、「集解」穴記によれば、「文異実同也」と、字は違うものの、内実は同じであるとし、「跡記」は、「嬪以上女孺考。申送宮内省。令定也」と、すでに「竪」を「孺」字で置き換えてさえいる。また、「古記」では「孺与竪。以所仕貴賤。為之別名也。但孺字通男也」と、仕える対象の貴賤によって、女孺と女竪の字が使い分けられるとすることに注目したい。

さらに「古記」のこの記載の前には、「東宮宮人。及嬪以上女竪准之。東宮宮人。臨時定。依別式耳。但妃以下女竪、准帳内資人之数耳」とあることは、条文のこのくだりが「大宝令」にあったことを示すに他ならない。また「妃以下女竪」の言から東宮の女竪とは、東宮妃・東宮夫人・東宮嬪を指すことが明らかである。さらに「後宮職員令」親王及子条の令文中に、「自外女竪」の語があり、「朱説」が「謂親王家有女竪。依此文知耳」といっているように、親王家にも女竪が存在したと思われるが、これも親王の嬪以上の妃や夫人を含むものと考えられよう。

東宮や親王の配偶者がなぜ女竪と呼ばれるかといえば、伴記が引く『周礼』の「鄭玄注」に、「竪寺人之未冠之官名也」とあるように、こども、わらわの意があり、未成年の者を指していうという前提があったからではないか。つまり東宮や親王の配偶者となると、当然成人前の若年者が多いことを想定して、彼女たちを女竪と呼んだものであろう。要するに、天皇の後宮に侍す妃・夫人・嬪の場合、妃は四品以上、夫人は三位以上、嬪は五位以上と、位階が保障されていたが、東宮や親王の配偶者たる女性たちについては、位階の規定はなかった。とすれば、前に見てきたように、高級宮人に補任さるべき名門出身の子女が、女孺の名のもとに後宮にプールされていたこととも相俟って、配偶者の尊貴性にもかかわらず、おそらくは未成年なるがゆえに、位階を受けていない東宮や親王の妃・夫人・嬪らを、「女竪」と呼んだものと思われる。

もとより『儀式』などにいう執翳女孺が、未成年であったという証拠があるわけではない。しかしかかる目でみれば、平安期の未成年の女子の正装は、性別分化がなく、男子と同一であった事実との関連がほの見えてくる。すなわち、桜井秀一氏が『西宮記』巻一一の「親王対面」に、「童内親王装束、如男子、下袴長……」とあることなどを引いて、童男童女の正装が同一であり、ただ女子の下袴が男子に較べて長いだけであることを明らかにしている。(24)同書、巻一九の「女装束」には、「女親王対面、総角着汗衫、半臂、下襲、表袴、玉帯等」とあって、未成年男女親王の式服は、衣服のみならず髪がたまで男女同形であった。(25)

ただし女性の装束を列記した『西宮記』の同条には、「執翳」については「摺唐衣、比礼、目染裳、簪如常」とあり、この段階では、確実に天平期の奉翳美人の袍袴着装と一線を画しており、唐衣・裳の、成人女性の正装のていである。さらに釆女の装束も「纐纈唐衣、比礼、同裳、簪如常」と、唐衣・裳が規定されている。そのうえ「女竪」については、「女竪、青唐衣、比礼、同下濃裳」と、明らかに童女装束ではない内容になっている。少なくとも『西宮記』の段階では、執翳女孺が未成年女子であったという事実は想定できない。史料相互の齟齬を時代差を丹念に追って整合的に解釈することが必要だが、今のところその間隙を埋める史料がない。したがって「執翳女孺」を身分の高い者の、未成年の子女と解することは、極めて推定にたよる部分が多いが、あえて試論として提出しておきたい。

では天平一二年段階の、「奉翳美人」はどうだったろうか。直木孝次郎氏が指摘するように、「美人」の称は中国での、帝王の後宮に侍す女官の職名であった。(26)『史記』万石君伝に、漢の高祖が、寵臣の琴の上手な姉が美人だったため、召して「美人」の称号を与えたという。『後漢書』皇后紀には、光武帝の時のこととして、皇后の下に、貴人・美人・宮人・釆女などの後宮女官の制を設けたとある。

唐代の後宮も、『礼記』の制に基礎を置いた隋の後宮制度に倣って、皇后の下に正一品の妃三人、正二品の淑儀以下六人、正三品の美人四人、正四品の才人七人などを置いた(27)。

直木氏は、唐では正三品にあたる「美人」は、我が国の後宮職員令では三位以上の「夫人」に相当し、『大唐六典』に、「美人掌率女官。修祭祀賓客之事」と記述される職掌の上からは、内侍司の「検校女孺」する尚侍二人に類するものであろうとする。そして、「続紀」の当該記事の記述者は、中国の官職の知識によって、文章を修飾したものだろうが、彼の念頭にあったのは、漢代のそれではなく、唐代の「美人」の地位がかなり高かった時代のものだろうと想定している(28)。ただ、天平一二年紀の奉翳美人が、唐代の「美人」に近いものであったという証拠はない。

しかし元正朝賀の儀という大儀において、礼服を着用していたであろう五位以上を帯する女性たちのなかにあって、「奉翳美人」のみが袍袴を着用したとすれば、そのことと、『儀式』や『内裏式』では、奉翳の任にあたったのが「女孺」であったこととの間に、整合性を持たせるには、どう考えたらいいだろうか。

筆者はこの間に、桓武天皇が采女に表袴を着用させたという故事を、媒介項において考えてみたい。すなわち『寛平御遺戒』には、

帝王は平生昼は帳の中に臥して、小き児の諸の親王を遊ばしめたまひき。或は采女を召して、時洒め掃はしめたまふ。その時の人夏冬綿の袴を服たりき。その采女の袴の体は、今の表袴のごとし。御するに便ならむと欲したまへり。これ等の語は、故太上大臣の旧説なり。追い習ふべからずといへども、旧き事を存せんがために、状の末に附すらくのみ。

とあって、桓武天皇が政務のあと、昼間は紫宸殿の御帳の中で過ごして、まだ幼なかった親王たちを遊ばせ、また采女を召して、時々「洒め掃へ」、すなわち洗い清め、清掃などをさせたという。

その時、人々は夏も冬も、綿の袴を着たが、采女の袴は、今の表袴のようだったという。表袴とは、「ウエノ

ハカマ」といって、束帯着用の時に用いる袴である。『和名抄』には、

　大口袴、唐令云、慶善楽舞四人、白糸布大口袴、和名於保久知之八賀万、一云表袴。

とあって、大口袴ともいう。襞や括り緒はなく、地は白地で、綾絹等で作り、浮文、固文の別があった。下に、赤の大口袴をはく(29)。『名目抄』には、「表袴。礼服束帯小忌皆用之」とあり、要するに表袴は、礼服や束帯、小忌衣《おみごろも》などの時に着る男性用の袴なのである。

　つまり桓武天皇は、采女に「表袴」に似た、男性用の大口袴のような袴を着用させたのであった。それは采女が天皇に侍す、つまり側仕えに便利なようにとの桓武天皇の配慮からであったという。

　この桓武が創始した采女の衣服の制度は、「これらの語は、故太政大臣（藤原基経）の旧説なり。追い習ふべからずといえども、旧き事を存せんがために状の末に附すらくのみ」とあるように、以降も踏襲されたという徴証はない。しかし「洒め掃へ」の作業に従事した采女に、天皇に侍するに至便だからと、表袴を着用させたということは、その動作の他の女官たちに比した活動性に鑑みて、天平一二年の元旦の朝賀の儀において、奉翳美人に袍袴を着用させたことと、共通の事由に起因するものと推定される。すなわち『内裏式』『儀式』によれば、殿上に座を持つ、皇后や褰帳内親王、威儀命婦らのなかで、執翳女孺は、高御座へと進む天皇に歩調を合わせ、天皇の姿を、奉じた翳で隠しながら行進する、朝賀の儀式の中心にあって、もっとも注目される重要な役目を担った存在であった。そこでは衣服によって行動が制約されないよう、体軀の活動性を妨げるものであってはならない。おそらくそうした目的のもとに、天平一二年段階で、奉翳美人に袍袴を着用させたものと思われる。

第六節　翳の大きさをめぐって

ニューヨーク、メトロポリタン美術館の“The emperor and his court as donors”と題したレリーフには、

"Limestone and traces of polychrome, northern Wei dynasty 6th century ca, 522 from Lung-men, pin-yang cave," と展示解説が施してあって、六世紀の北魏の、竜門の石窟から採取されたものであることが知られるが、蓋をさしかけられた皇帝の左右には、さらに翳がかざされている。この翳は、高松塚の女人がかかげるそれより随分巨大で、ささげ持つ人物の、上半身ほどの大きさはゆうにある。そういえば中国の皇帝と随臣の図で、皇帝の左右に描かれている翳は、どれも非常に巨大なものばかりであり、いずれも男官によってささげられている。

なるほどこんな大きさでは、これを高くさしかけて重心をとるためには、翳を執る者には相当の力が要求されよう。特に風などが吹けば、これを支えて定位置にとどまるには相当の脚力や、腕の力が必要になろう。

さらにいえば、古墳時代からすでに翳とおぼしき造形が、器財埴輪の範疇のなかに、多出しており、翳は、重要な古墳被葬者の権力誇示の具としての位置を占めていただろうことが推察できる（望月幹夫『器財はにわ』至文堂、一九九五年）。そして管見の限り、女性が翳を奉じたとおぼしき造形は、人物埴輪の中にはない。とすると翳は、一八人の女孺によって奉じられるようになった段階と、それ以前の段階とでは一線を画して考えるべきかもしれない。少なくとも高松塚古墳壁画のそれ、また中国唐代の永泰公主墓の壁画に見るごとく、うちわのように軽々と、女性の手に執られた翳と、中国皇帝の左右にさしかけられた巨大な翳は、同一範疇のものとは考えにくいのである。

さて、皇帝にさしかけられた翳のなかで、敦煌第二二〇窟の、唐貞観時代の、維摩変の図において、皇帝にさしかけられた翳は、明らかに袴をはいた男性によってささげ持たれている。一方、皇帝や従臣たちは裳をまとった姿である。

また台湾故宮博物院蔵の、原画が閻立本の作になる「歩輦図」には、唐の太宗の腰輿を担い、等身にもおよぶ翳をさしかけて進む女官たちの姿がある。ここでは女官たちは、胸高に裳をまとい、『中国歴代婦女装飾』が、

「腰部束帯」と形容しているように、おそらくは腰の部分ではしょって帯でむすんで、長い裳を短くし、地を引かないようにして、下に袴をはいた足をのぞかせている。

つまり皇帝に大きな翳をさしかける従者は、男女とも行動の自由を確保した姿なのである。このように、中国で皇帝にさしかけられた翳は、大きさの点で、後世、我が国の即位礼において、女孺たちがささげた翳とは異なる。

そしてこれらの構図では、いずれも翳は二本のみである。つまり一八本もの数の翳で天皇の姿を遮断した『儀式』以降の段階の翳とは、数の点においても差異性が認められよう。おそらくは小さな翳を、数多くさしかかげることにより、二本の大きい翳と同等の機能を担わせようとしたものであり、この場合は翳をささげ持つ者の、行動の自由という課題は、問われなくなる。

はなはだしきは、たとえば寛正六年（一四六五）の後土御門天皇の即位次第を記した『御即位次第』[30]には、

> 次女孺六人執翳　右手執翳左手差扇　自母屋東西一間斜南行出南栄入自御座間与母屋柱平頭立長中短翳次第列後皆西上北面左右共如此

とあって、女孺は、右手に翳をとり、左手に扇をかざしながら進むという行動を要請されている。これは寛永二〇年（一六四三）に即位した後光明天皇の即位次第を記した『寛永記』[31]でも同様である。さらに弘化四年（一八四七）に行われた孝明天皇の即位礼に関する衣服、高御座、調度などを極彩色で図に描いた『弘化四年御即位諸礼式図』[32]には、執翳女孺侯座の図があり、長く裾を引いた緋袴をはき、扇と翳を左右の手にした女孺の姿がある。『御即位次第』によると、翳は持ち柄の長さによって、長・中・短と、三段階にわかれていたようだが、翳そのものはきわめてこぶりであって、片手で持つことになんら差し障りはなさそうである。これなら長い袴の裾を踏みながらの行進も、あながち不可能ではないかに見える。

こうしたこぶりな翳が、いったいいつごろから即位礼に用いられていたかが問題になろうが、少なくとも『儀式』や『内裏式』の記載のように、一八人もの人数の女孺が翳をささげ持つことになった段階では、少なくとも中国皇帝に対してささげられたような、等身大もあろうかというサイズのものは、必要ではなくなっていたであろう。なぜなら天皇の姿を遮断するのに、かかる大型の翳ならば、一八人もの人数は不用だからである。

これに対して再び天平期の奉翳美人の記述に立ち戻って考えてみると、ここでは翳を奉じた者の人数は確認できない。しかし直木氏も推定されるように、唐代の後宮職員の名称としてあげられる「美人」は、正三品とかなり高いことから、この段階で「奉翳美人」と称された女性たちは、一八人もの人数に及ばなかったことも考えられる。さらに先に述べたように、天平期の朝賀の儀に用いられた翳が、宮廷儀式の整備の一環として、中国の制度に忠実なかたちで採用されたとすれば、まずは大型の翳を奉じる儀として成立していた可能性があるといってよいだろう。

おわりに

以上見てきたごとく、天平期の奉翳美人の袍袴の着用は、おそらくは大型の翳をささげ持つために、行動の自由をより大きく確保するという目的で、行われた可能性がある。

それこそが、『寛平御遺戒』に「御するに便ならむ」とあったような、表袴着用の本旨であった。つまり「天皇に近侍して仕える」ために、表袴が女性である采女にも着装されたように、奉翳美人たちの袍袴着用も、翳を奉じて天皇に近侍するためのものだったと見るべきであろう。

ところで石母田正氏は、律令制下では、位階を標識とし、垂直的上下関係において、序列化される律令制的身分秩序と、カバネを標識とし、天皇に対する一律、平等な従属関係を示す王民制的身分秩序の、異質な二者が併存したとする。[33]この二つの身分秩序は、衣服令制のなかで、前者は服色によって位階を識別する制度として、後者は、袴着用の制度として具現化された。[34]王民制的身分秩序とは、位階の異なる人々が、階級的分裂を止揚して、天皇に対して一律、平等に従属し、奉仕する関係にあることを表示する身分秩序である。

ただし天皇に対する奉仕の任務は、男性官人のみの行うところではない。天皇に近侍して、仕えた釆女もまた、その任にあったという点で、男性官人と同等にあったといえるであろう。だから「洒め掃へ」という作業に従事させた釆女に、桓武天皇が、男性官人の着た表袴をはかせ、そこに天皇に奉仕するに便であるからという理由づけがなされているのも、男性官人が、一律に天皇に対する従属と奉仕の関係にある、王民制的身分秩序の表象として、白い表袴をまとったという事態に符合するのである。

こうした釆女による表袴の着用の、いわば原点に、奉翳美人の袍袴の着用があったのではなかったろうか。すなわち、元正朝賀の儀において、礼服を着用して大極殿殿上に居並ぶ、男子官人や女官たちの中にあって、おそらく唯一、五位以上にはのぼらなかったであろう奉翳美人が、天皇に対する直接的な勤仕の行動を、滞りなく果たすために、袍袴を着用したのであったろう。

（1）　直木孝次郎「奉翳美人」（『創立三十五周年記念　橿原考古学研究所論集』吉川弘文館、一九七五年）六一三〜六二四頁。
（2）　佐原真「高松塚古墳の一背景――古代日本には宦官はいなかった――」（『高松塚壁画の新研究』奈良国立文化財研究所、飛鳥資料館、一九九二年）。
（3）　『日本書紀』天武九年一一月乙未条。
（4）　以上「学語」の歴史的意味については遠山美都男「日本古代国家における民族と言語」（『学習院大学文学部研究年報』三八号、一九九一年）。

(5) 倉林正次「正月儀礼の研究」(『饗宴の研究』桜楓社、一九六五年)二三五頁。
(6)『唐会要』巻二四　受朝賀。
(7) 古瀬奈津子「格式・儀式書の編纂」(『岩波講座　日本通史』古代三、岩波書店、一九九四年)。
(8) 新川登亀男「日本古代の告朔儀礼と対外的契機」(『史観』一一二冊、一九八五年)。
(9) 倉林正次「正月儀礼の成立」(前掲注5倉林書)。
(10)『日本書紀』白雉元年二月甲申条。
(11) 和田萃「タカミクラ――朝賀・即位式をめぐって――」(岸俊男教授退官記念会編『日本政治社会史研究』上、塙書房、一九八四年)。
(12)『内裏式』上「会」。
(13) 倉林正次「正月儀礼の成立」(前掲注5倉林書)。
(14) ここでいうのは元日節会の場についてであり、七日の、いわゆる白馬の節会が中宮で行われた記事は、すでに神亀元年から見える。また神亀元年一一月には、諸司長官、秀才、勤公らへの賜宴が、中宮で行われている。
(15) 今泉隆雄「平城宮大極殿朝堂考」(『関晃先生還暦記念　日本古代史研究』吉川弘文館、一九八〇年)。
(16) 橋本義則「平安宮草創期の豊楽院」(岸俊男教授退官記念会編『日本政治社会史研究』中、塙書房、一九八四年)。
(17) 前掲注(1)直木論文。
(18) 同右。
(19) 古瀬奈津子「昇殿制の成立」(青木和夫先生還暦記念会編『日本古代の政治と文化』吉川弘文館、一九八七年)。
(20) 高橋健自「奈良時代の服飾に関する二、三の考」(『考古学雑誌』一〇巻の八、一九二〇年)および『歴世服飾図説』(一九二九年。一九七五年、思文閣より再刊)六六頁。
(21) 後宮十二司のうち、酒司には、女孺配属の規定がない。
(22) 須田春子「命婦・女孺・釆女」(『律令制女性史研究』第二章、千代田書房、一九七八年)。
(23) 浅井由彦「律令制下の女孺について」(舟ヶ崎正孝先生退官記念会編『舟ヶ崎正孝先生退官記念　畿内地域史論集』同記念会、一九八一年)。

（24）桜井秀一「平安朝女子の成年期——着裳風俗考——」（『國學院雑誌』三七巻五号、一九三一年）。
（25）未成年女子の髪がたが、男子と同じであったことは、服藤早苗「元服と家の成立過程」（『家成立史の研究——祖先祭祀・女・子ども——』校倉書房、一九九一年）にくわしい。
（26）前掲注（1）直木論文。
（27）『通典』巻三四、内官。
（28）前掲注（1）直木論文。
（29）『古事類苑』服飾部一四、袴の項。
（30）神宮文庫編『即位の礼と大嘗祭——資料集——』（国書刊行会、一九九〇年）。
（31）同右。
（32）同右。
（33）石母田正『日本の古代国家』（岩波書店、一九七一年）。
（34）拙著『古代国家の形成と衣服制』第五章（吉川弘文館、一九八四年）。

第五章　男装の女王・卑弥呼

はじめに

本稿では、三世紀に親魏倭王の冊封を受けた女王卑弥呼《ひみこ》が、王号を刻んだ金印紫綬とともに、中国における王号の視覚的身分標識であった衣服を賜与されただろう事実を推定し、だとすればそれはどのような衣服であったかを見ていく。従来、あまり顧慮されることはなかったが、冊封に際して、衣服は不可欠の賜与物である。中国の官僚的身分体系の中への位置づけの、可視的表象として、衣服はきわめて重要な意義を担っていた。

足利将軍義満が、応永一〇年（永楽元＝一四〇三）、「日本国王」に任ぜられ、亀紐《きちゅう》金印と、日本国王の冠服を賜与された事実があり(1)、義満は得意満面これを着て、紅葉見物に行ったという(2)。

また豊臣秀吉が、万暦二三年（一五九五）に、「日本国王」に任ぜられた際の、明皇帝神宗の冊封文（誥命《こうめい》）と、勅諭の実物が伝世している。さらに、この勅諭に明記された明から秀吉に頒賜された衣服の実物が、妙法院に伝世している。このように、中国皇帝から日本国王に任ぜられる時、中国の衣服がともなわれることは、一五、一六世紀における、冊封の際に確認される事実だが、遥かに時代をさかのぼって、三世紀、あるいは五世紀の倭五王の時代にも、同じ事態が想定できると筆者は考えている。

第一節　卑弥呼と中国の衣服

(1)　卑弥呼はなにを着た?

映像の時代、視覚化の時代である。博物館の考古学の展示は、単なる遺物そのものの展示ではなく、出土遺物から推定復元される、具体的なかたちをとったものが増えている。いきおい、出土遺物からさまざまな品々を推定復元する作業の過程で、歴史学に携わる者の登場する出番もある。なかでも三世紀の邪馬台国に関する人々の関心は、ひととおりでなく、ゆえに邪馬台国関連の事物や、その女王卑弥呼に関するイメージが、さまざまな場所で具象化されている。しかしそのいずれも、史料的な裏付けがあるものとは言い難い。

卑弥呼は、どんな衣服を着ていたのか、そうした質問を受ける度に、確とした答えが出せないことに、内心忸《じく》怩《じ》たる思いでいた。「倭人伝」にまったく卑弥呼の衣裳について記述がない以上、卑弥呼の服装についてのいかなる想定復元も、不可能のように思いこんでいたからである。しかし筆者は、三世紀の倭人の衣服＝貫頭衣（図1）が、引き続いて七世紀段階にも庶民の労働着、日常着として着用されていたことを主張している[3]関係で、卑弥呼の衣服についても、意見を求められることが多かった。

そんな時、唯一筆者自身の見解としていえたことといえば、卑弥呼は、中国の魏に使節を送った際に、魏から衣服を貰った可能性があるので、卑弥呼だけは、貫頭衣を着ている邪馬台国の人々の中にあって、ひとり中国の衣服を着ていた可能性があるのではないかということだった。

卑弥呼は「魏志」倭人伝の記述によれば、景初二年（二三八）六月、大夫難升米《なんしょうまい》・都市牛利《としぎゅうり》を帯方郡に遣わし、魏皇帝に謁見して朝献することを求めている。

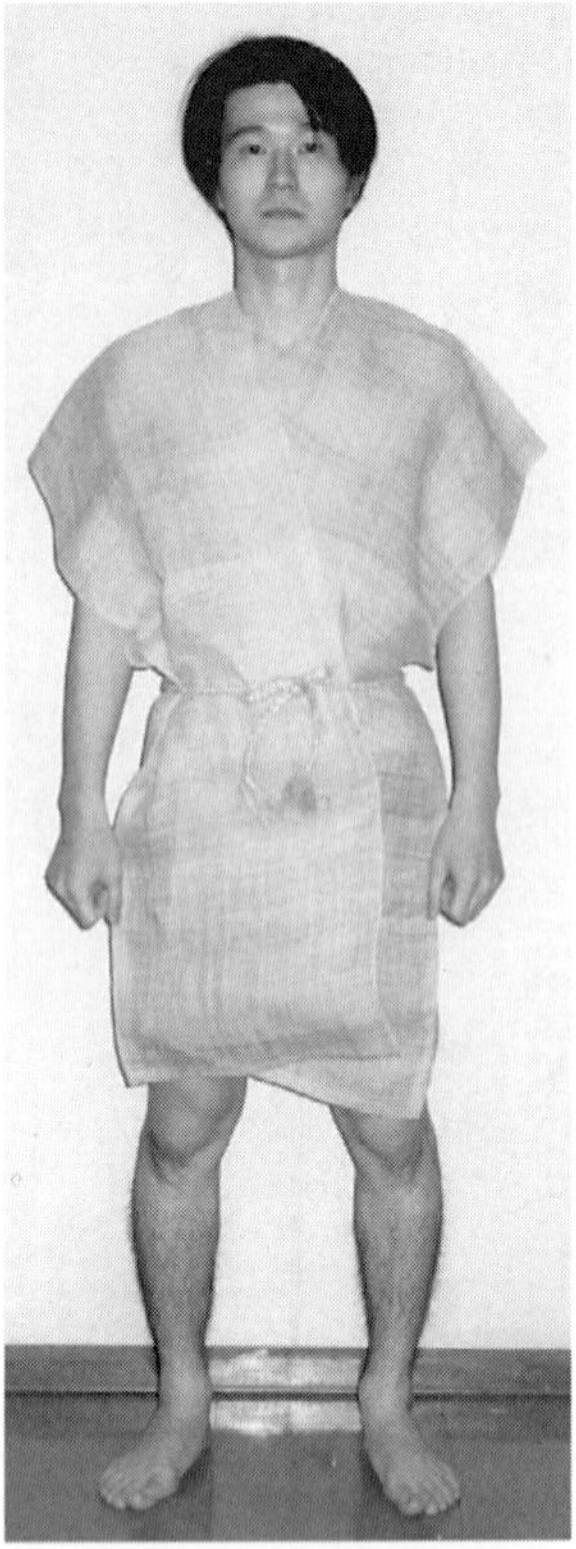

図1　筆者による貫頭衣の復元

それは卑弥呼が魏の冊封を受けることにより、中国の権威に頼って、邪馬台国が従える国々に対する支配権を強化するためであった。「倭の女王卑弥呼、狗奴国の男王卑弥弓呼《ひみくこ》と、もとより和せず」とあるように、さしずめ卑弥呼と邪馬台国の南に接する狗奴国の男王卑弥弓呼との不和も、倭国の平和を脅かすものとなっていた。魏から冊封を受けてのち、正始八年（二四七）に、帯方郡太守に狗奴国との戦闘・抗争状態を訴え出た卑弥呼に応えて、帯方郡の塞曹掾《さいそうじょう》史張政を倭に派遣して、詔書や黄幢《こうどう》を難升米に与え、檄を作って告喩したという。魏は、卑弥呼の側に立って、倭の抗争に介入したことが見て取れるが、[4]卑弥呼の遣使の期するところは、まさにこうした魏の政治的権威、軍事的脅威を後ろ盾とした、列島における支配権の強化なのであった。

こうした情勢下で、中国の衣服はどのような機能を果たしたであろうか。

（2）周辺諸民族と中国の衣服

筆者はかつて、「魏志」における、中国周辺諸民族の、中国の衣服に対する反応についての記載に注目したことがある。[5]

「魏志」韓伝には、韓の小首長たちが、中国の衣服を欲して、帯方郡に朝謁したという記述がある。三世紀の初め、魏の明帝は、帯方郡・楽浪郡の二郡を平定した際、韓の諸民族を懐柔するため、冊封関係を結び、その表象として七〇余か国の諸小国の首長たちと、それに次ぐ者たちに「邑君」「邑長」の印綬を与えた。これに対して、韓の諸小国の王のもとに系列化された、一〇〇〇人あまりの中小村落の小首長たちもまた、郡に朝謁した。彼らが望んだのは、冊封の本質的表象としての印綬ではなく、印綬とともに、冊封関係の指標として賜与されたと想定される中国の衣服やかぶりものだった。

中国側は、魏の皇帝を頂点とした身分秩序のうちに、韓諸小国の首長たちを、印綬の賜与、すなわち魏の官制への組み込みによって、取り込もうとしたのであった。だが韓の側では、村落の小首長たちが、中国の皇帝を頂点とした権力体系の中にあること、つまり中国皇帝の権威を後ろ盾にしていることを、中国の衣服を着用することで、依然として民族固有の衣服を着用し続ける一般村落民に対して示し、みずからの村落構成員に対する相対的優位を示そうとした。

印綬については、『史記』蔡沢伝に、「黄金の印を懐《ふところ》にし、紫綬を腰に結ぶ」とあるように、普通、印は懐に入れ、綬を腰にまわして結ぶ。だから通常は、綬のみが人目に触れることになる（図2）。腰に結んだ紐の視覚的効果にまして、着用することによって、中国の権威を後ろ盾にしていることを、全身に体現できる衣服の視覚的効果は、絶大であり、そこに中小村落の首長たちの期待が集中したのである。

図2　『列女伝』に描かれた綬

（3）　衣服と印綬

たとえば『漢書』朱買臣伝(6)には、身分標識としての衣服と、印綬の対照的な位置を端的に物語る、次のような興味深い話がある。都にあった、会稽郡の太守の屋敷に、永らく身を寄せ、寄食していた朱買臣は、ようやく栄達を遂げ、会稽太守に任命された。すると彼は、あえて太守の身分を視覚的にあらわす衣服を着ることなく、故衣、つまり古い衣服を着たまま、ただ太守の印綬だけを懐にして、不遇時代に時日を過ごした屋敷へ徒歩で出かけた。ちょうど、年に一度の、天子への会計報告のあとで、屋敷では酒盛りの最中で、買臣も宴会に加わった。不遇時代の古い衣服を着ていた彼に、誰も目もくれようとはしなかったが、満腹しかけた頃に、買臣は綬を少しちらつかせた。すると都勤務の留守官が、これをめざとく見つけて、引き出してみたところ、そこには会稽太守の印章が結ばれていた。日頃朱買臣を軽蔑していた旧友たちは、大騒ぎになり、争って拝謁しようとしたという。

彼がこの時着て行った「故衣」とは、おそらく仕官を求めて都へ出てきた頃の、庶人の衣服であったろう。あいかわらず昔のままのそんな衣服を着ているうだつの上がらない買臣の姿を、誰も一顧だにしようとしなかったのは、当然の成り行きであった。先述のように印綬は、綬を腰に結び、その先に結んだ印は懐に入れて携行する(7)のだが、朱買臣は印も綬も、ともに懐に入れていた。その限りでは、まったく不遇時代の買臣の姿そのものである。しかし綬のはしをチラリと懐から出して見せると、目ざとい官吏の一人がこれを見つけて引き出して、会稽太守の印を確かめてしまうのだ。ただそれは印綬の、官僚の身分標識としての位置づけが確立していた中国国内においてこそ、起こった事態であった。しかも会稽太守の印綬が、同じ官僚身分の者によって確認されたことは、決して偶然ではない。官僚であればこそ、印綬の意味するところ、視覚的身分標識としての位置づけも、十二分に理解できたのであった。

なおここで強調しておきたいのは、中国においてさえ、まずは着ている衣服でその人の社会的諸関係が、認識されているという事態である。まして中国周辺の、漢字も普及してはいない地域において、綬とその先に結んだ一寸四方の印に刻まれた中国の官名をあらわす文字が、一般共同体成員に理解されたはずもなく、だからいっそう中国の衣服の視覚的効果が重視されただろうことは、想像に難くない。

（4）　賜与された衣服の効果

先に見たように、国家形成期の中国周辺の諸民族の間では、中国側から賜与される衣服が、きわめて巧妙に利用されていた事実がある。前近代の中国を中心とした東アジア世界の国際関係は、中国の圧倒的優位のもとに推移してきた。東アジア世界とは、中国史の展開にともなって形成され、推移した歴史的世界であり、中国を中心とした政治的世界である。中国は、周辺諸民族の上に、中国国内に施した身分秩序を敷衍して、冊封関係を結んだ。冊封とは、諸民族の首長に、中国王朝の官号、爵位を与えてその外臣とすることである(8)。

そして冊封関係の指標として中国の側から賜与された品々は、魏皇帝が卑弥呼に特に授けた、五尺の刀二口や、銅鏡（図3）一〇〇枚などを「悉く汝の国中の人に見せて、魏の国家が卑弥呼を慈しんでいることを知らしめよ」と詔したように、周辺諸民族の首長が、中国皇帝と、特別な関係にあることを、それを実際に見せて示すことによって国内に熟知せしめるための、実に効果的な手段たりえたのだった。

図3　卑弥呼が遣使した景初3年の銘がある三角縁神獣鏡　卑弥呼が授けられた鏡とする説もある（島根県神原神社古墳出土）

時代は下るが、嶺南、高涼（広東省の西端）の南越首領の娘で、百越を統括する半自治的な勢力を形成した譙国《しょうこく》夫人が、隋の高祖から百越を平定統合した功により、幕府を開き、長吏以下の官職をおいて、統率する部落六州の、兵馬の徴発権をも保障された事実がある。

高祖は、勅書を下してその功をねぎらい、夫人に五〇〇〇端の布を与え、高祖の皇后も首飾りと宴服一襲を賜与した。夫人はこれらを金篋《きんきょう》に盛った。夫人は梁・陳の両王朝からの賜り物も、それぞれ倉に入れて所蔵し、毎年の大会に、朝廷に陳列し、子孫に示し、「お前たちも赤心をもって天子に仕えよ、私は梁・陳・隋三代に仕えて、その賜り物がつぶさに現存しているがこれこそが忠孝の報酬なのだ」といって聞かせたという。

ここで注目したいのは、中国からの賜り物が、周辺諸民族の王たちにとって、中国側がその忠孝を嘉《よみ》していることの証左として、臣下や子孫に示されていたという事実である。ここでは毎年の大会という、年一度の最大の儀式の際に、それらすべてが保存され、陳列されたというところに、重大な意義を見いだすべきであろう。それは夫人の幕臣たちに対する示威行為として、絶大な効果が期待されたからである。このように、中国周辺の諸民族の内部では、中国の衣服その他、中国から賜与された事物の視覚的効果が、巧みに利用されたのである。

（5）　親魏倭王の称号と衣服の賜与

ところで、では卑弥呼は、本当に中国から衣服を賜与されたのだろうか。「魏志」倭人伝の伝える卑弥呼に与えられた魏の制詔は、きわめて正確にもとの詔文を採録したものと想定されている。(9) しかしここには、朝服の賜与のことは明文化されていない。では女王卑弥呼については、朝服など、衣服を賜与されたことはないと考えるべきなのだろうか？

この問題について示唆的なのが、『南斉書』東南夷伝の記載である。

晋太興三年（三二〇）、建平夷王向弘、向瓌等、詣台求拝除、尚書郎張亮議、「夷狛不可仮以軍号」。元帝詔特以弘為折衝将軍、当平郷侯、並親晋王、賜以朝服、宗頭其後也。(10)

宋の泰始年間（四六五〜四七一）以来、反乱を起こした宗頭は、晋の太興三年に、除正を求めてきた向弘、向瓌の子孫であった。晋の元帝は、この要求に対して、特に詔して向弘を「折衝将軍、当平郷侯」となし、また二人をともに「親晋王」に任じて朝服を与えたというのだ。これは魏と邪馬台国との通交を下ること約一〇〇年ののちのことであるが、この事例をもって卑弥呼に対する魏の処遇を類推しても、大過あるまい。この場合、朝服は折衝将軍・当平郷侯の軍号などの付随するものなのではなく、「親晋王」の号と不可分であったことは、文脈から明らかである。

したがって「親□□王」の号の拝仮は、朝服の賜与をともなうものであり、とすれば「親魏倭王」に任ぜられた卑弥呼も、当然朝服を賜与された、すくなくとも、朝服の賜与を受けるべき対象であったと見る方が蓋然性が高いだろう。つまり「倭人伝」が引用する倭王への魏の制詔に、卑弥呼への衣服賜与に関するくだりが見えないのは、当該部分が欠落したものと見るべきなのだ。

なお魏の明帝の太和三年（二二九）、大月氏王の波調が遣使奉献し、波調を「親魏大月氏王」に任じた記事が、『三国志』魏書巻三に見えるが、この時も、「親魏大月氏王」の称号とともに、衣服が賜与されたものと想定されよう。この記事に関して西嶋定生氏は、波調に対する「親魏大月氏王」の封冊を、諸葛亮率いる蜀軍の侵攻になやまされた魏が、このうえ西域の大国までが蜀の側について、魏を脅かすことをおそれて、懐柔を策したための、破格の措置であったろうと位置づけている(11)。

一方、大庭脩氏は、「親晋王」「親晋羌王」「親晋氐王」など、「親晋王」を刻んだ印の出土例が多いことなどから、「親□□王」の号は、西嶋氏がいうように特別の称号などではなく、後漢末期から魏をへて、西晋にいたるまで存在したものであろうとする(12)。たしかにこの称号は後になるほど多くの蕃夷の王に賜与されるようになったことは事実であろう。とすれば、ここで確認しておきたいのは、中国古印のコレクションや、印譜を見るかぎり、晋王朝は周辺諸民族の首長に対して、印を乱発している事実が知られていることである。とすれば「親晋王」の号も、前代より多く賜与されたのではないかと想定され、にもかかわらず前述のように「親晋王」にも衣服がともなわれていたのであるから、魏代に卑弥呼に賜与された「親魏倭王」の称号の賜与についても、その軽重はともかく、衣服の賜与がともなわれていたということは当然認めてよいであろう。

参考までに、『三国志』呉書呉主伝二、嘉禾二年（二三三）三月条の注には、呉の孫権が公孫淵を燕王に封じる冊文が、『江表伝』から引用されている。ここでは、燕王に封じた公孫淵に、九錫《きゅうせき》を加えたことが記される。九錫とは、勲功あるものに賜う九種の品で、車馬・衣服・楽器・朱戸・納陛・虎賁《こほん》・弓矢・鈇鉞・秬鬯《きょちょう》である。ここでは、「是以錫君袞冕之服・赤舃」とあるように、公孫淵に袞冕之服《こんべんのふく》と赤舃《せきせき》という衣服と履き物の組み合わせが賜与されている。衣服が、王号の賜与とともに与えられているのである。

九錫は、皇帝になる直前の王莽や、魏公とされた曹操に賜与された事例があり、以後禅譲を受けて皇帝となる者が、その前に九錫を賜ることが恒例となったという。この場合は、呉の孫権が、魏との対抗上、公孫淵と政治的連携を結ぶねらいがあったための、破格の処遇であったことが推定され、(13) 袞冕之服とこれにそえた赤舃の賜与も、皇帝や三公の衣服にも匹敵するもので、公孫淵に対する特別の待遇の一環とも考えられよう。

しかし『魏書』高句麗伝には、代々の高句麗王に、「衣冠服物車旗之飾」が賜与された記事が見える。太和一五年（四九一）、先王の死去にともない、その孫を新たに軍号を付して高句麗王に任じ、「衣冠服物車旗之飾」を与えている。その子、安もまた、安東将軍高句麗王に任ぜられたが、どういう事情からか彼に与えた「安東将軍衣冠剣佩」が海中に得られたので、都へ送ったという。これが「高句麗王衣冠剣佩」でなく、「安東将軍」のそれと記されているのは、多くの併記された称号のうち、最初に掲げられたものであったためか、あるいは海中に得られた事物が高句麗王の「服物車旗之飾」でなく、おそらくは「安東将軍」としての称号に対応する節刀《せっとう》などであったためかと考えておく。

第二節　女性首長と中国

(1) 冊封体制と女性首長

以上見てきたごとく、卑弥呼が魏から「親魏倭王」の称号とともに衣服を得ただろうことは、他の周辺諸民族の王や首長の例などから、ほぼ確実と見てよいという結論を得た。

しかしながらここで問題は、では卑弥呼は中国のいかなる朝服を得たのかということである。儒教の礼教観念をもって社会を律しようとした中国では、はたして女性を封冊し、王に任じるという事態を、予想しえたろうか。中国の正史の上で、女性を王に推戴している事実が確認されている諸民族は、そう多くはない。

『漢書』張騫伝には、紀元前二世紀頃の中央アジア情勢として、「大月氏王已為胡所殺、立其夫人為王。既臣大夏而君之」とあり[14]、大月氏王が胡のために殺されたので、夫人が立って王となった。この時すでに大月氏は大夏を臣としていたという。しかしこのことは、歴史事実として全面的に認められていたわけではなく、このくだりは『史記』には、「大月氏王已為胡所殺、立其太子為王。既臣大夏而居」とされている[15]。つまり大月氏の夫人ではなくて、太子が王に立ったとしているのである。

唐代に司馬貞によって書かれた『史記』の注釈書『史記索隠』は、『漢書』張騫伝に「立其夫人為王」とあるのを引いており、月氏の王位を継いだのは太子か夫人か、すでに二説が並立していたことが知られるのだが、『史記集解』には、「除広曰」として「一云夫人為王、夷狄亦或女主」[16]と解説している。女主を立てることが夷狄の風習として、中国の側では認識されていたことを示しているのだが、この事実は、中国の側がたとえ大月氏が媯水《いすい》の南にあった大夏を臣属させていたにせよ、王として中国の側が公認していた、つまり冊封したことを意味するのではないことを意味している。大月氏が夫人を王にしたという事象は、中国の側には、女主をいただく夷狄の蛮習として把握されたのであり、それ以上でも以下でもなかったといえよう。

（2）卑弥呼冊封の意味

そしてこのような、中国を中心とし、中国の圧倒的な政治的力関係のもと、中国の価値観が多大な支配力をもたらした国際環境の中で、周辺諸民族は、たとえ彼らがその王として女性をいただいたとしても、その事実が直ちに中国によって追認され、中国の冊封を受けることには、つながらなかったのである。

いまひとつ、中国周辺の民族が女性を王として推戴した例をあげるならば、後漢の初めに交趾郡（ベトナム・トンキン地方）で起こった反乱の指導者、徴側《ちょうそく》・徴貳《ちょうに》の姉妹について言及するを要する。『後漢書』が伝えると[17]ころによれば、ベトナム土侯の娘だった徴側は、交趾郡の刺史、蘇定の圧政に憤り、建武一六年（紀元四〇）に妹徴貳とともに反乱を起こした。九真・日南・合浦の土侯らもこれに呼応して、たちまちに六五城を攻略し、「自ら立ちて王と為った」。しかし光武帝は馬援を将軍として万余の兵を率い、車や船を用意し、道路や橋を修理しながら進軍して、これを討ち破り、二人の首をはねて洛陽に運ばせたという。徴側に対する「王」の称号も、反乱した土侯たちの上に君臨してみずから称したものであり、後漢の光武帝が冊封したものではもとよりない。当然これを公認しない光武帝は、反乱として、討伐してしまったのである。

このように古代中国の周辺諸民族の中で、女性を王にいただいて、中国からその事実を公認され、冊封を受けた民族は、正史の中には登場しない。

そしてかかる事態を最初に打開し、女性ながらも王として冊封を受けえたのが、邪馬台国の女王卑弥呼に他ならないのである。しかしそれは、かかる歴史的環境下、すなわち儒教的価値観によって律せられた中国王朝の支配のもとにあって、そうすんなりと認められたものではなかったのではないだろうか。

（3） 女性首長を忌避する儒教的観念

時代は下るが、隋の開皇六年（五八六）以来、唐代を通じて中国に朝貢して、『隋書』『唐書』『通典』など、中国の史書に登場する「女国」、またの名「東女国」は、葱嶺の南、天竺の北辺に位置する国で、代々女子を王に推戴していた。女王の夫は政治を知らず、国内の成人男子は征伐のみを仕事にしていたという。婦人は男性を軽んじて、妬むこともしなかった。男女とも顔面に彩色し、一日に何度もこれを塗り替えたという。「課税無常」、「射猟為業」と、農業によらず、政治を女性の手に託して、徴税も不定期であるなど、礼いまだ行われずの、前国家段階であるかのごとき印象を伝える。

また『梁書』が伝える扶南国は、「以女人為王」していたが、「本裸体、文身被髪、不制衣裳」という、中国の価値観からすれば、儒教的礼教観念に乖離した、未開の民族だと位置づけられている。扶南国が未開の段階を脱し、文明の香をかぐのは、その南にあった徼《きょう》国の王混塡《こんてん》が扶南を攻め、女王柳葉が降伏したことによる。混塡は柳葉に貫頭衣を教え、女性の裸体の風習は改まったという。その国を治めるようになった混塡は、柳葉を妻とし、その間に生まれた子に、国を分割統治させた。このように、男王の統治によって裸体の風習が改まり、文明の段階に一歩入るという図式は、「牝鶏之晨、惟家之索」(18)という、『書経』以来の、女性が権力を握ることに対するアレルギーを有する中国の感覚からして、きわめて自然な社会発展の図式である。

上古の帝とされる「女媧《じょか》」も、『資治通鑑』が引用する李商隠作の「宜都内人伝」では、宜都内人の言葉として「古有女媧、亦不正是天子、佐伏羲、理九州耳」と、女媧が真の天子であったわけではなく、伏羲《ふっき》を補佐して国土を治めただけなのだといわせている。

こうした思考方法は、なんとしても女帝の出現を許容できない、儒教イデオロギーの所産と考えるべきであろう。中国史上空前絶後の女帝、則天武后の治世は、「牝朝《ひんちょう》」と呼ばれたが、『三国史記』に、「史書不得公然称

図４　宝冠をつけた則天武后の図
左上に「帝位を盗み、モラルを汚す」とある

王」とあることに代表されるように、中国の歴史家たちは、あえてその皇帝としての即位を隠蔽したことが指摘されている（図４）。

そもそも「士大夫《したいふ》」の範疇には当然女性は入らないし、諸侯・卿・大夫・その他の、仕官する者を指す「士」という語は、通常男子を指し、女性は含まれていない。もとより中国の官僚体系は、女性を排除するかたちで成立していたのである。かかる中国の、女子を排除して社会の公的側面を築き上げてきた状況下で、女子が天子となる、すなわち女帝が即位する事態など、彼らの観点からは考慮の外だったのである。

「女王」という語は、我が国では、比較的古来から馴染みのある言葉であるといえよう。律令制下では、親・兄弟が天皇ではない、五世までの皇族の女子を指し、また内親王宣下のない皇族の姫君を指していう「女王」の称は、実は中国の制度としては存在せず、我が国独自に創始されたものだった。なによりも中国側の史料で「女王」「女王国」と称されたのは、卑弥呼その人とその統治する国についてのことであって、しかもこれが初見史料であるという事実が、中国国内では女王の輩出しえない事態を、如実に物語っているといえよう。

このような、儒教に淵源した女性観が、女性首長の存在を公認することに積極的でなかった中国王朝の基本姿勢を決定したのだと思われる。

（4）　南朝時代の変化

しかしこれが南朝時代になると、少し事情は変わってくる。先にあげた、六世紀の半ばから七世紀にかけて嶺南を統率し、百越を従えて梁・陳・隋王朝三代に仕えた譙国夫人の例を見てみよう。

夫馮宝の死後、百越を懐柔し、嶺南の大乱をしずめた功により、陳王朝は、夫人に節を持せしめ、中朗将・石竜太夫人に冊封し、「繡幰油絡駟馬安車一乗」を賚《たま》い、鼓吹一部、麾幢、旌節を給した。さらに「鹵簿《ろぼ》は一に刺史の儀の如し」という待遇を与える。駟馬安車は女性用の乗り物であり、「石竜太夫人」としての称号に対応しようが、他の事物は、本来男性に給されるものである。

その後、隋王朝になると、高祖文帝は、亡き夫の宝に国公を追贈し、夫人を譙国夫人に冊した。幕府を開かせ、長吏以下の官職を置かせ、さらに統率する部落六州の兵馬の徴発権をも保障し、勅書を下してその奉国の功をねぎらい、五〇〇〇端の布を与えた。皇后も首飾りと宴服一襲を賜与したという。ここで譙国夫人の冊は女性のもので、文帝の皇后から授けられた首飾りと宴服は、この称号に対応した女性用のものだろうが、幕府を開くことなどは、本来男性に与えられた特権であった。

（5）　朝鮮の女王

さらに朝鮮半島の新羅では、六三二年、真平王の長女の善徳王という女王が即位していた。新羅には女王は二例しかなく、善徳女王は朝鮮史上最初の女王である。『三国史記』によれば、その即位は「聖骨男尽。故女王立」とあるように、異例のことであり、王統を継ぐべき男子がいないことで執られた、やむをえざる措置であった。中国はこれを公認し、「柱国楽浪郡公新羅王」の冊命を授ける。「以襲父封」とあるように、父真平王の封爵を踏襲してのことであった。

しかし唐の側はこれを決してすんなり認めたわけではなかった。六四三年、新羅は高句麗・百済連合軍の侵略に対して、唐に援軍を求めて遣使する。しかしこれに対して、唐の太宗は、女王の存在をよしとせず、「爾国以婦人為主。為隣国軽侮」と、隣国の侵攻の原因を女王の即位に求め、暗に廃位を示唆したと指摘されている[19]。そして六四七年の毘曇《ぴどん》の乱の蜂起の理由は、『三国史記』には「女主不能善理」とあって、女王による統治が問題になっていたことがわかる。王の血統の遵守という名分の前にあっても、女王の王の存在は、許容すべからざる事態だったのである。

かかる事態に対して、『三国史記』の撰者は、

古有女媧、非正是天子、佐伏羲、理九州耳。至若呂雉武曌。値幼弱之主。臨朝称制。史書不得公然称王。但書高皇后。呂氏則天皇后武氏者。以天言之。則陽剛而陰柔。以人言之。則男尊而女卑。豈姥嫗許出閨房。断国家之政事乎。新羅扶起女子。処之王位。誠乱世之事。国之不亡幸也。書云牝鶏之晨。易云羸旌豕孚蹢躅。其可不為之戒哉[20]。

と、女媧を真の天子とは認めないとする『資治通鑑』引用の宜都内人の言葉と同じ文言を引き、女性が王位に即《つ》いて国政を見ることは、国の存亡にかかわる重大事だと戒めている。

（6）　推古女帝の場合

ところでこうした六、七世紀の中国大陸や朝鮮半島の女性首長をめぐる情勢に対して、日本列島の事情はといえば、我が国でも推古天皇が、五九二年に、史上初の女帝として即位した。しかしこの女帝の即位は、遣隋使を派遣して中国と国際的交渉を持ちながら、中国の女性首長を排除する価値観の存在に配慮してか、中国側には秘匿されていた可能性がある。

なぜなら『隋書』倭国伝は、開皇二〇年（六〇〇）、遣隋使が長安にいたったことを記載する。そこには倭のさまざまな風俗が詳しく報告され、推古天皇とおぼしき王が、倭国にあったことを伝えるが、彼女が女王であったことが、果たして中国側に知られていたのか、疑わしい側面があるのだ。姓「阿毎《あめ》」、字を「多利思比孤《たりしひこ》」と称する倭王は、「阿輩雞弥」と号したと言い、また王の妻を雞弥と号し、後宮に六、七〇〇人の女性を擁するとするなど、『隋書』は王を明らかに男性とみなして叙述しているふしがあるからである。冠位十二階の制や、大化前代の国制にまで言及し、倭国の事情に通暁していたと見られる『隋書』の記載の中に、天皇の性が誤って認識されていることは、注目に値する。このことは、遣隋使が、推古天皇は女性だという事実を、あえて中国側に報告せずにいた結果であり、また倭に遣わされた隋の使いに対しても、ことさら君主の性別を隠蔽した結果だと解釈できるのである。

そこで筆者は、同じ緊張関係が、すでに三世紀における魏と邪馬台国との間に存在し、同様の事態が生じたのではないかと推理してみる。卑弥呼が最初に遣使した時、邪馬台国側は、魏に対して、新しく位についた王が女性であることをあえて報告しないことで、中国側との女王の即位による軋轢を避けようとしたのではないかと想定するのである。

「倭人伝」の記載は、確かに卑弥呼が女性であることを認識している。しかしそれは『魏書』編纂段階で知られていた事実であって、景初二年の段階、すなわち帯方郡へ詣で、さらに中国側に送られて魏都洛陽へいたった卑弥呼の使者が、首長の性別を、魏への報告事項のうちに含めたということを直ちに意味するわけではないだろう。

「卑弥呼」という人名が、女性名であることを表白するものではないということは、「倭人伝」に狗奴国の王が「卑弥弓呼」という、「卑弥呼」と酷似した人名で表記され、「男王」と性別を明記されていることからもいえるであろう。だから卑弥呼の遣使に上表文がともなわれ、そこに上表主体たる卑弥呼の名があったとしても、そのことが直ちに中国側に、卑弥呼の性別を伝えたことにはならないのである。

　卑弥呼に下された制詔は、きわめて正確に魏の制詔の文言を引用しているといわれるが、その引用部分と目される箇所には卑弥呼を称して「女王」と呼ぶ文例は、まったく存在しない。「女王」の語は、「倭人伝」の地の文だけに集中する呼称であり、つまり彼女が女性であることを知られた段階での叙述と考えられるのだ。

第三節　賜与された朝服の性別

(1)　卑弥呼の使者が賜ったもの

　さて洛陽にいたった倭の使者は、魏の明帝に謁し、明帝は遠方からの遣使貢献だとして、倭の忠孝を嘉して、「親魏倭王」の金印紫綬を仮授したのであった。

　そしてもし、これまで見てきたごとく、倭の使者が卑弥呼の性別を報告しなかったとすれば、中国側が「親魏倭王」と刻んだ金印とともに、日本列島のいずこかにある邪馬台国の卑弥呼に賜与し、倭の使節を送りがてら、魏が使者を立てて卑弥呼のもとへもたらしたのは、どのような衣服だったのだろうか。先に見たように、『南斉書』に、晋の太興三年（三二〇）、永らく反乱を起こしていた東南夷の首長に、元帝が「並親晋王、賜以朝服」と、「親晋王」の称号とともに朝服を与えたという記事があって、この事実からすれば、魏が「親魏倭王」に与えたのも朝服であったと推定される。

　また『魏書』高句麗伝に見た、代々の高句麗王に、「衣冠服物車旗之飾」が賜与された記事からしても、朝服に相当する「衣冠服物」が与えられたと見られるのだが、卑弥呼が女性であることが知られていなかったとすれば、魏が用意したのは、当然男性用の朝服であったはずである。

さて、景初三年（二三九）に帯方太守劉夏の命で、帯方郡の役人に送られて、魏の都洛陽までいたった倭の朝貢使節に、一二月、魏の明帝は、制詔を下し、「親魏倭王」の称号とその標識である「金印紫綬」の賜与を宣した。

「魏志」倭人伝に引用された魏の制詔に「今汝を以て親魏倭王となし、金印紫綬を仮し、装封して帯方の太守に付し仮授せしむ」とあるように、金印（図5）については、正始元年（二四〇）に、魏皇帝の命を受け、帯方太守弓遵《きゅうじゅん》が派遣した建中校尉《けんちゅうこうい》梯儁《ていしゅん》に託されて、倭へもたらされたのだが、卑弥呼に対して、魏の皇帝が彼女を哀れんでいることの証拠として、国中の人に示せという指示とともに特に与えられた事物、すなわち、紺地句紋錦、五尺の大刀、そして銅鏡一〇〇枚などは、一足早く帰国する倭人の使節、難升米と牛利に付されて、卑弥呼のもとにもたらされていた。

このように金印は、多くの賜物の中にあって、倭側の使者に寄託されることがなかったのは、それが確実に卑弥呼その人の手に渡される必要があって、中国皇帝の意を受けた信頼するに足る人物に託されなければならなかったためだと考えられ、その重要性が推察できよう。だからこそこの詔書と印綬は、帯方太守に託され、翌正始元年、帯方太守弓遵の命を受けた使節が、詔書と印綬を奉じて倭国にいたったのである。

図5　漢から与えられた金印

西暦57年、倭の奴国が後漢に使者を送り、与えられた印。200年後の卑弥呼が受けたものも、このようなものだったのだろう。

そしてそこで卑弥呼に印綬を「拝仮」し、詔書をもたらし、金帛以下の、魏帝からの賜物をたまわった。この時、魏の使者は、卑弥呼への謁見を求めたはずである。なぜなら金印紫綬は、中国の文書行政の根幹をなす媒介項である。広大な版図を有する中国歴代の王朝にとっては、広域の領域支配体制を機能させるために、文書行政は、不可欠の手段であった。そこでは遠くにあって姿の見えない文書発給主体が、確実にその官にある者であることが保証されなければならない。文書の有効性は、封をした印によって保証される。したがって中国においては、印綬は視覚的身分標識以上の重要な意味を持つ。任官されて、叙任の標識として印綬を与えられた当事者以外の者が、印綬を用いるという事態は、絶対にあってはならないことだった。

したがって、日本列島のいずこかにあった邪馬台国にいたった魏の使節は、必ずや卑弥呼に謁見することを要求したはずという推定が成り立つであろう。なぜなら「親魏倭王」の金印を、卑弥呼その人に手渡すことこそが、使節が魏皇帝から命じられた最大の任務だったからである。だから金印を奉じて倭へいたった使者梯儁は、万全を期するため、卑弥呼への接見を強硬に要求したにちがいない。

（2）　女王であることを隠す

だが倭の側は、使者を卑弥呼に会わそうとはしなかったのではなかったか。なぜなら、もし卑弥呼が女性であることが中国側に知られると、そこで惹起される事態を想像できなかったからであろう。

そうした事実を推定させるのは「倭人伝」に、「王となりしより以来、見ることある者少なく、婢千人を以て自ら侍せしむ。ただ男子一人あり、飲食を給し、辞を伝え居処に出入りす」とある文言である。「王になってからは、卑弥呼にまみえた人が少ない」とあるのは、中国の使者が卑弥呼に接見できないことの口実として、邪馬台国の側から伝えられた情報ではなかったかと推理してみる。中国の使者は、金印紫綬を卑弥呼その人に手渡さねばならないからと、強硬に接見を主張したにちがいないのだが、邪馬台国の側に、女王は即位以来、人に謁見することはないのだといわれれば、為す術がなかったというのが実状ではなかったか。そこで使節らは、やむなく「親魏倭王」の金印紫綬や衣服を、卑弥呼の側近に託し、確かに卑弥呼その人の手に渡るよう念を押して要請して、帰国の途につかなければならなかったのではなかったか。

邪馬台国側が魏の使者に卑弥呼の謁見を許さなかったのは、列島内部の政治的抗争を収束させるために、中国の権威を是非とも必要としたからであると考えられる。かかる差し迫った状況下では、卑弥呼が女性であることを中国側に察知されることは、倭の最高首長としての認知を危うくすると危惧されるがゆえに、なんとしても避けたかったのではないかと推定されるのだ。「倭人伝」が語る卑弥呼擁立の経緯も、倭の国家形成期の揺籃時代が、混乱のもとにあったことを示している。七、八〇年にわたって支配した男王のもとで、倭国は乱れ、相交伐して時を過ごしたという。やがて疲弊しきった諸首長たちは、窮余の策としてともに女子を王に擁立した。卑弥呼である。

しかしこれですべて収まったわけではなかった。女王国の南には男王をいただく狗奴国があった。『後漢書』倭伝によれば、狗奴国も「倭種」、すなわち人種的には倭人であったというが、女王国に服属していなかった。卑弥呼と狗奴国の男王卑弥弓呼とは、従前から不和だったが、卑弥呼は帯方郡に遣使し、狗奴国との交戦状態を報告している。

正始八年（二四七）、帯方太守王頎は、魏都洛陽に出向き、この事実を魏朝に報告した。魏はこれに対して塞曹掾史張政らを遣わして詔書と黄幢をもたらし、難升米に仮授して檄を作り、告喩した。このことは、卑弥呼は、狗奴国との戦闘に対して、魏の公認、ひいては魏が女王国の味方になってくれることを、あらかじめ期待していたことを意味しよう。列島内部の覇権の確立に、魏の権威が後ろ盾になっている事実の誇示が、最も効果的だと判断され、卑弥呼の側に利用されようとしたのであった。

換言すれば、卑弥呼の遣使は、列島における倭人の内部抗争、さらに邪馬台国内部を治めるためにも、そして特に狗奴国との抗争に利を得るためにも、差し迫って魏の権威を後ろ盾にしていることをアピールすることを必要としたための措置であったと考えられる。それゆえ、卑弥呼が女性であるという事実の表白は、国際関係に敏感で、中国の男尊女卑の価値観を認識している邪馬台国の側にとっては、狗奴国の男王卑弥弓呼との対抗上、どうしても避けたかったのではなかったか。

卑弥呼死後の邪馬台国の抗争の経緯は、これも魏に報告されており、「倭人伝」に詳述されている。男王を立てたが国中が服さず、相誅殺し、一〇〇〇余人が犠牲になった。そこで苦肉の策として卑弥呼の宗女、弱冠一三歳の壱与が王にとりたてられた。再び女王の誕生である。

国中はついに平定された。帯方郡の塞曹掾史張政らは、邪馬台国までやってきて檄をもって壱与に告喩し、彼女の邪馬台国の王としての正当性を保証している。これらの事実は、列島の平和と、邪馬台国連合の秩序維持のために、魏による倭王としての公認が、いずれの場合も不可欠とされていたことを意味しよう。だからこそなおさら卑弥呼は、その公認のさまたげとなるであろう、女性の王を推戴している事実を、隠蔽しなくてはならなかったのだと考えられよう。そして「魏志」倭人伝における、女王卑弥呼および壱与の擁立の経緯をめぐる詳細な記載は、倭に平和をもたらすためには、女王の擁立がいかに不可避であったかを、魏へ縷々報告した結果だとも推察できよう。

では倭の側が、ついに中国側に、卑弥呼が女王であることを表白しなければならなかったのは、どの時点のことだっただろうか。中国側の儒教的価値観にもとづく女王否定の論理を、いかにして肯定に導くかに腐心しなければならなかったのは、卑弥呼がひとまず「親魏倭王」として公認されてのち、そして筆者の推理によるならば、正始元年に、詔書、印綬を奉じた魏の使節が来朝して、卑弥呼に面会せずに帰ってのちのことではなかったろうか。これが想定しうる最も早い時期であるが、さらに憶測をたくましくしていえば、王の性別が知られたのは、最も遅ければ「魏志」編纂段階ということになろうか。

(3) 中国の衣服を着た卑弥呼

ともあれこうした魏との交渉によって、卑弥呼が勝ち取った「親魏倭王」の称号は、魏の皇帝の権威を後ろ盾にしていることの保証であった。しかしその事実を「国中の人」に周知徹底させるためには、紐の先に結びつけた一寸四方の金印では、あまりに小さ過ぎた。そのうえ、三世紀の倭の人々が、漢字を知らなかったというのでは、印綬に代わって卑弥呼の東アジア世界での立場、すなわち中国との密接な関わりを、如実に示してくれる中国から賜与された衣服に、より高い視覚的効果を見いだしたのは、当然の成り行きだったといえよう。

そこで筆者は、卑弥呼は魏帝が卑弥呼に「悉く以て汝の国中の人に示し、国家汝を哀れむを知らしむべし」と詔したように、中国から賜与された衣服をきわめて有効に、魏の権威を後ろ盾にしていることをアピールする手段として利用したと憶測している。それは「魏志」韓伝に見た、韓の邑落の首長たちが、個々に帯方郡に朝謁して衣服とかぶりものを乞い、それを着装することによって、一般邑落共同体成員との格差を明示確定していった姿と、共通するものである。だから卑弥呼は、魏から賜与された親魏倭王の称号に即した衣服を、着用に及んだにちがいないのだ。それは邪馬台国の人々にとって、目新しい衣服だった。しかも、中国からやってきた使節が着用していた衣服と共通する形態の衣服であった可能性がある。すなわち男性用の衣服であったと推定できるのだ。

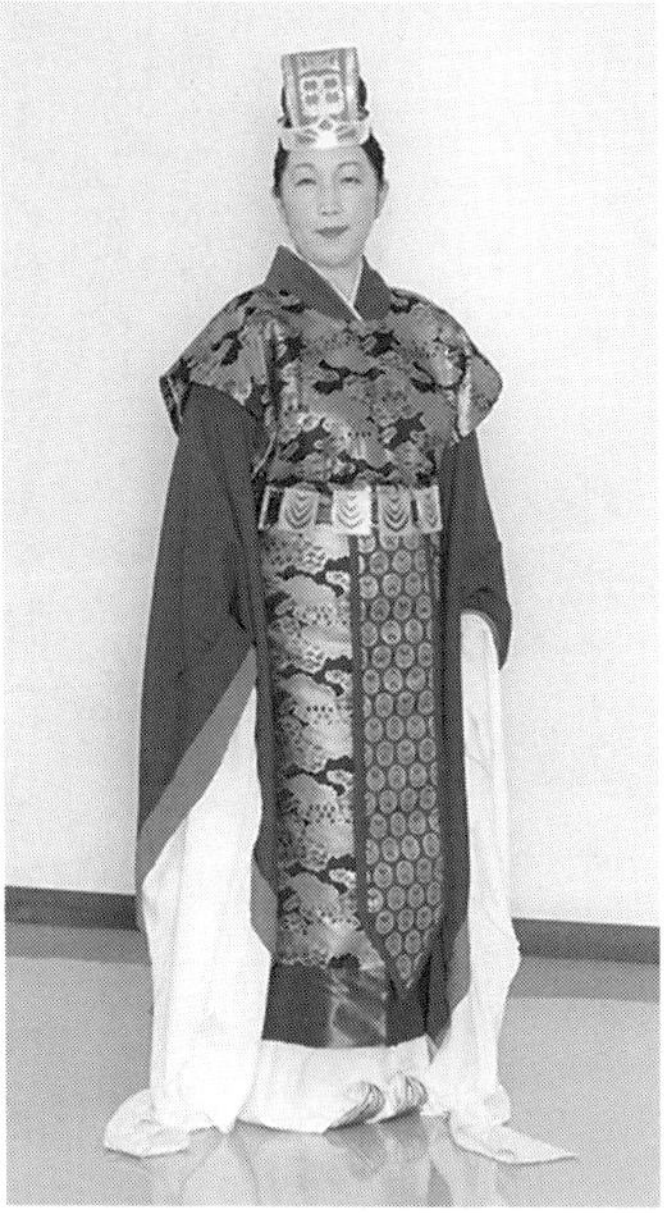

図6　中国服を着る卑弥呼の想像復元

なぜなら以上見てきたように、倭の使節は、卑弥呼が女性であることを、故意に秘匿して魏に報告したと推定される。だとすれば、中国側が「親魏倭王」の称号に対応する衣服として用意したものは、当然男性用であったはずだからである。

しかし卑弥呼は躊躇することなくこの衣服を着用に及んだだろうと私は想定している（図6）。なぜなら当該時期の日本列島において基底的だった衣服は、男女同型の貫頭衣だったから、衣服の性差という認識自体が存在せず、ゆえに女性である卑弥呼が、男性である中国使節の着ている衣服と同じような衣服を着たとしても、そこになんら違和感は生じようがなかったからである。むしろ中国の使節との衣服の共通性が、着用する卑弥呼自身の権威を、より高く見せうるとして、かえって歓迎されたのではなかったろうか。

おわりに

以上、邪馬台国の卑弥呼が「親魏倭王」の称号とともに受け取ったのは、実は男性用の衣服であり、卑弥呼はそれを着用にさえ及んだかも知れないという事態を想定してみた。

それは衣服の性差の観念自体が存在しない社会に、性差のある衣服が持ち込まれたことによって惹起された事態であった。

（1）『太宗実録』巻一四　永楽元年一〇月乙巳朔「日本国王源道義、遣使圭密等三百余人、……賜日本国王冠服綿綺沙羅及亀紐金印」。
（2）脇田晴子『室町時代』（中公新書、一九八五年）。
（3）拙著『古代国家の形成と衣服制――袴と貫頭衣――』（吉川弘文館、一九八四年六月）。
（4）堀敏一「魏志倭人伝の読み方」（『東アジアの中の古代日本』研文出版、一九九八年九月）。
（5）拙稿「東アジアにおける国家の形成と身分標識」（前掲注3拙著）。
（6）『漢書』厳朱吾丘主父徐厳終王賈伝　第三四上。

（7）林巳奈夫「佩玉と綬」（『中国古玉の研究』吉川弘文館、一九九一年二月）。
（8）西嶋定生「古代東アジア世界の形成」（『中国古代国家と東アジア世界』東京大学出版会、一九八三年）。
（9）大庭脩「卑弥呼が魏からもらった辞令」（『親魏倭王』学生社、一九七一年）九一頁。
（10）書き下しは次の通り。
晋太興三年、建平夷王向弘・向瓘等、台に詣でて拝除を求む。尚書郎張亮議りていわく、夷狛に軍号を以って仮すべからざれ、と。元帝詔してのたまわく、特に弘を以って折衝将軍・当平郷侯となし、並べて親晋王とす、と。以って朝服を賜う。宗頭は其の後なり。
（11）西嶋定生「古代東アジア世界の形成」（前掲注8西嶋書）四九二頁。
（12）大庭脩『卑弥呼は大和に眠るか――邪馬台国の実像を追って――』（文英堂、一九九九年）。
（13）西嶋定生「古代東アジア世界の形成」（前掲注8西嶋書）五〇〇頁。
（14）『漢書』巻六一　張騫李広利伝　第三一　中華書局本二六八九頁。「大月氏王、已に胡の殺せらるところとなる。其の夫人を立てて王と為す。既に大夏は臣となりて、之を君とす」と読む。
（15）『史記』巻一二三　大宛列伝　第六三　中華書局本三一五八頁。「大月氏王、已に胡の殺せらるところとなる。其の太子を立てて王と為す。既に大夏は臣となりて、居り」と読む。
（16）「一云う。夫人を王と為すは、夷狄に亦女主或り」と読む。
（17）『後漢書』巻八六　南蛮西南夷列伝　中華書局本一〇―二八三六、および同書　巻二四　馬援列伝。
（18）「牝鶏の晨するは、これ家のつくるなり」。めんどりが時を告げるようならその家の運は尽きるという意味。
（19）井上秀雄「新羅政治体制の変遷過程」（『古代史講座』第四巻、学生社、一九六二年）。
（20）書き下し文は次の通り。
古に女媧あり。正に是天子にあらずして、伏羲を佐け九州を理むのみ。しかのみならず、呂雉、武曌は幼弱の主に値して朝に臨みて称制す。史書、公然と王と称するを得ず。但高皇后呂氏、則天皇后武氏と書すなり。天を以ちて之を言えば、則ち陽は剛にして陰は柔。人を以ちて之を言えば、則ち男は尊くして女は卑し。豈、姥嫗閨房より出でて、国家の政事を断ずるを許すべきや。新羅女子を扶起して、これを王位に処す。誠に乱世の事にして、国の亡ばざるは幸いなり。書云う。牝鶏の晨と。易云う、羸旌の豕、蹢躅を孚すと。其、之を戒めと為さざるべきや。

〔付記〕　本論文の概略は、「卑弥呼はどんな服装をしていたか――男装の女王――」（『卑弥呼は大和に眠るか』文英堂、一九九九年）に既述しているが、それは一九九八年一〇月二五日、大阪府弥生文化博物館秋季特別展「卑弥呼の宝石箱」の際に開催された「卑弥呼の衣服」と題した講演のテープをもとにしたものである。

第三部

王権と衣装

第一章　大化の冠位制について——吉士長丹像との関連で——

はじめに

孝徳天皇の大化三年（六四七）に、七色十三階の冠位制が制定された。『日本書紀』大化三年是歳条は、この冠について、克明な叙述を怠らない。

是歳、制七色一十三階之冠。一曰、織冠。有大小二階。以織為之。以繡裁冠之縁。服色並用深紫。二曰、繡冠。有大小二階。以繡為之。其冠之縁・服色、並同織冠。三曰、紫冠。有大小二階。以紫為之。以織裁冠之縁。服色用浅紫。四曰、錦冠。有大小二階。其大錦冠、以大伯仙錦為之。以織裁冠之縁。其小錦冠、以小伯仙錦為之。以大伯仙錦、裁冠之縁。服色並用真緋。五曰、青冠。以青絹為之。有大小二階。其大青冠、以大伯仙錦、裁冠之縁。其小青冠、以小伯仙錦、裁冠之縁。服色並用紺。六曰、黒冠。有大小二階。其大黒冠、以車形錦、裁冠之縁。其小黒冠、以菱形錦、裁冠之縁。服色並用緑。七曰、建武。初位。又名立身。以黒絹為之。以紺裁冠之縁。別有鐙冠。以黒絹為之。其冠之背、張漆羅、以縁與鈿、異其高下。形似於蟬。小錦冠以上之鈿、雑金銀為之。大小青冠之鈿、以銀為之。大小黒冠之鈿、以銅為之。建武之冠、無鈿也。此冠者、大会、饗客、四月七日斎時、所着焉。

ここでは大織冠・小織冠以下、建武までの十三階の冠位が、冠の素材、縁どりの素材、またその冠と一緒に着用する衣服の色、さらに冠の背に漆を塗った羅《ら》を張ること、それぞれに鈿《でん》すなわち髻花《うず》をつけて、髻花と縁の素材の組み合わせで、冠位の高下を表示することなどが、非常に詳しく記載されている。しかしあくまでも文字表現の上でのことであるという制約上、具体的な冠の形状をイメージするとなると、むつかしいといわざるを得ない。

第一節　吉士長丹像をめぐって

この難題の解決の糸口となっていたのが、近江国呉神社に所蔵されていたという吉士長丹《きしのながに》像であった。『日本書紀』によれば、小山上《しょうせんじょう》吉士長丹は、白雉四年（六五三）に、遣唐大使として唐へ発遣されている。「小山上」冠は、大化五年（六四九）に改訂された冠位制による冠名で、大化三年の制では、「小青冠」にあたる。

黒川真頼は、「本邦において笏を用いることは、孝徳天皇の朝に始まりしことは、既に近江国蒲生郡呉神社の蔵、吉士長丹の把笏の像を掲げて示せるがごとし、然るを人或いは此の『続日本紀』の養老三年（七一九）二月の文を見ていはく、本邦に於いて把笏の始は、此の歳よりのことなりと、この説麁漏なり。其の養老三年二月の文に、『職事主典已上把笏、其五位已上牙笏、散位亦聴把笏、六位已下木笏』とあるは、従来の把笏は職事に限りたりしを、此に至りて散位も五位已上は把笏を聴すといふにて、散位の為に文を立てたるなり。惑ふことなかれ」と述べて[1]、他ならぬこの画像を根拠に、把笏の制が大化段階からあったとしている。しかし把笏は、この像以外に徴証がないことからも、やはり通説がいうように、養老三年の位階による笏の差等設定記事をもって、初めて制度化されたと見るべきであろう。

なお関根真隆氏は、笏の始用と、養老二年に帰国した遣唐使とを関連させて考え、翌三年正月に、「入唐使等拝見、皆着唐国所授朝服」とあって、彼らが唐で朝服を賜与され、それを日本へ持ち帰って、朝庭で着用に及んだことが知られるが、このときの中国の衣服を参考に日本の服制が整備され、これが同年二月の天下百姓右襟の制や、把笏の制の制定に影響を与えたのではないかとされる。(2)

なお、『日本の美術』三四六号によれば、兵庫県揖保郡御津町山王山古墳出土の装飾付き須恵器壺の肩の部分に、乗馬の人物の前に、細長い板状のものを捧げ持って直立する人物像がある。この板状のものがもし笏ならば、把笏の歴史は六世紀にまで遡るとしている。他に島根県松江市岩屋後古墳出土の人物埴輪の腕の破片の例などをあげて、六世紀に笏が伝えられて、儀礼に使用されていたと考えてよいとする。この埴輪断片については、すでに早く高橋健自が、「両手で笏を把持している如く見える」と指摘している。(3)

しかし笏そのものの形状に酷似した埴輪の出土例は、未だにあるとはいえず、把笏の例と確定するには、問題があろう。

ところで以上見てきたごとくの、江戸後期以来行われてきた吉士長丹像の服飾が、当時のものを反映しているとする高い評価は、今はすっかり等閑視され、この肖像画をもとに大化の冠位制を論じることは、ほとんどなくなっていた。しかし一九九五年に東野治之氏が、「遣唐使研究と吉士長丹の肖像画」なる一文で、吉士長丹像の復権を試み、この肖像画に信頼を置いて、遣唐大使だった吉士長丹の、中国側で描かれた「職貢図」の類の肖像画と位置づけ、その転写本が日本に将来された可能性もあるとした。そして大化の冠位制は、なおこの画像から推定復元することができる要素があるのではないかと問題を提起した。(4) 氏は、後世の伝写過程での「写しくずれ」や、作画年代そのものが下がる可能性もあることを否定しないとしながら、冠についてだけは、なんらかの

図1　吉士長丹像模本（部分）

図2　吉士長丹像模本（部分）

古い資料があり、それが作画の制作に生かされたことも推測できるとする（図1・図2）。

冠についてのみ古い史料が存したとするのは、人物表現において、その人物の身分関係を確定する冠が、最も重視されるべき要素であるからと考えられるが、だとすれば、同じく身分を可視的に表現した服色については、なぜかかる点が顧慮されず、細心の注意が払われなかったかが、ひっかかってくる。吉士長丹については、緑の袍と、赤色の袍の二種を着用した画像があるというが、彼の小山下の冠位からすれば、服色は紺でなくてはならないはずだからである。

だが東野氏は、吉士長丹像のさまざまな要素をあげながら、これが古様を示す要素があるとされる。まず吉士長丹の持つ笏が、末広がりでないことから、古い形式を示すとする。笏は、古くは上端と下端の幅はほぼ同じだが、時代を下ると、上端が次第に幅広くなるからである。衣服についても、確かに古代絵画の面影を伝えている可能性は否定できないが、筆者がかつて御物「聖徳太子及び二王子像」と、平城京二条大路出土の天平一〇年前後のものと推定される、山水楼閣図木簡に描かれた官人像との関連で述べたように[5]、袖が広大、寛滑な衣服の様子は、奈良時代的である。とすればこの画像が描かれた時期は、少なくとも奈良時代前期をさかのぼるものではないといえよう。

これらの問題は、把笏制採用時期の問題と絡めて、改めて検討しなければならないが、先にも述べたように、私見では笏の国家的服飾制度への採用の確実な時期は、養老三年をさかのぼるものではないと考えている。正倉院に現存する笏は、初期の、上端と下端の幅が同じものである。したがってこの画像が、奈良時代前期をさかのぼるものではないという想定と、この画像が所持する、初期的な笏の形態とは整合的である。だとすれば、聖徳太子画像がこの時代に描かれたように、吉士長丹の像も、同時代に描かれたという可能性はあるものの、これを大化年間のものとする根拠は見出しがたいといえよう。ゆえに時代考証などが綿密に行われなかった時代においては、大化期の冠位制をふまえた形でこの画像が描かれたとは、即断できないといわざるを得ないのである。

第二節　形、蟬に似たり

次に本章で問題にする冠であるが、東野氏は、先にも述べたように、画像に見られる後世的要素は、伝写過程での写しくずれと推定する。そして一方、冠についてのみは、何らかの古い資料があって、それが絵の制作に活かされたとも推測できるのではないかとする。東野氏が、この画像を古代的であるとする根拠は、冠の背後に覗く二枚の網状のものが、「漆ぬりの羅」で、正面の髻花が「鈿」であって、「形蟬に似る」というのは、「漆羅」を羽に見立てて冠全体の形を蟬になぞらえた表現と思われる、というところにある。つまり「書紀」における、蟬に似ているという形容が、カギになっているのだ。

しかしこの画像の冠の後ろに見える二枚のうすものは、中国的な冠表現に由来するものではないだろうか。つまりいわゆる唐冠に似ているとも見え、したがって反対にきわめて後世の作画であることの証左であるともいえよう。東野氏も、これが聖賢像の影響を受けていることは否めないとする。しかもこの「蟬に似ている」との記述について筆者は、これが『日本書紀』編纂段階の、編者による表現で、必ずしも実際の姿を伝えたものではないと考えている。以下その理由を述べておこう。

大化五年の冠位制は、大化三年の冠位制を改訂したものであり、冠の具体的な形状については、大化三年の制についての「書紀」の記述によって考えなければならない。

小錦冠は小伯仙錦を以て作り、大伯仙錦を以て冠の縁に裁ちいれたり。

その冠の背には、漆ぬりの羅を張り、縁と鈿とをもって、其の高下を異にす。

形蟬に似たり。小錦冠以上の鈿は、金銀を雑えて為れり。大小青冠の鈿は、銀をもって為れり。

右のようにあることから、東野氏は、「形蟬に似たり」というのは、漆ぬりの羅で作った二枚の網状のもので、冠の後ろから覗いていて、これが羽に見立てられ、冠全体の形を、羽を有する蟬になぞらえたのだとする。しかしなにゆえにここに唐突に蟬が出てくるのかについては、なお考慮の必要があると思われる。筆者は、突然蟬がここで登場する理由を、中国の冠の制度の影響と考えている。中国では、古くから冠の装飾として蟬の形を付けることが行われてきた。なぜ蟬が選ばれたかというと、蟬に「文・清・廉・倹・信」の、五徳があると信じられていたためで、(6)晋の詩人陸雲の『寒蟬賦』にも、「蟬有五徳、頭上有緌則其文也、含気飲露則其清也。黍稷不享則其廉也。処不巣居則其倹也。応候守節其信也」とある。

蟬が穀物を食べず、露だけを飲むことから、その清廉潔白さが尊ばれたためという。具体的な例としては、たとえば天子の着装する「通天冠」は、『新唐書』車服志に、「通天冠者冬至受朝賀祭還燕群臣養老之服也。二十四梁、附蟬十二首、施珠翠金博山、黒介幘組纓翠緌、玉犀簪導……」とあって、一二個の蟬を付けることが知られる。金博山、すなわち金の山形の上に、珠と、翠すなわち翠鷸（カワセミの青い羽）を飾り、一二個の蟬を象ったものらしい。カワセミの羽は、『爾雅』釈鳥に、「其羽可以為飾」とあるように、装飾用に珍重された。なお天子の冕冠は、通天冠に、冕板を加えたもの(7)であるから、冕冠にもまた、一二個の附蟬があったわけである。同じく「車服志」に、「武弁」についても「金附蟬平巾幘」とあって、金で作った蟬形を、平巾幘《へいきんさく》に付けたものであったことが理解される。

天子の「通天冠」に充当する親王の冠に、「遠遊冠」があるが、ここにも「黄金璫附蟬」とある。「遠遊冠」には、九首の蟬が飾られた。さらに「通天冠」に充当する群臣の「進賢冠」には、「侍中中書左右散騎常侍有黄金璫、附蟬、貂尾、侍左者左珥、侍右者右珥」とあって、群臣は、黄金でできた蟬と貂の尾のついた璫＝耳飾のようなもの(8)を、天子の左に侍す官は左に、右に侍す官は右に付けたのであった。『南史』朱昇伝に、「昇徐中書郎時、秋日始拝、有飛蟬、正集昇武冠上、時咸謂蟬珥之兆」とあり、また『北斉書』趙郡王叡伝に「進居蟬珥之栄、退当委要之職」とあるように、「蟬珥」は近侍の官、転じて高官を指していうようになったのは、冠に付けられた蟬の飾りから来ていることなのである。

「蟬冠」「蟬冕」「貂蟬冠」などの名も、蟬をかたどった飾りを冠につけたことからくる名称であって、冠の形が全体として蟬に似ているということからくるものではなかった。念のため付記しておくと、「蟬冠」は、たとえば諸橋轍次の『大漢和辞典』に「蟬の羽で飾った冠。古貴顕の冠。蟬冕。貂蟬冠」とあるように、「蟬の羽で飾った冠」と説かれる場合があるが、これは誤解であり、蟬の羽だけを冠に飾るということは、中国側のどの書物にも出てこない。「蟬冠」「蟬冕」の名は、あくまでも蟬を形どった飾りをつけることから生まれた名なのである。なお蟬の羽と、冠が関連する、管見の限りの唯一の例として、「恵文冠」をあげておかねばなるまい。『続漢書』輿服志下には、

武冠、一曰武弁大冠、諸武官冠之、侍中中常侍加黄金璫、附蟬為文、貂尾為飾、謂之趙恵文冠、胡広説曰、趙武霊王倣胡服、以金璫飾首、前挿貂尾為貴職、秦滅趙、以其君冠賜近臣。

とある。

武冠は「武冠、一曰武弁大冠」とあることから、武弁を指すことがわかるが、武弁には、「加黄金璫、附蟬為文、貂尾為飾」とあるように、璫、すなわち金の冠飾に蟬を付けて模様とし、貂の尾を付けて飾りとしたという。『蔡邕独断』にも、

武冠、或曰繁冠、今謂之大冠、武官服之、侍中中常侍加黄金、附蟬貂鼠尾、飾之、

とあって、蟬や貂鼠の尾を付けて黄金の冠飾としたものである。

武弁はまた、恵文冠という別名を持っていた。『通典』はさらに胡広の注を引いて、

恵者蟪。其冠文細如蟬翼。故名恵文。

としていて「恵文冠」の恵とは、蟪蛄の蟪であるとし、蟪蛄はなつぜみ、つくつくぼうしのことで、冠の地模様が蟬の羽のように細かいことに名の由来を求めている。地文と蟬翼の細かさとの共通性から、「恵文冠」という別名の由来を説くのは、『晋書』輿服志にも見えるところである。だがこれが定説というわけではなく、「王先謙集解」によれば、趙の武霊王の子に、恵文王がおり、彼が非常に簡略だった冠に、金玉の飾りを増し加えたので、「恵文冠」の名が生まれたのだとする。

しかし『文選』「魏都賦」の注には「蔡邕独断曰、侍中、常侍皆恵文、加貂附蟬」とあって、「武冠」の別名である「恵文冠」について、これも「蔡邕独断」をひいて「蟬や貂を付けた冠」と解している。

さらに「武弁」は、『新唐書』車服志に、

武弁講武出征蒐狩大射禡類宜社賞社罰社纂厳之服也。有金附蟬平巾幘。

とあって、これも金でできた蟬形が付けられた冠であることが理解されよう。

戸川芳郎氏は、冠飾の文物、「金璫附蟬」については、久しく誤解があったとし、原田淑人の「璫」とは、もと冠の前額あるいは弁（冠の一種）の頭上の縫い目に、並列する玉飾を指したものと思われるが、この種の耳飾が左右の朶（みみたぼ）に各前方に向いて列んでいるので、冠の場合とおなじように「璫」と呼んだのであろうとする所説を批判し[9]、「璫」の字義には「瓦當」や「裲襠」のように、正面に向かって対向する意はあるが、しかし必ずしも並列していなくてよいのであるとする。その冠帽の前方に向いた前額部の正面、つまり帽正に当たる位置に、黄金製の璫を付ける。「璫」とは屋瓦の瓦當や榱頭の飾璫（和名、こじり）に相当する、いわば冠帽の正面の徽章であって、それが蜩蟬にかたどって彫った紋様になっていて、冠体に附着した形像になっていた。大きい一枚の帽正であって、耳璫のように双方対に並んでいるのではない。また耳璫に類するものでもない。これが「金璫附蟬」または「金蟬」と呼ばれる冠の飾文であるという[10]。

北宋の顔延之の「寒蟬賦」には「不仮蕤於笵冠　豈鏤體　於人爵　折清飈而下淪　團高木以瓢落」とあるが[11]、戸川芳郎氏によれば、「蕤＝（緌）を笵（ハチ）の冠に仮らずんば、豈に體（セミの体貌）を人爵に鏤まんや」とは、取意は婉曲にわたるが、「金璫附蟬」の「武冠」を指していることは間違いなく、『礼記』檀弓編下を典拠として、「笵冠」と「蟬緌」、すなわちハチのアタマと、セミのクチを、互いにかけことばとして、セミの緌（冠の紐）と、ハチの冠との因縁づけがあってこそ、セミの体貌が、人爵たる貂蟬の冠に雕鏤されるのだとし、蟬の羽だけに限らないで蟬の形態すべてが、金璫に雕鏤されている金工品であることが、この賦からも推測されるとしている[12]。こうした文献との整合性を検討したうえで戸川氏は、「金璫附蟬」は黄金の蟬の形をした璫を、冠の正面に輝かした冠であり、蟬そのものの薄い羽を飾りものに用いて、冠帽を飾るものではないとした[13]。

「武弁大冠」、「恵文冠」についても、東漢以後の官儀に関する文献や正史の「輿服志」の類で規定されたそれは、冠の正面に、黄金の璫、いわば徽章があって、それは蟬にかたどった文様が付いていたとする(14)。

事実、「武弁」の冠の布地が、細かい地模様のある特別な布で製されているということは、「武弁」に関するどのような記述の中にもうかがうことができない。だとすれば「恵文冠」という別名の由来を、蟬の羽のような地文の細かさに求める『通典』所引の解説の信頼性は、いささかそこなわれているといわざるを得ないのである。

以上見てきたごとく、中国における冠の制度では、蟬が重要な役割を果たしていることは事実であるが、それは蟬を形どった飾りを付けることによって実現されたもので、冠全体が蟬の形をしていたとか、蟬の羽に似た形状のものが、冠に取り付けられたというものではなかったことが明らかである。

こうした知見をもとに、再び我が国における大化の冠位制に立ち戻って考えてみよう。

ここに蟬との形状的類似について「書紀」が言及していることから、日本の大化の冠制は、中国の冠とは違い、冠全体の形状の、蟬との類似性が特徴なのであって、日本独自のものであるとの主張が、増田美子氏にある(15)。しかし他の何ものでもなく、「蟬」という昆虫の名を持ち出したことは、あまりに唐突にすぎ、ここでは中国の思想上の、冠における蟬の意義を、当然背後に想定しなければならないのではないだろうか。中国の冠制における蟬の位置づけを意識していたからこそ、「書紀」の編者は、我が国の冠についていう際に、蟬との類似というかたちで言及してしまったのだと考えられよう。

さらにこの冠が、「鐙冠《つぼこうぶり》」の名を持ち、そこに唐突に馬具の鐙の名辞が登場するのは、他でもなく、この冠の形状が、壺鐙《つぼあぶみ》に似ているからと推察される。新井白石は、鐙冠は壺鐙に似たところの冠であり、後世の烏帽子がやはりこの鐙冠から出たのであろうと解釈している(16)。

谷川士清もはやく、「馬寮式、小壺鐙見えて、是に形似たれば鐙冠といひ、ツボカブリと訓むなり」としている(17)。一方、黒川真頼は「鐙冠」の「鐙」は単に仮借字であって、「鐙」の字はつぼむという意味で、すなわち頭巾をつぼめて前のところでくるのであって、他の冠とかたちは違わない、ただ他の冠は装飾的のものであるが、この鐙冠は実用的なものであると説いている。[18]これに対して原田淑人は、壺鐙の形状からくる名辞とする新井白石以来の説を支持している。[19]

とすればこのことと冠のかたちが蟬に似ているという「書紀」の記述は、矛盾せざるを得ず、蟬の語が用いられるのは、中国冠制における蟬の飾りの制度の存在をうけた表記とみなさざるを得ない。

なお増田美子氏は、「書紀」大化三年の七色十三階制の制定記事にある鐙冠こそ儀礼用の冠で、冠の背に漆羅を張り、金銀の鈿や縁で、冠位の高下を表示したのだと主張する。[20]「別有鐙冠。以黒絹為之」とある以降の記述を、すべて鐙冠の解説と見なすことからくる説である。だから末尾に、「此冠者、大会、饗客、四月七月斎時、所着焉」とある記述までが、すべて鐙冠に関するものとするのである。そして鐙冠の表記より前に配された記事は、日常にかぶる冠の説明で、朝服冠であるとする。しかし筆者は、これには従えない。なぜならこれによるとすれば、この十三階の冠は、それぞれ大織冠以下、個別の名称を持っていながら、さらに別に鐙冠と称される冠の、十三階の体系があることになる。つまり鐙冠の大織冠が、別に存在するとしなければならない。

ではなぜ別系統の冠が、鐙冠の名称で呼ばれるのだろうかといえば、それは当然、鐙という馬具との形状的類似以外に考えにくい。中国にはかかる名称の冠が、管見の限り存在しないからである。

しかしながらもし増田氏のいうように、このくだりがすべて鐙冠の解説であり、「其冠之背、張漆羅、以縁與鈿、異其高下。形似於蟬。小錦冠以上之鈿、雑金銀為之。大小青冠之鈿、以銀為之。大小黒冠之鈿、以銅為之。建武之冠、無鈿也。此冠者、大会、饗客、四月七月齋時、所着焉」と、漆を塗った羅を冠の背に張って、冠の縁と、金銀銅の鈿で、冠位の高下を区別する冠が鐙冠であるとするなら、その冠の形状が、蟬に似ているとする形容と、矛盾をきたしてしまう。蟬と鐙の形状が、共通するとは思えないからである。百歩譲って、鐙冠の背に漆羅を張った状態が、蟬の羽のように見えるから、全体の形状が、「形蟬に似たり」と表現されたのだとしようか。増田氏は、鐙冠の名称の由来を、「恐らく当時の壺鐙に似た形態というところからきたものだろう」とし[21]、この基本形に、黒漆塗りの、薄地の羅を張って蟬の羽に模し、全体を蟬形に作ったものであろうと推定している。しかしセミの形に似た冠が、鐙冠の名で呼ばれるのは奇妙である。まして蟬に似ているという描写が、中国の蟬を冠に付す制度との関連で書かれているとすれば、冠の名辞自体も、蟬冠とか、蟬羽冠とされてもよさそうなものであろう。

このように見てくると、やはり鐙冠は通説の通り、大織冠以下の七色十三階の冠の体系とは別系統の、黒絹で作られた冠であると考えざるをえないであろう。

さらに増田説によれば、鐙冠もまた、「以縁與鈿、異其高下」とあることから、縁を別布で取り付けた冠と解釈しなければならないが、鐙冠の縁については、いっさい言及がないことになる。前段の、織冠以下の冠の、縁についての説明を、そのまま当てはめて考えればよいとの解釈も、できるかに見えるが、織冠と銘打つ冠が、織冠以下の冠と一律に、同じ黒絹の素材でできた帽子状の被りものに、縁だけ繡冠のシンボルでもある繡を縁に付けて、身分の表示とするということが、あり得るだろうか。しかも大小紫冠、大錦冠は、同じ黒絹の鐙冠に、織の縁飾りを付け、鈿は一律に金銀であるから、この三種の冠の差等はまったく不分明である。その上、大小織冠や、大小繡冠が、縁に繡を配しているのに、紫冠以下は、それより上等にランクされる織を縁飾りにしていることになる。こうした素材上の僭差が、果たして許されるものだろうか。これでは鐙冠による冠位の差等表示は、不可能ということになり、増田氏の所説は成立し得ないことが明らかである。

私見では、この大化七色十三階の冠位制は、その冠の名称そのものに織・繡・錦などといった繊維製品の素材の名を冠しており、具体的な事物そのものに身分を表象させようという意図を、非常に明確にしているというこ

とが、後代の冠位制や、冠位十二階に比較した、著しい特徴ということができると考えている。(22)

こうした特徴を有する冠位制の体系下で、たとえば織冠に、繡冠を表象する繡の縁を付けるだけで終わるということが、はたしてありえようか。織冠が、位冠である以上、織冠たることを、視覚的に表示する織という素材が、冠の全面に出ていなければ、位冠としての機能を持ち得ないのではないだろうか。

このように考えてくると、やはり大化三年の冠制については、七色十三階の冠は各々縁を付け、縁の素材と鈿で、冠位の高下を表示する制度であり、これが黒絹のみで作られた鐙冠、したがって冠位表示の機能を担わない鐙冠と、並行して着用されたと見るべきであろう。そしてこの鐙冠が、後述のように圭冠という名称で、位冠廃止ののちも存続し得たのは、鐙冠が、漆紗冠《しつさかん》と同じく、一律に黒絹で製せられていて、漆紗冠と同一の色調であったからではないだろうか。この鐙冠は、七色十三階制の最下位の冠である建武の冠と、同一の素材である。建武の冠と、鐙冠の相違は、当然その形態にあるのであって、建武の冠にはまず、紺の縁がめぐらされている。さらに、「並びに」「皆」の語が入っていないから、「其冠之背、張漆羅」とあるのは、鐙冠だけを指すのだと増田氏は主張する。確かに前段の服色の記述では、大小二階が、「服色並用深紫」「其冠之縁、服色、並同織冠」と、「並びに」を用いた表記がなされている。しかしそれは決して全文を通じて一貫しているのではなく、たとえば鈿についての記述で、「小錦冠以上之鈿、雑金銀、為之」と、一括して記述するのに、「並びに」も、「皆」の語もない。

第三節　天武朝の冠制と髪がた

ところで背に漆塗りの羅を張り、縁と鈿で、冠位の高下を表現する機能を担った大織冠以下の冠と区別されるこの冠は、その後どういう経過をたどったのだろうか。

鐙冠は、この箇所に登場するだけで、禁止のことも、存続のことも、史料の上からは知ることはできない。しかし天武一三年（六八四）の詔における会集の日の衣服の規定のなかに、その面影を確かめることができる。

すなわち、天武一〇年に、まず位冠が廃止され、翌天武一一年に、結髪が令されている。それが漆紗冠の登場にそなえてのものであることは、通説になっており、異論がない。すなわち六月丁卯に、「男夫始之結髪。仍着漆紗冠」とあり、天武一一年にいたって、始めて男子は頭頂に髻を結ぶことになったのである。(23)

とすると、これ以前は、男子は従前の、埴輪に見られるような、ミズラに結った髪に、冠位十二階や七色十三階、また二十六階の制の冠を被ったのだということを、確認しておかなければなるまい。

したがって高松塚古墳の壁画の男子群像も、漆紗冠を被っていると想定されるかぎり、天武一一年以降の風俗を描いたものと推定されよう。

しかし実は、漆紗冠が採用されたとしても、すべての男子が漆紗冠を被ったわけではない徴証が見て取れる。それが他ならぬ圭冠なのだ。『書紀』の記載を読む限り、天武一一年に全面的に漆紗冠に取って代わられたごとくであるのに、天武一三年の会集の日の男子の衣服は、

丙戌、詔曰、来年九月、必閲之。因以教百寮之進止威儀。又詔曰、凡政要者軍事也。是以、文武官諸人、務習用兵、及乗馬。則馬兵、并当身装束之物、務具儲足。其有馬者為騎士。無馬者為歩卒。並当試練、以勿障於聚会。若忤詔旨、有不便馬兵、亦装束有欠者、親王以下、逮于諸臣、並罰之。大山位以下者、可罰々之、可杖々之。其務習以能得業者、若雖死罪、則減二等。唯恃己才、以故犯者、不在赦例。又詔曰、男女、並衣服者、有襴無襴、及結紐長紐、任意服之。其会集之日、着襴衣而長紐。唯男子者、有圭冠々、而着括緒褌。女年卌以上、髪之結不結、乃乗馬縦横、並任意也。別巫祝之類、不在結髪之例。(24)

と、圭冠を持つものは、圭冠をかぶって括緒褌《くくりむのはかま》を着用せよとあり、漆紗冠とは別系統の冠が、この段階でも命脈

を保っていたことが知られるのである。漆紗冠は、位冠の廃止にともなって、新たに出現した冠である。ならば圭冠は、あらたに規定されたのではないとすれば、位冠とは別系統の冠であろうと想定される。

そして大化三年（六四七）の冠制に見えた鐙冠も、冠位の高下をまたがって着装された、位冠とは別系統の冠であった。一律に黒絹で作られたとあり、冠位の差等を表示したとは考えがたいという事実も、鐙冠が位冠とは別の系統の冠であることを傍証してくれている。

そして天武一三年紀に、圭冠という名称の冠が新たに登場し、しかもこの名称が通説にしたがって、下が四角で、上が三角形にとがっている形の冠であることに由来するとすれば、ツボアブミに似ていることから来た名称である鐙冠と、想定しうる形状のうえでも、大差のないものであったといえよう。

原田淑人も、圭冠と鐙冠の類似性に言及し、烏帽子の起源をなしたとされる圭冠は、鐙冠とよほど類似していたのかもしれないとしている。そして鐙冠が廃されて漆紗冠が行われたのは、ちょうど中国で烏紗帽、烏帽が次第に廃せられて幞頭になったのと同一の変化であろうとする。(25)

筆者もかつて、「圭冠」は「鐙冠」と形状的に類似しているものであったろうと論じたことがある。(26)以上性格のうえでも、また形状からも、鐙冠と、圭冠の共通項が指摘されることから、筆者は、あるいは両者が同一の冠を指している可能性があると考えている。

そして鐙冠が天武一三年の段階でも、「圭冠」と名を変えて存続していたとすれば、鐙冠はミズラの髪にも被ることのできる冠であるので、男子は全員が一斉に髪を結ったのではなく、一部に髻を結わないままでいた男子の姿が存在した可能性すら推定できるのである。

念のため付記しておくと、圭冠は後世の烏帽子につながるといわれ、全体が三角形の帽子状を呈するものであって、漆紗冠のように、髻を結って巾子に差し込んで固定する必要はなく、ミズラ髪にも適合的な冠であったろうと推定される。

このように見てくると、冠位十二階以下のいわゆる位冠は、ミズラの髪に適した帽子型の冠であり、髻を結った頭にかぶる漆紗冠の登場にともなって廃止されたが、一方漆紗冠と同様に、黒い絹で作られ、冠位の差等を表示することがない鐙冠は、圭冠と名を変えて、存続したと推定しうるのである。(27)

ここで「記紀」以来、男子の髪型として表記されるミズラについて、少し子細に検討しておくことを要する。ミズラが文献の上でまず登場するのは、アマテラスが、スサノヲと対決するシーンにおいてである。すなわち『日本書紀』巻第一神代上第六段に、

天照大神、素知其神暴悪、至聞来詣之状、乃勃然而驚曰、吾弟之来、豈以善意乎。謂当有奪国之志歟。夫父母既任諸子、各有其境。如何棄置当就之国、而敢窺窬此処乎、乃結髪為髻、縛裳為袴、便以八坂瓊之五百箇御統、御統、此云美須磨屢。纏其髻鬘及腕、又背負千箭之靫千箭、此云知能梨。與五百箭之靫、臂著稜威之高鞆、稜威、此云伊都。振起弓彇、急握劒柄、踏堅庭而陥股、若沫雪以蹴散、蹴散、此云倶穢簸邏邏箇須。奮稜威之雄詰、雄詰、此云鳴多稽眉。発稜威之嘖譲、嘖譲、此云挙盧毗。而俓詰問焉。素戔嗚尊対曰、

とあり、ここでは根の国に行く前に、姉のもとを訪れようと、高天ケ原へ昇ってくるスサノヲの姿に、ただならぬ気配を察したアマテラスが、「親がそれぞれ統治すべき国の境界を定めたにもかかわらず、弟は自分の国を狙っているのだ」と思い込み、スサノヲと武力で立ち向かおうとして、武装する。

「髪を結て髻に為し、裳を縛きまつりて袴に為し」の記述からは、女性の垂髪を、髻に結い上げ、裳を縛って男性の袴に仕立てたという情景が想定されよう。

そのうえで、髪や腕に勾玉や管玉の連なりを巻き、ユギやトモ、ユハズ、剣などで武装したのである。

ところで髻とは、通常はもとどりを言い、頭の頂上でひとつにたばねたものを指すが、岩波古典大系本『日本

書紀』はこの箇所を「みずら」と訓んでいる。これは具体的にどのような髪がたを指していたのだろうか。

この神話は『古事記』でも語られる。そこには、

解御髪、纏御美豆羅、而乃於左右御美豆羅、亦、於左右御手、各纏持八尺勾璁之五百津之美須麻流之珠

とあって、御美豆羅が、頭の左右に二つ結われたものであったことが確かめられよう。さらに『日本書紀』神功皇后摂政前紀、仲哀天皇九年四月壬寅条では、

皇后還詣橿日浦、解髪臨海曰、吾被神祇之教、頼皇祖之霊、浮渉滄海、躬欲西征。是以、令頭滌海水。若有験者、髪自分為両。即入海洗之、髪自分也。皇后便結分髪、而為髻。因以、謂群臣曰、夫興師動衆、国之大事。安危成敗、必在於斯。今有所征伐。以事付群臣。若事不成者、罪有於群臣。是甚傷焉。吾婦女之、加以不肖。然暫仮男貌、強起雄略。上蒙神祇之霊、下藉群臣之助、振兵甲而度嶮浪、整艫船以求財土。若事成者、群臣共有功。事不就者、吾独有罪。既有此意。其共議之。群臣皆曰、皇后為天下、計所以安宗廟社稷。且罪不及于臣下。頓首奉詔。

と、神功皇后が、新羅遠征を企図しようとした際、この軍事行動が神の意志にかなうものか否かを、ウケヒでうらなったのであった。すなわち髪を解いて海水にすすぎ、「神が加護するものなら、そのあかしとして、髪が自然にふたつに分かれるであろう」と述べると、果たしてその通りになった。そこで髪を結い分けて、髻にしたという。神功皇后はこのことによって、男の貌をかりること＝女性の身ながら男装して軍隊の指揮を取ることの正当性を保障されるという脈絡になっている。皇后の男装は、仲哀天皇九年一二月条の「一云」にも、「則皇后、為男束装、征新羅」とあって、皇后の男装が、まず髪が分かれることに象徴されていることは、男性の装いの性別指標として、頭の左右に二つに分けて結い上げる髪がたの存在があったことが理解されよう。

ところでミズラと呼ばれたこの髪がたは、角子《あげまき》、総角《あげまき》とも言い、男子埴輪像に典型的にみられるような、髪を

ひたいのところから左右にわけ、耳のところで結んだ髪を指していた。そしてこれは天武天皇一一年（六八二）に、頭頂にひとつだけマゲを結う髪がたに取って替られるまで、男子が成人していることの指標ともなった髪がたであった[28]。すなわち、

四月乙酉、詔曰、自今以後、男女悉結髪。十二月卅日以前、結訖之。唯結髪之日、亦待勅旨。婦女乗馬、如男夫、其起于是日也。

と、まず男女ともに、一二月三〇日以前に結髪を完了すべきこと、また、髪を結げ《あ》る日は勅旨を待って一斉にすべきことが令された。そして六月丁卯に、「男夫始之結髪。仍着漆紗冠」とあり、男子官人層の結髪が、漆紗冠の着装を前提にしたものであったことが知られる。だからこそ、漆紗冠を一斉にかぶる日が、髪を結げる日とされたのでもあったろう。さらにこの直前の三月辛酉条では、

詔曰、親王以下、百寮諸人、自今已後、位冠及襌褶脛裳、莫着。亦膳夫采女等之手繦。

と、親王以下百寮諸人に対して、位冠の着用が禁止されている。とすると漆紗冠は、位冠の代替として制定されたものであることが知られよう。

天武一四年七月には、朝服の色が制定される。さらに大宝元年（七〇一）三月条には、新令による服制が示されるが、ここでは冠位ごとの衣服の色が列記されているのに対し、冠については「皆漆冠」とあることから、この漆冠が冠位の差等を表示する機能を有さない、一律のものであったことが知られる。なによりもこの時は、「始めて冠を賜うことを停め、易るに位記を以てす」と、位階の差等を視覚的に表示した、冠の賜与が停止された時でもあった。とすれば漆冠は、のちの衣服令制で朝服着用の時にかぶる頭巾の系譜に連なるものであることが明らかである。さらにこの漆冠が、漆紗冠に通じるものであるとすれば、漆紗冠も令制の頭巾に通じる[29]、一律に黒い布に漆をかけて作られた冠であると推定できよう。こうした考え方は、田中尚房[30]や、黒川真頼[31]、高橋健自[32]

などの所説にすでに示されているが、関根真隆氏は、令制の頭巾や幞頭は、布のままで漆はかけず、裂れ地をその都度頭にまいたのではないかとしている(33)。

令制の頭巾は、幞頭ともいって、髪を巻き立ててマゲに結い、上から四角い黒絹をかぶせてマゲのねもとで結んだものである。『隋書』礼儀志には、

故事用二全幅皀羅一向レ後幞レ髪、俗人謂二之僕頭一、自二周武帝一、裁為二四脚一、今通二行於貴賤一矣。

とあって、幞頭は、後ろに向かって髪を包むことから来た名称で、北周の武帝の時代から、布の四隅を裁って、四脚を作り、二本ずつ結び合わせるようになった。

『本草綱目』の幞頭の項には、

釈名、時珍曰、幞頭、朝服也。北周武帝始用漆紗製之。

とあって、武帝創始のころから、すでに漆をかけた紗で製したものであったとしている。馬端臨の『文献通考』でも、

武帝初服常冠、以皀紗全幅、向後幞髪仍裁為四脚。

とし、

以周家紗幞一事論之。此後世巾幘朝冠之所自始也。古者賓祭喪燕戎事其冠皆各有所宜紗幞既行諸冠由此漸廃紗而漆更為両帯上結両帯後垂蓋自李唐以来而已然矣此又四脚之変也。

と考証を加えている(34)。武帝がすでに黒の紗に、漆をかけた幞頭の制を行い、諸事をこれですませたことにより、古来各々の儀式儀礼や行事に応じて着装されてきた他の種々の冠は、すたれてしまったとしている。

これらの考証を信用するなら、中国ではすでに北周段階から、頭巾には漆がかけられていたといえよう。広瀬圭氏も、武帝創始の幞頭が、すでに紗に漆をかけたものであった可能性を考え、漆紗冠＝漆冠＝幞頭＝頭巾とい

う図式を想定している。[35] 従うべきであろう。つまり幞頭は、

隋大業中（六〇五～六一七）、牛洪請巾子、以桐木為之、内外皆漆、唐武徳初、置平頭小様巾子。武后賜百僚絲葛巾子　中宗賜宰相内様巾子、蓋於裹頭、下著巾子耳、然折上巾、以余帛折之而繋、今謂之幞頭小脚、其所垂両脚、稍屈而上、曰朝天巾。後又為両闊脚、短而鋭者名牛耳幞頭、唐謂之軟裹、至中末以後、浸為展脚者、今所服是也。然則制度靡一。出於人之私好、而已。[36]

とあるように、隋代には、桐の木や糸葛で作った巾子をまず髻にかぶせ、その上から漆紗、つまり漆をかけた黒い布で包むようになったという。[37] 整形を目的に、巾子をかぶせたり、漆をかけて布を硬化させようとしたのであろう。『通典』には、

大唐武徳初、始用之、初尚平頭小様者、天授二年（六九一）、武太后内宴賜群臣高頭巾子、呼為武家諸王様。

とあって、巾子の始用を、唐代、高宗の武徳年間（六一八～六二六）からとしている。[38]

我が国における令制の頭巾が、中国のどの段階の制を踏襲したものか、確かなところは不明である。しかし天平勝宝三年（七五二）の写経所納物帳には、「浄衣十三具」のうちわけに、「単袍・汗衫・袴・褌・襪・被」とともに「巾子冠」があげられており、[39] 巾子をともなった冠が、すでに浄衣という、写経所の作業着にまで、採用されていることがわかる。また年月未詳の楽具欠失物注文に、「冠一枚」とともに「巾子一口」があげられている。[40]

以上見てきたごとく、中国における幞頭が、頭頂に結ったマゲを包みこむ形式の被りものであり、これに漆がかけられていたとすると、天武一一年段階での男夫の結髪は、令制の形式の冠の着装に備えてのものということができる。漆紗冠の巾子の着装にそなえて、男子の髪あげが命じられ、それまで成年男子が頭の左右に結っていたミズラをやめ、頭頂に髪を巻き立てて、髻をひとつ結い上げ、これを冠の巾子に入れたものであった。すなわ

ちこの時まで、男子はミズラに髪を結っていたのである。

おわりに

このように考察を進めてきたうえで、近江国呉神社に伝承したという吉士長丹像の位置づけについて、最後に言及しておくなら、この像は、冠も衣服も、大化の制度を踏襲したものとは言い難い。もし古制を反映したものであるとすれば、衣服の色は、紺でなくてはならず、ミズラに結った髪に、小山上の位をあらわす冠をかぶったものでなくてはならないからである。衣服の寛闊な様子や、把笏していることも、のちの制度をふまえたものとみられる。そして冠は、大化三年の冠位制では、小青冠にあたるが、それは青絹で作られた帽子状の冠に、小伯仙錦で、縁をめぐらし、おそらく銀で作られた蟬をかたどった鈿をつけたものであっただろう。だとすれば、この画像に古い要素を認め、特に冠には、作画に生かされた古い資料があったと推定するのは、歴史認識を誤る危険があるといわざるを得ない。

(1) 黒川真頼『日本風俗説』(『黒川真頼全集』第四巻、三三五頁)。
(2) 関根真隆『奈良朝服飾の研究』(吉川弘文館、一九七四年)。
(3) 高橋健自『考古学講座　埴輪及装身具』(雄山閣、一九二五年)。
(4) 東野治之「遣唐使研究と吉士長丹の肖像画」(奈良県立橿原考古学研究所附属博物館特別展図録『遣唐使が見た中国文化——中国社会科学院考古研究所最新の精華——』、一九九五年。のちに『遣唐使船』朝日選書、一九九九年に収載)。
(5) 武田佐知子『信仰の王権　聖徳太子』(中公新書、一九九三年)。
(6) 杉本正年『東洋服装史論攷　古代編』(文化出版局、一九八四年、一四六頁)。
(7) 同右書、一三〇頁。

(8) 原田淑人は、『支那唐代の服飾』(一九二一年)一〇五頁において、「仮令耳を穿たずとも、耳梁に金玉の飾りを垂下したることは必ずしも無しといふこと能はず。璫又は珥と称するもの則是ならむ」と述べており耳梁に穴を開けないかたちでの耳飾りの存在を推定している。

(9) 原田淑人「中国耳璫に関する二・三の問題」(『東亜古文化論考』吉川弘文館、一九六二年)。

(10) 戸川芳郎「貂蟬――蟬賦と侍臣――」(加賀博士退官記念論集刊行会編『加賀博士退官記念　中国文哲学論集』講談社、一九七九年)。

(11) 『藝文類聚』九七(「蟬」所引)。

(12) 前掲注(10)戸川論文。

(13) 戸川芳郎「門下のかんむりと侍中(上)」(『漢文教室』一一六号、一九七六年一月)。

(14) 戸川芳郎「侍中のかんむりと勺氏」(『漢文教室』一二一号、一九七七年四月)。

(15) 増田美子『古代服飾の研究』(源流社、一九九五年、一四三頁)。

(16) この新井白石の所論は、原田淑人「天平時代に於ける宮廷の服飾」(『東亜古文化研究』座右宝刊行会、一九四〇年)に、「冠服考」によればとして引用されているものである。しかし『新井白石全集』には、「冠服考序」が採録されているだけで、「冠服考」は見えない。

なお、黒川真頼『日本風俗説』には、より詳しく引用がある。

新井君美翁の冠服考巻上に云く、鐙冠、乃古弁制、黒縜為之。猶周之委貌、謂之鐙冠、言、形似耳、其遺象即今烏帽子也。と見えて、其の文注にいはく、鐙古読為壺、即後之壺鐙也。南京法隆寺、宝物有一古鐙、薄鉄為之、形如烏帽子状、言是上宮太子之物也。毛氏詩伝、弁所以会髪、釈名云、弁如両手相抃時也。(中略)江帥以為鐙冠即今之冠非也。若今之冠乃古之漆紗冠也。

(17) 谷川士清『日本書紀通証』巻三〇。

(18) 前掲注(1)黒川書、二七四頁。

(19) 原田淑人「天平時代に於ける宮廷の服飾」(『東亜古文化研究』座右宝刊行会、一九四〇年)。

(20) 前掲注(15)増田書、一二五頁。

(21) 前掲注(15)増田書、一三四頁。
(22) 武田佐知子「冠位から官位へ――古代官僚制の形成と冠位制――」(『日本学』一八号　律令制と官僚制、一九九一年一月)。
(23) 『日本書紀』巻第二八、天武天皇一一年。
(24) 『日本書紀』巻第二八、天武天皇一三年閏四月壬午朔丙戌。
(25) 中国の「尚圭冠といふものがありますが、これは天武天皇の時に一時行はれました冠であります。はしは冠と申します。これは烏帽子の起源をなしたといふ事になつて居りますが、これも或は鐙冠と余程類似しているものかもしれません」(前掲注19原田論文、四六頁)。
(26) 武田佐知子「儀礼と衣服」(『日本の古代七　まつりごとの展開』中央公論社、一九八六年)。
(27) 本居内遠の「冠帽革制考」も、「天武十一年六月男女始結髪。仍着漆紗冠とあるは、以前髪にてありしを、髻として改め、冠を以前如嚢なりしを、巾子にし給へりと聞ゆそは次々を考合せて知らるるなり。是より錦織青黒などの色別なく皆黒漆紗なり」と、解している。
(28) 服藤早苗「古代子供論覚書」(『家成立史の研究――先祖祭祀・女・子ども――』校倉書房、一九九一年)。
(29) 広瀬圭「古代服制の基礎的考察――推古朝から衣服令の成立まで――」(『日本歴史』三五六、一九七八年)。
(30) 田中尚房『歴世服飾考』(一八九三年)。
(31) 前掲注(1)黒川書。
(32) 高橋健自『歴世服飾図説』(一九二九年。一九七五年、思文閣より再刊)。
(33) 関根真隆『奈良朝服飾の研究』(吉川弘文館、一九七四年、一九五頁)。
(34) 馬端臨『文献通考』巻一一二王礼考七。
(35) 前掲注(29)広瀬論文。
(36) 王得臣『麈史』巻上。
(37) 杉本正年『東洋服装史論攷』中世篇(文化出版局、一九八四年)。
(38) 『通典』礼典、巾子。

(39)『大日本古文書』三―五三八。
(40)『大日本古文書』五―五三九。

第二章　王権と衣服

はじめに

王がどのような衣服を着、また王権を構成するメンバーが、どのような衣服を着るかが、王権の性格を規定している。いわば王権が衣服を規定するのだといえよう。

稲荷山鉄剣の銘文発見二〇周年を記念したシンポジウムが、一九九八年一一月、埼玉県教育委員会の主催で行われることになった。その講師に、というお話をいただいた時、正直のところ困惑した。稲荷山鉄剣の銘文には、衣服のことはまったく語られていないし、私自身、五世紀の衣服の形態について、具体的に詳しい考察を加えたことがなかったからである。しかしシンポジウムの報告を準備する過程は、三世紀と七世紀の間の王権に関わる衣服、具体的には邪馬台国の女王卑弥呼の衣服(1)と、冠位十二階の衣服(2)の間の間隙を埋める作業になるわけで、いい機会を与えられた結果となった。

ただこの期間の衣服の空白を埋めていくには資料があまりにも少なく断片的で、ジグソーパズルの一片をひとつひとつはめる作業に似ている。この際有効な資料は、人物埴輪、『古事記』や『日本書紀』の記載、それに中国側の史料として『宋書』倭国伝などである。しかしこれらをどう有機的に組み合わせて、当該時代の衣服を想定復元するかは、困難をきわめる。そこでひとつの史料を他の事象と絡め合わせ、確認される小さな歴史的事実を、ひとつひとつ積み重ねていくことで、この間の衣服の存在形態の一端を、明らかにしていこうと思っている。

具体的には本章では、五～六世紀、東国を中心に夥しい量が制作された、埴輪像の衣服の原像について考えてみたい。なかでも男子全身埴輪像のまとう、太いズボンと短い上衣、いわゆる単衣《たんい》大袴《おおばかま》は、中国の漢代の画像石などに見られる大陸系の衣服であると想定されているが、この衣服は、いったいどういう経緯で我が国に伝えられたのだろうか。この点については、袴が乗馬に不可欠の衣服であることから、今まで乗馬の風習の導入との関連で説かれていたが、そこに政治的要因をからめて考えることができないだろうか。

筆者は、「魏志」倭人伝が記述するいわゆる「貫頭衣」を、三世紀の日本列島居住民の、男女共通の衣服として想定し、次のようなものとして推定復元している。それは、いわば和服の袖を取って、長さは膝までの丈で切った形態のもの（二六八頁写真参照）で、彼らが水田稲作の労働着であり、日本列島では稲作を食料生産の基本手段としてきた以上、歴史通貫的にこの形の衣服が基底的であった。

たとえば、次の時代の埴輪像に農民像と目される半身埴輪像があるが、それもこの貫頭衣を着用した農夫の姿の表現と考えられる。さらにずっと時代を降って行われ始めた小袖《こそで》の着流しは、現在の和服につながるものだが、私見では、これも貫頭衣のひとつのバージョンだと考えている。つまり貫頭衣の系統の衣服は、列島の衣服の基本形として、極めて長きにわたって、着用が続けられたのであった。

このように貫頭衣を復元し、列島の衣服史のなかに位置づけている筆者のもとに、邪馬台国の女王卑弥呼はどういう衣服を着ていたのかという問い合わせが、(3)少なからずある。以下に述べる卑弥呼の衣服についての私見は、先に『古代史の論点』において詳論したところであるが、以下行論の関係上、必要なかぎりを、重複をいとわず摘記しておきたい。

第一節　卑弥呼の衣服

図1は、大阪の弥生文化博物館が九七年に「卑弥呼誕生」という特別展を開催した際に、筆者も少し助言して復元した卑弥呼の衣服である。筆者はじつは、卑弥呼はこうした衣服を着用した一方で、中国から賜与された男性用の衣服を着たことがあるのではないかと考えている。卑弥呼は魏から「親魏倭王」の金印紫綬《しじゅ》を受けるが、その際、称号に対応する衣服を同時に賜与されていた可能性があるからだ。少し時代は降るが、『晋書』に、「親晋王」という称号が与えられた時、朝服が同時に与えられたという記述があるので、「親魏倭王」についても衣服が与えられたと見てよいのである。

図1　卑弥呼の衣服（筆者による復元）

ところで「親魏倭王」あるいは「親晋王」という場合の、「王」という称号だが、王とは、中国の皇帝の臣下として、中国の国内的な身分秩序のひとつの階梯である。この中国の国内的身分秩序を、周辺諸民族の上に拡げたものが冊封体制であり、「親魏倭王」の称号も、これに基づいたものである。であるから、その賜与の対象者は、男性であることを前提にしており、男性に対して与えられる称号であった。周知のように、中国は全社会的な道徳規範として、儒教的な礼教観念に律せられていた。儒教的価値観のもと、たとえば中国には官僚身分を指していう「士大夫」という範疇があるが、もとより「士大夫」はすべて男性である。彼ら「士大夫」が支配身分を構成するという仕組みになっており、中国の考え方からすれば、女性の「王」は想定しえないのである。

ゆえに中国側の国内的身分として「王」号を与えられた女性は、少なくとも当該時代にはまったく存在せず、周辺諸民族の首長に対する賜与の例としても、女性への「王」号の冊封は、じつは卑弥呼が史上初の例であった。確かに卑弥呼以前にも、たとえば後漢のはじめにベトナムの交趾郡にでた徴側の例など、周辺諸民族のなかに女性首長を擁したものがないわけではなかったが、反乱と位置づけられて中国側に滅ぼされている。

そして卑弥呼に次ぐ例は、七世紀の新羅の善徳・真徳女王まで、その例を見ないのである。さらに新羅の例においても、唐の太宗は、新羅の骨品制《こつぴんせい》の存在を理由に、女性の王の冊立をやむを得ず認めたものの、高句麗・百済の連合軍に攻められようとした新羅が、唐に援軍を頼んだところ、太宗は女王の存在が、災禍を招いたとして、暗に退位を求めた事実が指摘されている。

したがってもし卑弥呼の性別が、遣使の当初から中国側に知られていたとすれば、すんなり「親魏倭王」の冊封を受けられたかどうかは疑わしい。そのため筆者は、当該時代の緊密な国際的交通によって、こうした中国の価値観を察知していた倭の使者が、あえて卑弥呼の性別を中国側に報告せずにおいたのではないかと憶測している。

卑弥呼は、七、八〇年にわたる倭国の大乱をおさめ、三〇数か国を従える王として立った。その事実を、帯方郡を治下にしていた公孫氏政権を滅ぼした中国側に追認させることが、卑弥呼の遣使の当初の目的であったとされる。(4) そこでもし卑弥呼が女性である事実が、中国側に知られたとするなら、中国では女性の王を認めないという大前提・基本原則があったから、「親魏倭王」の称号が与えられない可能性がある。ゆえに筆者は、最初に中国に行った遣使が、そのことを懸念して、卑弥呼が女性であることを伏せていたのではないかと推定するのである。そこで卑弥呼が女性であることを知らない中国側は、当然男性用の衣服を賜与したはずである。正始元年（二四〇）、金印紫綬を持った中国の使節が倭にいたり、卑弥呼にそれを直接手渡そうとしたが、[5]卑弥呼は面会しなかったと見られるのも、じつは女性であるということを知られたくなかったからではないかと勘ぐってみる。

かかる経緯で卑弥呼は、中国の男性用の衣服を手にしたであろう。それはおそらく、卑弥呼が御簾のなかからのぞいて見た中国の使者が着ているものと同じ形態の衣服だったに違いない。しかし三世紀の邪馬台国は、男女ともに同じ形の、貫頭衣を着ていた世界であり、衣服に性差がなかったと考えられるので、卑弥呼は衣服の男性用、女性用という性差を意識せずに、中国の使者が着ていたものと同じ形態の衣服を着てみたのではないかと考えるのだ。それは卑弥呼にとって大変都合のいいことであった。なぜなら中国の使者と同じ衣服を着ているみずからの姿は、自分の背後に中国の魏の皇帝の権威があるということを暗に示しており、卑弥呼の支配力の増強にも非常に役立ったと考えられるからである。[6]

先に筆者は、国家形成段階の中国周辺諸民族の首長層は、共同体成員との階級関係の格差を、より明確にし、みずからの階級的優位を、明示確定するために、中国の衣服を極めて有効に利用したことを、「魏志」韓伝の記載から読みとったことがある。[7]朝鮮半島南部の、韓の小邑落の首長たちは、中国の衣服を得るために、競って帯方郡に朝謁した。中国側は彼ら首長の間に差等を設け、諸小国の王たちには邑君・邑長の、そしてあるいは伯長などの印綬を授け、またそれに対応する中国の朝服や衣幘《いさく》（衣と頭巾）をも授けた。

そこでさらに下の階層に位置し、中国側から「下戸」と称された一〇〇〇人余りの諸小邑落の首長たちも、郡に殺到した。彼らのねらいは、印綬とともに中国側から賜与される中国の衣服にあった。これを中国から受けて、その着用によって、みずからの一般共同体成員との階級格差を明示、確定しようとしたのであった。かかる目的のもとに、争って郡に朝謁した首長たちは、そのすべてが衣服を賜与されたわけではなかった。そこで帯方郡から衣服を得ることがかなわなかった首長たちは、他の首長たちが中国から与えられた衣服を真似て、これと同じようなかたちの衣服を仕立て、みずから着用に及んだのであった。

国家形成の胎動期にあたって、みずからの権力強化の具として衣服を利用し、国家形成の契機を探ろうとした首長たちの姿がかいま見えるといえよう。当時の韓族の社会は、「国邑に主帥あれども、邑落雑居してよく制御することあたわず」という状態にあったので、中小村落首長にも、成り上がる可能性が残されていた。そこで中国側の衣服を着ることによって、自分とほかの人々との階級格差を明確にして、権力の結集をはかったのだと考えられる。

しかしながら、これが高句麗になると、少し事情が変わってくる。「魏志」高句麗伝によれば、玄兎郡に属していた後漢代の高句麗の人々は、玄兎郡から朝服や衣幘を受け取っていたという。そして受けるべき人の名簿は、高句麗令、すなわち高句麗王が、管掌しており、国王周辺の者には朝服を、その他の者には衣幘を与えていたらしい。高句麗国王が衣服を与える人々の名簿をつかさどっていて、中国側はその名簿の通り、高句麗国王の意のままに衣服を与えなければならなかったのである。このことは、高句麗では、韓より国王の権力が強大であったことを意味している。高句麗伝の記述にはさらに、のちには、高句麗がおごり高ぶって、朝謁しなくなったとある。高句麗は、高句麗独自の官僚的な身分秩序をあらわす衣服や冠の制度を生み出しつつあったゆえに、もはや中国の衣服は必要がなくなったのだと考えられる。

「魏志」韓伝と高句麗伝の、如上の比較に基づいて、三世紀の倭の世界に目を移してみよう。邪馬台国の魏への遣使によって、卑弥呼は「親魏倭王」の称号を受け、正使、大夫の難升米に「率善中郎将」、次席の使いの都市牛利には「率善校尉」の印綬が与えられた。私見では、これらの称号賜与にも、衣服が付随した可能性もなくはないと推定している。卑弥呼の正使、副使に対する称号賜与の例は、高句麗伝・韓伝と対比してみると、韓伝のケースに近いといえよう。中国側がイニシアチブをとって、「率善中郎将」を難升米に、牛利に「率善校尉」の称号を与えたと考えられるからである。

これをより確信させるのは、同じ正始四年に卑弥呼は大夫伊声耆、掖邪狗ら八人をして、再び魏に使節を派遣しているが、倭人伝の記述による限り、魏は筆頭の使節の大夫伊声耆には印綬を与えていないことである。そこでは掖邪狗だけに「率善中郎将」の印綬が与えられた。掖邪狗は、卑弥呼の死後、壱与の代にも、再び大夫中郎将として中国に派遣されている。掖邪狗が中国側から、非常に信任を受けていたという事情があったのではないかと思われ、それゆえ彼だけがとくに印綬を与えられていたのではないかと推定される。だとすれば倭の場合は、印綬・衣服の賜与は、中国にイニシアチブを握られていたということが理解されよう。

つまり三世紀の倭は、朝鮮半島の韓と高句麗の中間に位置する、古代国家の発展段階にあったのではないかと想定されるのだ。そしてこれら、率善中郎将などの称号にも、印綬だけでなく衣服も伴われていた事実は、『宋書』礼志に、中郎将とか校尉・都尉などについて、朝服や冠の規定があることから、容易に類推できよう。

第二節　ワカタケルと身分標識

次に稲荷山鉄剣の銘文と衣服との問題を考えてみよう。ワカタケル大王の天下を左治した、そして杖刀人《じょうとうじんの》首《おびと》として代々仕えたというヲワケの臣は、一体どういう衣服を着ていたのだろうか。これは、辛亥年、すなわち四七一年という年紀がある関係から、雄略朝についての記録とあわせ考える必要がある。

『古事記』の雄略天皇記には、「葛城《かずらき》の一言主《ひとことぬし》説話」がある。

又、一時、天皇登幸葛城山之時、百官人等、悉給著紅紐之青摺衣服。

彼時、有其自所向之山尾、登山上人。

既等天皇之鹵簿、亦、其束装之状及人衆、相似不傾。
尓、天皇望、今問曰、
於茲倭国、除吾亦無王、今誰人如此而行即、答曰之状亦如天皇之命。
於是、天皇大忿而矢刺、百官人等悉矢刺。尓、其人等亦皆矢刺。
故、天皇、亦問曰、告其名。尓、各告名而弾矢。
於是、答曰、吾先見問。故、吾先為名告。
吾者雖悪事而一言、雖善事而一言、々離之神。葛城之一言主之大神者也。
天皇、於是、惶畏而白、
恐。我大神、有宇都志意美者、自宇下五字以音也。不覚白而、
大御刀及弓矢始而、脱百官人等所服之衣服以拝献。

ある日葛城山に登ろうとした雄略天皇は、行幸に従侍した「百官人」に、一律に「紅紐つけし青摺りの衣服」を賜与して着用させていた。山に登っているときに、向こうの山の尾根に、同じように山へ登る人の行列が見えた。その行列は、天皇の鹵簿と等しく列を整えたものだったので、「ヤマトの国に我をおきて王はなし」と、誰何したところ、その行列の主は、天皇の言葉と同じ形式で答えた。そこで雄略天皇は非常に怒り、百官人とともに、行列に向けて矢を射たという。しかしそれがじつは葛城の一言主神の一行であったということが判明し、百官人に着せていた青摺りの衣服を脱がせて一言主に献上したという。この話は、一種蜃気楼のような現象の説話化であろうといわれているが、筆者は、この説話のなかに、大王権が形成され、そのもとに一種の官僚の身分標識としての衣服制が形成されながらなお、大王権に拮抗し、優越する権威の存在が強く意識され、それが葛城一言主神に体現されていると考えている[8]。

記紀は身分標識の形成に関連する説話を、雄略朝にまつわる説話として、この他にも少なからず用意している。ひとつは、その実像は不明とせざるをえないものの、「押木珠縵《おしきのたまかずら》」と称される金冠をめぐる話である。大草香《おおくさか》皇子から、その妹幡梭皇女《はたびのひめみこ》と、皇太子時代の雄略天皇との婚姻承諾のしるしに、献上されるはずだった「押木珠縵」が、根使主《ねのおみ》によって横領されてしまった。根使主は、麗美な金冠を所持していたがゆえに、雄略朝に呉国使饗応の任に選ばれたが、その金冠こそ、横領した「押木珠縵」であった。雄略天皇が、根使主の装飾を視察させ、皇后幡梭皇女が、兄の金冠であったことを証言し、悪事は露見したという。また『古事記』は、河内を視察した雄略天皇が、志貴大県主《しきのおおあがたぬし》の堅魚木《かつおぎ》を上げた舎屋を、「天皇の御舎に似せて家を造った」と見咎めて、焼き払わせようとしたという話を伝えている。

雄略朝にからめて語られた衣服や冠、屋敷などにまつわる話が教えてくれるのは、この段階のこれらの事物は、特定の身分に専有された、特定の身分をあらわす、身分標識的な意味を、未だ完全には獲得していないという事実である。

たとえば通常、古代国家における冠は、推古朝の「冠位十二階」などで見るように、天皇から臣下に対して授けられるものとして存在する。そして与えられた冠は、着装者の天皇によって与えられた身分を視覚的に表示するものとして機能するのである。ところがここでの押木珠縵は、天皇へ献上されており、賜与主体は天皇ではない。したがって、天皇を頂点とした身分秩序の一階梯を表示する機能は担ってはいない。また葛城山に登った時に、雄略天皇が百官人に一律に着用させていたとの叙述からは、「紅紐つけし青摺りの衣服」は、大王権のもとに結集した支配者層の身分の表象として、大王から賜与された身分標識的な意義を担いながら、支配者層相互の序列までを表示するものにはなっておらず、内部に、未だ垂直的な階層関係が設定されていない段階の状況を示唆している。それゆえ「青摺り衣服」は、百官人一律に着用する衣服とされたのであろう。

このような、身分標識が体系化されていない段階の事態を、『日本書紀』は雄略天皇の遺詔として、「朝野の衣冠いまだ鮮麗たるを得ず」という言葉で伝えている。大王のもと、朝廷に集う支配階層の衣服の制度も、あるいは一般の人々の衣服も、未だに整序されていない段階と位置づけているのである。かかる状況に対応する、古代国家とそれに不可分の官僚制的身分標識である、衣服の制度成立の過程でのあつれきを示唆する説話が、先掲の、記紀に見えるいくつかの話ではなかったろうか。そしてかかる段階の大王権であったからこそ、大王権の超越性の保障に、なお中国皇帝による権威づけが必要とされたのではないか。それが、『宋書』倭国伝に記録される、倭の五王の、中国への将軍号や、王号の申請と関連してくるのではないだろうか。

宋の高祖の永初二年（四二一）、倭の讃は、南朝に遣使朝貢し、高祖はこれに叙授した。以後、珍・済・興・武と合計一〇回におよぶ遣使が記録されている。

倭の五王を、記紀系譜のどの天皇に比定するかについては諸説があるが、倭王武が、オホハツセノワカタケル、すなわち雄略天皇に当たることはほぼ確実である。

そして五王への倭国王の王号賜与と同時に、その僚属への将軍号などの賜与も行われていた。元嘉一五年（四三八）、倭王珍は、宋に遣使して「使持節・都督倭・百済・新羅・任那・秦韓・慕韓六国諸軍事・安東大将軍、倭国王」の除正を申請し、同時に僚属の倭隋ら一三人に、平西・征虜・冠軍・輔国などの将軍号の除正を求め、これを賜与された。ついで元嘉二八年（四五一）倭王済は、二度目の使いを宋へ送り、僚属二三人についても、「軍郡」すなわちおそらくは将軍号と軍太守の二つの号を申請し、これを許されている(9)。そして「使持節、都督倭・百済・新羅・任那・加羅・秦韓・慕韓七国諸軍事・安東大将軍、倭国王」を自称した武は、さらに上表文中に「竊かに開府儀同三司に仮し、其の余も咸仮授して、以て忠節を勧めん」とあることから、みずから開府儀同三司をも自称し、その僚属たちにも、それぞれ将軍号などを仮称させて、中国皇帝への忠節を勧めたと推定される。

鈴木靖民氏は、倭王武は、開府儀同三司を自称し、僚属に将軍号を仮授しただけであって、除正を求めていないとする(10)。確かに『宋書』が引く倭王武の上表文中には、除正を要請する文言はない。しかし武の自称の官号に対して、中国は、百済を除いた「六国諸軍事・安東大将軍、倭王」に任じている。もし上表文中に当初から除正の申請がなかったとするなら、拝仮あるいは仮授を上申することがすなわち、除正を求めたことに他ならないといえるのではないだろうか。いわばある官号を拝仮し、自称することは、その称号の追認を求めることを意味したのではなかったろうか。

ちなみに『宋書』倭国伝中に、自称した、すなわち拝仮した官号の除正を求めたことを明記されているのは、珍がその僚属、倭隋ら一三人とともに仮将軍号の除正を求めた時だけである。おそらく倭王武の上表文についても、全文を引用したとは見なしがたく、除正を申請する文言は、あったとすれば、省略された部分にあったものとも考えられよう。

そして倭王武の僚属に対する除正の要請が、認められたか否かについていえば、武が自称し、除正を求めた「使持節、都督倭・百済・新羅・任那・加羅・秦韓・慕韓七国諸軍事・安東大将軍、倭国王」の号は、百済をのぞいて賜与された。これは倭王済が得た称号に均しい。しかも安東将軍号は、武に対しては、安東大将軍と、格上げされた。そして魏は、済の安東将軍倭王の称号に対して、「使持節、都督倭・新羅・任那・加羅・秦韓・慕韓六国諸軍事」を加除した際、併せて除正を申請していたその僚属二三人に対しても、軍郡に除したのであった。この「使持節都督六国諸軍事」の号は、済と武の間に立った倭王興は、受けていない。済と武が、このように興をはさんでほぼ同等の待遇を受けており、しかも武が一段と格上げされた処遇を受けていたとすれば、武の僚属に対しても、将軍号などが除正されたと考える方が、蓋然性が高いといえよう。

第三節　「左治天下」の意味するもの

このように倭王武が、僚属においても拝仮させていた将軍号の除正を果たしていたと考えることが許されるとすれば、その僚属たちは、当然将軍号に対応する衣服をも、得ていたはずである。では彼らは、具体的に、どういう形態の衣服を得ていたのだろうか。将軍号に対応する衣服だとすれば、それは当然、儀仗用にせよ、実戦用であったにせよ、軍服だと推定することが可能になろう。

そして倭王武の僚属として、中国から将軍号を受け、また将軍用の軍服をも受けた人物として、特定しうる者はいないだろうか。

ここで想起される者こそが、稲荷山鉄剣銘文に見えるヲワケノ臣である。銘文によれば、ヲワケノ臣は、代々「杖刀人首」として仕え、ワカタケル大王、すなわち雄略天皇の代、寺＝朝廷がシキの宮にある時には、ヲワケノ臣は「天下を左治」する存在となっていたと銘文は主張する。この銘文の文言を文字通りに受け取るならば、ヲワケノ臣は、雄略天皇の側近として、極めて重要なポジションにあったことになろう。

この「天下左治」という文言が、果たして実質的内容を示すものであったか否かについては、議論の分かれるところである。

吉田晶氏は、五世紀の、畿内の大王を中心とした首長連合の形をとる政治形態は、本来の意味での国家成立の前段階に当たるもので、巨視的な人類史の区分からすれば、未開の上段の最末期に当たると位置づける。そして五世紀後葉から六世紀前葉にかけては、かかる段階から、大王がいかにして専制的権力を樹立するか、諸首長がそれにどのように対応するかという、厳しい政治抗争が続けられた時代であり、雄略天皇の時代こそ、かかる抗争と矛盾が、もっとも厳しく進行した時期であったとする。大王は、首長連合の長として、諸首長層を、みずからの専制権力に奉仕する集団へ再編成することをめざし、首長層の「左治集団」化をはかりつつあった。そこで大王を中心とする全国的な有力首長相互の同盟関係として、全国的政治体制が形成されようとしたのであった。ヲワケノ臣は、かかる政治状況下、大王権にもっとも忠実であることによって、みずからの政治的勢力の向上をもとめた新興首長勢力の一人であったとし、「左治天下」が、実質的内容を持っていたと主張している。(11)

長山泰孝氏は、前期大和政権下における「書紀」の地方豪族の動向の検討から、律令国家の支配体制に見られる畿内豪族の圧倒的優位は、国家成立の当初から存在したものではないと主張する。前期大和政権の時代は、全国の有力首長層と大王との、直接的な人格的関係によって国家統一が実現された時代であり、地方の豪族も、朝廷に出仕して国政に参画した。ヲワケノ臣の「左治天下」も「田舎者の誇張表現」(12)などではなく、四世紀末から五世紀にかけての時代は、むしろ外交や軍事に地方豪族が多く起用され、活躍した時代であった。もし地方豪族が多く外交使節や軍事指揮官に任命されるという事実があったとすれば、彼らが大和朝廷に出仕して大王の身辺に仕え、大王の権限の委譲を受けるほどの地位にあったことを示していると見てよいのではないかという。(13)

大山誠一氏も、五世紀を、地方豪族が大和王権に参加し、中央で権力を直接支えた時代とし、倭王珍とともに将軍号を受けた倭隋以下一三人や、将軍号や郡太守の号を受けた倭王済の僚属二三人のメンバーに、地方豪族が含まれていた可能性は、極めて大きいとする。(14)

鈴木靖民氏は、中国皇帝の権力・権威による倭王臣僚たちへの直接的な官爵の授与は、三世紀の段階の率善中郎将、率善校尉などにさかのぼり、「魏志」倭人伝の段階では、王と率善中郎将、率善校尉などを与えられた臣僚の双方は、階層性があるものの、ともに皇帝との関係において成立するのであったが、五世紀に及んで、必ず倭王を媒介とする間接的かつ累層的関係をもって、授与される形式へと変化したということができるとする。(15)このことと、先に「魏志」韓伝と高句麗伝の比較において見た、朝鮮半島の二つの民族と邪馬台国連合に対する、魏の処遇の差異をあわせ考えてみよう。すなわち韓伝の世界では、韓諸国の臣智、邑借と呼ばれる主帥たちに対して、邑君・邑長の印綬を与えたが、「国邑に主帥あれども、邑落雑居してよく制御することあたわず」、つまり韓諸国の王は、村落を完全に統制下におさめられない状況下にあった。そこで中国の官職よりも、それに対応する衣服やかぶりものを求めて、中小村落の首長たちが競って帯方郡に朝謁し、これを得たのであった。

かかる段階から今少し発展したものか、あるいは中小首長でも朝謁しうるためには中国の直轄地が卑近に存在しなければならないが、列島内にそれが所在しなかったという事情も勘案しなければならないとしても、倭では、中国からの任官は、遣使・朝貢しうる女王卑弥呼と、使節に立った彼女の僚属に限られ、その官の高下や員数は、中国側の裁量にゆだねられていた。この点三世紀の倭の情勢は、国家形成のプロセスとしては、王権の権力の強弱において、同時期の韓族のケースに較べると、一段進化した、より権力を結集させた段階ということができる。

そして衣服の賜与を求めて競って帯方郡に殺到した邑落の首長層に対して、官職に対応した印綬・衣服の賜与が、中国側の主導による直接的な人選によって行われた韓族の場合と、特定の人員の名籍が高句麗令＝高句麗王によって中国側に提出され、それに基づいて賜与が行われた例の対比とあわせ考えると、三世紀の倭国における国家形成の段階は、韓の社会と高句麗の中間に位置していたということが出来る。そして倭王が称号の授与を中国側に求めた『宋書』倭国伝の世界は、三世紀の高句麗の情勢に、より近似していたといえるであろう。

ところで大山氏は、五世紀後半の倭政権の支配体制は、大王と全国の有力首長層との直接的な人格的関係によって国家統一が実現され、保持されていたとし、吉田晶氏や長山泰孝氏の所説を支持している。このように大王権力の基盤をとらえ、畿内・地方の全体的な諸首長層によってなる「左治」集団により分担し構成され、かつ発現される体制の対外的表現が、府官制的秩序における将軍・太守の称号とその実体に符合しようと指摘する。

氏は、五世紀において、大和王権は確かに日本列島のなかで相対的優位性を持ってはいたが、吉備や上毛野の反乱伝承に端的に示されるように、各地に有力な政治勢力の台頭が見られ、未だ唯一絶対の統一権力として君臨していたわけではないとする。稲荷山鉄剣の所有者であり、古墳の被葬者でもあったヲワケノ臣が、一介の関東地方の豪族でありながら、ワカタケル大王に対して「吾左治天下」と豪語しえたのは、埼玉古墳群の所在地が、大和王権に対して独立性を誇る巨大な勢力である上毛野君の勢力圏に近かったゆえ、大和王権の先兵として政治的に重要な役割を果たしていたことに基づくものであろうとする。

さらに氏は、将軍号を仮授された人のうちには、王族や中央豪族のみでなく、地方豪族も含まれていた可能性があるとし、倭王は南朝の冊封を受けるとともに、みずからの権力を支える王族、中央豪族あるいは大和王権にとって重要な意味を有する地方豪族らに、より下級の将軍号を仮授することによって、大王を中心とする権力秩序を構成しつつ、さらにその下の中央・地方の豪族たちを杖刀人・典曹人などといった俗流の中国的官職に編成して、より大きな、また日本列島全体に及ぶ権力秩序を形成したという。

しかし氏は、中国から将軍号を仮授された人々のうちに、ヲワケノ臣を加えて考えてはいない。「杖刀人首」なる官職名は、中国的表現の趣を有しており、中国文化圏の末端でその俗流化した表現と見なすべきものとし、倭王権内部の官職名であったとする(16)。しからばヲワケノ臣は、中国の官職を受けることはなかったのだろうか。

鉄剣が制作された辛亥年は、四七一年に擬すことが、ほぼ通説になっており、倭王武が遣使した順帝の昇明二年（四七八）という年は、金錯鉄剣の象嵌より後れること、七年ののちである。してみれば、「杖刀人首」としてワカタケルの天下を「左治」したヲワケノ臣が、鉄剣が制作されてのちに、改めて倭王武の上表文中に、「其余咸各仮授、以勧忠節」とあるとおり、倭王武によって、その極めて有力な僚属の一人として、南宋に対して将軍号、あるいは郡太守号、はたまた率善中郎将、率善校尉などの、中国の官に除されるべく、上表文と一緒に名籍を進められ、よりいっそうの忠節を勧奨されたろうことは、想像に難くない。

鈴木靖民氏は、「ヲワケ」の一族は、代々大王の杖刀集団の首領の家系であって、宮廷の警護・駆使のために奏事していたが、雄略朝になって、ヲワケは大王の政治を補佐する直属の「臣」となり、稲荷山古墳の被葬者である北武蔵の首長などを統率したと解釈するのがもっとも整合的であると思うとする。[17] かかる雄略朝におけるヲワケノ臣の位置づけからすれば、倭王武の上表文中において、彼自身が中国の官職を仮授されるべき員数のなかに入っていたと考えることは、不自然でないだろう。

そして杖刀人は、武官であろうから、将軍号でなかったとしても、郡太守号を受けたとするより、率善中郎将、率善校尉などの称号の方がより蓋然性が高い。朝鮮半島の首長には、率善邑君、率善邑長などの号が与えられた例もあった。ただしこれらは、郡太守号に準じる文官の称号である可能性があり、杖刀人首のヲワケノ臣にふさわしい官職名ではない。

第四節　稲荷山鉄剣と衣服

かかる推定のうえに、いまひとつ仮設を積み上げていこう。ヲワケノ臣が中国からなにがしかの称号を受けたとすれば、当然そこには印綬と衣服が伴われたはずである。そして杖刀人首という代々の職掌からして、ヲワケノ臣が受けた称号が、武官のそれであったとすれば、そこには当然軍服が伴われた可能性があると考えられよう。ではヲワケノ臣が受けた可能性のある衣服は、どのような形態の衣服だったのだろうか。

『續漢書』輿服志には、「武冠、一曰武弁、大冠、諸武官冠之。侍中・中常侍加黄金璫、附蟬為文、貂尾為飾、謂之趙恵文冠。胡廣説曰、趙武靈王效胡服、以金璫飾首、前插貂尾、為貴職。秦滅趙、以其君冠賜近臣」とある。また『晋書』輿服志に「武冠……即古之恵文冠。或曰趙恵文王所造、因以為名」とあって、武冠は、「趙恵文《ちょうのけいぶん》冠《かん》」ともいわれ、趙の武霊王が、胡人の服飾に倣って創始したとされる、胡服する際にかぶる冠であった。胡服は『史記』匈奴伝に、「趙武靈王亦変俗、胡服習騎射」とあるように、趙武霊王が、北方騎馬民族の、騎馬戦による圧倒的な武力をうらやんで、騎射を習うため、その衣服をも騎馬民族のそれに倣ったとする故事による。さらにその衣服の形態を、検討してみよう。

『釈名』釈衣服に、「鞾跨也両足各以一跨騎也本胡服趙武靈王服之」とあって、鞾《か》は跨《こ》のことで、両足の脚部を各々覆い、馬に跨るのに都合のよい衣服であるという。また、同じ『釈名』釈衣服に、「袴跨也両股各跨別也」とあることから、跨は袴と同義であると知られ、両股を個々に覆った、ズボン型の衣服を指したのである。鞾はまた、『集韻』に「鞾、或作靴・鞨・履・屨」とあって、皮革製のはきものを指す。両者の意味を併せると、鞾は靴と袴が一体になった衣服を指したと見られる言葉である。ノイン・ウラ出土の紀元前後の匈奴の衣服のなかにも、靴と袴が一体になった衣の出土例がある[18]。いわば鞾の本来の形式は、太ももまでをすっかり覆って、ズボンの機能をも兼ね備えた、ロングブーツだったといえようか。こうした形式の衣服は、同じく『釈名』釈衣服に、「鞾、本胡名也趙武靈王始服之」とあるように、北方騎馬民族の間で用いられていた衣服であり、武霊王によって中国に取り入れられたとされる。

さらに『漢書』武五子伝には、「衣短衣大袴、冠恵文冠」とあって[19]、恵文冠とともに着用する胡服は、短い上衣と、下半身におおぶりの袴をまとうものであったことが明白なのだが、この恵文冠と一緒に着用される「短衣大袴」こそ、男子全身埴輪像の衣服とされるものなのだ。この衣服は、「袴褶《こしゅう》」と称される衣服と概ね同じ形式の衣服であると見てよいであろう。なぜなら『急就篇』に、「褶、謂重衣之最在上者也。其形若袍短身而廣袖、一日左衽之袍也」とあって、「褶《しゅう》」が丈の短い上半身衣であることが知られるからである。

『漢書』蓋寛饒伝[20]に、「初拝為司馬、未出殿門、断其禅衣、令短離地、冠大冠、帯長剣……」とあって、蓋寛饒が司馬を拝命した時、単衣の長い衣服を切って、地面から離れるよう短くしたという。これが大冠、すなわち武冠＝恵文冠に対応する衣服として裁断された点は重要である。恵文冠に組み合わせられるべき衣服として短衣が位置づけられていたからこそ、蓋寛饒が、みずから着ていた衣服に、かかる細工を施したと考えられるからである。

王国維も、「袴褶」の語が起こったのは、漢末からであり、「胡服」は上衣は褶、下衣は袴からなる「袴褶の服」に他ならないとし、さらに恵文冠は、「袴褶の服の冠」であると明言している。

しばらく王国維の『古胡服考』によって、武冠、すなわち恵文冠と、胡服・袴褶の関係について見ておこう。「褶」については、下半身にまとう衣とする説がある。しかし王国維は、「『大褶《たいしゅう》の裾は膝に到る』という語があることから、小褶は、これに比して短いものと考えられる」とし、褶が短衣であることの証拠としている。さらに『急就篇』に、「褶、謂重衣之最在上者也。其形若袍短身而廣袖」とあるのも、すべて褶が上衣であることの証であるとする。

そして袴褶は、乗馬の俗とともに起こったとし、古の「衣裳」は、乗車の衣服であったが、馬車に乗ることを改め、騎馬するようになると、布を何幅も連ねて仕上げる裳《も》が、長く地面に付くのは不便なので、趙の武霊王が、これを胡服に替えたのであるとする。古は、襦袴《しゅこ》といって、下着として袴をはいたが、さらにその上に裳を着たので、袴は外側に見えなかった。袴が外側にまとう衣になったのは、袴褶の服から始まったことである。胡服は本来、騎射を習うために採用したものであるので、上に褶、下に袴をまとうものであったが、当時は未だ「袴褶」の名がなかったために、明言されなかっただけであり、戦国時代には趙ばかりでなく、他国でもこれに倣う国があったとする。[21]

『漢書』景十三王伝に、「後數月、下詔曰『廣川恵王於朕為兄、朕不忍絶其宗廟、其以惠王孫去為廣川王。』去即繆王齊太子也、師受易、論語、孝經皆通、好文辭方技博弈倡優。其殿門有成慶畫、短衣大絝長劍、去好之、作

七尺五寸剣、被服皆效焉[22]」とある。ここにいう成慶とは、一説に、始皇帝を暗殺した荊軻のことども、あるいは荊軻ではなく、古の勇士を指すともいうが、いずれにせよ、短衣大袴に、長剣をさした勇士の姿が殿門に飾られ、その絵を好んだ広川王去が、七尺五寸の剣をつくり、同じ衣服を着たので、皆がこれに倣ったという。

さらに恵文冠は胡服、すなわち袴褶、短衣大袴を着た時にかぶる冠であったが、漢代には、近臣と武士の服とされた。王国維は、『東観漢記』に、後漢、光武帝の時代のこととして「絳《こう》衣《い》大冠《たいかん》」あるいは「絳衣赤幘《せきさく》」と、冠と服の色については記すのに、服の種類については記述がないが、じつはこれらは皆、大冠＝恵文冠＝武冠とともに、「短衣大袴」「袴褶」を着用していたのだとしている。つまり、後漢の頃には、大冠は、絳衣と袴のセットで着装されたのである。なお、『東観漢記』に、「絳衣大冠」を、「将軍服」としている点[23]に、とくに注意を喚起しておきたい。

王国維によれば、「袴褶」の語ができたのは、漢末に、戦争が多く起こって以来のことであるという。王国維はさらに、胡服の冠が武官の冠として規定されたのは、後漢代であったが、制度を大変革し、胡服の冠は武官の冠とし、その衣服を変え、胡服の服は士卒の服として定め、その冠をやめて武冠の幘だけをかぶることとした。冠も幘も、いずれも胡服に由来するものである。そこで後漢の中葉以降、袴褶の服は、ただ士卒の服となり、武官には及ばなかったという。

『三国志』「魏書」の「崔毛徐何邢鮑司馬伝」に、次のような話がある。まだ文帝が魏の太子だった頃、太祖は并州へ征伐に出かけ、その留守を守っていたが、狩猟に行って馬で駆けまわらんがために袴褶を着たところ、崔琰がこれを書面で諫めた。

世子宜遵大路、慎以行正、思經國之高略、内鑒近戒、外揚遠節、深惟儲副、以身為寶。而猥襲虞旅之賤服、忽馳鶩而陵險、志雉兔之小娯、忘社稷之為重、斯誠有識所以惻心也。唯世子燔翳捐褶、以塞衆望、不令老臣獲罪於天。

世継ぎたるもの、品行を方正にし、経国の攻略を思うべきで、「虞旅之賤服」を着て、猟師の小さな楽しみに耽り、国家の重要性を忘れてはいけないと諭したという。[24] そこで太子は、翳《さしば》を壊し、褶袴を取り去ってこれに応えたという。[25]

また『三国志』「呉書」呂範伝に引かれた江表伝には、[26] 呂範が袴褶を着用して鞭を執り、楼閣の下に赴いて、みずから都督と称したという記事がある。[27] さらに王国維は、この『三国志』に見える二つの史料から、漢末には、袴褶は将領、すなわち将軍のうちの身分の低い者や、士卒の服であったが、魏の文帝が太子時代に、狩猟に袴褶を着用し、それ以来、上下の階層を通じて袴褶を着用するようになったと考証を加えている。

しかし私見では、文帝が太子時代に、田猟の際に袴褶を着用したことが、身分の高い階層にまで袴褶が普及する契機となったのではなく、この時代には、すでに上位階層においても、袴褶を着用する環境が整っていた結果、皇太子が袴褶を着用しえたとみるべきではないかと考えている。

いずれにせよ、袴褶は魏・晋以降、南朝においてさえ、士大夫から庶人までが着用するにいたっていたのである。

そして恵文冠、すなわち武冠の制は、後世に引き継がれていく。

『宋書』礼志には、官制に応じた印綬や衣服の細かい規定が見られるが、

大司馬、大将軍、太尉、凡将軍位従公者、金章紫綬、給五時朝服、武冠、佩山玄玉、郡侯、金章、青朱綬、給五時朝服、進賢三梁冠、佩水蒼玉。

驃騎、車騎将軍、凡諸将軍加大者、征、陳、安、平、中軍、鎮軍、撫軍、前、左、右、後、将軍、征虜、冠軍、輔国、龍驤将軍、金章紫綬、給五時朝服、武冠、佩水蒼玉。

とあって、大将軍号に対しては、「金章紫綬、五時朝服、武冠、佩山玄玉」を、将軍号には「金章紫綬、五時朝服、武冠、佩水蒼玉」と、大将軍・将軍には宋では、制度上は五時朝服と武冠を賜与される規定であった。

朝服とは、『続漢書』輿服志によれば、

凡冠衣諸服、旆冕・長冠・委貌・皮弁・爵弁・建華・方山・巧士、衣裳文繡、赤舄、服絇履、大佩、皆為祭服。其余悉為常用朝服。

とあって、祭服と区別される常用の服が、朝服であった。

『晋書』輿服志には、

漢制、一歳五郊、天子與執事者所服各如方色、百官不執事者服常服絳衣以從。魏祕書監秦靜曰「漢氏承秦、改六冕之制、但玄冠絳衣而已。」魏已來名為五時朝服、又有四時朝服、又有朝服。自皇太子以下隨官受給。百官雖服五時朝服、據今止給四時朝服、闕秋服。三年一易。

とある。漢代には、天子と執事者は方色の衣を着用したのに対して、不執事の百官は常服の絳衣で五郊の祭祀を行う定めだったが、六冕の制を改めて、玄冠絳衣だけで五郊の祭祀を行うようになり、魏以降、玄冠、すなわち委貌冠と絳衣が「朝服」の一セットとして定められたとある。さらに「朝服」には「五時朝服」と「四時朝服」、それに「朝服」の三種があったことが知られ、この三種の朝服の制度が晋でも受け継がれたことがわかる。

では朝服の一セットのなかには、冠は含まれているのだろうか。管見のかぎり、朝服の語には、冠を含むものと、冠を含まないものの双方があるごとくである。たとえば『春秋穀梁伝』僖公八年の「朝服雖敝必加於上、弁冕雖旧必加於首」との事例では、「朝服は、破れていても、必ず上に纏い、弁冠や冕冠は、古くても頭にかぶる」とあることから、「朝服」が「弁冕」、すなわち冠りものとは区別された、衣服の類だけを指していることが明白である。

一方『宋書』礼志に、

朝服一具。冠幘各一、絳緋袍、皁縁中単衣領袖各一領、革帯袷袴各一、舄、袜各一量、簪導餉自副、四時朝服者、加絳絹黄緋青緋皁緋袍単衣各一領、五時朝服者、加給白絹袍単衣一領。(28)

とある例では、朝服一具のうちに、冠や幘の被り物が含まれていることが明らかである。また三種の朝服の別は袍と単衣の色の数で決められ、基本的な朝服は絳緋袍《こうひほう》、すなわち赤の袍で、これに黄緋・青緋・皁緋《そうひ》の色の袍を加えたものが「四時朝服」であり、それにさらに白絹の朝服を加えたものが、「五時朝服」であった。それは漢代、五郊の祭祀の時に、天子と執事者が、五郊の時に応じた赤・黄・青・黒・白の、方色の五色をそれぞれ五種類の袍に施したことからくるという。(29)

つまり『宋書』では朝服は、「冠幘各一、絳緋袍、皁縁中単衣領袖各一領、革帯袷袴各一、舄、袜各一量、簪導餉自副」という衣服および服飾品を一括した、その組み合わせの「一具」を総称したものであることが明らかであり、さらに四時、五時の朝服は、各々の方色に対応した四色、五色の袍と単衣との組み合わせからなることが明白である。

なおここで冠と幘以外の事物については、具体的に絳緋袍あるいは皁縁中単（下着）と、色などが明確にされているのに対して、冠・幘には具体的な名がないのは、朝服として一律に着用した絳緋袍の上にかぶる冠幘は、身分や官職によって異なるものだったからと考えられる。

では朝服の冠とは、どのような冠だったのだろうか。『南斉書』輿服志には、

通天冠、黒介幘、金博山顔、絳紗袍、皁縁中衣、乗輿常朝所服、……其朝服、臣下皆同。

とある。ここで通天冠は、天子の専有する冠であり、臣下の着装できるものではない。小林聡氏は、通天冠以下の表象は、乗輿、すなわち皇帝が「常朝にて服する所」のものであり、臣下にもこれに相当する「常朝」におけ

る服飾があり、これが「朝服」と呼ばれるものであったとする。[30] 仲田利恵子氏は、この『南斉書』輿服志の記述のうち、皇帝のみが着用した衣服をのぞくと、臣下が朝服として用いたのは「絳紗袍」と「皂縁中衣」ということになるとする。[31]

となると臣下の冠については、天子の通天冠とは別の冠が、朝服として絳紗袍とともに着装されるべしとされたのでなければならない。そして武官たる将軍の冠として規定されたものこそが、先に掲げた『宋書』「礼志」で見たように「武冠」、すなわち「恵文冠」であったのである。だとすれば倭王武の上表に応じて、彼とその僚属に与えられた冠は、武冠であった可能性がある。

そしてこの時「朝服」として与えられた袍が、縷々あげてきた史料によって「絳緋袍」であったとすれば、武冠・絳緋袍の組み合わせは、じつは胡服冠と胡服の組み合わせであり、袴褶・短衣大袴と見て大過ないのではないだろうか。

先に引いた『宋書』礼志にも、

朝服一具。冠幘各一、絳緋袍、皂縁中単衣領袖各一領、革帯袷袴各一、舄、袜各一量、簪導餉自副。

とあって、冠、絳緋袍に、革帯と袷袴が組み合わせられた一セットになっており、武冠の場合には、併せて袴褶が着用された可能性が、極めて高いといえよう。なによりも革帯は、『晋書』巻二五輿服志に、

革帯、古之鞶帯也、謂之鞶革、文武衆官牧守丞令下及騶寺皆服之。其有囊綬、則以綴於革帯、其戎服則以皮絡帯代之。八坐尚書荷紫、以生紫為袷嚢、綴之服外、加於左肩。昔周公負成王、制此服衣、至今以為朝服。或云漢世用盛奏事、負之以行、未詳也。（中略）

袴褶之制、未詳所起、近世凡車駕親戎、中外戒嚴服之。服無定色、冠黒帽、綴紫摽、摽以繒為之、長四寸、廣一寸、腰有絡帯以代鞶。中官紫摽、外官絳摽。又有纂嚴戎服而不綴摽、行留文武悉同。其畋獵巡幸、則惟

従官戎服帯鞶革、文官不下纓、武官脱冠。

とあるように、少なくとも『晋書』輿服志の段階では、革帯は鞶革とも呼ばれ、袴褶を遠征の際の従軍の服として着る時、また畋猟《てんりょう》巡幸に従う際の戎服として、文官・武官ともに、装着される帯なのである。

さらに『宋書』後廃帝紀は、廃帝の常軌を逸した行動を列挙したなかに、「常著小袴褶、未嘗服衣冠(32)」という所業を書き記している。「小袴褶」が「袴褶」とどのような関係にあるのか必ずしも明らかではないが、袴褶に比しても、臣下から「虜旅之賤服」と誹られる要素のいっそう多い衣服だったと推定され、そうした位置づけの衣服を、正式な衣冠を着ることなく着用し続けたという事態の背景には、ここでもまた、かかる衣服の着用が当該期には普遍化していた事実を見て取るべきであろう。

以上見てきたごとく、漢代以来、胡服が武冠とセットで着装される場合があり、その組み合わせが将軍など、武官の朝服として賜与された可能性を、ひとまず想定しておきたい。そしてかかる衣服が、倭王武の僚属として杖刀人首となり、大王の政治を補佐したヲワケノ臣にも、将軍号に類する武官の称号の除正に付随して、賜与された可能性を想定することは、あながちに間違いとはいえないであろう。かかる前提の上で、ヲワケノ臣に与えられた衣服が、埴輪の衣服として造形化されるにいたった事態の経緯を推定してみよう。

おわりに

ヲワケノ臣は、杖刀人首として雄略天皇の朝廷に出仕した後、埼玉《さきたま》へ戻った。当地の社会に対し、彼の大和政権での輝かしい偉業の象徴として誇示されたのは、地域で行われる主要な儀式の際などに、彼がここぞとばかりに着用した衣服であった。それはおそらく、大和政権での着用の場面に準じたものであったろうが、かかる衣服を見たこともない埼玉の地域の人々の、耳目をそばだてるに充分であったにちがいない。それは中国の儀仗用の軍服の類型に属する、下半身に袴をまとう形式の衣服であったろう。

おそらく雄略天皇の朝廷でも、冊封にともなって中国から得たさまざまな物品が、大王の権威をより強化させるのに効果的な事物として、人々に示されたことは想像に難くない。なぜなら卑弥呼への魏帝からの詔に「悉く汝の国中の人に見せて、魏の国家が、汝を慈しんでいることを知らしめよ」とあったように、周辺諸民族の首長たちによって、魏から賜与された品々は、それを受けた者の背後に中国の強大な権威があることを、視覚的次元で明確にし、その権威づけに大いに役だったからである。

梁・陳・隋の三王朝に仕え、百越平定の功あった南越の首領の娘、譙国夫人も、隋の高祖の皇后から、皇后の宴服一襲と首飾を賜与されたが、彼女はこの衣服のセットと、これまでに中国の各王朝から受けた品々を、それぞれ蔵に入れて所蔵し、毎年の大会には金の篋《はこ》に盛り、朝庭に陳列して人々に示したという(33)。

衣服をはじめとする中国から賜与された品々が、いかに有効に、周辺諸民族の首長層に利用されたかを示すこれらの史料は、かかる機能が、雄略朝においても当然効果を期待されたただろうことを推定させる。先にも述べたように、雄略朝に時代を設定して描かれる「紅紐つけし青摺衣」や、「押木珠縵」をめぐる説話は、記紀の編者が、雄略の時代を、衣服や冠りものが、大王から賜与される身分標識としての意味を、未だに担ってはいないこと、しかしそれがこの時代を画期に、形成されつつあった時代として描こうとしていたことを示していた。そこに中国側から受けた衣服が、何らかの契機となったと想定しても、あながち間違っているとはいえまい。さらに現実にヲワケノ臣が中国から衣服を受けたとすれば、その衣服を着ることが何を意味するか、またどういう効果を生むかが、中央の雄略政権内部にあった彼に、十二分に承知されたに違いなく、「天下左治」という彼自身の自負も、こうしたなかから醸成されてきたものということができよう。

そしてそれゆえにこそヲワケノ臣は、この衣服を、故郷埼玉の地へ戻った後も、折にふれて着用したと想定される。それは畿内にあった大王雄略と、東国の首長ヲワケノ臣の関係、大王の朝廷で「天下左治」したと自負する関係を、目に見えるかたちに示す最大の道具であったからである。地域の人々が着ていた服[34]とはまったく形態の異なるこの衣服は、東国の人々の注目を引き、ヲワケノ臣が東国の他の共同体首長と、一線を画した存在であることを目に見えるかたちで印象づけ、彼の地位向上に役立つ結果となった。

こうした衣服の効用を目の当たりにし、よりみずからの権力結集を謀りたいと望む首長たちは、やがて「魏志」韓伝の世界の首長達がしたように、ヲワケノ臣が着た衣服に似せて、同じようなかたちの衣服をみずから思い思いに作り、着用に及んだのではなかったか。そしてそれが男子全身埴輪像の衣服の造形の上に、反映したのではなかったろうか。

こう考えれば、埴輪の男子全身像の衣服が、その細部の造形において、形態としては相互に似ているようでいて、じつは袖やズボンの作りに違いがあり、また埴輪の衣服の造形が、実際の仕立てとも大きな隔たりがあるこ[35]との理由も説明が付く。それは単に埴輪の作者の未熟な造形技術ばかりに起因するのではない。東国の首長たちが模倣しようとした衣服自体が、自分たちが普段着ていた衣服とまったく形態の違うものであったため、とにもかくにも外見的な形態上の同一性を追求するあまり、裁断や縫製の類同性は等閑にされたのではなかったか。そのことが埴輪の造形の上に反映し、袖でない袖や、袴ではない袴[36]等、種々の表現を生んだものでもあったろう。

埴輪の衣服には、身分を表象するような、きちんとした階層性を相互に確認しがたいという事実も、かかる推定を助けるものである。ヲワケノ臣のそれに似せて衣服を作らせた首長層の個々の創意と、埴輪作者の造形についての独創性が相俟って、相互の脈絡のない埴輪の衣服の造形を生んだものと推定しうるからである。

以上述べてきたことは、なぜ埴輪の男子全身像の衣服が、いわゆる短衣大袴、胡服で表現されるのか、それは従来、騎馬の風習の伝来と絡めて考えられてきたが、東アジアという視野での、中国をめぐる政治的ファクターを加味して考えると、どのような推定が可能かという、埴輪の衣服の成立をめぐるひとつの仮説であり、試論である。

（1）拙著『衣服で読み直す日本史』（朝日選書、一九九八年）。
（2）拙稿「中国の衣服制と冠位十二階」（『古代国家の形成と衣服制』吉川弘文館、一九八四年）。
（3）拙稿「男装の女王・卑弥呼」（『古代史の論点』二、小学館、二〇〇〇年）。本書第二部第五章。
（4）西嶋定生『邪馬台国と倭国——古代日本と東アジア——』（吉川弘文館、一九九四年）。
（5）大庭脩『親魏倭王』（学生社、一九七一年）。
（6）前掲注（3）拙稿。
（7）拙稿「東アジア世界における国家の形成と身分標識」（『古代国家の形成と衣服制——袴と貫頭衣——』吉川弘文館、一九八四年）。
（8）前掲注（2）拙稿。
（9）坂本義種『倭の五王　空白の五世紀』（教育社、一九八八年）。
（10）鈴木靖民「武（雄略）の王権と東アジア」（佐伯有清編『古代を考える　雄略天皇とその時代』吉川弘文館、一九八八年）。
（11）吉田晶「稲荷山古墳出土鉄剣銘に関する一考察」（『日本古代の国家と宗教』下、吉川弘文館、一九八〇年）。
（12）『シンポジウム　鉄剣の謎と古代日本』（新潮社、一九七九年）における、井上光貞氏の発言。
（13）長山泰孝「前期大和政権の支配体制」（『古代国家と王権』吉川弘文館、一九九二年）。
（14）大山誠一「継体朝成立をめぐる国際関係」（『史学論叢』一〇、東京大学古代史研究会、一九八二年）。
（15）鈴木靖民「倭の五王の外交と内政」（林陸朗先生還暦記念会編『日本古代の政治と制度』続群書類従完成会、一九八五年）。
（16）前掲注（14）大山論文。

(17) 前掲注(15)鈴木論文。
(18) 梅原末治『蒙古ノイン・ウラ発見の遺物』(東洋文庫、一九六〇年)。
(19)『漢書』武五子伝、第三三。
(20)『漢書』巻七七。なお本史料は、尾田洋子氏の関西大学へ提出した修士論文『漢代胡服小考』(一九九九年)から教示を得た。
(21) 繆文遠「趙武霊王胡服騎射考――『戦国策検論』稿之一――」(『歴史論叢』第二輯、一九八一年三月)。
(22)『漢書』巻五三。
(23)『東観漢記』巻一。「初、伯升之起也、諸家子弟皆逃自匿、曰「伯升殺我。」及聞上至、絳衣大冠、将軍服」とあって、これに注して次のようにある。
「将軍服」、此三字上聚珍本有「服」字。范曄後漢書光武帝紀李賢注、通鑑巻三十八胡三省注引云「上時絳衣大冠、将軍服也。」「将軍服」上亦無「服」字。
(24) このくだりは褶のみあげられていて、袴には言及がないが、王国維は、「揖褶」の語は、「袴褶」の省略であるとしている。従うべきであろう。
(25)『三国志』「魏書」巻一二。
(26)『三国志』「呉書」巻一一。
(27) 王国維は、この記事をもって、「袴褶」の初見記事とする。漢末の戦役が多発した時代を経て、「袴褶」が多く着用されるようになり、初めて「袴褶」の名が起こったのだとする。
(28)『宋書』礼志、五、中華書局本、五一八頁。
(29) 仲田利恵子「唐代前半期の衣服制度について」(お茶の水女子大学史学科読史会『お茶の水史学』三〇号、一九八七年四月)。
(30) 小林聡「晋南朝における冠服制度の変遷と官爵体系――隋書礼儀志の規定を素材として――」(『東洋学報』七七―三・四号、一九九六年三月)。
(31) 前掲注(29)仲田論文。

(32)『宋書』巻九、後廃帝紀。
(33)『隋書』烈女伝、譙国夫人。
(34)日本古代の基層の衣服が、「魏志」倭人伝にいう貫頭衣の系統に属するものであり、袴（＝褌）が伝えられてのちも、古代を通じて、庶民層の日常の衣服として着用が続けられたことは、前掲注(2)書で詳述した。
(35)拙稿「埴輪の衣服について」(『考古学ジャーナル』三五七号、一九九三年二月)。
(36)前掲注(35)拙稿でも指摘したことだが、埴輪の衣服表現のなかに、袖が筒袖でなく、腕に長方形の粘土板を張り付けた形式になっているものが、千葉県芝山町立古墳はにわ博物館の収蔵品などに少なからず存在する。また袴についても、それが筒状のズボンの形態をなしておらず、足結の下の脚部に、長方形の粘土板を巻き付け、その下端を三角形に両側へ開いたままにし、幅広の袴を表現しようとしたものが群馬県立歴史博物館所蔵の埴輪などに数多く見うけられる。

第三章　古代天皇の冠と衣服——中国衣服制の継受をめぐって——

はじめに

天皇制を考える上で、衣服という視点は、等閑にすべからざる問題を含んでいる。前近代社会では、ヒトが何を着るかは、きわめて社会的諸条件に規定されたことであるゆえ、衣服が人間を規定するとさえいえる。天皇は、天皇だけに占有される衣服を着ているがゆえに天皇なのであり、その衣服の性格を考えることは、究極的には、その時代における天皇の性格を考えることでもある。そこで本章では、天皇の衣服という視点から、古代天皇制を考える一助を得てみたい。

弘仁一一年（八二〇）、嵯峨天皇は詔して、天皇および皇后・皇太子が、神事や朝庭の諸儀式に臨む際の衣服を規定した。

二月甲戌朔。詔して曰く、其れ朕、大小の諸神事、及び冬の諸陵奉幣には、則ち帛衣《はくい》を用い、正月に朝を受けるには、則ち袞冕《こんべん》十二章を用う。朔日受朝、日聴政、受蕃国使、奉幣及び大小諸会には、則ち黄櫨染衣《こうろぜんい》を用う。皇后は帛衣を以て助祭の服とし、擣衣を以て元正受朝の服となし、鈿釵《でんさい》礼衣を以て大小諸会の服と為す。皇太子の祀及び元正朝賀に従うには、袞冕九章を服すべし。朔望入朝及び元正に群官若くは宮臣の賀を受ける、および大小諸会には、黄丹衣を服すべし。並びに常に服するところは、此の例に拘わらず。(1)

とあり、『儀式』(2)にも「天子袞冕十二章牙笏《げしゃく》　皇后擣衣　皇太子袞冕九章牙笏」とある。

ここにいう「袞冕十二章」「袞冕九章」とは、中国で皇帝以下が着用した「袞衣《こんい》」と「冕冠《べんかん》」を合わせた名称で、冠と衣服の組み合せを指している。中国の衣服制がきわめて難解なのは、衣服は冠と不可分の関係を持っており、冠と称しながら、その背後に冠と一緒に着装する衣服と服飾品類が、厳密に定められていることが一因である。しかも中国歴代の王朝は、儒教的礼教観念にのっとった、秩序だった冠服の制度を持つことを皇帝の支配の視覚的表現としていたので、その整備に意を用いたが、現実に行われた冠服の制度は、時代を下るほどこれと乖離していることが多く、理念・建て前としての冠服制度と、朝堂で現実に着用された衣服の制度との間のギャップが、事実関係をよりわかりにくいものにしている。

「袞冕十二章」についても、日本が採用した袞冕が、中国のそれとは違うという事実が指摘されてはいたが、双方の相違点の細部や、両者がどのような関係にあったのかは、必ずしも明らかにされてはいない。そこで本章では、日本と中国の、冕冠の相違に焦点を当てて、日本の袞冕が、中国の制度のどれを受け継いだのかを考えてみたい。

第一節　日本における袞冕

(1)　唐風化された服制

わが国における袞冕の制度は、「袞衣」と称する、龍をはじめとして、日・月・星辰以下の、天皇は十二章、皇太子は九章の、章数に対応した数の文様をあしらった衣と裳、そして同じく章数に応じた数の玉すだれを垂下

図1　孝明天皇の礼服

させた「冕冠」＝「旒冕《りゅうべん》」からなる。『西宮記』巻一七、冠の条に、「冕冠」に注して、「太子著九章冕冠」とあり、皇太子も袞衣と冕冠を着用したことがうかがえるが、その際の衣服は「天皇礼服《らいふく》」条に、「太子赤縫龍形」とあり、日・月・星辰を省いた、九章の袞衣であろうと推察される。「袞衣」とは、本来巻龍の刺繡を意味し、龍の模様を縫い取りした衣で、『詩経』に「袞衣繡裳」の語が見えることから、より正確には、衣裳のうち上半身にまとう衣を指す語とするべきであり、「袞裳」との語もあるが、衣裳を包括して「袞服」という場合もある。また袞冕の冠と服をあわせて「冕服」と称することもある。『続漢書』輿服志によれば、袞衣は天子以下、一律に黒い上衣に、纁《くん》すなわち薄赤の裳を取り合わせた衣服の上に、皇帝のみは一二の文様のすべてを備えるが、その他は三公・諸侯が山・龍以下九章、九卿は華・蟲以下七章、というように、次第に文様の数を減じた「冕服」を着用する規定であった[3]。なお、上半身の衣には文様を描き、下半身の裳には文様を刺繡で表現するのが中国での本来のあり方であるが、日本の冕服は、十二章すべてを刺繡で表現したらしい[4]（図1）。

これに組み合わせる「旒冕」の冠も、中国では、皇帝以下は、減じた章の数に応じた玉すだれを垂下させる決まりであったが、わが国の場合は、天皇と皇太子だけが着用するのみで[5]、親王以下の諸王・諸臣には、袞冕の着用は許されなかった。この事実は、藤森健太郎氏によれば、わが国の皇太子の正月受賀儀礼が、天皇への朝賀と同じ空間構成を持つことと相俟って、皇太子の儀礼の中での隔絶性を示すものであり、わが国における皇太子の特別な地位と結びつけて考えられる[6]。

袞冕を着用するとしたこのような冠服の制度は、弘仁九年（八一八）三月条に、

其れ朝会の礼、及び常に服するところ、又卑の貴に逢いて跪ずく等は、男女を論ぜず、唐法に依りて改めよ。但し五位已上の礼服および諸の朝服の色、衛仗の服は、みな旧例に縁り、改張すべからず。[7]

とあるような、朝会の礼法や服飾を唐風にしようという動きの中で捉えるべきものである。このくだりは、『続日本後紀』の、菅原清公の薨伝に、

（弘仁）九年詔書有り。天下の儀式、男女の衣服、みな唐法に依れ。五位已上の位記は、改めて漢様に従え。諸の宮殿院堂門閣、みな新額を著せ、また肆百官舞踏、此くの如き朝儀、並びにみな関説するを得ず。[8]

とあることから、これら一連の儀式唐風化政策の推進は、嵯峨天皇の意向にもとづいて、菅原清公が、入唐中に『大唐開元礼』を手に入れて持ち帰り、弘仁九年頃、それを範として天下儀式を整えたのではないかと、所功氏は想定している。[9]

ところで五位以上の礼服については、この時新たに唐風に換えられなかったのは、唐風化の命題にすでに適った服飾であったからと想定される。だが五位以上の礼服ばかりではない。唐風に倣った天皇の礼服、すなわち冕服も、周知のように八世紀の半ばまでにはすでに取り入れられていた。天平四年（七三二）「御大極殿受朝。天皇始服冕服」[10]とあって、聖武天皇は、初めて冕服を着用して元正（元日）朝賀の儀に臨んでいるのだ。[11]所功氏も、弘仁一一年（八二〇）の天皇・皇后・皇太子の、儀式に応じた衣服の制定は、新しく服制を定めたのではなく、従来から行われてきた服制を、分類・整理したものであろうとする。[12]しかしこの時、聖武天皇の着用した冕服が、弘仁期に規定された「袞冕十二章」そのものであったとは考えにくい。

（2）　大仏開眼会における天皇の服装

天平勝宝四年（七五二）四月九日に営まれた東大寺の大仏開眼会は、『続日本紀』に、「其の儀ひとえに元日と同じ」とされ、「仏教東伝以来、いまだかつてかくの如く盛んなるはなし」と特筆されるほど、盛大な斎会であった[13]。列席した百官人たちは、五位以上は礼服を、六位以下は当色の朝服を着用した。『続日本紀』が語るのは、孝謙天皇が東大寺に行幸して斎会に臨んだことだけであるが、この時、聖武太上天皇と、光明皇太后も臨席したことが、『東大寺要録』に見え[14]、また正倉院に伝わる「礼服御冠残欠」の木牌からも裏づけられる。そして斉衡三年（八五六）に曝涼を兼ねて正倉院宝物の点検が行われた時、作成された目録である[15]「礼冠礼服目録断簡[16]」に、孝謙天皇・聖武太上天皇・光明皇太后が、大仏開眼会で着用に及んだ礼冠と衣服の書き上げがある。

そしてこれらの冠と衣服は、二六人分の諸臣の礼冠・礼服とともに、ながらく正倉院に伝世されていた。しかし少なくとも一三世紀の半ばまでに、冠は往時の姿をとどめない無惨な残欠になり果て、やがて衣服も失われてしまった。そして目録にあげられた冕冠以下の四頭の冠も、それぞれが誰の頭上に輝いていたかも、曖昧になってしまっていた。

米田雄介氏は、『正倉院宝物の歴史と保存』に収録した一連の論考で、大仏開眼会の際の礼服・礼冠に関説した後世の日記などを博捜して詳細な検討を加え、「礼冠礼服目録断簡」に「礼冠一具有旒以雑玉飾」とあるのは、旒を垂下した「冕冠」であるとみられるが、この冠を聖武太上天皇のものとみなしている。その上で、冕冠と組み合わせて着た礼服が、延暦以来の諸史料に「帛袷袍」あるいは「白礼服」「白練絹綾礼服」と表記されることから、『西宮記』に「赤大袖は日月山龍・虎猿等の形を縫う。同色の小袖、褶《ひらみ》に鉞形を縫う。白綬、玉佩《ぎょくはい》二旒、冕冠、御笏、烏皮舃《くろかわのくつ》、長男童帝御装束はこれに同じ。日形冠あり。女帝御装束は皆白、青絲色韓衣なり。太子赤縫龍形以上在内蔵寮」とあるような赤い大袖の袞衣ではありえず、孝謙天皇が着た礼服も、後世の礼服御覧の記事が、女帝の礼服を白の無纐としていることから、大仏開眼会当日は、孝謙天皇・聖武太上天皇・光明皇太后の三者が、ともに文様のない、白い礼服を着用したとする[18]。

大津透氏は、「衣服令」服色条が定める色の序列の筆頭に白があげられ、皇太子の礼服の色である黄丹がそれに続くことから、律令は天皇の服色を、白と想定しているとした。また「喪葬令」服錫紵条に、三等以下の親族および諸臣の喪に、「帛衣」以外を着用すると規定があること、さらにこの条に関する「集解」の諸説が、白を貴色とし、「令釈」が天皇の服と明言していることから、律令制定時に唯一想定された天皇の正装は、前代以来の帛衣であったろうとした。そして大宝・養老令が、なぜ天皇礼服の規定を削ったかといえば、天皇の伝統的正装であった神事用の白の服は、皇太子以下の中国的な礼服に比して、あまりにも異質で、とても令に規定できなかったからだとする。

また中国的な天皇の礼服の成立は、八世紀末葉以降のことで、天平四年に初めて冕冠を被った聖武天皇は、大仏開眼会に帛衣を着ていることからも、おそらく衣服については、袞衣を着用しなかったのではないかと推定している。さらに、開眼会に冕冠を被っていたのは孝謙天皇であったとされ、正倉院には衣服は納められなかったが、『西宮記』や礼服御覧の記事から、当日の姿は、冕冠に神事用の白色の服を組み合わせて着た、アンバランスな光景だったとした[19]。

筆者も「礼服礼冠目録断簡」に見える四頭の冠が失われた経緯と、個々の冠が法会当日、誰の頭上に輝いていたかについて、考察を加えたことがある。結論として、聖武天皇が天平四年の朝賀の時に被ったのと同じかたちの冕冠は、開眼会の当日には孝謙天皇の頭上にあったことを明らかにし、孝謙天皇は、凡冠と称する冠と、雑玉を連ねた旒のある礼冠の二頭を合わせて、冕冠としてかぶったであろうと推定した[20]。

ところで大仏開眼会で聖武太上天皇が履いたとされる「衲御礼履《のうのごらいり》」は、赤色であり、江戸末期の孝明天皇の即位の礼服は、周知のように「袞冕十二章」であったが、添えられた礼履は、これも鮮やかな赤であった。しかし『西宮記』には、袞冕に組み合わせられた男帝の沓《くつ》は、黒沓とある。米田雄介氏は、平安末以降の礼服御覧の記事から、天皇即位の時の礼服の沓が、本来は黒沓であったものが、中・近世に黒・赤とめまぐるしく変化し、紆余曲折ののち、江戸時代中期に赤色の沓に定着したものとした(21)。

米田氏は、正倉院伝来の赤革の沓（図2）は、天皇が着用する「袞冕十二章」とは関係なく、聖武天皇が帛御袍とともに着用したとするが、孝謙天皇の礼服として、冕冠とともに着装されたのは、帛の無繍の礼服であり、沓も赤であっただろうと思われる。なぜなら、女帝の衣服が白であったことの重要な典拠のひとつにあげられる『山槐記』には、長寛三年（＝永万元・一一六五）七月に行われた六条天皇即位の時の礼服御覧のために、内蔵寮《くらりょう》から取り出された二合の櫃《ひつ》の一方に、童帝と女帝と皇后、それに皇太子の礼服が、混交して入れられていたという(22)。その中に沓が計四足あったと言い、赤い三足のうち一つが小さいものだったとあるので、これを童帝のものと見なし、皇太子のそれは、衣服令や『西宮記』の記載に従って、黒沓だったとすると、残る二足の赤沓が女帝と皇后の料であり、女帝の沓は赤であったと考えられるからである。

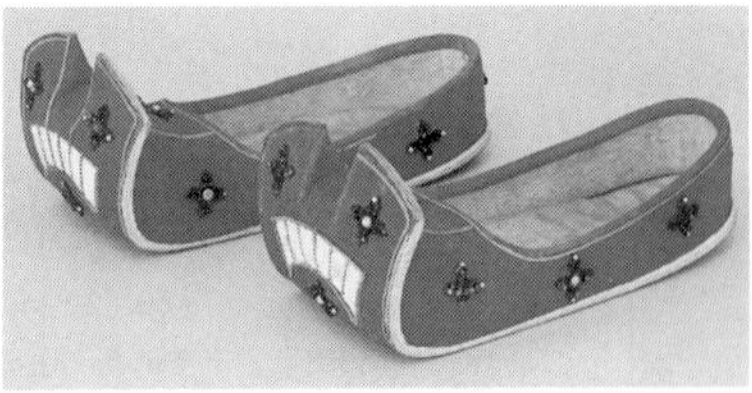
図2　衲御礼履

孝謙天皇は、大仏開眼会の時、冕冠を被り、白い礼服を着て、赤い沓を履いて臨んだと想像されるのだ。つまり奈良時代には、聖武天皇も孝謙天皇も、天皇として在位した時は、礼服として、白い服に赤い舄《くつ》を履き、冕冠をかぶったものと推定される。赤舄は、中国の規定では、袞冕着用の時に組み合わせる舄である。要するにこの時点で、中国の皇帝の袞冕の制から採用されたのは、細部の形状はおくとして、冕冠と赤い舄ということになろう。

そして弘仁一一年（八二〇）段階には、天皇が元日に着る礼服として、「袞冕十二章」が定められていたわけだが、『西宮記』での袞衣は、日月山形以下の一二の文様を刺繍した赤の大袖と褶（＝裳）からなり、これに同色の小袖を組み合わせて着て、頭には冕冠をいただく。そして玉佩二旒を垂下させ、笏を帯し、黒革舃を履くものであった(23)。

（3）中国服制との異同——冠を中心に——

ではこれらの冠や衣服、および服飾品類は、中国の皇帝の衣服とどのような関係にあるのだろうか。これまで天皇の礼服は、冕服・袞冕と称しながら、中国のそれとはまったく同じではないと指摘されることは多かったが、その具体的な異同について言及されることはあまりなかったといえよう。たとえば袞衣は、日本では(24)、弘仁以降、歴史通貫的に赤であるが、中国で袞衣は、漢代以降ほぼ一貫して「玄衣纁裳」、すなわち黒の上衣に赤い裳を組み合わせたものであり(25)、明らかに相違している。なぜ日本の冕服は上下とも赤とされたのか。それは中国の衣服制とどのような関係にあるのだろうか。

図3　「歴代帝王図巻」隋文帝像

藤森健太郎氏は、日本の冕冠は奈良時代当初から、唐とは違った形状のものとしてデザインされた可能性が強いとし、中国で袞冕着用時にかぶった冕冠について、閻立本作と伝える『歴代帝王図巻』の隋の文帝像を例にあげてその特色を述べる（図3）。中国のそれは十二旒と金附蟬という額の装飾があるが、日本の冕

図4　孝明天皇の玉冠

図5　聖霊院御影

図6　後醍醐天皇

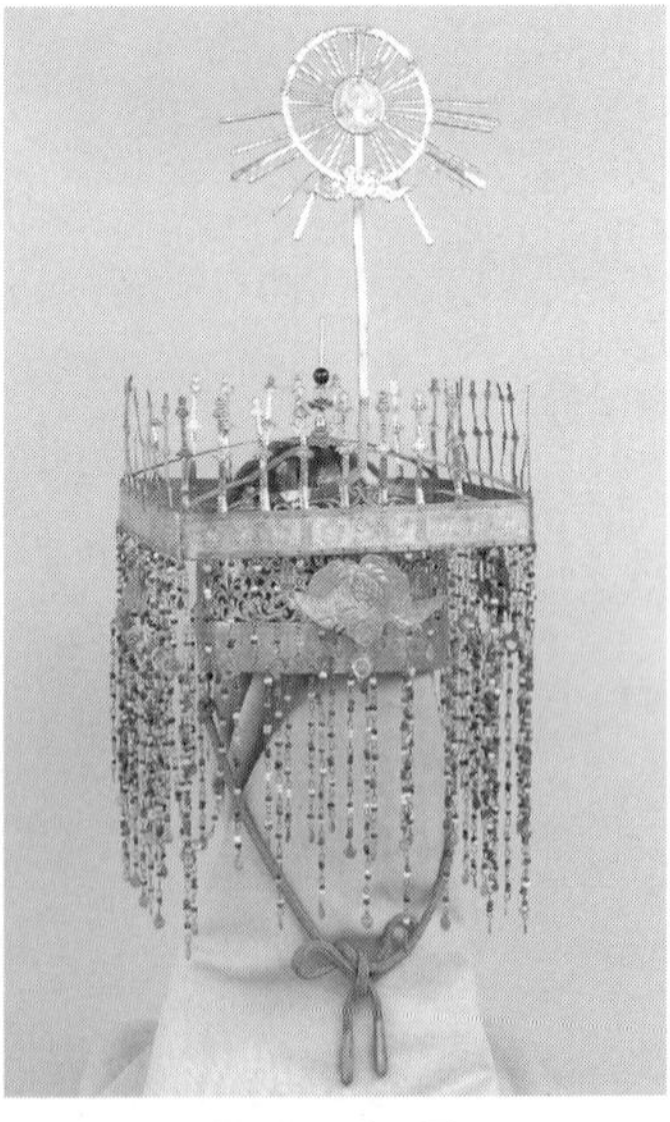

図7　玉　冠

冠は、宮内庁蔵の孝明天皇の料を見ると、旒が四面に垂らされ、金附蟬のかわりに冠の上に日形をいただくという相違点をあげている(26)（図4）。確かに日本における冕冠は、孝明天皇のそれにしても、(27)法隆寺の聖霊院御影がかぶる冕冠(28)（図5）も、藤沢清浄光寺（遊行寺）の後醍醐天皇像(29)（図6）のそれにしても、また江戸時代初期のものとされる京都八坂神社に伝わった冕冠状の冠[30]（図7）も、前後だけでなく、四周に玉すだれを廻らしている。しかし日本の冕冠が、孝明天皇のそれのように、四方に旒を垂下するようになったのは、後世のことであり、少なくとも当初からの形式ではなかったと推定できる徴証がある。

源師房の日記『土右記』に、長元九年（一〇三六）七月四日、後朱雀天皇の即位礼に先立って行われた礼服御覧の儀を記すが、ここに天皇御冠の形状についての詳細な記述があり[31]、「折敷に似た、羅で作った方形の板の四方に玉飾りを立て、前後に一二本ずつの玉の瓔珞《ようらく》を垂れる」という。四方でなく、前後に旒を垂下するのは中国の冕冠の特色だが、日本の冕冠は古くは中国と同じく、前後だけに垂下したものであったと知れるのだ。そして実はこの形式が、奈良時代以来の冕冠の形であったと想定される。なぜならこの時装束が納められていた櫃の中には、「佐保朝庭礼冠図」との外題がある「天子御冠図」と、「皇太子礼冠図」の二巻が入っていた。この図を眼前の冠と見較べた師房が、「如二御冠一」と述べており、奈良時代の冕冠の形状は、現行の冕冠と同じだとの印象を持ったことがうかがえるからである。「佐保朝庭礼冠図」は、後世にも冕冠の形式の範となっていたことが知られる。

仁治三年（一二四二）、後嵯峨天皇の即位に先立って行われた礼服御覧で、先年宮中に入った盗賊の仕業か、冕冠から金銀珠玉の類が取られ、冠の羅が少し残るばかりで、もとの姿もわからないほど無惨に壊れていることが判明し[32]、即位礼の日も迫っていることとて大騒ぎになった。その際、冠と一緒に納められていた「佐保朝庭礼冠図」が、即位礼に用いるべき冕冠の形を写したものとして、新に冠を作るについて模倣されようとした。しかしほとんど原形をとどめない冠から、図だけをたよりに復元するのはなんとも難しいと判断され、東大寺に残る冠が取り寄せられたという経緯がある[33]。そして即位礼後、東大寺に返却された玉冠は、粉々に破損していたと言い[34]、おそらく東大寺の礼冠を転用して新造されたもの[35]と考えられている[36]。

のちにこの冠は、『後深草天皇御記』に登場して、伏見天皇の即位礼に使用するため修理の必要が検討された時、聖武天皇の時代のものとおぼしき「佐保朝庭礼冠図」という玉冠絵図一枚が冠を入れた箱のなかにあって、これと比較したところ、ことに相違がないと後深草天皇自身が明言している。(37)

またこの冠は、正元元年（一二五九）の亀山天皇の即位礼にも使用されたものかと割注がある。(38)さらに建武四年（一三三七）、光明天皇の即位の時、後嵯峨天皇の時に模して作られた例の冠が使用されている。

これらの記述を額面通り受け取るなら、仁治元年（一二四〇）に、後嵯峨天皇の即位礼に間に合わせるために、入道相国西園寺公経が、平経高の進言によって、(39)東大寺から天子冠二冠を出蔵して、ほぼ新造に近いかたちで造られた冠は、参考にした「佐保朝庭礼冠図」に相似のもので、その具体像は、『土右記』に詳述されているものとほぼ同じだったと見てよいのではないだろうか。

つまり少なくとも一四世紀半ばの段階まで、天皇の冕冠は、旒を四方に垂下したものでなく、中国でのそれと同じく、前後に一二本ずつ垂下させたものであったと想像されるのだ。そしてそれは奈良時代の冕冠のかたちを写したという「佐保朝庭礼冠図」を踏襲するものでもあった。これがどのような経緯で、四方に旒を垂下させたものになったかは不明だが、近世初頭に造られた冕冠は、四周に玉すだれを垂らしたものに変改されていたと推定される。

米田雄介氏は、「正倉院の宝物は、孝謙天皇と光明皇后が大仏に施入した聖武天皇の遺物であり、歴代の天皇も、たやすく自専してはならないものなのに、近来、後二条天皇は玉御冠を出蔵し、光明天皇の暦応年間（一三三八〜一三四二）には、礼服と御冠が取り出されて、毎度借り出すだけだと御沙汰はあるものの、ついに返納されず、無くなってしまった」という、正倉院宝物出蔵と紛失の経緯を書いた、延文五年（一三六〇）の年紀を持つ「東大寺衆徒僉議事書」(40)という文書を紹介している。

同文書によれば、東大寺には、後嵯峨天皇の即位礼の際、分解・破損されなかった玉冠が別にあったが、光明天皇の時に持ち出されて以来、行方がわからなくなったものかとされる(41)。これが冕冠であったとは考えにくく、あるいは親王・諸臣用の二六頭の礼冠のうちの一頭であったかもしれないが、いずれにせよ南北朝対立の発端となった光明天皇の践祚に際し、即位礼に用いる礼冠について、何らかの混乱があったことは想像に難くなく、仁治の冠の行方が知れるのは、一四世紀半ばの、この時を最後にしている。そして次に見るように、近世初頭、一七世紀半ばに登場した冕冠は、確実に姿を変えているのだ。

八坂神社が正保三年（一六四六）に炎上・焼失すると、徳川将軍家は本殿の造営を企図し、承応三年（一六五四）一一月二一日に上棟槌之儀式が行われた。その翌日付けで、祇園社執行の宝寿院祐満が立ち会って、神宝諸道具を確認して受け取り、神前に納め置いた品々の目録(42)が残されている中に「御玉冠三頭」が見え、「珠玉糸錦四霊形肢文金銀銅御平額差櫛御しゃく金物糸飾日蔭葛有」と解説がある。そしてこれに該当する冠が、三頭とも祇園社に伝世している。うち一頭は冕冠であり、これが極めて孝明天皇料の冕冠に酷似している（図4・図7）。紙を漆で塗り重ねて作った黒い三山形の「三山冠」と称される冠帽の、谷の部分に、孝明天皇料は二本の金筋を張っている。

『土右記』は、「但し三山冠に非ず」と、注記するが、孝明天皇料は、見たところ、三山冠である。三山冠の周囲に、唐草・唐花模様を透かし彫りにした金色の「押鬘」を廻らせている。冠の頭上高くいただく日輪、その中に浮き彫りにされた三足の烏の図様、それを取り巻く光輪と雲形、そこから放射状に発する光線、そして冕板の「四面の端に玉を立てる茎あり」とする『土右記』の記述通りの造形が、双方共に見える。冕板の四周から貴石を連ねた、細く繊細な鎖が垂下するところも共通している。

最大の相違点をあげるとすれば、孝明天皇料の冕冠には、『土右記』に「巾子の上に方物を置く。羅を以て之

図8　女帝（西川祐信『百人女郎品定』）

を為る、折敷のごとし。金筋有り」とあるように、四角い金枠に羅を張って、対角線に金筋を渡した、折敷状の方形のものを、巾子冠の上に載せている、その金筋の交点を、三山冠の中央の頂きに直接留め付けて、冕板としているのだが、祇園社のそれには、冕板の金枠に羅が張られていないことであろう。このほか、これは『土右記』には該当する記載がないが、冕板の中心には、共に濃緑色玉と、透明水晶玉の宝珠が配されて、三山冠と冕板を固定する柱を飾っていることも、両者共通している。

祇園社の玉冠は、牛頭天王の所用と考えられており、「金工の技巧を凝らして荘厳した玉冠ではあるが、細部の省略が見いだされ、神宝調進の計画時に有職考証が必ずしも十分行われなかった状況がうかがえる」[43]と解説するが、天皇の冕冠の細部を充分熟知した者の手による制作であることは、二者を較べてみれば一目瞭然である。この冠が承応三年の「請取帳」に対応するものであるとすると、一七世紀初頭、江戸時代の初めには、すでに冕冠は、前後に旒を垂下する形式から、四周に玉すだれを垂らすかたちに変化していたものと想定される。

だが、享保八年（一七二三）に刊行された西川祐信の、『百人女郎品定』における女帝のかぶる冕冠は、前後に旒を垂下する、前代以来の形式である（図8）。冕板の対角線の交点に立てた柱の頂きに宝珠を配し、その前に輝く日輪を高く掲げているのは、祇園社と孝明天皇料の冕冠にも共通し、この画像が冕冠についての深い知識に裏づけられて描かれたことをうかがわせる。筆者は先に、作者西川祐信がこうした女帝像を描き得た背景には、当代きってのインテリで時代考証にも通じた、予楽院近衛家熙に指示を受けた可能性があるのではないかと推定した。(44) だとすれば祐信が描くこの画像の、女帝のかぶる冕冠は、前代の冕冠の形状を反映しているといえるかもしれない。

以上見てきたように『土右記』の冕冠は、奈良時代の冕冠の形状をほぼそのまま踏襲したもので、それが弘仁一一年の「袞冕十二章」に引き継がれたものであったとすると、両者の比較によって日本と中国の冕冠の差異点を明らかにすることが出来る。まず冠から垂下する旒は、正倉院のそれでは、「雑玉を似て飾る」とあり、現存の「礼服御冠残欠」の貴石の残存状況からも、種々の宝石を連ねたものであったと想像される。後世のそれも、孝明天皇料にいたるまで同様である。一方唐の袞冕の冠は、前後に白玉珠のみを連ね、肩まで垂下させたものであった。

第二節　中国歴代の袞冕

(1)　唐代「袞冕十二章」の実態

さらに考察をすすめて、唐代の皇帝が、元正朝賀の儀に着用した「袞冕十二章」とは、実際にはどのような形式のものであったか、見てみよう。

ここで参考になるのは、『旧唐書』の、開元一一年（七二三）の中書令張説の奏によって、皇帝の衣服が改訂された経緯を述べている箇所である。(45) 張説によれば、永徽二年（六五一）に高宗が南郊の祭祀を行ったときに大裘《だいきゅう》冕《べん》を用い、顕慶年（顕慶元年〈六五六〉）の修礼《しゅらい》には、『礼記』郊特性篇にのっとって、改めて袞冕を用いることとし、則天武后の時代（六八五～七〇四）以来、袞冕の制によってきたと主張し、もし古制を遵守しようとするなら大裘冕を、あるいは時勢による都合を考えるなら、袞冕を採用すべき旨を奏して、所司に「大裘冕」と「袞冕」

を作らせて玄宗に進呈したという。しかし玄宗は、大裘冕を廃して服用せず、これ以降、元正の朝賀およびその後の会には、袞冕と通天冠が着用されるようになり、また大祭祀にも袞冕を着用するようになったという。しかし玄宗は、これ以外の衣服は、令文に載っていても施用せず、朔望受朝にも、もっぱら常服を着用して、弁服も翼善冠も、みな廃止してしまったとある。ここでいう常服とは、赤黄袍衫と折上巾、九環帯、六合靴に、袴を組み合わせたものである。[46][47][48][49]

この史料によって、大裘冕のみならず袞冕も開元一一年に改めて新造されたとすると、玄宗の時代には、少なくとも大裘冕や袞冕は用いられなくなっていたとしなければならない。しかし高宗の永徽年間には冬至の南郊の祭祀に大裘冕が用いられたが、顕慶年間にはこれを袞冕に改め（顕慶修礼）、則天武后の時代以降も、袞冕が用いられてきたとすると、大祭祀には少なくとも常服以外の衣服が着用されていたことが明らかである。

ここで顕慶修礼というのは、顕慶元年に、長孫無忌の奏によって、大裘冕が廃止され、喪服の白袷が素服に改められた等の、『顕慶礼』の撰を指す。漢で初めて制せられ、魏・晋から隋にいたるまで、祭服はことごとく袞冕であったとして、大裘冕を停止して、諸祭には袞冕のみを用いるべきことを上表し、裁可されたのであった。[50]これらの事実は、少なくとも袞冕が、顕慶元年段階には、天子の郊祭の祭服として、現実に機能していたことを意味している。それは則天武后の治世にも及んだが、開元一一年（七二三）に、玄宗のために新しく大裘冕・袞冕の二種の冕服を製したとあることからすれば、玄宗の時代には、祭服として袞冕が使われることもなくなっており、この頃には廃絶していたと考えられよう。

大祭祀にすら袞冕が行われなくなってしまっていた玄宗の時代に、中書令張説の奏を容れて、大裘冕と袞冕のうち袞冕のみを採用したが、その結果、袞冕だけが元正朝会の衣服になったわけではなく、袞冕と通天冠が併用とされていることに注目したい。ここに唐突に通天冠が登場するのは、開元年間以前の元正朝会儀における通天冠の、なんらかの位置づけがあって、それがどういうかたちでか、反映していると考えざるを得ないからである。

通天冠は『続漢書』に見え、その段階ですでに天子の常服となっていることに、注意を喚起しておく必要があるが、『通典』では「通天冠」の唐代までの諸王朝での変遷を列挙し、通天冠はもと秦が定めた制度であったが、当時の形状は失われ、漢代以降、諸王朝によって整備されて形状を整えて受け継がれていき、また宋代には、黒介幘を加え、また梁代には、冕を通天冠の上に加えて、平天冕と称されることになったこと、そして隋代には、「朔日・元会・冬朝会」と、「諸祭還」の際に、着用されたという事実を列記する。この制は唐にも踏襲されたとするが、だとするとどのような形で唐の衣服制に反映しただろうか。

『大唐六典』巻四・礼部郎中員外郎のくだりに、冬至と元正の儀の差異について、元日の朝賀儀には、皇帝は袞冕を服するが、冬至は通天冠であることをあげている（「凡冬至大陳設如元正之儀、其異者　皇帝服通天冠」）。さらに『大唐開元礼』巻九七は、皇帝が群臣の元正冬至に朝賀を受ける儀について記述し、皇帝が袞冕を着用して臨むとする箇所に割注して、「冬至則服通天冠絳紗袍」と、冬至と元日では、皇帝の衣服が異なることを明記している。そのうえ朝賀儀の後の大会には、皇帝は服を改め、通天冠、絳紗袍を着ることを明記するが、このくだりにも、「冬至則不改服」と、冬至には、皇帝は朝賀儀そのものに通天冠絳紗袍で出御しているのであるから、その後の「会」に臨むに際し、服を改める必要のないことを注記している。

つまり朝賀儀には、袞冕だけでなく通天冠が着装されることがあって、それは冬至の場合なのだが、先に見たように、元正朝会儀に袞冕を着用するようになったのは、玄宗の開元一一年のことであった。この元正朝会に袞冕が採用された時点で、袞冕と通天冠の併用が決定されている事態は、それ以前は、あるいは通天冠だけで朝賀が行われた可能性を示唆しているのではあるまいか。

なお藤森健太郎氏は、『通典』巻七〇の「元正冬至受朝賀朔望朝参及常朝日」の沿革を検討し、漢代には、

「朝」に当たる部分と、「会」に当たる部分の別がはっきりしていなかったが、晋代から、皇帝がいったん入御し、再び出御する形式を取っており、「朝」と「会」との二段構成がはっきりしてくるとする[53]。そして梁代の制として、「朝」に当たる部分には皇帝は袞冕を着用し、「会」に当たる部分には通天冠を着して儀に臨むというように、衣服を違えたことが『通典』には明記されている[54]。

しかし『隋書』礼儀志が冒頭で述べているように、梁の制度では、皇帝は「郊天、祀地、礼明堂、祠宗廟、元会臨軒」の際に、袞冕を着用したのでなく、俗称を「平天冠」という、通天冠に平冕を加えた冠を着用し、十二章を備えた黒い上衣と、赤い裳を着た。そして元正の賀が終わった後は、絳紗袍と黒舄を通天冠と組み合わせて着用し、これを朝服としていたという[55]。

ここで通天冠平冕、俗称平天冠は、衣服の内実としては、白玉の旒一二本を有し、黒い衣と絳、すなわち赤い裳に日月以下の十二章を縫い取りし、あるいは描いた、袞冕十二章に等しいという事実に、注意を喚起しておかなければならない。つまり「朝」と「会」の、衣服の上での分離が確かめられる梁の制度で、実は二つの場での衣服は、通天冠をかぶるという点で共通していたことが理解されよう。「朝」と「会」という場の分離が、まず同じ冠をかぶることを基軸に、冕を加えたり、衣服を換えたりすることを発端としたという事態は、大いに想定しうることである。さらに通天冠平冕の制は、「朝」と「会」との場の分離が行われていたことが確かめられる晋で成立していたと見られることも、元日朝賀および会の天子の衣服が、通天冠を基軸に成り立っていたものであることを推察させてくれる一助になろう。

つまり皇帝は元正朝賀の時、通天冠に平冕をのせた平天冠に、十二章を配した玄衣纁裳を着、赤舄を履いた。通天冠の衣服は、『新唐書』には「絳紗袍、朱裏紅羅裳、黒舄」とあり、元正受朝ののち、皇帝は冠の平冕を除いて通天冠のみをかぶり、衣服は絳紗袍と朱裏紅羅裳に黒舄を組み合わせて着用し、「会」に臨んだのであった。

ところで『周礼』春官司服は、「六冕」を列挙するが、これを「説文通訓定声」が引いて、「服有六等、而冕則無異」と説いているように、実は六種の冕は、おのおの衣服に施された模様、さらにいえば衣服の模様の数値に差異が存したところからくる名称の違いであり、これらの衣に組み合わせるかぶり物である冕、すなわち冕冠は、一種のみであった。[56]「また礼に按ずるに、雑服と称するところ、皆衣をもって名を定める。なお袞冕の如きは、すなわち袞衣にして冕[57]」とあるように、○○服と称する場合、それは冠の名に由来するのでなく、すべて衣の名前をもって名付けられているのであって、「袞服」とは「袞衣」の名称によったもの、「袞冕」といった場合も衣の名前による名称であり、袞衣に冕冠をかぶるものであるとする。こうした事実も、冕冠が一種類で、これに組み合わせる種々の衣服によって、名称を異にした事態を背景にしていよう。

なお、『大唐開元礼』の元日・冬至の受朝賀儀の後の「会」のくだりの末尾に、「皇帝若し翼善冠袴褶を服せば、則ち京官袴褶を著し、朝集使公服を著す」とあることは、皇帝が大会に通天冠と絳紗袍を着用するのでなく、翼善冠と袴褶の組み合わせで出御した場合があったことを前提にしての記述である。また「朔日受朝」には、皇帝は本来、弁服絳紗衣を着用する規定であるが、その項の末尾に「皇帝若し翼善冠を御せば、則ち群臣みな袴褶」とある。それは「開元礼」が、開元二〇年（七三二）に撰述されたことを背景としていよう。

すなわち『新唐書』車服志によるに、貞観以降、太宗が翼善冠を制してみずから服し、貴臣には、幞頭《ぼくとう》に似た進徳冠を賜い、以後、元日・冬至・朔望の視朝には、翼善冠をかぶり、白練裙襦を着用した。そして常服としては袴褶と平巾幘《へいきんさく》を、翼善冠と併用したという。

平巾幘は、『新唐書』によれば乗馬の服で、紫褶白袴と組み合わせるかぶりものである。鞾《か》も、乗馬用の靴である。のちには朔望日の視朝は、弁服を着るようになったというのだから、朔望日を除いて元日と冬至だけに翼善冠を用いたことになろう。

しかしこの翼善冠も、開元一七年（七二九）に、玄宗によって廃止されていたことは前述のとおりであるし、『大唐六典』巻一一、尚衣奉御には、大裘冕以下翼善冠にいたる天子の衣服を列挙したあげく、「已上は並びに古服。有事及び賓客に見えるには則ち之を服す。隋の文帝柘黄袍及び巾帯《きんたい》を制し、以て朝を聴きてより、今に至る迄、ついに似て常服となす」と注記している。[58]つまり大裘冕以下、列挙している皇帝の衣服は、太宗が定めた翼善冠にいたるまで、実はすべて古い衣服の制度であり、隋の文帝以来、赤黄袍を常服とし、「元日冬至受朝及大祭祀」などの有事や、賓客に謁見する時以外は、いっさいこれで済まされるようになっていたという。[59]すると、元日・冬至には、翼善冠を着装して儀に臨むことが、貞観以降、唐の皇帝の服制として定着していたことになろう。

仲田利恵子氏によれば、『旧唐書』巻一四九・帰崇敬伝に、「崇敬、百官朔望の朝に袴褶を服するは古に非ざるを以て、上疏して云う」とあることは、唐代には袴褶が文武百官の朝服として常用されていたことの証左であるとする。[60]『唐会要』にも貞観二二年（六四八）のこととして、「百寮をして朔望日に袴褶を服し、以て朝せしむ」[61]と、袴褶が朝参の服として機能せしめられている事実が瞥見できよう。

このように、儀礼用の衣服の多くは、衣服令の規定にもかかわらず、ほとんど用いられることはない環境下で、袞冕のみが採用され、その結果、袞冕と通天冠が元正朝会に用いられるようになったのは、開元一一年（七二三）の冬のことであった。ちなみに聖武天皇が即位したのはその翌年であるが、冕服を着用したのは、これより一〇年近く遅れた天平四年（七三二）のことである。

そして玄宗は、袞冕と通天冠の組み合わせと、常服以外の服は、衣服令に規定があるにもかかわらず、着用することはなかったと明言している。[62]こうした傾向は、なにも玄宗に限ったことではなく、隋の高祖文帝は、元正朝会に初めて通天冠を着用して臨み、郊丘宗廟の祭祀には、袞衣だけでもっぱら済ませていた。陳を平定してその器物を得、衣冠も礼にかなった正式な衣服も整ったが、それらを蔵にしまい込んで着用することはなく、百官の常服も庶民と同じで、皆黄袍を着用し、官庁に出入りしていた。高祖自身の朝服もこれと同様だったという。(63)

この記載から知られるのは、礼に依拠した衣服や器物を備えることが出来ても、依然として高祖は、元正朝会には通天冠を、郊廟の祭祀には袞衣を着用し続けたという事実である。これは、『旧唐書』にいう、中書令張説の奏によって、袞衣を採用した結果、通天冠と袞冕が元正朝会に用いられることになったとする記述の裏にあった事情ではなかったか。つまり太宗が翼善冠を制し、朔望日の視朝にこれが袴褶とともに着装されるようになっても、実は元日冬至の受朝には、別に通天冠を着用する風が存し続けたと想定できよう。それが袞冕の採用の記事中に、唐突に通天冠の着装が語られた事態の背景にあったものと考えたい。要するに通天冠は、歴史通貫的に、皇帝の儀礼用の衣服の基幹をなしていたと想定される。

(2)　唐代以前の服制とその影響

実は隋の高祖が即位当時着用した袞衣は、歴代の「玄衣纁裳」と異なって、赤い袞衣であったらしい。『隋書』礼儀志によれば、「高祖が天命を受けた時、赤雀が飛来したことから、漢王朝が赤を尊んだことにならって、自ら創始した隋王朝の徳を火徳になぞらえ、郊丘廟社の祭祀は、袞冕を着用することとし、朝会の衣裳をすべて赤に統一することとした」という。この文脈からは、朝会の衣裳はともかく、袞冕が赤であったかどうかは必ずしも明確ではない。

しかしこれに続くくだりで、高祖は、祭祀の服については、礼経に適うべきであると、博学の学者たちを集めて議論を尽くさせることとしたとある。その答申では、袞冕の色が問題にされており、五時に色を変えるというのは、もとより礼文にない。北魏以来、制度はことごとく不備で、天興年間に整えた車服制にも、胡制が混じっていた。隋が王朝を立てた際、前代の制を検証し、制に適わないものはことごとく排除したが、衣冠礼器については、なお前代の制を兼行していた。そこで立夏の袞衣には赤い生地を用い、秋を迎える際の平冕には白を用いる制は、それは本来の袞冕の制度ではないので、誤謬をただすべきだとし、冠冕の色は共に黒とするが、幘をかぶる場合は迎気の色に従うこととし、その際の衣の色も幘の色に従った故事に準じて、同色とすることにしたらどうかと奏し、裁可されている(64)。

この奏に依拠して開皇令が定められ、北斉の制度が採用されて、玄衣纁裳の天子の袞冕の制が成立したと、『隋書』は続ける。つまりこの文脈からは、高祖が赤に統一した衣服は、朝会衣裳だけでなく、袞冕にもおよんだことが明らかなのであり、高祖が即位当初に着用したのは、赤い袞衣であったといえよう。筆者は、弘仁期にわが国が袞冕の衣裳の地色を赤と定めたことの起源を、あえて中国に求めるとすれば、この高祖の袞冕に由来するのではないかと想定している。

閻立本の作とされる『歴代帝王図巻』が掲げる一三人の帝王像は、前半は北宋期の模写だが、陳の文帝以下七人の帝王の肖像は、七世紀の作と見なされている。最初の帝王図の、前漢の昭帝以下隋の煬帝までは、約七〇〇年の長きにわたる治世の時間的隔たりがある。しかし面貌とポーズに差異があるものの、冕服を着た七名の帝王像は画一的であり、おそらく精密な時代考証は加えられなかったと考えられ、太宗・高宗に仕えて中書令になったという閻立本であるから、七世紀半ばの唐代の皇帝の冕服を反映させた可能性がある。

そこで試みに彼の生きた時代にもっとも近い隋の高祖文帝の冕服像を見ると、一二本の旒を垂下させた冠の額の部分に、蟬の形を見て取ることが出来る。実は蟬を冠飾とするのは、通天冠の特徴のひとつに数えられるものである。『隋書』礼儀志七には、「通天冠、金博山、附蟬、十二首」とあり、さらに「武弁」や「遠遊冠」、そして「進賢冠」にも金の蟬を付けるとしている。金博山は、冠の前方に施された金の山形だとされ(65)、そこに蟬を付けたものと考えられる(66)。

『漢官儀』に、「天子冠通天、諸侯王冠遠游、三公諸侯冠進賢」とあるように、天子の通天冠にあたる冠が、諸侯王の遠遊冠、三公諸侯の進賢冠であり、おのおのが蟬の冠飾を持つことで共通していたのである。だとすれば、『帝王図巻』に描かれた文帝像の被る冕冠は、実は通天冠に冕板をのせた、通天冠平冕を表現しているのではないだろうか。つまり『梁書』や『隋書』がいうように、通天冠平冕が用いられたのは、梁の時代だけだったのではなく、のちの時代に及んだのではなかったか。

この推定を可能にする有力な根拠は、『宋史』輿服志の袞冕の制に関する記載である(67)。宋建国当初の天子の「袞冕の制」を説明して、その形状を述べ、「袞冕」の冠は「平天冠」の別名を持つ、冕板に一二本の旒を下げた冠と、日月星辰以下一二章をあしらった青い衣に紅い裙の「袞服」の組み合わせであるとしている。この事実こそ、袞冕が実は通天冠と冕板の組み合わせであったことを証しているものではないだろうか。なぜならここで「平天冠」という別名を持つ冠は、『隋書』に見た通天冠平冕そのものだからである。

つまり通天冠に冕板を組み合わせる通天冠平冕は、梁の制度として短期間行われただけでなく、北宋の史料の上に再登場したということは、水面下でこの冠服の制度が命脈を保っていたことを確信させてくれるのである。そしてこれが「袞冕」と称されていることこそ、実は「袞冕」がこれまで推測してきたように、通天冠と冕板を組み合わせて着装する冠と、十二章を具備した「袞服」とのセットであったことを明確にしてくれるといえよう。

『旧唐書』輿服志は冒頭で、黄帝以来の衣服や乗り物の制度の形成・整備の過程を俯瞰し、三皇五帝の頃より次第に整序されて身分表示の機能が担われていく過程を概観している。

後漢の明帝が、『周礼』の五輅六冕の制にのっとり、礼にかなった天子の衣服と乗り物の制度を創始し、実際に制作されたが、ついに実施されることなく終わったとする。この中で、「服則袞冕、冠則通天」と、諸王朝の衣服制の、礼にのっとった整備が、建て前のみに終始した結果、服は袞冕、冠は通天冠のみが、天子の服として行われたと述べていることに注目したい。

これを同じく『旧唐書』が、開元一一年以降、「是より元正朝会は礼令に依りて袞冕及び通天冠を用い、大祭祀は郊特牲に依りて亦た袞冕を用う」と述べていることと併せ考えるならば、通天冠は、袞冕と同時に着装された事実を想定しうるのではないだろうか。つまり元正朝賀の儀や大祭祀の際、天子が着用した袞冕服を構成したのは、通天冠と冕板、そして袞服のセットであり、三者が相俟って「袞冕」を構成したのだと。さらにいえば、通天冠は黒介幘と組み合わせて被る冠であるから、通天冠・黒介幘・平冕がかぶり物の一セットとして着装されたのであると。

要するに狭義のかぶり物としての通天冠は、「袞冕」として、平冕と組み合わせて、十二章を具備した玄衣纁裳として、あるいは通天冠単独で、絳紗袍、紅裳との組み合わせとして、いずれの場合においても、この冠なしに天子の衣服は整わない、天正朝会および大祭祀の際の、皇帝の不可欠の冠だったのである。

『隋書』礼儀志が、冒頭で祭祀と「元会臨軒」の衣服として通天冠平冕、俗称平天冠について詳述し、ついで通天冠単独の場合の絳紗袍や黒舃との組み合わせと、その着装の場について述べ、最後に「臨軒亦袞冕」とあることが、すべてを物語っているのではないだろうか。すなわち「亦」の字に接続されて唐突に「袞冕」が登場し、この文言の前段に「袞冕」の語がないことは、「袞冕」に相当する衣服が、他に存在することを想定させ、それこそが、「通天冠平冕」にほかならないと考えられよう。つまり通天冠平冕はすなわち袞冕であり、ゆえに『宋史』も「袞冕」の別名を「通天冠平冕」と明記したのであろう。

このように中国の冕冠は、黒介幘を着けた上に通天冠をかぶり、さらに平冕を加えて装着したもので、平天冠とも称されたものであった。冕板からは、旒冕の他には綬の色と同じ組み紐で製した纓《えい》を垂らし、そして方形の

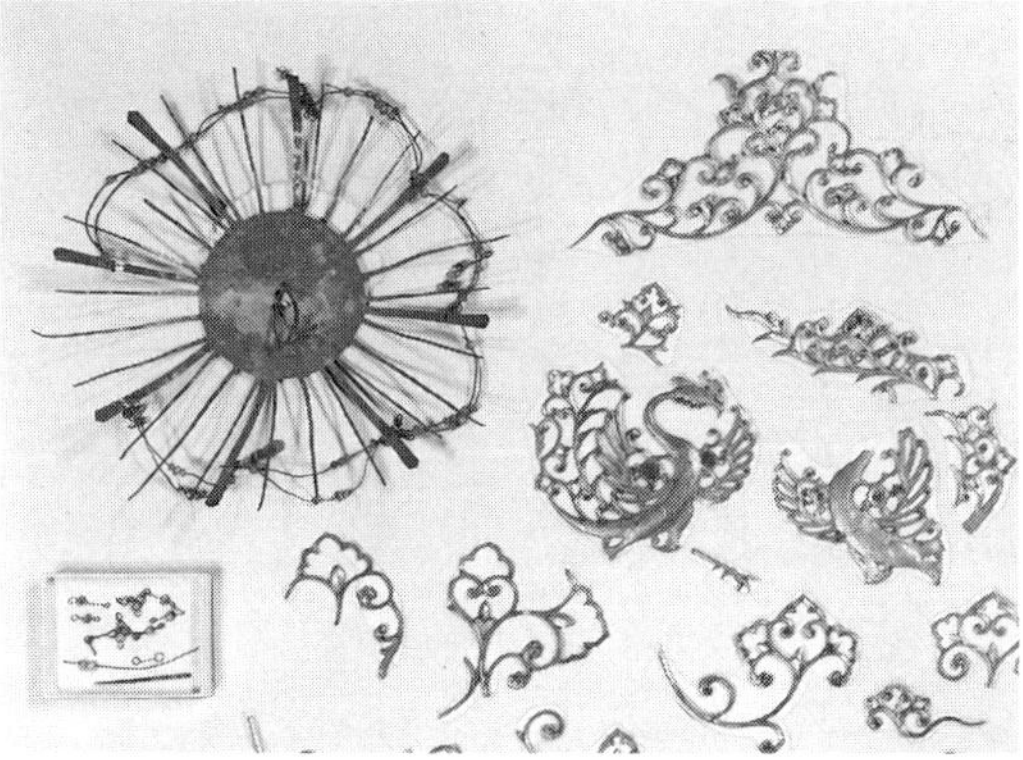

図９　礼服御冠残欠

板から耳の傍まで「黈纊《とうこう》」または「玉瑱《ぎょくてん》」という、房や玉を垂下したが[68]、中国の冕板にはこれら以外に装飾がない。これに対して日本の冕冠は、先に『土右記』に見たごとく、「其の頂きに日形像有り。中に向いて三足の烏有り、水精二枚を以て作らしむ。日形に光有り[69]」と、頂きに日形像があったと思われ、正倉院の「礼服御冠残欠」（図9）にも、それとおぼしき光輪を配する日形があることから、この形状は、八世紀の冕冠から引き継がれて来たものと思われる。『西宮記』に、童帝の礼冠として「日形冠」「日形天冠」をあげていることは、太陽神の子孫を自称する天皇の権威と関係があろうかとされ[70]、天皇の標識として、日輪が象徴的な意味を担っていたゆえと考えられる。

　ところで光輪を配する冠といえば、東大寺法華堂の不空羂索観音のかぶる宝冠を、ただちに思い浮かべることが出来よう。二万数千個の珠玉で飾られたこの冠は、正面の化仏、両側面の鏡、頂部の宝珠の計四か所から光の筋が放射状に出ている。本尊の光背も、実は現状より六〇センチあまり上にあり、合掌する手のひらの中の水晶の宝珠から発する光として配されていた可能性があるという。このように光を強調的に表現した理由は、その名を「金光明最勝王経」から取ったとされる光明皇后が、宝珠の光の威力を表現しようとしたものかとの説がある[71]。この宝冠は、像の造立とほぼ同時の制作とされ、天平年間（七二九〜七四九）で諸説一致しており[72]、聖武天皇が冕冠を初めて被った年と、極めて近接している。冕冠とこの宝冠は、ともに光輪で表現しているが、宝冠に勾玉《まがたま》が使われているにもかかわらず、冕冠には少なくともその残欠から推測する限り、勾玉が配されていた可能性がないことに注目したい。

木下尚子氏によれば、本来勾玉は、身体に直接付けるもので、器物に付けるものではないという観念があったらしく、したがって古墳時代の日本の冠には、新羅などで宝冠に多用されるにもかかわらず、勾玉を装飾として使用する風はなかったという。だとすれば勾玉が配された不空羂索観音の冠は、勾玉が身体に及ぼす呪的力が観念されなくなった時代の所産であるとしなければならない。ほぼおなじ時代に、共に光輪をあしらった二つの宝冠が作られ、一方は勾玉をあしらうにもかかわらず、いまひとつにはそれがなかったとすると、冕冠の志向するのは、前代以来の事物を踏襲する姿勢を排除し、新しく日輪をいただく形式の冠として登場させ、律令国家における天皇権の象徴としようとしたものだとも考えられよう。

おわりに

これまで縷々述べてきたのは、わが国で採用された袞冕が、中国の皇帝の衣服とどのような関係にあり、またなにゆえに赤かったのかを考える一助にしたいがためであった。

中国における皇帝の袞冕、すなわち通天冠平冕は、黒の上衣と赤の裳を基本の服色とし[73]、皇帝はこれに赤舃を組み合わせて元正朝賀儀に臨むが、その後に臨席する「会」には、冕を取り去った通天冠に、絳紗袍と朱裏紅羅裳を着け、黒舃をはいた。なお詳述すれば、通天冠は黒介幘をかぶった上に着装する。これは『西宮記』に天皇の冕冠が、まず烏帽子をかぶってその上に冠を加えるとあることとも相通じるものである[74]。奈良時代の冕服が、中国における袞冕を着た場合の舃の色に倣い、赤い舃を組み合わせたのに対して、「袞冕十二章」を天子の服として採用したにもかかわらず、舃だけはここで黒に転じていることも、なにがしか中国の服制の影響を見て取るとすれば、通天冠の舃の色との関係を想定せざるを得ない。

天平年間に聖武天皇が初めて着用した冕服は、大仏開眼会のそれから類推する限り、白の無地であった。しかし弘仁一一年に、中国の制に倣って十二章を備えた袞服が採用されると、その衣服の色を、中国では袞衣は玄衣纁裳が原則であったにもかかわらず、上下とも赤としたのはきわめて唐突の感を拭えないが、あえてその淵源するところを中国の制度の中に求めるとすれば、隋の高祖が隋王朝を漢に倣って火徳に擬し、赤い袞衣を着用した事実に求められるかもしれない。さらにいえば、開元一一年（七二三）以前には、袞冕は着装されず、朝会には平天冠から冕版を除いた通天冠と、絳紗袍、すなわち赤い袍が着装されていたらしい事態が想定できた。袍とは、ここでは裾まで長い深衣である。この衣には十二章は配されないが、通天冠の舃が黒であり、同じく弘仁以降の袞冕の舃が黒とされたこととも併せ考えるならば、通天冠着装の際の絳紗袍の色が、日本の袞冕の地色の設定に、何らかの影響を与えた可能性が考えられるのではないだろうか。

（1）『日本後紀』巻二八逸文（『日本紀略』）。
（2）「貞観儀式」とみなされる（『儀式』巻六、礼服制）。
（3）『続漢書』輿服志下、中華書局本、三六六三頁。
（4）現存する孝明天皇の礼服では、「切付」といって、別裂に十二章を刺繡したものを縫いつけている。
（5）弘仁一一年二月の『日本紀略』には、「皇太子袞冕九章」とあり、『儀式』（「貞観儀式」）巻六、礼服制に「皇太子袞冕九章牙笏」、『西宮記』巻一七、冠の条に、「冕冠」に注して、「太子著九章冕冠」とあり、皇太子も袞衣と冕冠を着用したことがうかがえる。その際の衣服は天皇礼服条に、「太子赤縫龍形」とあり、日・月・星辰を省いた、九章の袞衣であろうと推察される。
（6）藤森健太郎「『儀式』『延喜式』における皇太子の正月受賀儀礼について」（『古代天皇の即位儀礼』吉川弘文館、二〇〇〇年）。
（7）『日本紀略』前編、一四、弘仁九年（八一八）三月丙午条。
（8）『続日本後紀』巻一二、承和九年（八四二）一〇月丁丑条。

(9) 所功「「朝賀」儀式文の成立」(『平安朝儀式書成立史の研究』国書刊行会、一九八五年)四一三頁。
(10) 『続日本紀』巻一一、天平四年(七三二)正月乙巳朔条。
(11) 原田淑人「天平時代に於ける宮廷の服飾」(『東亜古文化研究』座右宝刊行会、一九四〇年)。
(12) 前掲注(9)所論文、四二五頁。
(13) 『続日本紀』天平勝宝四年(七五二)四月九日条。
(14) 『東大寺要録』巻二。
(15) 「斉衡三年雑財物実録」の巻首にあたる(『昭和六十二年　正倉院展』奈良国立博物館、二六～二七頁)。
(16) 『大日本古文書』巻二五、一三七―一三八。
(17) 『山槐記』永万元年(一一六五)七月一八日条、史料大成。
(18) 米田雄介「礼服御冠残欠について」(『正倉院年報』第一七号、一九九五年三月、のちに『正倉院宝物の歴史と保存』吉川弘文館、一九九八年、収載)。
(19) 大津透「天皇の服と律令・礼の継受」(『古代の天皇制』岩波書店、一九九九年)。なお、本論文の骨子は、『新日本古典文学大系三九』月報(岩波書店、一九九二年)、および「天皇制と律令・礼の継受――衣服令・喪葬令をめぐる覚え書き――」(池田温・劉俊文編『日中文化交流史叢書二　法律制度』大修館書店、一九九七年)で、すでに発表されている。
(20) 拙稿「大仏開眼会における孝謙天皇の礼冠について」(門脇禎二編『日本古代国家の展開』下巻、思文閣出版、一九九五年)。
(21) 米田雄介「衮冕十二章と礼履」(前掲注18書)。
(22) 『山槐記』長寛三年(一一六五)七月一八日条。
(23) 『西宮記』巻一七、天皇礼服。
(24) 纁は「顔師古急就篇」に「絳古謂之纁」とあり、唐代「燻」と称するものは、古制の名称を踏襲しただけで、その実は「絳」であり、帯黒赤色を指したもの。原田淑人『唐代の服飾』(東洋文庫、一九七〇年)。
(25) 『続漢書』輿服志下、中華書局本、三六六三頁。

(26)　藤森健太郎「日本古代元日朝賀儀礼の特質」（前掲注6書）四〇頁。
(27)　「冕冠　孝明天皇料」三の丸尚蔵館展覧会図録二二（『宮廷装束の美――江戸から明治へ――』財団法人菊葉文化協会、二〇〇〇年）。
(28)　拙著『信仰の王権　聖徳太子』（中公新書、一九九三年）。ただし聖霊院御影の冕冠は、実際に用いられた冕冠の形式を反映したものとは考えにくく、冕板も、おそらく江戸時代の後補と思われる。
(29)　後醍醐天皇像の冕冠が、聖徳太子の勝曼経講讃像を下敷きにしていることは、注(28)拙著参照。
(30)　重要文化財本殿平成の大修理竣工記念『特別展観　祇園・八坂神社の名宝』図録（京都国立博物館編、八坂神社発行、二〇〇二年）。
(31)　『土右記』続史料大成、長元礼服御覧記所引「土御門右府記」。
(32)　『百錬抄』『経光卿記』それぞれの仁治三年三月八日条。「天子御冠破損無其形」「男帝御冠破損無其形」。
(33)　『平戸記』仁治三年三月。なおこうして東大寺から取り寄せられた、大仏開眼会の際に着用された冠が、無惨に壊された経緯については、拙著『衣服で読み直す日本史』（朝日選書、一九九八年）参照。
(34)　『東大寺続要録』宝蔵篇。
(35)　『平戸記』仁治三年三月一七日条「御冠已出来了、只今令餝云々」、『荒涼記』仁治三年三月一八日条「今度新調物也。太政入道調進、如法美麗物也」。
(36)　関根真隆『奈良朝服飾の研究』（吉川弘文館、一九七四年）一八四頁。
(37)　『後深草天皇御記』正応元年二月二七日条、史料大成。
(38)　『玉英』建武四年一二月二八日条。
(39)　『平戸記』仁治三年三月一〇日条。
(40)　筒井寛秀所蔵文書「続正倉院史論」（『寧楽』一五、一九三二年、所掲）。
(41)　米田雄介「礼服御冠残欠について」（前掲注18書）。
(42)　「祇園社御造営神宝諸道具受取帳」（前掲注30書）。
(43)　久保智康「玉冠」解説、（前掲注30書）。

(44) 拙稿「百人一首の持統天皇」(前掲注33拙著)。
(45) 『旧唐書』巻四五、輿服志、二五、開元一一年冬、中華書局本、一九三九頁。
(46) 「元正朝会」とあるが、元日の朝賀の儀と、そのあとの「会」の双方を指して「朝会」と称したものか。『大唐開元礼』巻九五は、「会」の開始について、「朝訖……」と書き出す。藤森氏も、元日の朝賀とその後に続く饗宴とは、本来不即不離のものであり、あわせて「朝会」と呼ばれることも多いとする(前掲注26藤森論文)。
(47) 『新唐書』巻二四、車服志一四に「朔望朝覲用常服。弁服、翼善冠皆廢」とある(中華書局本、五三〇頁)。
(48) 『旧唐書』輿服志、中華書局本、一九四〇頁。
(49) 『旧唐書』輿服志に、貞観以降、「元日冬至朔望受朝と、大祭祀を除いた日」は赤黄袍衫と折上巾、九環帯、六合靴等の常服ですませたとある(中華書局本、一九三九頁)。常服はこの時期、「常服則有袴褶與平巾幘、通用翼善冠」とあるように、袴褶と平巾幘を組み合わせたもので、翼善冠と通用されることもあった。
(50) 『旧唐書』輿服志(中華書局本、一九三八～三九頁)、『唐会要』巻三一、裘冕(世界書局本、五六五～五六六頁)、杉本正年『東洋服装史論攷』中世編(文化出版局、一九八四年)一二六頁。
(51) 『続漢書』輿服志、下。
(52) 『通典』巻第五七、礼一七沿革一七、嘉礼二君臣冠冕巾幘等制度。
(53) 前掲注(6)藤森書。
(54) 『通典』巻第七〇、礼三〇、沿革三〇、嘉礼一五、元正冬至受朝賀。
(55) 『隋書』巻一一、礼儀志六(中華書局本、二一五頁)。
(56) 大裘冕は無旒とされ、通常の冕冠とは異なるが、これについても議論があり、長孫無忌が、武徳令で、無旒の大裘冕が祭服に採用されたのは、毛皮の防寒具としての機能からであり、本来、祭祀の服として制定するものではないと、大裘冕の停止を提言し、採用された(『唐会要』他)。
(57) 『隋書』礼儀志第六、天監七年周捨議(中華書局本、二一六頁)。
(58) 柘は、やまぐわという桑の一種で、その色を意味し、黄と赤の中間色である。
(59) 『旧唐書』巻四五、輿服志二五、讌服(中華書局本、一九五一頁)。

(60) 仲田利恵子「唐代前半期の衣服制度について」(『お茶の水史学』三〇、一九八七年)。
(61) 『唐会要』巻二四、朔望朝参(世界書局本、四六三頁)。
(62) 『旧唐書』巻四五、輿服志二五、開元一一年冬。
(63) 『隋書』巻一二、礼儀志七(中華書局本、二六二頁)。
(64) 『隋書』巻一二、礼儀志七(中華書局本、二五三〜二五四頁)。
(65) 原田淑人『唐代の服飾』(東洋文庫、一九六〇年)。
(66) なおここに一二首とあるのは、一二の蟬を取り付けることとされるが、『歴代帝王図巻』の皇帝像の冕冠に確認できるのは、一匹の蟬の姿ばかりである。『新唐書』車服志の記載では、遠遊冠の蟬の数に身分表示の機能を担わせ、皇太子のそれには、九首の蟬を、親王には、蟬を一つのみあしらい、諸王には蟬を付けないとしている。あるいは通天冠に、さらに一二の蟬を付けるということか。後考を俟ちたい。
(67) 『宋史』輿服志三、袞冕の制。
(68) 「黈纊」は、黄色の綿をまるめたもので、冕の両側から垂下した(『続漢書』輿服志の呂忱注)。瑱は従耳・塞耳とも言い、これらは「不聴讒」「所以塞聡」「不外聴」というように、天子がよけいな讒言を聴かないための意味づけを持ったとされる(『漢書』東方朔伝)。
(69) 『土右記』続史料大成、長元礼服御覧記所引「土御門右府記」。
(70) 藤森健太郎「天皇即位儀礼の構造と意味」(前掲注6書)。
(71) 沖真治「法華堂の謎説き——「東大寺のすべて」展から——」(朝日新聞奈良版、二〇〇二年、五月三〇日〜六月一日)。
(72) 『奈良六大寺大観』第一〇巻、東大寺二(岩波書店、一九六八年)。
(73) 袞衣の色については異同があり、唐代以前はおおむね玄衣纁裳で、『旧唐書』も唐制を玄衣纁裳としているが、『新唐書』車服志は、深青衣纁裳とし、『宋史』輿服志では青衣紅裙となっている。
(74) 『西宮記』巻一七、天皇礼服。

第四章　服飾と制度——冠位から位階へ——

はじめに

叙勲の制度が変わった。政府は、勲章の名称に一等、二等などの数字を用いることは、あたかも人に序列をつけているかのような誤解を生むおそれがあるとし、また勲章の等級区分が煩雑、細分化されすぎているとして、平成一五年（二〇〇三）秋から勲一等、勲二等など「数字」による表示を改め、菊花章、桐花章、旭日章、宝冠章、瑞宝章など、名目的には、相互に上下関係はない、功労の質的な違いに応じた別種類の勲章として、運用することとした。

生存者に対する叙勲は、戦後廃止され、昭和三九年（一九六四）春から再開されたが、「勲一等旭日大綬章」というように、そこでは勲一等から勲八等までの、勲章の序列が併記されており、勲章を受けることは、垂直の序列の中に位置づけられることを意味していた。生前叙位は、戦後廃止されたまま、叙位だけは死没に限ってとされたから、勲章のみが、生きた人間を数字でランク付けする制度として、戦後も四〇年以上存在したことになる。むろん死後叙位は、今なお等級をもって称され続けているのだが、これについてはあまり問題にされていないかにみえる。

ともあれこのような、数値によってあからさまに人間を序列づける制度は、実は古代以来のものであり、しかも手本とした中国にもない、日本独自の制度なのである。

第一節　古代の位階表示

こうした数の差等による位階表示の制度が、古代日本で初めて成立したのは、大宝令（大宝元年〈七〇一〉）からである。すなわち唐の官品令を模して官位令を置き、唐の品階そのままに、正一位《しょういちい》から少初位下《そいのげ》までの三〇階に区分した。唐の品階は、官職そのものの差等を示すものであったのに対し、日本のそれは、それを受けた人個人の、身分のランクを示す構造になっており、身分制支配の思想を色濃くしていると指摘されている(1)。品階を各官職と対応させて、その等級を示す中国の官品令は、言い換えれば官の品等を示した表であるのに対して、日本の官位令の制度は、官と位が、互いに独立した価値を持つ、官職と位階の相当表であった。

唐の品階は人の持つ官をランキングするのに対し、日本の位階は直接に人をランキングする役目をにない、そのまま独立して肩書きになるという、とてもわかりやすい指摘は、宮崎市定氏のものだが、この日中の相違は、いったいどこに由来し、どのような社会の相違に起因しているのだろうか。宮崎氏はさらに、日本では、公式の肩書きに位階が入るが、中国では、品階が決して書き込まれることはないとし、雅を尚ぶ中国の貴族社会では、一目でわかる数字で官職の等級を示すような制度にはたえられなかった。ゆえに、知る人ぞ知る、官品令に照らして、初めてその等級がわかる制度としたが、一方日本では、国内統一が完成の域に達した段階で、参画の功を誇る天皇直参《じきさん》の官僚が、一目でそれと上下の判別のつかぬようではまどろっこしいと、直截簡明な数字に書き換えてしまったのだとする。

また宮崎氏は、日本の官位が官職から分離しても、独立した肩書きとして用いられたのは、従前の冠位に代わるものであったからとするが、このことはさらに説明を要するだろう。

冠位から官位への展開が、官をランクづける中国の官品制を手本としながら、ヒトをランクづける官位制を生んだという事態は、我が国の位階制が、まず冠位制として始まったことに大きく関係があると筆者は考えている。

『古事類苑』服飾部の、冠の項は、

推古天皇ノ朝ニ至リ、位冠ヲ創定シテ十二階ト為シ、各々冠名ヲ設ケ、其色ヲ以テ等級ヲ立テタリ、孝徳天皇、天智天皇、天武天皇ノ三朝ニハ之ヲ改増シ、直ニ冠ノ質ヲ以テ冠ニ名ヅケシガ、文武天皇大宝元年三月、冠ニ易フルニ位記ヲ以テシ……

と述べて、冠位十二階から大宝令の位階制の成立までの経緯と、それぞれの制度の特質について、簡潔かつ要を得た概説をしている。筆者がここで特に注目したいのは、まず冠位十二階は、色を差等の指標とし、これにつぐ孝徳朝から天武朝までの冠位制は、冠の質を直ちに冠の名前としていた事実を指摘していることである。

これは、当然のことのようでありながら、きわめて重要な意味を持つ。

「冠位十二階」は、『日本書紀』巻第二二の、推古天皇一一年（六〇三）一二月戊辰朔壬申条に、

始めて冠位《こうぶりのくらい》を行う。大徳《だいとく》・小徳《しょうとく》・大仁《だいじん》・小仁《しょうじん》・大礼《だいらい》・小礼《しょうらい》・大信《だいしん》・小信《しょうしん》・大義《だいぎ》・小義《しょうぎ》・大智《だいち》・小智《しょうち》、幷て十二階。並に当《あた》れる色の絁《きぬ》を以て縫えり。頂《いただき》は撮り総べて嚢《ふくろ》の如くにして縁《もとはり》を着く。唯元日には髻花《うず》着《さ》す。髻花、此をば于孺《うず》と云う。

とあって、当色とは、それが個々にどういう色に比定されるかはひとまずおくとして、冠位の差等が、色によって表示されることを明記している。

同書皇極二年（六四三）一〇月条に、蘇我蝦夷が、「私《ひそか》に子の入鹿に紫冠《むらさきのこうぶり》を与えて、大臣の位に擬した」と

あるのは、果たしてこれが冠位十二階制の制度に準拠した冠で、最高位の徳冠に当たる紫色の冠と解するべきかが従来から問題とされてきた。筆者は、これがもし「徳冠」にあたる冠だったとすれば、冠位十二階の正式な冠名でなく、冠が視覚的に認識される色彩の名称をもって、直接表記されたことに、大きな意味を見いだしている。あるいはこの冠が、冠位十二階制によらない別制の冠で、大臣の身分にともなうものだったとしても、これが「紫冠」と称されているのは、紫という色彩の視覚的感性的な価値が評価され、色名で呼ばれたゆえであろう。

大化三年（六四七）の七色十三階制においては、その第三ランクの冠に、正式名称として「紫冠」が登場する。紫冠ばかりではない、大化三年の冠位制は、織冠・縫冠・紫冠・錦冠・青冠・黒冠と、冠を作る布の素材や色を直接的に冠の名とした制度なのである。

これは冠位十二階が、冠の名を、儒教的徳目に借り、当色の絁で冠を縫って、その色の差等で冠位の序列を表現したのとはいささか意味が違うと、筆者には思われる。ここでは、そうした抽象的名辞に替わって、冠の視覚的価値を決定する布や色の名称が、前面に打ち出されて冠の名にさえなっているのである。

かかる冠位の制度が行われたのは、当該時期に、こうした具体的・感性的事物そのものが、人間をランクづけるためにきわめて有効に機能した事情を背景としていよう。

古代における人間相互の関係は、経済的、あるいは軍事的要素をはじめとする諸々の力関係に立脚して、もはや対等の関係ではありえなかったが、かかる人間関係の不均衡を、国家的強権のもとに、垂直・一系的な階層関係として整序しようとしたものが、冠位制にほかならない。しかし七世紀の我が国には、そうした階層的秩序が、自律的に生成し、人間を垂直な序列の中に組み込める状況には、王権の側がいまだ到達していなかったという事実が、こうした具体的視覚的事物の序列によって人間の階層化をはからなければならない事態を惹起したのではなかったか。ここではあくまでも、冠によって、冠着用の個人を、序列化することが意図されたのである。

第二節　冠の形状と装飾

そもそも冠とは、カガフルという用言を、体言にしたもので、『新撰字鏡』によれば、幞頭《ぼくとう》・頭巾《ときん》・幘《さく》、褁頭《かとう》などをふくめて、頭部を包み込む布製のものを指す。幞頭を冠と称した例も「続紀」にみえ、漆紗冠、巾子冠・籠目冠というように、布に漆をかけたものをも包括している。『正倉院文書』中で東大寺写経所の経師《きょうし》、装潢生《そうこうせい》らに支給された冠料をみても、すべて素材は布であり、それは絹、羅《ら》等、繊維の種別はあるものの、『延喜式』でも同様である。

『隋書』倭国伝には、

故時……、頭亦冠無し、但し両耳の上に垂髪《すいはつ》す。隋に至りて、其王始めて冠を制す。錦綵《きんさい》を以て之を為り、金銀鏤花《るか》を以て飾と為す。

とあるように、倭では古くはかぶり物をする風習はなく、耳の上で髪を結ぶだけだったと、その風俗を解説する。隋代に初めて冠の制度ができたとあるのは、冠位十二階の制を指すことは明白である。冠位十二階は、「書紀」の記述によれば、頂きが袋状になって、縁が付いている、つまり帽子状の絁《あしぎぬ》製の冠だと考えられるが、こうしたかぶり物をする習俗が倭人になかったことは早くから知られていたようで、冠の登場以前に倭で行われていたのは、「魏志」倭人伝に「男子は皆露紒し、木綿を以て頭に招く」と、男子は髻《まげ》を露わにして、ただ木綿を頭に巻いた、はちまき状の頭部装飾であったと考えられる。

ではこの装飾は、冠位の制度にまったく受け継がれなかったのかといえば、そうではないだろう。冠位十二階でも、七色十三階制でも、冠には縁が付けられたことがわかる。冠位十二階の場合は、六色の冠の一二種の冠位の差等を表示したのは、私見では、おそらく縁の色だったと思われる[2]。七色十三階制でも、冠帽ごとに組み合わせる縁の素材と色とが、細かく規定され、「縁と鈿をもって、その高下を異にす」と、冠の縁と、蟬に似た形をした鈿の、素材の種類によって、一三通りの冠の差等表示の仕組みが成り立っていたと「書紀」は述べている。想像をたくましくすれば、帽子状の冠の周囲にめぐらされたこの縁が、古い形式の頭飾、すなわち「魏志」倭人伝にいう、はちまき状の頭飾を、反映している可能性があるのではないだろうか。

さらに前代の頭飾との関連であげておかなければならないものに、鬘《かづら》がある。元来鬘は、蔓草《つるくさ》を頭に巻く、いわばはちまきの一種ともいうべきもので、直接頭髪に巻き付けるものだったが、平安時代には、冠の上に巻いて、その形式を遺したとされる。(3) 記紀、特に安康記から雄略記にかけて登場する「押木玉縵《おしきのたまかつら》」は、それが婚姻のしるしの礼物として大王に献上され、さらにその麗美さのゆえに根使主《ねのおみ》に横領されたが、根使主は、際だって華麗な玉縵の所持者として人口に膾炙したゆえに、呉国使饗応の任に選ばれたという物語展開からすれば、鬘＝縵の名を持ちながら、蔓草を頭に巻いたはちまきの域をはるかに脱して、おそらく珠玉や金銀がふんだんに用いられており、いかに至高の価値があるものであったかが推定できよう。『播磨風土記』賀古郡にみえる「弟縵《おとかづら》」も、河の渡しの船賃を請求されて、道中の備えに持っていた「弟縵」を船に投げ入れると、舟に光明が、炳然と満ちたというのだから、貴金属の飾りがふんだんについた縵であったとみてよいであろう。

こうした頭飾の前史をふまえて、これらはともに、はちまき状の頭部装飾で、金銀や珠玉で飾ったものだったとすると、冠位十二階や大化の冠位制が、冠に縁を取り付けたのは、在来の鬘を新しい冠位制の中に取り込んだものと見ることができよう。

つまり冠位十二階以前には、「露頂《ろちょう》」であって、頭頂部までをつつみ込むかぶり物はなかったが、代わりにははちまき状に頭を巻く風習が、古くから普遍的にあって、はちまきの部分に、金銀や玉の類を飾り付けた頭部装飾が行われたと想定できよう。「押木玉縵」や「弟縵」は、その文献上の例と考えられようが、現実の出土例として、京都府京丹後市の、弥生時代後期末（三世紀前半）赤坂今井墳丘墓の第四主体部から発見された、豪華な頭飾りをあげることができる。

　頭部にはちまき状に巻いた布の上に、ガラス勾玉《まがたま》とガラスや碧玉《へきぎょく》の管玉を綴じつけたものとみられ、頭飾り全体の形状について、出土状態からガラスの勾玉類がどう連なり、どのような形で頭に装着されていたかを、峰山町教育委員会で想定した復元案が示されている（図1）。管玉と勾玉を連ねたヒモが、はちまき状の前面にしっかりと綴じ付けられて、残りの部分は耳の上から下に直接垂下させ、玉すだれ状になっている。背面には巡っていなかったと考えると、勾玉や管玉のすべてが、正面から見えるように工夫して見栄えよく配置されていることがわかる。しかも、その勾玉・管玉の連なりは、出土品の中でも一番上質の濃い青色の管玉の一連が額の中央に来るように配されているのだ。

　この事実をとってみても、視覚的な効果をねらって、細心の注意をもって計算の上、玉類が配置されていることがわかる。また青いガラス製管玉の間に規則的な間隔で勾玉が配され、額の中央には、大小計四個の勾玉が据えられているが、その一つ一つが額に垂直に立った形で装着されていたと想定される。はちまきを作りその上にきちっと勾玉を綴じ付けると、一つ一つの勾玉が外に向かって立つとのことである（『赤坂今井墳丘墓　発掘調査概要報告　第三次』）。

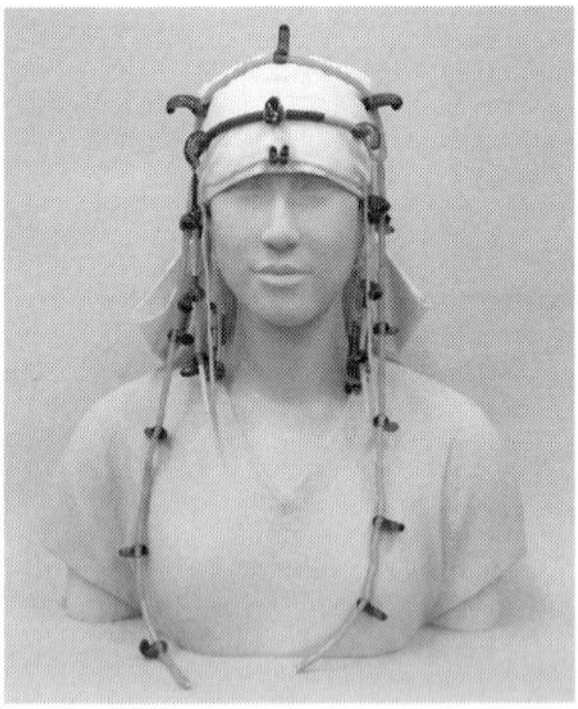
図1　赤坂今井遺跡出土冠飾復元図

　こうした形式の頭飾りは、今回の出土で初めて明らかになったもので、頭部装飾を鬘と称した理由が推し量られる出土例である。

　以上、はちまき状の鬘が、形を変えて冠位十二階の新しい冠の制度のなかに、取り入れられた可能性を見てきた。このような帽子状のかぶり物に、冠位十二階の制では、元日に髻花《うず》を着けたとあるのは、髻花が、儀式の際に装着される頭飾具であることを示している。

記紀のヤマトタケルの思国歌に、

　いのちのまたけむひとは　たたみこも　へぐりのやまの　くまがしがはを　うづにさせ　そのこ

とあり、古くは木や草の枝を頭に挿したが、それを踏襲して冠制の中に組み込んだものが髻花＝于儒とみられる。本居宣長は、後世にいう「挿頭《かざし》」（図２）も、いにしえの髻花であろうとしている（本居宣長『古事記伝』）。挿頭は、四季折々の草木や花そのものを挿したもので、平安時代には、官人一律に被った、黒い冠に挿した。

冠位十二階で、こうした生花が、金銀で製した花に換わったのは、『釈文』に「鈿」を「金花」としているように、しいて起源を求めるとすれば、中国などの、花を金属で模して作る冠装飾の、「鈿」の制を踏襲したものとみられる。

図２　挿頭

冷泉家所伝の挿頭。挿頭は大嘗祭後の節会に下賜される造花で、冠に挿す。上は明和８年(1771)参議冷泉為泰、下は寛延元年(1748)参議同為村所用のもので、ともに八重山吹の枝をかたどる。

『日本書紀』推古一一年（六〇三）条では、その素材についてはふれられていないが、推古一六年（六〇八）、隋使裴世清を迎接する際、皇子・諸王・諸臣は、冠位十二階の冠に、全員が金の髻花を挿して臨んだという。そして衣服も、「一云」で、服色は冠色を用いたという一説を注記しながらも、全員が、錦・紫・繡・織・および五色の綾羅を用いた衣服を着用したとしている。これは、のちに述べるように、外国使の迎接の際には、倭国の存立を賭けて装束の華麗さを誇示し、示威しようとしたため、差等表示の制度であるという冠位制本来の特質を捨象して、列席者全員に金の髻花を装着させ、衣服にも差等表示の機能に優先して、官人層総体の衣服の均質的華麗さを示そうとしたものと考えられる。

『日本書紀』景行一七年条に、

命の　全《また》けむ人は　畳薦《たたみこも》　平群《へぐり》の山の　白樫《しらかし》が枝を　髻華《うず》に挿せ　此の子

また『古事記』中巻に、

命の　全けむ人は　畳薦　平群ノ山ノ　熊白檮《くまかし》が葉を　髻華に挿せ　其ノ子

とあって、「髻華」は、熊白檮であったり、『万葉集』巻一九—四二六六歌に、

八十伴《やそとも》の男の　庭園山《しま》に　あかる橘　髻華に刺し

とあり、また、四二七六歌に、

島山に照れる橘髻華に挿し仕へまつるは卿大夫《まえつきみ》たち

とあるように、髻花は本来、橘など植物そのものを直接頭に挿すものだったようである。

しかし『釈日本紀』述義に、「髻花」を説明して、

孝徳天皇紀に曰く、「是の歳、七色十三階之冠を制す」と云々。其の冠の背に、漆羅を張り、縁と鈿とを以て其高下を異にす。形、蟬に似たり。或は説く。宇須は珠なり。王冠。

兼方之を案ずるに、髻花は鈿也。今世に挿頭花は此を象るか。

とあり、卜部兼方は、髻花と鈿を同じものと見なしていて、兼方の時代にも行われていた挿頭花も、その系譜をひいて、花をかたどったものかとし、素材は玉製を想定しているごとくである。

第三節　礼服の冠

武光誠氏は、冠位十二階の機能する場について、大化の七色十三階制が「この冠は、大会・饗客、四月七月斎時、着するところ」とあり、冠位十二階が着用された三例も、いずれも儀式の時であるから、孝徳朝までは、冠位によって身分を示すことは、儀式の時に限られていたとする。[4]しかし冠位十二階は、「但し元日には、髻花を着ける」と、絁の冠のみの平常日と、髻花を着ける元日の、冠の相違について述べているのであって、大化の制も、種々の繊維で作った冠に、大会・饗客、四月七月斎時の着用時には、特に鈿を着けたとの解釈が可能であり、すべてが儀式用の冠であったとのみは言いきれまい。

衣服令の規定する礼服冠は、大祀・大嘗・元日に着用する冠であったが、大宝令の注釈書「古記」に、「礼服冠は、礼冠、玉冠なり」とあり、玉などで飾った冠であったとみられ、これが髻花や鈿をつけた冠位十二階や、大化の冠位制の冠の系譜をひくものと筆者は想定している。普段の出仕の時には布製の冠だけをかぶったが、そこにさらに鈿や髻花を取り付けたものが、儀式の時の冠であったのではないだろうか。

東大寺大仏開眼会に臨んだ聖武太上天皇がかぶった礼服冠は、皀羅《くりら》に、金銀宝珠で飾り、黒紫の組ひもを二本付けたものと形容されているが、これが後世、玉冠とも称されたように、粗い布に黒漆をかけた基台に、金銀や宝玉で飾った冠が、礼服用の冠として、儀式の日に用いられたのであった。押木玉縵《おしきのたまかつら》も、髻花を飾った冠位十二階の冠も、鈿を飾った大化の冠も、同様の位置づけを有したものと思われる。

そして大仏開眼会に列席した諸臣がかぶった二六頭の礼服冠も、後世、玉冠と呼ばれた（『東大寺続要録』）ように、また『儀式』巻六に細かく規定されていたように、さらに冷泉家伝世の礼冠が、金銀と珠玉で飾られているように、後世まで礼冠は、金銀や珠玉をちりばめて装飾するかたちが継続した。

『儀式』に見える親王・諸王・諸臣の礼冠には、冠の前後に、二つの「押鬘《おしかづら》」と称するたくさんの玉で飾った装飾を付けていたようである。これらの玉は、「茎」や「座」と称する長短の金銀の留め具で冠に据えられていたらしい。「押鬘」「押木玉縵」という名称は、具体的形状は明らかでないものの、両者が通じるところから見て、玉と、玉を据えた金銀の細工で装飾するというひとつの形式が、古くから継承されてきたものであろうか。

なお冷泉家の礼冠の解説では、「押鬘」とは、三山冠の周囲にぐるりと巡らした金色の、植物をかたどった部分を称している。後方に立てているのは櫛形である。正面には麒麟の徽《き》が見えるが、これは『儀式』に見える、諸臣の「徽」の規定そのままである（『冷泉家の秘宝展』図録「礼冠」解説）。

かかる様式のかぶり物が、元日の儀礼や、外国使節の饗応などの場面で着装され、対外的体面を誇ったものと見える。

こうしたかぶり物の系譜からすれば、推古一九年（六一一）の菟田野《うだの》の薬猟で、冠位十二階に豹尾《ひょうび》、鳥尾の髻花を挿した例は、きわめて異質というべきで、従来から指摘されているように、中国あるいは朝鮮半島の服制の影響を受けたものと考えられよう。

『周書』巻四九に、

　奈率六品。六品已上、冠に銀華を飾る。

とあり、すなわち、最高位の佐平を含む六品以上の冠には、銀花を飾り付けたとある。そして衣服に関しては、さらに行を下って、

　其の衣服は、男子は略ぼ高麗と同じ。若し朝拝祭祀には、其冠の両廂に翅を加う。戎事なれば則ち不ず。拝謁の礼は、両手を以て地に拠り、敬を為す。

とあって、軍事の際は別として、朝拝祭祀には、冠の両脇に、鳥の羽を着けたという。ここには高句麗との類同

図3　女史箴図
中国、晋（司馬氏）の張華「女史箴」に図を配したもの。伝顧愷之（晋）筆。愷之筆原画の唐代の模本と見られる。

性が説かれているが、これが百済一般の衣服ではなく、朝儀でのそれであることは、「朝拝　祭祀」に、冠にさらに装飾を加えることや、拝謁の礼について言及があることなどから明白といえよう。

このように見てくると、百済の冠位制は、我が国のそれに近似していると言いうるかもしれない。

また『隋書』北史では、高句麗の「折風」というのは、弁のごとしだと述べているが、弁は、『続漢書』輿服志によれば、「委貌冠皮弁冠同制、長七寸高四寸、制如覆杯、前高広後卑鋭、……」とあって、杯を逆さまにしたような、帽子状のものであることがわかる。原田淑人は、覆杯のごとしというから、弁は、遺物による耳杯を伏せたごときかぶり物で、前が高く、後方が低く狭まったものと考えた。次いでこれが似ているという皮弁は、『釈名』に、両手をうち合す形に似るというから、顧愷之の「女史箴図《じょししんず》」に描かれた男のかぶる、蓮弁状の飾りの付いた冠（図3）が、これに当たると考え、三礼図の引く張鎰の図が正しいとした。(5)

これは冠位十二階のかぶり物が、頂はとりすべて嚢＝袋のごとくして、縁を着くという形状であったということとも符合し、高句麗の冠制との共通項も看取されるのは、通説のとおりである。

しかし隋使裴世清を迎えた際、皇子・諸王・諸臣は、『日本書紀』推古一六年（六〇八）条によれば、

是時、皇子諸王諸臣、悉に金《こがね》の髻花を以て頭に着せり。亦衣服に皆錦紫繡及び五色の綾羅《あやうすはた》を用いる。一に云

わく、服の色は、皆冠の色を用いるという。

と、悉く金の髻花を頭に着けたという。この時、一説では、冠位十二階の冠色に準じた色の衣服の着用をあげながら、皇子諸王諸臣が「錦紫繡織及び五色綾羅」の衣服をまとったと記録していることの意味は重要である。

冠位十二階は、皇子・諸王については、賜与の対象ではなかったと見られるから、対中国の国際関係を意識して、皇子たち以下、諸王・諸臣総勢が、高度の技術結集を必須とした繊維を素材として作った衣服を、こぞってまとっているのである。菟田野の薬猟での装束を勘案すれば、この時の装束がいかに異例であったかが理解されよう。冠位十二階は、菟田野では、服の色は冠の色と同じであった。つまり冠と同じ色の衣服をまとうことにより、差等を全身で、より露骨に表示したのに対し、ここでは皇子・諸王・諸臣が一律に「錦紫繡織及び五色綾羅」をまとっているのだ。

髻花も、菟田野の薬猟では大徳・小徳冠のみが着装した金髻花を、皇子諸王諸臣が、悉く着装している。ここでは冠位の序列を表示するという本来の意義は捨象され、外交儀礼上の体面が、第一義とされたのである。冠位十二階の授与対象者でなかった皇子・諸王も、髻花を着けていることは、髻花が冠と無関係に装着できる頭飾具であったことを示しており、皇子・諸王は、冠位十二階の制とは関係なく、華麗な衣服と豪華な金の髻花を身につけた。推古一三年（六〇五）には、諸王・諸臣に、女性の裳に似た「褶《ひらおび》」の着用が命じられているが、その衣服はこうした服制などが反映したものであろうと筆者は考えている。

ともあれ、この隋使を朝庭に迎えての儀礼の際の列席者の冠は、隋の使節の目にも反映している。『隋書』倭国伝に、「隋に至りて、其王始めて冠を制す。錦綵を以て之を為り、金銀鏤花を以て飾と為す」とあるのは、推古一六年の『日本書紀』の記事に即したもので、諸臣が、豹尾や鳥羽でなく、一様に悉く金銀の髻花を着けていたという「書紀」の記載が事実であったことを証していると見てよいであろう。

『日本書紀』推古天皇一一年の記事が「袋状の帽子を当色のアシギヌを以て作る」としているにかかわらず、これを『隋書』が「錦綵」と形容していることは、この冠帽が、おそらくは筆者が想定しているように、縁を錦で飾った故かとみられ、それは大化三年（六四七）の七色十三階制に詳述されているように、縁に別の布をつけて縁取りして、冠を華麗に装飾する制度は、受け継がれていく伝統となっていたことが推定できる。時代は下るが、天平宝字七年（七六三）、無事帰国した遣高句麗船に、錦冠が与えられている。

初めに高麗《こま》国に遣せし船は名けて能登と曰いき。帰朝の日、風波暴急《あらしま》にして海中《あたなか》に漂蕩《ただよ》いき。祈《こいの》みて曰《もう》さく、幸に船霊《ふなたま》に頼りて平安に国に到らば、必ず朝庭《みかど》に請ひて酬ゆるに錦冠《きんかん》を以てせむともうせり。是に至りて、宿禱《しゅくとう》に縁りて従五位下を授けらる。その冠《こうぶり》の製《つくり》は、表を錦に、裏を絁《あしぎぬ》にして、紫の組《くみ》を纓《えい》とす（『続日本紀』）。

表は錦で、裏が絁で作られた冠で、紫の組みひもが付いていたという。船に冠が与えられた例はこればかりではない。天平宝字二年（七五八）には二艘の遣唐使船に、錦で作った冠が与えられ、いずれも従五位下が与えられたとあるから、これと同じ冠であったとみて大過なかろう。さらには天平一三年（七四一）に、八幡神宮に奉ぜられた「秘錦冠」も、同じ形態だったのではないか。これらの冠は、後述するような一律に黒漆をかけた漆紗冠・漆冠や、衣服令の頭巾とはもとより違う範疇の冠である。

誤解を恐れずにあえて一歩踏み込んでいってしまえば、筆者は、令制下であったにもかかわらず、これらの冠は、冠位十二階制や、大化の冠位制の冠の系譜をひいた形式の、袋状の帽子であったろうと想像している。遣唐船や神に与えられた錦冠は、従五位下の位階と共に与えられているが、大化三年（六四七）や天智三年（六六五）の冠位制の小錦冠は令制では五位に相当するとされ、まさに合致するからである。

してみると、この冠の形状から、大化年間や天智朝の冠を推定できるかもしれない。表が錦で、裏が絁といえば、冠位十二階の冠の素材とも共通する。さらにいうと、この冠を折り返せば裏の紬が縁になろう。紫のひもが付いているとあることから、これが「続紀」霊亀二年（七一六）一〇月条に見えるような「幞頭後脚」にあたるのではなくて、顎で結んで冠を固定する組みひもであった可能性がある。

第四節　錦紫繡織

再び推古朝の隋使迎接の記事に戻って考えよう。ここでは冠位の階層性は、一切強調されず、衣服も冠も、均質性が前面に押し出されていることに注目しておきたい。

書紀は「一に云わく、服の色は、皆冠の色を用いるという」と、着用した衣服が、冠位十二階の冠の色と同じとする説をも併記しながら、外国使節に対して国家的体面を保つため、「錦紫繡織及び五色綾羅」という、繊維製品製作上の最高の技術力を結集させた素材を用いて作った衣服を、着用者相互の身分を表示する機能を衣服に担わせることなく皆が着用に及んだと、この国書奉呈の儀を記載している。衣服は、それを通じての国威発揚の重要な素材だったからこそ、この場では、その個々の素材の格差の等差性によって着用者を序列づけるのでなく、個人の恣意と、自己裁量にまかせた衣服の装着を認めたのであろう。

しかしながらなお、そこに「一に云わく、服の色は、皆冠の色を用いるという」との注記を伴うことで、色による序列の表示のシステムが、冠位制のあるべき姿として認識されていたことが察知されよう。また中国側が、「始めて冠を制す。錦綵を以て之を為り、金銀鏤花を以て飾と為す」と、倭の冠位の制を形容しているのは、文字通り、錦のいろどりの糸で、冠をつくり、そこに金銀で出来た花＝髻花を飾ったということであろうから、冠の主体部はあくまでも繊維素材の冠帽であり、髻花は付属品として位置づけられていたことは明白である。

こうした冠の位置づけからすれば、冠位十二階を受けていない皇子・諸王についても、そのかぶり物に玉が飾られていたか否かはおくとして、贅を尽くした金の髻花を飾り、「錦紫繡織及び五色綾羅」の衣服で、綺羅《きら》を競ったものであろう。そこでは推古一九年（六一一）の菟田野の薬猟の際に示されたような、金・豹尾・鳥尾による差等表示の原則も、かき消されたのである。

ここで差等を視覚的に表示するという、冠位の大前提をひとまず放棄して、冠位を持つ者も、当色の絁の冠の上に、冠位にかかわらず一律の金髻花を頭に着け、衣服も、差等表示の原則を捨象して、「錦紫繡織及び五色綾羅」の着用を許したのは、隋使との体面上、視覚的効果をねらってのことであり、ひろく東アジアを見通した国際関係上の要請であったことは明白である。

ところでこの冠位十二階が制度として施行された段階でも、皇子・諸王については、冠位十二階の埒外であったことが知られるが、では皇子・諸王の間の階梯は、どのように表示されたのだろうか。筆者はおそらく隋使の国書奉呈儀礼の際のように、自己裁量に委ねられた、相互に階層性を表示しない衣服や冠が、装着されたものと想定している。それは「押木玉縵」という豪華なかぶり物を占有していた根使主が、呉国使饗応の任に命ぜられたことからも、容易に推察できることではないだろうか。

我が国で、位階を数値で表示する制度は、大宝令以前に、実は天武朝段階において、すでに見ることができる。『日本書紀』天武天皇四年（六七五）三月条に、諸王四位、栗隈王を兵政官長とする、という記事を嚆矢として、二位から五位までの「諸王位」の賜与例が見られる。吉備大宰石川王の死去の記事には、「諸王二位」を贈位したとあるから、この位が、石川王の人格に対して与えられたものであることは明白である。坂本太郎は、諸王に数値の位階名を授与する制度は天武朝に新たに加えられたものかとし、皇族の活動が飛躍的に高まった天武朝に、その間の序列をただし、今後の奉公を期待する意味で、この位階を定めたのであろうとしている。さらに、名称にこれまでにない数字を用いていることは、冠位から新しい位階に進む形式の萌芽を示しているとする。[6]

問題は、この時諸王位については、どのような可視的表象が与えられたのか、ということである。冠位十二階やそれに続く冠位制は、儀式の時のかぶり物や衣服を主眼に規定されたもので、大臣蘇我氏を除く諸臣に授けられたと考えられているが、蘇我氏はこれに対して、自己裁量で紫冠をかぶったことが明記されていた。つまり最有力の氏族であった蘇我氏は、天皇から賜与されるという冠位制の枠外にあって、最上位の大臣に擬しうる冠をみずから備え得たのであった。そして皇子・諸王についても、おそらく冠位十二階の段階では、みずからの裁量で、かぶりものや褶など、新規の服制に準拠した衣服を含めて、整えたことが想定される。とすれば、壬申の乱を経た皇親勢力の台頭のなかで、諸王を序列化しようとする意図は、当然天武天皇の側に目覚めたとみるべきであって、こうした事態の反映として、諸王位の授与をとらえるべきであろう。そしてその視覚的表象として、賜与され得たものを想定するに、冠や衣服は、皇子・諸王については前代以来、自弁を原則としていたがゆえに埒外であったと考えてよいとすれば、彼らの数値でもって表示された位階に不可分に結びつく視覚的表象というものに、いったい何があろう。

私見では、それは衣服や冠であらわされた位階なのではなく、「官位令」の「義解」が説いて、「位は処なり。位は列なり」とし、「朝堂の居るところ、これを位という」としたように、朝堂での、天皇からの距離で示される等級として、諸臣について実施されただけで、いまだ序列化が手つかずだった皇子・諸王のうち、まずは諸王について実行されたのではなかったろうかと、今のところ考えておきたい。

数字で称した諸王位が見えるのは、天武四年（六七五）以降、天武一二年（六八三）の、きわめて短い期間に限定される。そして『日本書紀』巻第二八、天武天皇一〇年（六八一）四月辛丑条によると、「禁式九十二条」が制せられ、親王以下、庶民にいたる冠や衣服、あるいは服飾品の数々の素材について、細かい差等が設けられ、個々の身分ごとに着装できる品々が、具体的に示されたのであった。すなわち、因りて詔して曰わく、親王より以下、庶民に至るまでに、諸の服用いる所の、金銀珠玉、紫錦繡綾、及び氈褥冠帯、幷て種々の類、服用いること各々差有れ。

とあり、この詔を見る限り、金銀や珠玉、紫錦繡綾という、贅を競った繊維の数々も、そして冠や帯までもが、少なくともこの段階までは、自由裁量に委ねられていたことが確かめられよう。そしてこの禁式九十二条によって初めて、親王・諸王・諸臣の各々に、その身分を明らかにする服飾の体系が整ったと見るべきである。

さらに天武一一年（六八二）三月、親王以下、百寮諸人に対し、来るべき漆紗冠の着装に備えて、位冠の着装が、襅・褶・脛裳と共に禁止された。親王が、位冠に類した冠を、すでにかぶっていたことの証左ともいえよう。禁止された衣服は、いずれも前代的な服飾として認識されたものと思われるが、大宝令施行時にいたっても脛裳が見え、また褶も、推古朝に着用が命ぜられて以来、この禁止令を経てなお、養老衣服令の礼服にまでその着用が規定されるなど、永く命脈を保った衣服である。

第五節　漆紗冠と髪がたの変化

ところで位冠にとってかわった漆紗冠は、それまでの位冠とは、まったく性格を異にして、一律に黒漆を目の粗い紗に掛けて硬化させ、整形したものであった。漆紗冠は、北周の武帝が創始したといわれ、中国の幞頭の系統をひく、黒の紗《しゃ》に漆をかけた頭巾であって、令制の頭巾にも通じるかぶり物である。隋代には、桐の木や、糸くずで作った巾子をまずマゲにかぶせ、その上から漆をかけた黒い布で包むようになった。大宝元年（七〇一）の、新令による服制では、冠は「皆漆冠」とあり、これに対応する漆をかけた冠の破片が、平城京の数か所で出土している。

奈良文化財研究所の調査によれば、昭和六〇年（一九八五）に、平城京の南端に近い、右京八条の、漆製品の官営工房の付近から、二~五ミリ間隔で網目状に織った黒漆が塗られた繊維が発見された。また長屋王邸の北側側溝跡からは、規則正しく網目状に編んだ繊維を、黒漆でかためた、約一〇〇個の断片にくだけた、まるで黒い金網のような冠の破片が発見された。最大長さ三センチ、幅一センチで、平板なものや、曲面をもったものなどがあり、原形の冠を想像させてくれる。この冠は、一律に黒なのだし、髻花をつけることもないので、位階を視覚的に表示する機能は担っていない。漆紗冠が、位冠の停止に換わって制定されると、冠に代わって差等表示の機能を担ったのは、天武一四年(六八五)七月に制定された朝服の色である。

そして今ひとつ注意を喚起しておくべきは、この位冠から漆紗冠への変換は、髪型の変更をともなったという事実である。すなわち、『日本書紀』によると天武一一年(六八二)、位冠停止の翌月の四月、男女悉くに一二月三〇日以前に髪を結うべきこと、髪を結う日は、勅旨を待って一斉にすることが命ぜられた。そして六月六日、「男夫《おのこ》始めて髪を結ぐ。仍りて漆紗冠を着る」とあるのは、髪を結うことが、漆紗冠をかぶるために不可欠であったことを示唆している。つまり漆紗冠の装着には、マゲを冠に包み込んで固定することが必要であり、そのために頭頂部にマゲを結わなければならなかった。

では結髪が令される前の男性の髪がたはどうであったかといえば、崇峻即位前紀に、物部守屋との合戦の際、成人前の廐戸皇子が、「束髪於額《ひさごはな》」して、蘇我の軍に従ったという本文記載について、「古の俗、年少児《わらわ》の年、十五六間は、束髪於額す。十七八の間は、分けて角子《あげまき》にす。今亦然り」と注記がある。「書紀」編纂の段階で、古い俗では、年少児の一五、六歳くらいまでは、「ひさごはな」といって、額で髪をひとつに束ねる慣行があり、さらに一七、八歳になると、髪を左右に分けて角子・総角(=あげまき)にしたという。

服藤早苗氏によれば、角子は総角ともいって、ミズラのことであり、本来成年男子の髪がたであったミズラが、九世紀以降は、元服以前の男女児の髪がたとなったのは、天武朝の一連の結髪政策によって、ミズラが公的には禁止されたためだとする。(7)景行紀四〇年是歳条に「我が子小碓王《おうすのみこと》、昔熊襲の叛きし日に、未だ総角にも及《あ》らぬに、久に征伐に煩い、既にして恒に左右に在りて、朕が不及を補う」とあるのは、ミズラが、古くは成人の指標として結われた髪がたであったことを証している。『古事記』中巻に、小碓命が熊襲建《くまそたける》を討つ時の話として、「此の時に当たり、其の御髪額に結わしき」と、「ひさごはな」と同じ髪がたをしていたことを示す記述があるが、この時小碓命の年齢は、同じ熊襲征討のことを記す景行紀二七年一〇月条に、時に年一六とある。「未だミズラに結わない」年端のいかない若年を、ミズラ以前の髪がたで象徴させている。幼少時、額でひとつに結い上げていた髪を、一七、八歳で、左右に分けて結ぶミズラにすることが、古くから成年の指標として位置づけられていたのである。

しかし天武朝に、頭頂での結髪が成年後の官人としての出身、すなわち漆紗冠の着用に即して不可欠となった結果、左右に振り分けたミズラは、やがて今度は未成年の標識となったのであった。すなわち冠位十二階以降、天武一一年（六八二）にいたる間の冠は、いずれもミズラの髪にかぶったものであり、頭頂にマゲを結ってかぶった漆紗冠以降とは、まったく性質も形態もさらには機能も、異なるものであった。この事実は、高松塚古墳壁画の年代比定に貢献して、これが六八二年以降のものであることを確実にしていることを付言しておこう。

おわりに

天武朝の漆紗冠の装着は、冠位制の終焉を意味するが、天武朝に、浄御原令によって、一律に漆紗冠が着用され、位冠に代わって位記で済まされるようになっても、かつて冠によってになわれた位階表示の機能の記憶は、ながく人々の脳裏にとどめられた。『万葉集』の、

このころの我が恋力記し集め功に申さば五位の冠（巻一六―三八五八）

をあげるまでもなく、賜冠のことが停止されても、位を冠位と呼ぶ例は枚挙にいとまがない。賜冠が停止され、位記に代わっても、また冠が一律に黒の頭巾になっても、位階は冠位と認識され続けたのである。

（1）宮崎市定『九品官人法の研究』（『東洋史研究叢刊』一九七七年）。

（2）拙稿「儀礼と衣服」（『日本の古代』七、中央公論社、一九八六年）。同「冠位制から位階へ」（『日本学』一八、一九九一年）。同「大化の冠位制について――吉士長丹像との関連で――」（『考古学の学際的研究――濱田青陵賞受賞者記念論文集――』一、岸和田市、二〇〇一年）。

（3）高橋健自「心葉・挿頭花及日陰鬘の起源」（『日本服飾史論』大鐙閣、一九二七年）。

（4）武光誠「冠位十二階の再検討」（『日本歴史』三四六号、一九七七年）。

（5）原田淑人『漢六朝の服飾』（東洋文庫、一九三七年）。林巳奈夫「漢代男子のかぶりもの」（『史林』四六―五、一九六三年）。

（6）坂本太郎「古代位階制二題」（『日本古代史の基礎的研究』下、東京大学出版会、一九六四年）。

（7）服藤早苗「古代子ども論覚書」（『家成立史の研究』校倉書房、一九九一年）。

〔初出一覧〕

第一部　古代国家と交通

第一章　古代における道と国家（『ヒストリア』一二五、一九八九年）
第二章　古代における都と村（『日本村落史講座六　生活1　原始・古代・中世』雄山閣、一九九一年）
第三章　二つのチカシマに関する覚え書き――古代の国際的交通をめぐって（『世界史上における人と物の移動・定着をめぐる総合的研究』科研報告書、一九九二年）
第四章　古代環日本海交通と渟足柵（『律令制国家と古代社会』塙書房、二〇〇五年）

第二部　民族標識・異性装

第一章　「魏志」倭人伝の衣服について――「横幅」衣・「貫頭」衣の位相――（『女子美術大学紀要』一四、一九八四年）
補論一　『一遍聖絵』に見る時衆の衣服（『一遍聖絵を読み解く――動き出す静止画像――』吉川弘文館、一九九九年）
補論二　「笠の山――境界をめぐる一試論――」（『一遍聖絵と中世の光景』ありな書房、一九九三年）
第二章　日本古代における民族と衣服（『日本の社会史八　生活感覚と社会』岩波書店、一九八七年）
第三章　律令国家と蝦夷の衣服――民族標識としての衣服――（『アジアのなかの日本史V　自意識と相互理解』東京大学出版会、一九九三年）
第四章　奉翳美人の男装について（『日本古代の国家と村落』塙書房、一九九八年）
第五章　男装の女王・卑弥呼（『古代史の論点二　女と男、家と村』小学館、二〇〇〇年）

第三部　王権と衣装

第一章　大化の冠位制について――吉士長丹像との関連で――（『考古学の学際的研究　濱田青陵賞受賞者記念論文集一』昭

和堂、二〇〇一年）
第二章　王権と衣服（『ワカタケル大王とその時代——埼玉稲荷山古墳——』山川出版社、二〇〇三年）
第三章　古代天皇の冠と衣服——中国衣服制の継受をめぐって——（『岩波講座天皇と王権を考える九』岩波書店、二〇〇三年）
第四章　服飾と制度——冠位から位階へ——（『日本の時代史二九　日本史の環境』吉川弘文館、二〇〇四年）

第3部

◆掲載図版一覧◆

口　絵

第1部

第2部

◎著者略歴◎

武田佐知子（たけだ・さちこ）

1948年10月2日，東京生まれ
1971年3月　早稲田大学第一文学部　卒業
1977年3月　早稲田大学大学院文学研究科史学専攻修士課程修了
1985年3月　東京都立大学大学院人文科学研究科史学専攻博士課程修了
　　　　　同　文学博士
1997年1月　大阪外国語大学教授
2007年10月　大阪大学理事・副学長
2009年10月　大阪大学文学研究科教授，現在に至る

〈専門分野〉
日本史学　服装史　女性史

〈主著〉
『古代国家の形成と衣服制――袴と貫頭衣――』（吉川弘文館，1984年）
『信仰の王権　聖徳太子――太子像をよみとく――』（中公新書，1993年）
『衣服で読み直す日本史』（朝日新聞社，1998年）
『娘が語る母の昭和』（朝日新聞社，2000年）

〈受賞〉
1985年　サントリー学芸賞　思想歴史部門
1995年　濱田青陵賞
2003年　紫綬褒章

古代日本《こだいにほん》の衣服《いふく》と交通《こうつう》――装《よそお》う王権《おうけん》つなぐ道《みち》――

2014（平成26）年3月9日発行

定価：本体6,800円（税別）

著　者　武田佐知子
発行者　田 中　大
発行所　株式会社　思文閣出版
　〒605-0089 京都市東山区元町355
　電話 075-751-1781（代表）

装　幀　上野かおる（鷺草デザイン事務所）
印刷・製本　亜細亜印刷株式会社

ISBN978-4-7842-1723-6　C3021